U0331188

国学名著讲读系列

庄子讲读

方勇 著

华东师范大学出版社
—上海—

王元化 顾问
胡晓明 主编

图书在版编目(CIP)数据

庄子讲读/方勇著. —上海:华东师范大学出版社,2019
(国学名著讲读系列)
ISBN 978-7-5675-9623-8

Ⅰ. ①庄… Ⅱ. ①方… Ⅲ. ①道家②《庄子》-注释
Ⅳ. ①B223.52

中国版本图书馆CIP数据核字(2019)第202873号

国学名著讲读系列
庄子讲读

著　　者　方　勇
策划组稿　曹利群　张俊玲
责任编辑　乔　健　许　静
责任校对　张　筝　时东明
封面设计　夏艺堂艺术设计
版式设计　卢晓红

出版发行　华东师范大学出版社
社　　址　上海市中山北路3663号　邮编200062
网　　址　www.ecnupress.com.cn
电　　话　021-60821666　行政传真　021-62572105
客服电话　021-62865537　门市(邮购)电话　021-62869887
地　　址　上海市中山北路3663号华东师范大学校内先锋路口
网　　店　http://hdsdcbs.tmall.com

印 刷 者　浙江临安曙光印务有限公司
开　　本　787×1092　16开
印　　张　23
字　　数　365千字
版　　次　2020年3月第二版
印　　次　2021年10月第2次
书　　号　ISBN 978-7-5675-9623-8
定　　价　78.00元

出 版 人　王　焰

目录

序

王之化

中国自古以来有着十分浓厚的人文经典意识。一方面是传世文献中有着代代相承的丰富多样的文化典籍(这在世界文化中是罕见的),另一方面是千百年来读书人对经典的持续研讨和长期诵读传统(这在世界历史上也是罕见的)。由于废科举,兴新学,由于新文化运动和建立新民族国家需要,也由于二十世纪百年中国的动乱不安,这一传统被迫中断了。但是近年来似乎又有了一点存亡继绝的新机会。其直接的动力,一方面是自上而下地提倡大力弘扬和培育民族精神,另一方面更主要的是自下而上,由民间社会力量以及一些知识分子推动的又一次"传统文化热",尤其表现在与八十年代坐而论道的文化批判不同,一些十分自发的社会文化教育形式的新探索。譬如各地开展的少儿诵读经典活动,一些民间学堂的传统文化研习,一些民办学校、农村新兴私塾等,对学习传统经典的恢复,以及一些大学里新体制的建立等。其时代原因,表面上看起来与中国近十年的经济活力与和平崛起有关系,其实比这复杂得多。至少可以提到的是:转型社会的道德危机和意义迷失所致的社会生活新问题及其迫切性;世界范围内各种思想的相互竞争相互激荡;在全球经济一体化和科技至上的社会环境中,公民社会的人文精神品质正在迅速流失;在这个背景下,青年一代人中国文化特质正在迅速丧失;中国近现代思想史上,由文化激进主义而带来的弊端渐渐显露,中国文化由遭受践踏到重新复苏的自身逻辑以及文化觉醒;以及从经验主义出发,从社会问题出发,实用地融合各种思想文化的资源以有利于社会全面发展和人的全面发展的新视野等等。总之,一方面是出现了重要的新机会,另一方面也有前所未有的危机。惟其复杂而多元,我们就不应该停留于旧的二元对立的思路,不应该坚执于概念义理的论争,不应该单一地思考文化思想的建设问题,而应该从生活的实践出发,根据我们变化了的时代内涵,提炼新的问题意识,回应社会的真正需要,再认传统经典的学习问题。

所以，这套书我是欣然赞成的。在目前中国文化的发展出现前所未有的新机会，同时也是出现前所未有危机的情况下，华东师范大学出版社愿意做一点负起社会责任的事情，体现了他们的眼光、见识和魄力。如果有更多的出版社和文化单位愿意援手传统文化积累培育工作，中国文化的复兴是有希望的。是为序。

二〇〇五年七月二十二日

导读

一、庄子其人

关于庄子的历史记载颇少，其生前默默无闻，死后也长时间少人问津，家世渊源、师承关系、生卒年月均不甚明了。在战国时期的人之中，除了荀子在《解蔽》中有“庄子蔽于天而不知人”一句批评的话之外，几乎没有其他的评论留传下来，甚至同时期的孟子对他也只字未提。后世了解庄子，主要是通过《史记・老庄申韩列传》及《庄子》一书。《老庄申韩列传》对庄子仅有二百多字的记载，但目前看来，这是历史书中对庄子所作的最早的较详细记录，可将其作为了解庄子其人的基本线索；而关于庄子的详细情况，则大部分要来源于《庄子》一书。

庄子姓庄，名周，除去《汉书》为避汉明帝之讳而有时称其为严周外，世人皆称其庄子或庄周。但是庄子的字却直至很晚才出现，唐陆德明《经典释文序录》在“姓庄，名周”下注曰：“太史公云：‘字子休。’”但现在所见《史记》中，并无此说。此外，唐成玄英《南华真经注疏序》、司马贞《史记・越王勾践世家》索隐也提到庄子字子休。可见，庄子字子休的说法大约到唐代才出现或流行开来，但就今天所能看到的材料，这种说法的依据还不得而知。至于庄子号“南华真人”正式是始于唐玄宗，但梁代梁旷著《南华论》，以及唐初成玄英《南华真经注疏序》中已经称其为“南华”。“南华”这一称号的来历说法不一，北宋陈景元在《南华真经章句音义》中认为是取“离明英华”之义，清宣颖在《南华经解》中则认为是由于庄周曾隐于曹州的南华山之故。

根据司马迁的记载，庄子是“蒙人”，但他并未明指是何国之“蒙”。《庄子・列御寇》中说庄子居宋，汉人也一般认为庄子为宋人。如《史记・老庄申韩列传》索隐引刘向《别录》：“宋之蒙人也。”《淮南子・修务训》高诱注：“庄子名周，宋蒙县人。”《汉书・艺文志》“庄子”班固自注：“名周，宋人。”张衡《髑髅赋》：“吾宋人也，姓庄名周。”由于战国时的宋在汉代属梁，因此有的唐代学者根据《汉书・地理志》的记载以讹传讹，认为庄子为梁人，如《隋书・经籍志》、陆德明《经典释文序录》等，其实只是一种误解。

庄子的生活时代可以确定为战国中期，但其确切的生卒年由于年代久远，缺乏确凿证据，已无法考证，只能根据与庄子大约同时的人物来进行推测。《史记·老庄申韩列传》中说庄子“与梁惠王、齐宣王同时”，又说“楚威王闻庄周贤，使使厚币迎之，许以为相”，那么庄子应当大约与梁惠王、齐宣王、楚威王同时。近人马叙伦在《庄子年表》中认为，《庄子》中对魏文侯、武侯都称谥号，对惠王则是先称其名，又称其为王，从而推断庄子出生于魏文侯、武侯之世，最晚也在惠王初年，这是很有道理的。

庄子所处的年代，一方面社会经历着剧烈的动荡，战争频发，生灵涂炭，另一方面正值百家争鸣的黄金时代，文化成为一种强烈的需要，“士”这一阶层大量出现。这种社会与文化状况对庄子思想的形成起着重大作用，彼时孟子正游说各国，墨家门徒遍及天下，齐国“稷下之学”也正当鼎盛，而庄子却主动地选择了“无用”和贫困。《庄子》中描述他身住陋巷，以织草鞋为生，饿得形容枯槁，面孔黄瘦，受人讥嘲，有时甚至连温饱都无法解决，还得向人借米；见魏王时，他也只是穿着打补丁的粗布衣服，踏着用麻绳绑着的破布鞋。但《秋水》、《列御寇》中都曾描述他断然拒聘的故事，《史记·老庄申韩列传》中也曾记载楚威王欲聘庄子为相，庄子却表示“宁游戏污渎之中自快，无为有国者所羁，终生不仕，以快吾志焉”。虽然这些故事有可能是庄子门徒为抬高庄子地位而杜撰的，但也可以从中窥见到庄子超然世外、“独与天地精神往来”的风度，以及视富贵荣华如敝屣的生活态度。

庄子也曾经做过漆园吏这样的小官，但决非出于他的主动选择，可能只是为了谋生而不得不做出的退让。《史记·老庄申韩列传》说“周尝为蒙漆园吏”，关于“漆园吏”的说法不一，推测可能是专管种植漆树的小官。《庄子》书中也多次提到漆的生产和使用，如《人间世》“漆可用，故割之”，《骈拇》“待绳约胶漆而固者”。此外，《庄子》书中也常引述一些工匠的故事，值得注意，如《养生主》篇“庖丁解牛”，《人间世》篇“匠石之齐”，《达生》篇“梓庆削木为鐻”等等，这说明庄子是比较熟悉当时下层工匠劳动情况的。

庄子向来认为“以天下为沉浊，不可与庄语”（《天下》），因此与之来往的朋友极少，即使有门徒可能也数量不多，正如朱熹所说：“庄子当时也无人宗之，他只在僻处自说。”（《朱子语类》卷一百二十五）但也有例外，便是惠施，他可谓是庄子生平唯一的契友，《徐无鬼》中讲“庄子送葬，过惠子之墓”，不禁感伤，以“匠石运斤”的故事表达自惠子死后，自己“无以为质”、“无与言之”的寂寞心情。妻子去世也要鼓盆而歌的庄子，却对惠子的死感到如此遗憾，足见二人情谊之深。但是庄子与惠施不仅在现实生活上存在距离，在学术观点上也相互对立，他们的友谊也是建立在多次针锋相对的辩论上，这些辩论主要集中于三个方面："大而无用"(《逍遥游》)的争论、"人故无情"(《德充符》)的争论、濠梁"鱼之乐"(《秋水》)的争论。这些辩论对于理解庄子的思想有着极其重要的意义，可以看到他们在认识的态度上有着显著的不同：庄子偏于美学上的观赏，因此更富有艺术家的风貌，惠子偏于知识论的判断，因此带有更多逻辑家的个性。

庄子大体上继承了老子的学说，"其学无所不窥，然其要本归于老子之言。故其著书十余万言，大抵率寓言也。作《渔父》、《盗跖》、《胠箧》，以诋訿孔子之徒，以明老子之术。"(《史记·老庄申韩列传》)，但他并非仅仅对老子思想进行发挥，而是有其独自见解，形成了其个性鲜明的哲学、艺术特色。

二、《庄子》其书

1. 概貌

《庄子》应该于先秦时期就已成书，我们今天所看到的三十三篇本《庄子》，是经西晋郭象删订而流传下来的。汉代《庄子》有五十二篇十余万字，这种五十二篇本到魏晋时期仍然较为常见。魏晋时玄风盛行，庄学渐起，为《庄子》作注者多达数十家，但这些注庄者往往根据自身对庄子的理解和个人喜好，对《庄子》一书的篇目做了一定的删改，从而形成了多种多样的《庄子》版本。郭象以前，主要的《庄子》版本有崔譔本、向秀本、司马彪本、李颐本。其中崔譔、向秀本为二十七篇(向秀本一作二十六篇，一作二十八篇)，司马彪本五十二篇，李颐本三十篇。现在人们所看到的郭象的三十三篇本，是郭象在五十二篇本的基础上吸收各家尤其是向秀庄子学成果之后删订的，是郭象对司马彪五十二篇本"以意去取"，并删去其中"十分有三"之后的结果。经过郭象删订的《庄子》，无论从篇章还是字句方面，都更为精纯。由于他吸收和借鉴了向秀及当时各家之注，并在此基础上进行了自己颇富改造性的独特诠释，故为历代所推崇，逐渐成为定本，流传至今。

今本《庄子》有内篇七、外篇十五、杂篇十一，这是由郭象所划定的。但在郭象之前，就已有内、外篇或内、外、杂篇之分，且篇目构成上与郭象不尽相同。杂篇的概念出现较晚，至崔譔、向秀注《庄子》时，也仅有内、外篇，无杂篇。司马彪注《庄子》时，将《庄子》原文明确划分为内、外、杂篇三个部分，之后郭象在司马彪本的基础上删订时，又将外、杂篇略去部分篇目，并将某些篇目的段落进行了重新裁取整合，从而形成了今天所见的《庄子》面目。各家对内篇的意见比较统一，无论注者如何"以意去取"，"其内篇众家并同"(《经典释文序录》)，这应该不止表现在数量上，也表现在具体篇目上，而原因可能与内篇在标题、风格、内容上都比较一致有关。而对于外、杂篇，各家则根据喜好，进行了或大或小的删改。至于划分内、外、杂篇的依据和标准，则众说纷纭，未有定论，主要有根据文意之深浅、风格功用之不同和标题有无寓意来划分等观点，但都缺乏确凿无疑的证据。

2. 篇目的真伪

《庄子》篇目的真伪问题在宋代苏轼以后才为人们所关注。郭象将五十二篇本删订为三十三篇本时，就已有去伪存真的目的，从而删去那些"一曲之才，妄窜奇说"，不足为信的部分。陆德明也赞成此说，认为《庄子》经"后人增足，渐失其真"。但是郭象与陆德明以是否为庄子亲作来分辨真伪，显然是不合理的。先秦诸子著作如《论语》、《孟子》、《墨子》等，多为弟子记录先生言行或由师徒共著，后学续笔发挥也是常有的事，因此《庄子》在庄子亲作之外，还包括了其弟子或后学的部分著作是正常的。并且由于庄子学派逍遥无拘、汪洋恣肆的思想与文学特点，庄子后学极可能对《庄子》内容不加拘束地自由发挥，由于时代及社会状况的限制，其中有些或许比较贴近庄子原意，有些则可能偏离较多，也是很好理解的。因此，在辨别《庄子》篇目真伪之时，必须首先将其作为整体的庄子学派思想汇集，而不应过分着眼于单个篇目的真伪校定。

郭象删订《庄子》时，可能就已经考虑到了这一点，因此许多明显并非庄子本人所作的篇目或段落，也收入了郭象三十三篇本中，从而引起了后世对于《庄子》真伪的继续讨论。据明归有光、文震孟《南华真经评注》所引，唐韩愈就已提出《盗跖》篇"讥侮列圣，戏剧夫子，盖效颦《庄》、《老》而失之者"，并认为《说剑》、《渔父》二篇从思想文风上看似乎也非庄子所作。至宋苏轼作《庄子祠堂记》，明确提出《盗跖》、《渔父》、《让王》、《说剑》四篇为伪作，其依据与韩愈大体相同，一方面认为庄子"盖助孔子者"，故而以是否"真诋孔子者"为真伪标准；另一方面以文风及思想深度为标准。之后的许多学者继续考察《庄子》的其他篇目，怀疑之说日多，主要集中于外、杂篇，外、杂篇多伪作几乎成为人们的共识。近代以后不少学者将怀疑的眼光扩大至内篇，提出了许多新的看法和证据。

三、庄子的思想

1. 宇宙观

庄子说："有实而无乎处者，宇也；有长而无本剽者，宙也。"(《庚桑楚》)郭象解释说："宇者，有四方上下，而四方上下未有穷处；宙者，有古今之长，而古今之长无极。"可以看出，庄子认为"宇宙"的概念是无始无终、无边无垠的。那么"宇宙"的根源又是什么呢？庄子将其归结为"道"。在庄子看来，以人的感性和理性所能感知、推测的事物，都不可避免地带有相对性与有限性，生死、贵贱、大小、是非、善恶、美丑、荣辱、得失等等，都是人们心中的成见，是人们被自己有限的认知能力所蔽而导致的：

自其异者视之，肝胆楚越也；自其同者视之，万物皆一也。(《德充符》)

物故有所然，物故有所可。无物不然，无物不可。故为是举莛与楹，厉与西施，恢恑憰怪，道通为一。其分也，成也；其成也，毁也。凡物无成与毁，复通为一。……天下莫大于秋毫之末，而太山为小；莫寿于殇子，而彭祖为夭。天地与我并生，而万物与我为一。(《齐物论》)

彼亦一是非，此亦一是非。果且有彼是乎哉，果且无彼是乎哉？(《齐物论》)

庄子认识到了事物之间存在着普遍的差异，而且这种差异不是绝对的，而是相对的，因此不可能以某个特定存在的标准来衡量世间万物。庄子认为这种相对性来自于人类自身的种种局限，因为世间万物本没有差别，所有的差别都是人们站在主观立场上而得出的相对结论。但是他同时又肯定虽然事物存在着相对性，但对立的双方又互为对方存在的条件，是不可以完全消除的：

彼出于是(此)，是亦因彼，彼是方生之说也。方生方死，方死方生。方可方不可，方不可方可。(《齐物论》)

东西之相反而不可以相无。(《秋水》)

这种相对主义主宰了庄子对于自然、社会、人生等各个领域的认识与理解，但也必然将他带入不确定的混乱之中，于是庄子虚构了一个空虚的绝对——"道"来消除这种相对性带来的不确定性。不论世间万物有如何的差别，一旦站到更高的"道"的角度去审视，这种种差别都将消失不见。庄子在《秋水》篇中借北海若之口说："以道观之，物无贵贱；以物观之，自贵而相贱；以俗观之，贵贱不在己。以差观之，因其所大而大之，则万物莫不大；因其所小而小之，则万物莫不小。知天地之为稊米也，知毫末之为丘山也，则差数睹矣。”就是说，虽然事物之间没有特定的标准来彼此衡量，但只要将万物都归结到一个统一的本原，即“道”之中，就没有了任何的差别，“道”在这里成为了一个绝对的标尺。

庄子是这样给“道”下定义的：

> 夫道，有情有信，无为无形；可传而不可受，可得而不可见；自本自根，未有天地，自古以固存；神鬼神帝，生天生地；在太极之先而不为高，在六极之下而不为深，先天地生而不为久，长于上古而不为老。（《大宗师》）

从这个定义中可以看出，道“有情有信”、“自古以固存”，说明是客观存在的；“无为无形”，则是没有意志、没有形体的虚无存在；“可传而不可受，可得而不可见”，是超乎感知，无法掌控的；“自本自根”，则是自己以自己为根据，再无其他根源；“神鬼神帝，生天生地”，是万物产生的本原；“在太极之先而不为高，在六极之下而不为深，先天地生而不为久，长于上古而不为老”，是超脱了时空限制，是绝对的，终极的。既然“道”具有这样一些特征，那么当“道”创造了天地万物之后，又以何种方式存在呢？庄子在《知北游》篇中作了回答：

> 东郭子问于庄子曰：“所谓道，恶乎在？”庄子曰：“无所不在。”东郭子曰：“期而后可？”庄子曰：“在蝼蚁。”曰：“何其下邪？”曰：“在稊稗。”曰：“何其愈下邪？”曰：“在瓦甓。”曰：“何其愈甚邪？”曰：“在屎溺。”东郭子不应。
>
> 庄子曰：“夫子之问也，固不及质。正获之问于监市履狶也，每下愈况。汝唯莫必，无乎逃物。至道若是，大言亦然。周、遍、咸三者，异名同实，其指一也。”

庄子肯定道是先于天地而存在的，但也肯定当天地万物生成之后，道便存在于天地万物之中。因此，当东郭子向他询问道存在于何处时，他便说在于“蝼蚁”、“稊稗”、“瓦甓”、“屎溺”之中，并告诉东郭子道的本质并不是存在于某一个特定的事物之中，而是普遍存在于万事万物之中的，因此越是取喻于卑下的事物，就越是能说明大道无处不在的道理。

正由于“道”是生养天地万物的根源，且无处不在，故人与天地万物从根本上是同根同源且地位平等的，因此庄子说：“天地与我并生，而万物与我为一。”（《齐物论》）肯定天地万物与人是统一体，密不可分，这种“天人合一”的思想成了中国古代哲学的基本精神。这种精神从对自然的思索出发，更重视人与自然的和谐统一，与以社会伦理规范为出发点、致力于道德修养实践的儒家精神一起，构成了中国古代哲学完整而稳定的结构。

2. 认识论

在认识论方面，庄子很清楚地意识到了人类认识领域内的一些矛盾，这些矛盾来源于人类认识的种种局限——感官经验的局限，个人思维的局限，时间、空间的局限等等，这些局限使得人类在认识上很难达到完全的统一，而往往表现出某种相对性。这种相对性常常是令人困惑和不安的，因此人们一直在寻找超越这种相对性的绝对的"真知"。可是在庄子看来，由于认识的局限与被认识的对象的无限，人类获得"真知"显然是一件十分困难的事情：

> 吾生也有涯，而知也无涯，以有涯随无涯，殆已！已而为知者，殆而已矣。(《养生主》)
>
> 计人之所知，不若其所不知；其生之时，不若未生之时。以其至小，求穷其至大之域，是故迷乱而不能自得也。(《秋水》)

可见，庄子认为人的认识能力是极其有限的，而人的认识对象却是无穷无尽的，以有限的能力去探求无限的知识，显然是十分困难的。那么在这种普遍意义的知识之外，是否还有更高层次的"真知"呢？庄子的回答是肯定的，《大宗师》篇中说：

> 知天之所为，知人之所为者，至矣。知天之所为者，天而生也；知人之所为者，以其知之所知，以养其知之所不知，终其天年而不中道夭者，是知之盛也。虽然，有患。夫知有所待而后当，其所待者特未定也。庸讵知吾所谓天之非人乎？所谓人之非天乎？且有真人而后有真知。何谓真人？古之真人，不逆寡，不雄成，不谟士。若然者，过而弗悔，当而不自得也；若然者，登高不栗，入水不濡，入火不热。是知之能登假于道者也若此。

看来"真知"是有的，但并非人人皆有，"知天"、"知人"还只是"知之盛"，仍有所待，只有为"真人"所掌握的时候才能变为一种"真知"而上达于"道"。很显然，庄子认为"真人"之所以能掌握"真知"，最主要的一个原因在于他突破了人的感官局限，具有了超乎常人的思维能力，才能认识到"知之所不知"这种超越人们感官体验的事物。

当然，并非人人都能成为"真人"，掌握"真知"，但人们可以努力超越自身狭隘的认识局限，扩大自身的认识能力与范畴。《秋水》篇中庄子借北海若之口对河伯说："井蛙不可以语于海者，拘于虚也；夏虫不可以语于冰者，笃于时也；曲士不可以语于道者，束于教也。今尔出于崖涘，观于大海，乃知尔丑，尔将可与语大理矣。"可见，"可与语大理"的前提是走出狭小的认识范围，以获得更丰富的感官经验。当获得足够丰富的感官经验时，则可能将这些感官经验上升到新的层次，从而得到新的更高层次的知识，譬如《养生主》篇中庖丁说：“始臣之解牛之时，所见无非全牛者；三年之后，未尝见全牛也。方今之时，臣以神遇而不以目视，官知止而神欲行。依乎天理，批大郤，导大窾，因其固然，技经肯綮之未尝，而况大軱乎！”庖丁之所以能将解牛之技运用得神乎其神，就在于他能将感官经验上升到理性经验，“目视”、“官知”都是感官活动，但庖丁却能超越这些感官活动，将其上升到“神遇”、“神行”这样的精神活动，从而使其解牛的技艺远远超越了其他人。但是，庄子有时并不赞同人们过分追求知识，《胠箧》篇中说：

> 上诚好知而无道，则天下大乱矣。何以知其然邪？夫弓弩、毕弋、机变之知多，则鸟乱于上矣；钩饵、罔罟、罾笱之知多，则鱼乱于水矣；削格、罗落、罝罘之知多，则兽乱于泽矣；知诈渐毒、颉滑坚白、解垢同异之变多，则俗惑于辩矣。故天下每每大乱，罪在于好知。

这更多地是从现实情况出发而发的议论，并非庄子完全不赞成追求“真知”，只是天下能有几个“真人”？更多的人仅“知求其所不知，而莫知求其所已知”，“知非其所不善，而莫知非其所已善者”（《胠箧》），天下人皆以这种方式“好知”，又如何能够不“大乱”呢？

庄子不仅肯定了“真知”是存在的，而且肯定了“真知”是可以“闻”，可以“体”，可以“守”的，他经常提到的“闻道”、“体道”、“守道”，就是获得“真知”的几种形式。而如何“闻道”、“体道”、“守道”，庄子提出了“以明”、“见独”、“坐忘”的方法。《齐物论》篇中说：“道恶乎隐而有真伪？言恶乎隐而有是非？道恶乎往而不存？言恶乎存而不可？道隐于小成，言隐于荣华。”认为儒墨的是非之争，实际上是被外物蒙蔽所致，而要去除蒙蔽，消除是非之争，“则莫若以明”，来“是其所非，非其所是”，从而泯灭是非之间的界限。所谓“以明”实际上就是消除是非偏见，也就是庄子所说的“照之于天”，以空明若镜的心灵来观照万物。“见独”与“坐忘”的方式则比较接近，《大宗师》篇中南伯子葵向女偊请教“学道”之法，女偊说：“吾犹守而告之，三日而后能外天下；已外天下矣，吾又守之，七日而后能外物；已外物矣，吾又守之，九日而后能外生；已外生矣，而后能朝彻；朝彻，而后能见独；见独，而后能无古今，无古今，而后能入于不死不生。”可见，“见独”就是经过一定的修养之后，能遗忘天下万物，进而遗忘自身，从而大彻大悟，获得绝对的“真知”，超脱时间与死生的束缚。《大宗师》中还提到颜回由“忘仁义”而“忘礼乐”，由“忘礼乐”而至于“坐忘”，所谓“坐忘”就是“堕肢体，黜聪明，离形去知，同于大通”。可以看出，“见独”与“坐忘”类似，都是一种精神修养方式，由这种方式达到内心的虚静忘我，最终进入精神上一片浑沌的无待状态。在这个过程中，人以一种神秘的直觉大彻大悟，并获得感官经验所不能提供的“真知”。

3. 人生观

庄子的人生观首先立足于解决人的人生困境，与其他先秦诸子将眼光着落于短暂而有限的现实社会不同，庄子一开始就企图为人类寻找一个不仅摆脱现时社会困境、而且摆脱最终生命困境的途径。因此，庄子一方面要求鄙弃人间的世俗道德、功名利禄，以达到远祸全身、逍遥自适的境界；另一方面要求齐同死生，不悦生亦不恶死，从而超越死生，达到真正自由的目的。

庄子认为要达到最大的精神自由，首先要认识到人同自然界其他事物一样，都有着由生至死的过程，《大宗师》篇中说：“死生命也，其有夜旦之常，天也。”庄子意识到人之生死犹如昼夜交替，是人力无法改变的，因此悦生恶死都是不必要的。《齐物论》篇中说：“其形化，而心与之然，可不谓大哀乎！”人生最大的悲哀不在于形体的枯败，而在于精神也随着形体一同衰弱。既然“死生命也”，那么面对生死最好的态度就是“安之若命”，因为“大块载我以形，劳我以生，佚我以老，息我以死”（《大宗师》），自然赋予人形体，就是要让人生时勤劳，老时安逸，死时休息，这是一个自然而必然的过程，所以应当“善吾生”亦“善吾死”，将生死都看成一件美事。如果连生死都可“安之若命”，那么世俗的情感则更可以一种平静的态度去面对。《德充符》篇中惠子与庄子争辩“人故无情”的问题，惠子认为人无情便不可称为人，而庄子则认为“道与之貌，天与之形”，便可称为人，并解释他所说的“无情”是指“不以好恶内伤其身”，可见，庄子认为包括“好恶”在内的各种情感都会伤身，人一旦被生死、好恶等等束缚，便会累如倒悬，相反，如果能齐同生死，忘却情感，便能不为外物所伤，得以“悬解”：“且夫得者时也，失者顺也，安时而处顺，哀乐不能入也，此古之所谓县解也。”（《大宗师》）或称为“撄宁”：“其为物，无不将也，无不迎也，无不毁也，无不成也，其名为撄宁。撄宁也者，撄而后成者也。”（同上）

庄子人生观的最高境界体现在那些具有理想人格的至人、真人、神人、圣人身上，这些理想形象的最大特点就是能超然于世外，无往而不逍遥。他们一方面能超脱死生，“不知悦生，不知恶死”（《大宗师》），“死生无变于己”（《齐物论》，另一方面能超脱世俗道德与情感，“不从事于务，不就利，不违害，不喜求，不缘道”（《齐物论》），同时还具有一套养生之法，“其寝不梦，其觉无忧，其食不甘，其息深深”（《大宗师》），这些使他们能够超乎常人，具有一些令人惊讶的能力，如“不食五谷，吸风饮露，乘云气，御飞龙，而游乎四海之外"(《逍遥游》)，或是"大泽焚而不能热，河汉沍而不能寒，疾雷破山，飘风振海而不能惊"(《齐物论》)。这是庄子眼中处世的最高境界，但也只能是一种理想的追求与向往，人总是要生活在某个特定的历史与社会之中的，因此更现实的问题还在于如何避免外物对于本性的摧残，而达到"自救"的目的，庄子由此提出了"避世"和"游世"的办法。

无论"避世"还是"游世"，首先都起因于当时的社会状况。刘向在《战国策书录》中描述说：

> 仲尼既没之后，田氏取齐，六卿分晋，道德大废，上下失序。至秦孝公，捐礼让而贵战争，弃仁义而用诈谲，苟以取强而已矣。夫篡盗之人，列为侯王，诈谲之国，兴立为强。是以传相放效，后生师之，遂相吞灭，并大兼小，暴师经岁，流血满野，父子不相亲，兄弟不相安，夫妇离散，莫保其命，湣然道德绝矣。晚世益甚，万乘之国七，千乘之国五，敌侔争权，盖为战国。贪饕无耻，竞进无厌；国异政教，各自制断，上无天子，下无方伯；力功争强，胜者为右；兵革不休，诈伪并起。当此之时，虽有道德，不得施谋；有设之强，负阻而恃固；连与交质，重约结誓，以守其国。故孟子、孙卿儒术之士，弃捐于世，而游说权谋之徒，见贵于俗。

在这种黑暗的乱世之中，寻求自我保全就不能不成为首要的任务。庄子认为"无用"是自我保全的途径之一，栎社树、商丘之木因"不材"而得以长寿，牛之白颡者、豚之亢鼻者、人有痔病者因不可祭神而得以全身，支离疏以形残痼疾而得以"终其天年"，因此庄子感叹"山木自寇，膏火自煎"(《人间世》)，有用还不如无用的好。

"避世"是比较极端的做法，主张遁于山林，隐于世外，也就是《则阳》篇中所说的"自埋于民，自藏于畔，其声销，其志无穷，其口虽言，其心未尝言，方且与世违而心不屑与之俱，是陆沉者也"。《山木》篇中说，鲁侯因不能去欲虚己而不免于患，孔子因有矜伐之心而遭陈蔡之围，逆旅美人因有矜美之意而不为主人所重，处处昭显自己的结果就是招引祸害，损毁自身，倒是像意怠那样隐于群鸟之间，无所作为，反而得以避害全身。可见，避世的直接目的还是为了自我保全，相比于儒家对现实的积极肯定、参与和改造，这种与现实保持距离的做法无疑是消极的，但它又是建立在对自身精神世界的自信与认真之上的。这种精神上的洁癖，要求远离世俗世界的污浊，从而保全精神世界的洁净与高贵。庄子本人便是一个这样的人：殉名者都以相位为尊，他却拒绝了楚王之聘，并以神龟为例，表明自己宁愿活着曳尾于烂泥之中，也不愿为示显骨壳高贵而牺牲自然性命。惠子在梁国为相，庄子去拜访他，他深恐庄子会取代自己，因而“搜于国中三日三夜”，于是庄子对他说，有名叫鹓鸰的凤鸟，从南海飞往北海，“非梧桐不止，非练实不食，非醴泉不饮”，又岂会同鸱鹰争食腐鼠（见《秋水》）？实际上，世俗世界与精神世界从来就互相矛盾，而且越是黑暗混乱的社会，这种矛盾就越是表现得激烈与不可调和，《列御寇》篇中写宋人曹商出使秦国，得到秦王赏赐，回到宋国对庄子大加讥嘲，庄子反讥他的赏赐实际是替秦王舐痔而得，虽然庄子所说可能是讥讽之言，未必属实，但可见在当时，愈是放弃精神尊严，愈是无耻卑下，得到的利益就愈多。

但是，也不是“不材”、“无用”就一定能得以全身，《山木》开篇有一段寓言，说庄子行于山中，见有一棵大树枝叶茂盛，由于其“不材”木匠没有将其伐去，从而得以“终其天年”。但是等到庄子出了山，住在故人家中，故人杀鹅招待，把一只不能鸣的鹅杀了，留下了能鸣的。不能鸣的鹅可谓“不材”，但最后还是招致灾祸，因此庄子意识到，材、不材、材与不材之间，都无法真正的免祸，但“乘道德而浮游”就不同了。“乘道德而浮游”是指顺自然而游于至虚之境，这样便能“无誉无訾”、“与时俱化”，“以和为量，浮游乎万物之祖，物物而不物于物”，这其中就包含了“游世”的想法。《庄子》中对“游世”还有许多表述：

> 夫明白入素，无为复朴，体性抱神，以游世俗之间者，汝将固惊耶？（《天地》）
>
> 人能虚己以游世，其孰能害之？（《山木》）
>
> 唯至人乃能游于世而不僻，顺人而不失己。（《外物》）
>
> 彼节者有间，而刀刃者无厚，以无厚入有间，恢恢乎其于游刃必有余地矣。（《养生主》）

可以看出，虚己、无为只是“游世”的前提。除此之外，还必须学会顺应现实和躲避矛盾，与外界达成形式上的妥协，以做到“不失己”，从而在夹缝中生存。这种“游世”的态度与《逍遥游》中所提出的“游”并不相同，它更直接地指向了现实矛盾，并提出了更现实的解决办法，与《逍遥游》篇中指向内心的精神的“无所待”之游有着层次上的差别。

4. 政治观

庄子的政治观直接来源于对所处时代的体验。他生活的战国中晚期，是一个战乱频繁、势力纷争的年代，政治上表现出前所未有的动荡与不安，正如刘向在《战国策书录》中所写，“兵革不休，诈伪并起”。战争给人民的生活带来了痛苦，权术也将人们的精神推向了险恶境地,《庄子》中多次写到的战争、暴君、权臣等等,都是这种社会状况的直接体现,而讲到其根源,庄子则指向了整个等级制度、处于等级制度最上层的统治者,以及统治者用以统治百姓的仁义道德。由此,他认为当时所存在的政治制度、道德法度是完全多余的:

愚者自以为觉,窃窃然知之。君乎,牧乎,固哉!(《齐物论》)

圣人已死,则大盗不起,天下平而无故矣!圣人不死,大盗不止。……彼窃钩者诛,窃国者为诸侯,诸侯之门而仁义存焉。(《胠箧》)

肩吾曰:"告我:君人者以己出经式义度,人孰敢不听而化诸!"狂接舆曰:"是欺德也。其于治天下也,犹涉海凿河,而使蚊负山也。夫圣人之治也,治外乎?正而后行,确乎能其事者而已矣。且鸟高飞以避矰弋之害,鼷鼠深穴乎神丘之下以避熏凿之患,而曾二虫之无知!"(《应帝王》)

可以看出,庄子认为"君乎牧乎"这样的统治制度不过是愚者的固陋之见,仁义不过是诸侯用来窃国的工具,"经式义度"也不过是统治者用来"欺德"的手段,既然连飞鸟、鼷鼠这样的弱小动物,都有保护自身不受灾祸的本能,那么比他们更聪明的百姓,则根本不会接受法度的约束,想要欺骗、统治百姓,就好比"涉海凿河"、"使蚊负山"一样不可能办到。如果硬要以道德法度来约束、欺骗百姓,则必然造成严重的后果:

且夫二子(尧、舜)者,又何足以称扬哉!……举贤则民相轧,任知则民相盗。之数物者,不足以厚民。民之于利甚勤,子有杀父,臣有杀君,正昼为盗,日中穴阫。吾语女:大乱之本,必生于尧、舜之间,其末存乎千世之后。千世之后,其必有人与人相食者也。(《庚桑楚》)

因为天地万物的发展都应循其自然之道,人与社会也应如此,所以庄子提出了废弃君臣之分,复归原始的无君返朴思想,并为人们勾画了一个无等级君臣的理想社会:

吾意善治天下者不然。彼民有常性,织而衣,耕而食,是谓同德;一而不党,命曰天放。故至德之世,其行填填,其视颠颠。当是时也,山无蹊隧,泽无舟梁;万物群生,连属其乡;禽兽成群,草木遂长。是故禽兽可系羁而游,乌鹊之巢可攀援而窥。夫至德之世,同与禽兽居,族与万物并,恶乎知君子小人哉?同乎无知,其德不离;同乎无欲,是谓素朴;素朴而民性得矣。(《马蹄》)

至德之世,不尚贤,不使能,上如标枝,民如野鹿,端正而不知以为义,相爱而不知以为仁,实而不知以为忠,当而不知以为信,蠢动而相使,不以为赐。

是故行而无迹，事而无传。(《天地》)

神农之世，卧则居居，起则于于，民知其母，不知其父，与麋鹿共处，耕而食，织而衣，无有相害之心，此至德之隆也。(《盗跖》)

庄子眼中的理想社会有其鲜明的特点，一方面要求返回原始的素朴状态，使人与自然万物和谐共处，另一方面要求去除等级制度，废除仁义道德，消除欲望机心，使人与人之间和谐共处。庄子的理想社会有其进步之处，但它简单地认为返回与禽兽同居的原始社会就能解决一切社会矛盾，也是天真而不切实际的。

同时，在《庄子》外、杂篇中，出现了一些与上述不同的政治观点，可能是庄子后学适应社会形势的改变而对庄子思想作出的调整。例如《天地》篇就明确承认了君臣等级之分："玄古之君天下，无为也，天德而已矣。以道观言，而天下之君正；以道观分，而君臣之义明；以道观能，而天下之官治；以道泛观，而万物之应备。"并说："德人者，居无思，行无虑，不藏是非美恶；四海之内共利之之谓悦，共给之之谓安；……财用有余而不知其所自来，饮食取足而不知其所自从，此谓德人之容。"其中蕴含的意思非常明显，只要能"无为"而顺应自然，就可以达到"有为"而天下大治，这"有为"的结果，表现在政治上就是"天下之君正"、"君臣之义明"、"天下之官治"，表现在经济上就是"财用有余"、"饮食取足"。他们并不反对"有为"，也并不避讳"王天下"，只是强调如何"以无为而无不为"，如何"不以王天下为己处显"。但是，从现实的眼光来看，若事无大小，都以"无为"处之，显然是不可行的，因此庄子后学们在无为的君主和有为的臣僚之间进行了严格的角色划分，提出了君道无为而臣道有为的理论。可以说，他们对于君臣万物的关注程度决不亚于儒家，不同之处仅在于儒家以"仁义"统率一切，而他们却认为应以无为无欲的"道"来统率一切，其想要达到的结果与儒家是殊途同归的。

5. 美学观与文艺观

庄子的美学观直接来源于他的哲学观，因此他眼中的美并不是纯粹的自然美或艺术美，而是与"道"合一的境界美。人一旦做到"天地与我并生，而万物与我为一"、"独与天地精神往来"，就能从天地万物中体验到一种人与自然合一的愉悦感，这在庄子看来才是美的极致。因此，庄子的美学观从一开始就有两个指向，一个指向外部形体的自然之美，另一个指向内部的无为素朴之美。庄子对美这样描述：

夫天地者，古之所大也，而黄帝、尧、舜之所共美也。(《天道》)

天地有大美而不言，四时有明法而不议，万物有成理而不说。圣人者，原

天地之美而达万物之理。是故圣人无为，大圣不作，观于天地之谓也。（《知北游》）

可以看出，庄子是肯定外部形体之美的，并且认为这种美来自于“天地”之间，《庄子》中多处对大自然的美景进行过细致描摹，大海仙山、日月星辰、飞禽走兽、雷电风雨等等都出现其中，构成了一幅大自然的壮阔景象。但庄子认为美来自于“天地”之间，并非仅仅由表象而作出的判断，他认为，“天地有大美”的原因在于它能顺应大道，自然无为。所以，在庄子看来，美的本质就在于自然无为，能够顺应自然，保持自身天然本性的事物就是美的，庄子笔下的至人、真人、神人，往往具有极美的外形，其前提也是能顺应大道，无为虚静。反之，对天然本性的摧残就是对美的破坏，所以“泽雉十步一啄，百步一饮”，自在闲适，然而一旦“畜乎樊中”，则“神虽王，不善也”，失去了原本天然的美（见《养生主》）；“百年之木”，枝叶繁茂，一旦被砍去，即使是做成尊贵的“牺尊”，涂上青黄的花纹，但失去了其天然本性，也是不美的（见《天地》）；海鸟“栖之深林，游之坛陆，浮之江湖，食之鳝鰷，随行列而止，委蛇而处”，怡然自得，一旦被“御而觞之于庙”，即使是“奏《九韶》以为乐，具太牢以为膳”，但失去了其自然生存的环境，也无美可言，最终“三日而死”（见《至乐》）。庄子也将这种最自然素朴，不加雕琢虚饰的美称为“真”：

真者，精诚之至也。不精不诚，不能动人。……真在内者，神动于外，是所以贵真也。……礼者，世俗之所为也；真者，所以受于天也，自然不可易也。故圣人法天贵真，不拘于俗。（《渔父》）

这种“法天贵真”的美学观点不仅表现在反对人工雕琢，追求事物天然本真，而且表现在推崇纯真率性、自由不羁的人格上。

但是，庄子并不认为对美的领略是一种主动的行为，如果有目的地去“判天地之美，析万物之理，察古人之全”（《天下》），是很少能得到美的感受的，审美的过程应该与“美”本身的特征相同，是在自然无为、与道合一的过程中体验美的愉悦：

夫虚静恬淡，寂寞无为者，万物之本也。……静而圣，动而王，无为也而尊，朴素而天下莫能与之争美。（《天道》）

若夫不刻意而高，无仁义而修，无功名而治，无江海而闲，不道引而寿，无不忘也，无不有也，澹然无极而众美从之。此天地之道，圣人之德也。（《刻意》）

庄子不但认为只有这种虚静恬淡、素朴无为的精神状态才能体验到美，同时也认为这种虚静恬淡、素朴无为的精神本身就具有一种美，这种美甚至还远远超越于形体的美之上。所以,“德有所长而形有所忘”,即使外形丑陋,只要具有精神之美,就能得到人们的钦慕。有时庄子甚至有意地以形体的丑来极衬人格的美,创造了一大批形极残德极全之人。

庄子的美学观又极大地影响了他的文艺观。由于认为“美”在于“真”,在于自然无为,因此文艺创作应当以还原本真为目的,在自然无为的态度下进行,这就要求摒弃一切功利目的,使得文艺创作成为一种自然而然、合乎本性的行为。《达生》篇中以射箭作比,认为如果用便宜的瓦器作赌注,就会心无顾忌而射得很好;若以较贵重的带钩做赌注时,就会心怀忌惮而射不好;要是拿黄金做赌注,就会心慌意乱,射也射不到了。同篇中写梓庆鬼斧神工的技艺来自于动手前的斋戒,斋戒三日,“不敢怀庆赏爵禄”,斋戒五日,“不敢怀非誉巧拙”,斋戒七日,“辄然忘吾有四枝形体也”,这才能发挥出真正的技艺。庄子借这两则故事说明只有忘掉利害得失,超越功利欲望,才能全神贯注、闲暇自得地运用技艺。

同时,由于庄子认为最高层次的美是超越形体之外的精神的美,所以表现美的文艺创作也应该基于一种内在的精神体验,只有忘却外物,与天地精神往来,做到与“道”相通时才能创作出好的艺术作品。列御寇射箭的技艺虽高,一旦“登高山,履危石,临百仞之渊”,便发挥不出来了,就是由于还未达到物我两忘的境界(见《田子方》)。这里,庄子将艺术的产生归结为一种神秘的直觉领悟在起作用,也即是前面所讲的“心斋”、“坐忘”,这是一种靠直觉和灵感获得创作源泉的方式。但是庄子并非认为艺术创作的源泉是凭空而来的,或是一种虚无的存在,相反,他认为艺术创作只可能建立在大量现实经验的基础之上,如《达生》篇中的承蜩老人,其高超的承蜩技艺是经过“累丸二而不坠”、“累三而不坠”、“累五而不坠”这几个艰苦的训练过程才达到的;《养生主》篇中庖丁解牛,也经过了最初的“所见无非全牛”,“三年之后,未尝见全牛也”,“方今之时,以神遇而不以目视,官知止而神欲行”这几个过程才达到其高超技艺。但是,庄子虽然肯定高超的技巧不是一朝而得,要经过长时间的经验积累,然而又主张在获得技巧之后最终要将技巧忘却,如工倕之所以能成为巧匠是因为他不但不依据规矩,也不受心思的指使,完全凭手指自然而然地进行创造(见《达生》)。

但是,庄子并不主张进行人为的艺术创造,因为在他看来,艺术创造是内在精神体验的外在表现,而内在精神所依据的“道”本身却是“不当名”的,因为“道不可闻,闻而非也;道不可见,见而非也;道不可言,言而非也”(《知北游》)。这种观点是正确的,因为“道”作为一个抽象的概念,本来就无法具体描摹,一旦描摹出来,它也就不再是原本意义上的“道”了。由此，庄子认为，语言、形式所能表达的只是事物粗糙的外表，用语言文字所写的书籍，也不过是一堆糟粕。《天道》篇中轮扁能把握徐疾之间的微妙尺寸，从而“得之于手，而应于心”，但他所体会到的技巧却无法传授给别人，就是因为这其中的奥妙是不能用语言来表达的；所以圣人之道也不能通过语言文字来流传，圣人死了，他们的道也就无法传下来了，所以即使是圣人所写的书，也只不过是古人的糟粕而已。这是一种现实生活中经常遇到的情形，也就是人们常说的“可意会而不可言传”，事物最深奥的“妙理”是无法用语言来表达的，只有“求之于言意之表”、“入乎无言无意之域”才能掌握。《秋水》篇中说：“可以言论者，物之粗也；可以意致者，物之精也；言之所不能论，意之所不能察致者，不期精粗焉。”很明确地指出文学作品只是内在精神的附庸，是比较粗糙的反映形式，并不能准确表达人的精神活动，更别说至虚至玄的“道”了。所以，庄子认为一定要进行艺术创造的话也应该是“意在笔先”。《田子方》篇中讲宋元君请画工画图，画工们都到了，恭恭敬敬地“受揖而立，舐笔和墨”，只有一个画工迟迟而来，“儃儃然不趋，受揖不立，因之舍”，宋元君派人去察探，发现他“解衣般礴”，赤身露体，宋元君于是认为他才是真正会画图的人。宋元君会作出这种判断不是没有道理的，因为此画工不但能“解衣般礴”，去除形体上的负担，而且心理上能神闲气定，超然物外，作画时也就必然能够凝神于笔端，达到精神与外物合而为一的状态。

四、《庄子》的艺术特色

1. 寓言、重言、卮言

寓言、重言、卮言的运用是《庄子》一书最重要的艺术特色。庄子在《寓言》篇中曾自叙其著述特点为：“寓言十九，重言十七，卮言日出，和以天倪。”在《天下》篇中又总结说：“以天下为沉浊，不可与庄语，以卮言为曼衍，以重言为真，以寓言为广。独与天地精神往来，而不敖倪于万物，不谴是非，以与世俗处。其书虽瑰玮而连犿无伤也，其辞虽参差而諔诡可观。”郭象《庄子注》对“寓言”、“重言”、“卮言”有很好的解释：“寄之他人，则十言而九见信。世之所重，则十言而七见信。夫卮，满则倾，空则仰，非持故也；况之于言，因物随变，唯彼之从，故曰‘日出’。日出，谓日新也，日新则尽其自然之分，自然之分尽则和也。”可见，所谓寓言就是假借形象思维寓理于事，表达己意；所谓重言，就是借重古人之言以申明作者自己的观点；所谓卮言，就是依文随势而出现的一些零星之言。其实，不管寓言、重言、卮言，作用都无非如唐陆德明在《经典释文》中所说："以人不信己，故托之于人，十言而九见信也。"是一种不标示自己成见的叙述方式，只将自己体验所得的道理，或寄托在一个虚设的故事之中，或假借众人所信服的先知先哲的嘴巴说出来，或依循事理之本然而作出自然的表达，至于道理的究竟，便留待读者去自由体悟。

"寓言"恐怕是《庄子》一书中最重要的表现手法了。《史记・老庄申韩列传》说："其著书十余万言，大抵率寓言也。"《庄子》全书大小寓言共计二百多个，其短者或二十多字，其长者或千余字；有些篇目全部由寓言排比而成，有些篇目干脆通篇就是一个寓言。但《庄子》书中，对于"寓言"这一体裁，并未在形式上给予严密的界说，而只说到寓言是"藉外论之"。什么叫"藉外论之"呢？庄子举例说，便如做父亲的不给自己的儿子做媒，因为做父亲的称赞儿子，总不如别人来称赞显得真实可信，因为大部分的人都易于猜疑。因此，自己的儿子纵然有好处，还得借外人的誉扬，才能见信于人。庄子的寓言，正是在这种"天下沉浊，不可与庄语"情况下诞生的。于是，北冥之鱼可以千变万化，抟扶摇而上九万里；藐姑射山神人可以不食五谷、吸风饮露；任公子可以用五十头牛为饵来垂钓；空髑髅也可以与人娓娓交谈。总之，一切有形的无形的，无一不可化为故事，来表达庄子的哲学。诚如章学诚在《文史通义》中所说："庄、列之寓言也，则触蛮可以立国，蕉鹿可以听讼"，皆"深于比兴，即其深于取象者也。"在《庄子》书中，这种寓言的成分占得最多，但是《庄子》中的寓言又非常与众不同。先秦其他诸子如孟子、韩非子等人亦可谓善用寓言，但孟子多采用民间传说故事来加强自己的论辩，韩非多利用历史传说与典故以佐证自己的说理，而《庄子》的寓言却大多"皆空语无事实"（司马迁语），而且庄子对于这些"无事实"之语，还往往辅以细致生动的描写，使之不仅有情节，还有语言、有形象、有情感。正是这些天马行空、看似虚妄的想象、虚构与描写，使《庄子》一书在哲学的成分以外，带上了奇幻斑斓的文学色彩。

"重言"则是借重古代圣哲或是当时名人的话，来止塞天下争辩之言。但是庄子的实际用意，并不是为了推崇圣哲与名人。虽然庄子有"齐物论"之心，但有时也不得不站出来表达自己的看法，此时只好退而求其次，借着偶像说自己的话，以避免纠缠于世俗的是非之争。因此，在创作"重言"时，他时而借重黄帝，时而借重老聃，时而又求助孔子，当然，他们都得披上庄子的外衣，说庄子的话。所以，虚构圣哲与名人的言论在庄子笔下是司空见惯的事，甚至在历史人物之外另造出许多

“乌有先生”来，让他们谈道说法，互相辩论。例如孔子在《庄子》一书中，就是个形象不定、人格不一的人物：有时被抬得高高在上，满口道家言论，俨然成了另一个庄子；有时又被还原本来面目，让他屡受老聃的教训；有时却又沦落到屡遭痛斥，被冷嘲热讽的地步。“重言”的运用，使《庄子》一书带有了一种亦庄亦谐的色彩，并将庄子的思想表达得倍加灵动新奇。

“卮言”在《庄子》中游衍不定，庄子以“卮言”命名，是想表明他自己所说的话便如酒器里的酒，“卮满则倾，卮空则仰，空满任物，倾仰随人”（成玄英语），都是无心之言，所以称为“卮言”。正因为是无心之言，时倾时仰，因此“卮言”大多是些不着边际的议论，想到哪便说到哪。在处于战国乱世之中的庄子看来，百家争鸣，各执一端，尤其儒、墨二家，他们妄分是非、善恶、贵贱、高下，完全是由于自私用智，为成见所固蔽，所以他想以“卮言”的形式，跳出是非争辩的圈子，避开自我成见的干扰，期合于天然的端倪，顺应大道的运行，而代为立论。

在《庄子》一书中，寓言、重言、卮言其实是“三位一体”，浑不可分的，它们互相辅助，互相映衬，构成了《庄子》“洸洋自恣”的艺术特色，《逍遥游》便是一个典型的例子。文章开篇便以鲲鹏的寓言引起人们的兴趣，但变化无端的鲲鹏、千里之外的南冥毕竟很难令人信以为真，于是庄子紧接着又以《齐谐》这段重言来增加其寓言的可信度。然而庄子又未将《齐谐》的故事一气说完，而是将其拦腰打断，插入了“野马也，尘埃也，……而后乃今将图南”一段卮言。这种做法看似很难理解，清刘凤苞就曾说“天之苍苍，其正色邪？其远而无所至极邪？其视下也，亦若是则已矣”这几句话“似觉一条界断青山，前后两不相粘”，给上下文的连贯造成了影响。但实际上，这正是庄子卮言的精妙之处：上文的寓言与重言皆从大鹏而出，极写大鹏之大，南冥之遥，似乎此大鹏当是“逍遥游”的代表了，然而以人之视天的经验来看，大鹏之视下应当也如人之视天一样浑沌一片、难至其极，根本无法了解其真正面目，是有局限性的。此处已初见大鹏“有待”的端倪了，但还未明说。紧接着庄子又连用三层比喻，暗示大鹏“培风”而行是借助风力，不但未达逍遥，反而有所依赖。至此卮言告一段落，接叙前文《齐谐》重言，引出“蜩”与“鸴鸠”两个新形象。“蜩”与“鸴鸠”是作为“大鹏”的反面形象出现的，但其用意却并非用来抬高“大鹏”，而是为了引出“小知不及大知，小年不如大年”一段卮言。在庄子看来，“小知”与“大知”、“小年”与“大年”只是相对而论的，其间的差别实只是五十步与一百步，原因在于他们仍未打破小大的成见；可是人们不但存有这种小大成见，还要互相“匹之”，实在是件很悲哀的事，这便又跳出大鹏的故事而翻出了一段新义。至此，文章主旨似乎已呼之欲出，可是庄子却出乎意料地跳出卮言，借汤、棘之口将鲲鹏的故事又重新叙述了一遍，这是一段重言。这段文字的作用在于《齐谐》乃“志怪者也”，恐怕还不足以取信于人，借古代圣贤之口可以进一步加以印证。然而作用似乎还不止于此，其后“此小大之辩也”一句将这段“重言”轻轻收束，继而洋洋洒洒铺开一段“卮言”，而这段“卮言”与上文的“重言”有着紧密的联系，句句皆从“重言”中来。“知效一官，行比一乡，德合一君而征一国者”，喻斥鴳之辈，故宋荣子“犹然笑之”。然而宋荣子虽能“举世而誉之而不加劝，举世而非之而不加沮，定乎内外之分，辩乎荣辱之境”，却“犹有未树也”，列子较之宋荣子虽高明一些，但也只是能“免乎行”罢了。宋荣子与列子皆有所待，只是比斥鴳高明一些，至多也不过是大鹏之辈。那么谁才能真正做到“逍遥游”呢？庄子将前文一干人等尽数推倒之后，这才道出主旨，“至人无己，神人无功，圣人无名”，文章脉络方才豁然开朗。

我们单单从《逍遥游》开篇的这一部分，便可窥见庄子借助于“寓言”、“重言”、“卮言”三者，是如何创造出波兴云委、变幻莫测的行文艺术的。可以说，《庄子》的艺术性很大一部分来源于这“三言”的成功运用，它们使得庄子散文能够打破言与意的隔膜，既未停留在浅薄的文字上，也未沉溺于晦涩的说理中，而是以一种生动而富有层次的方式，创造出其极具浪漫主义感染力的优美文字，成为中国古代文学中不可逾越的高峰。

2.《庄子》散文的艺术特色

《庄子》是先秦诸子散文中最具特色的。鲁迅曾高度赞扬《庄子》的文字“汪洋辟阖，仪态万方”，闻一多也称赞“南华的文辞是千真万真的文学”。《庄子》散文的独到之处，便是它跳出了先秦语录体散文与论辩体散文的束缚，不仅以说理为目的，还创造了一种优美飘逸、恢恑憰怪的文学风格，使其散文的文学性甚至超越了哲理性。

其文学性首先表现在他创造了一大批鲜明的形象，这些形象的创造并不限于人物，而且还借助寓言为载体，超越了常人的认知与想象，延伸至自然界一切有形无形的事物，甚至只能存在于人们观念中的精神事物。这些形象或美或丑，或真或假，或庄或谐，或逍遥或狭隘，令人目不暇接。在人物方面，庄子创造了一批极有特色的至丑之人，《大宗师》篇中描写子舆得病，以至于背偻腰曲，五脏脉管突起于背脊，脸缩于肚脐，肩高于头顶，身体完全扭曲变形，却不但不以之为丑，反而“心闲无事”，摇晃着走到井边，欣赏自己变形的躯体，实在令人匪夷所思。《德充符》篇中，庄子更是集中塑造了一批身残形丑之人：兀者王骀、申徒嘉、叔山无趾，恶人哀骀它，闉跂支离无脤，瓮盎大瘿等，这些人不是缺胳膊少腿，便是形貌丑陋变形，甚至长着碗大的瘤，可谓丑之极至，但庄子却对他们赞叹不已，不仅让孔子在他们面前恭敬有加，还让他们与老聃谈道论法。但庄子也并非专门制造一些丑陋的形象来哗众取宠，《逍遥游》篇中描写的藐姑射山神人，“肌肤若冰雪，绰约若处子；不食五谷，吸风饮露；乘云气，御飞龙，而游乎四海之外”，就完全是形德之美的极致。《大宗师》篇中也描写了真人，“其心志，其容寂，其颡頯；凄然若秋，暖然似春，喜怒通四时，与物有宜而莫知其极”，其美简直能令天地变色。除了这些或美或丑的虚构形象，庄子笔下还有着像孔子、颜回这样的儒家人物，文惠君、卫灵公、惠施这样的执政者，匠石、轮扁、庖丁、梓庆这样的普通职业者。不仅人物，自然界的万事万物都可以为庄子所用，成为其寓言中的主人公。栎树可以托梦给匠石，讲述无用以全身的道理（见《人间世》），髑髅可以与庄子同寝，讨论死生之间的际遇（见《至乐》）。《齐物论》中记叙了“罔两问景”的故事：

> 罔两问景曰：“曩子行，今子止；曩子坐，今子起；何其无特操与?”景曰：“吾有待而然者邪？吾所待又有待而然者邪？吾待蛇蚹蜩翼邪？恶识所以然？恶识所以不然?”

影子要依附于物，而罔两是“影外之阴”，也即是影子的影子，这样两个虚无缥缈的事物却能够将精神与形体之间的复杂关系阐述得头头是道，不能不让人赞叹庄子的奇思妙想。《应帝王》篇中庄子还吸收《山海经》中的神话，创作了“浑沌之死”的寓言：中央之帝浑沌，人皆有七窍，而它却没有，南海、北海之帝儵、忽为报浑沌善待之恩，便为其开凿七窍，谁知“日凿一窍，七日而浑沌死”。儵、忽指一来一逝、飘忽无形之物，而浑沌更是万物之初无法描摹的形相，庄子便是借这些无形无相的形象来说明帝王治世的深刻道理的。

可见，在庄子眼中，已无物我之分，人物之间，物物之间，天地万物与精神世界的交流可以是毫无限制的，任何事物都有思想、有灵性，可以将抽象的哲理表达得生动有趣。这种漫无涯际的想象与广阔无垠的视野又使得庄子散文能够超越时空的局限，呈现出宏大雄奇的气魄与汪洋恣肆的浪漫主义色彩。在庄子笔下，北冥的巨鲲有几千里之大，一朝化而为鹏，其翼便如垂天之云，能够水击三千里，抟扶摇而上九万里（见《逍遥游》）！任公子垂钓，要大钩巨缁，以五十头牛为饵，蹲于会稽山上，投竿东海，一年过去，大鱼吞饵，顿时白浪如山，海水震荡，声如鬼神，震惊千里，鱼之大，可令浙江以东、苍梧以北之人均得饱食（见《外物》）。《齐物论》中的至人更是能够"大泽焚而不能热，河汉冱而不能寒，疾雷破山，飘风振海而不能惊，……乘云气，骑日月，而游于四海之外。"这些是多么宏伟壮观、变幻莫测的景象啊！《秋水》篇中庄子将大自然的壮美描摹得波澜壮阔：

> 秋水时至，百川灌河。泾流之大，两涘渚崖之间，不辩牛马。于是焉河伯欣然自喜，以天下之美为尽在己。顺流而东行，至于北海，东面而视，不见水端。于是焉河伯始旋其面目，望洋向若而叹曰："野语有之，曰'闻道百，以为莫己若'者，我之谓也。……吾长见笑于大方之家。"

这些气势宏大的描写可谓道尽了"大"的玄妙，不能不唤起人们对逍遥的无限遐想。难怪宋代高似孙评价庄子散文时说："极天之荒，穷人之伪，放肆迤演，如长江大河，滚滚灌注，泛滥于天下；又如万籁怒号，澎湃汹涌，声沉影灭，不可控搏。"(《子略》)然而，庄子又不时以大手笔来曲尽"小"之情状，《则阳》篇中讲道"有国于蜗之左角者曰触氏，有国于蜗之右角者曰蛮氏"，蜗角之国，已经小而又小，然而就在如此小的地盘上，触、蛮二氏却还能"时相与争地而战，伏尸数万，逐北旬有五日而后反"，实在令人惊心动魄、难以置信。然而，这又正是战国时期"争地以战，杀人盈野；争城以战，杀人盈城"(《孟子》)的社会现实的真实反映，庄子也正是以这种夸张之语，来嘲讽目光浅陋、厮杀无止的诸侯。而将这种雄奇的夸张发展到极致是在庄子将死之时，"弟子欲厚葬之，庄子曰：'吾以天地为棺，以日月为连璧，星辰为珠玑，万物为赍送。吾葬具岂不备邪！何以加此！'"(《列御寇》)只有精神上冲出渺小的个体，将短暂生命融入宇宙万物之间，方能有此不惧死生的气魄。试看先秦诸子，除了庄子，又有谁能有这种精神上的无限张力，这种穿越时空、超越死生的旷达潇洒呢?

但是仅有丰富奇特的形象和宏伟壮阔的气势，还不足以构成庄子散文的独特魅力，庄子散文的形象和气势还要通过生动贴切的比喻和细致传神的描写才能达到形神俱现的效果。例如《养生主》篇中说："指穷于为薪，火传也，不知其尽也。"以薪喻形，以火喻神，薪有尽而火无穷，正如形体总有枯槁之时，但精神只要加以保养便能不穷不尽，强调了养生者当在于养神而非养形。又如《在宥》篇说："女慎无撄人心，人心排下而进上，上下囚杀，绰约柔乎刚强，廉刿雕琢，其热焦火，其寒凝冰，其疾俯仰之间而再抚四海之外，其居也渊而静，其动也县而天。"以"焦火"喻其躁，"凝冰"喻其坚，"俯仰四海"喻其速，"渊静县天"喻其动静各殊，皆用来比喻人心之不可撄。庄子在运用比喻时，还往往善于使用连类比喻，造成如层峰起伏般的奇妙效果，如《天运》篇"孔子西游于卫"一段，接连使用"古今非水陆"、"周鲁非舟车”、“桔槔俯仰”、“柤梨橘柚可口”、“猨狙衣周公之服”、“西施病心而矉其里”六个比喻，作六层转换，生动地说明“礼义法度”必须“应时而变”的道理。

细致传神的描写也是庄子散文艺术魅力的来源之一，它使得庄子散文不仅有故事，而且故事生动有趣，不仅有人物，而且人物栩栩如生，不仅有情节，还有语言，有动作，有神态，有心理活动。《盗跖》篇是一个典型代表，其中“孔子见盗跖”几乎就是一篇完整的小说，而且情节跌宕起伏，引人入胜：被人称为“圣之和也”的柳下惠与“杀人放火”的盗跖成了亲兄弟，相隔百年的孔子与柳下惠居然也成了好友，孔子一意孤行，不听劝阻，欲说服盗跖改邪归正，不料却遭盗跖痛斥，落荒而逃，路遇柳下惠，发出“无病而自灸”、“几不免虎口哉”的感叹。整个故事大起大落，变幻莫测，生动地刻划了英雄神勇的盗跖这一极富传奇色彩的形象，也夸张地讽刺了所谓至圣的孔子实不过是名巨盗。其中的多处描写可谓声情并茂，如孔子第一次拜见盗跖时：

> 盗跖闻之大怒，目如明星，发上指冠，曰：“此夫鲁国之巧伪人孔生非邪？为我告之：‘尔作言造语，妄称文武，冠枝木之冠，带死牛之胁，多辞缪说，不耕而食，不织而衣，摇唇鼓舌，擅生是非，以迷天下之主，使天下学士不反其本，妄作孝弟，而侥幸于封侯富贵者也。子之罪大极重，疾走归！不然，我将以子肝益昼餔之膳！”

再次拜见盗跖时：

> 盗跖曰：“使来前！”孔子趋而进，避席反走，再拜盗跖。盗跖大怒，两展其足，案剑瞋目，声如乳虎，曰：“丘来前！若所言，顺吾意则生，逆吾心则死。”

两次拜见，将盗跖勃然大怒的神态与其叛逆豪放的言语描绘得有声有色，也从侧面描写了孔子欺世盗名的面目。及至孔子失败遭斥，狼狈而逃时，则是：

> 孔子再拜趋走，出门上车，执辔三失，目芒然无见，色若死灰，据轼低头，不能出气。

短短几句神态与动作描写，孔子失魂落魄、狼狈而逃的模样便跃然纸上，与盗跖雄健粗犷、无畏无惧的形象形成鲜明的对比。再如《达生》篇中说齐桓公于泽中见鬼，以致失魂诶语而病，皇子告敖前往，庄子写道：

> 桓公曰：“然则有鬼乎！”曰：“有。沈有履，灶有髻。户内之烦壤，雷霆处之；东北方之下者，倍阿鲑蠪跃之；西北方之下者，则泆阳处之。水有罔象，丘有峷，山有夔，野有彷徨，泽有委蛇。”公曰：“请问，委蛇之状如何？”皇子曰：“委蛇，其大如毂，其长如辕，紫衣而朱冠。其为物也，恶闻雷车之声，则捧其

> 首而立，见之者殆乎霸。”桓公辴然而笑曰：“此寡人之所见者也。”于是正衣冠与之坐，不终日而不知病之去也。

这段文字看似波澜不惊，其实却大有文章：皇子告敖看似在为桓公讲述鬼之情状，实则是深知桓公的称霸野心，从而暗中奉迎，二人的微妙心理就在这段普普通通的对话中表露无遗了。

《庄子》散文的文学成就，还表现在其语言特色上。明人陆西星形容《庄子》的文章有“草蛇纩线”（《南华真经副墨》）之妙，清人方东树也说“大约太白诗与庄子文同妙，意接而词不接，发想无端，如天上白云，卷舒灭现，无有定形。”（《昭昧詹言》卷十二）庄子的语言往往如行云流水，飘逸优美，宛转跌宕，同时又节奏鲜明，音调和谐，具有散文诗般的艺术效果。如《齐物论》篇中对风的描写：

> 夫大块噫气，其名为风。是唯无作，作则万窍怒号，而独不闻之翏翏乎？山林之畏佳，大木百围之窍穴，似鼻、似口、似耳、似枅、似圈、似臼、似洼者、似污者。激者、谪者、叱者、吸者、叫者、譹者、宎者、咬者。前者唱于，而随者唱喁。泠风则小和，飘风则大和，厉风济则众窍为虚。而独不见之调调、之刁刁乎？

极写了风之情态，从各种各样的孔穴，写到各种各样的风声，从小风到大风，再到众窍俱寂，树影摇曳，正如宣颖所说：“初读之，拉杂崩腾，如万马奔趋，洪涛汹涌；既读之，希微杳冥，如秋空夜静，四顾悄然。”既有赋的铺陈，又有诗的节奏，读来仿佛令人身临其境，领略了一番自然的变幻莫测。在行文构思上，《庄子》的文字散而有结，开阖无端，首尾不落俗套，转接无露痕迹，令读者忽如置身群峰之间，忽如脚踏平原之上，忽如登临万仞之巅，一览无余，忽如误入十里迷津，惝恍迷离。如《逍遥游》一文，起手写大鹏凭风南飞，以寓万物皆“有所待”之旨。但唯恐他人不信，又引《齐谐》为证，并借野马、尘埃、大舟喻大鹏，借水与生物之息喻大风，并通过蜩、鸴鸠、朝菌、蟪蛄、冥灵、大椿、彭祖、众人与汤之问棘来反复申述此意。接着以“此小大之辩也”一句稍作收束，暗示凡此种种，虽有大小之别，寿夭之殊，然其“有所待”，则皆无例外。但文复生文，喻复生喻，波兴云委，莫测涯涘，行文至此并未点明正意。接着，笔锋由小智小才者转向“举世誉之而不加劝，举世非之而不加沮”的宋荣子与“御风而行”的列子，表明前者不过是自适其志的鸴鸠、斥鴳之辈，而后者与“乘天地之正，而御六气之辩，以游无穷”，无所待而获得真正逍遥的至人、神人、圣人相比，也至多不过是“犹有所待”的大鹏而已，实在不值得称道。全篇宗旨，至此才轩豁呈露。笔势蜿蜒，层层跌落，又层层推进，似断而非断，似续而非续，结束之处亦令人回味无穷。正如刘熙载所说："文之神妙，莫过于能飞。庄子之言鹏曰'怒而飞'，今观其文，无端而来，无端而去，殆得'飞'之机者。"（《艺概·文概》）

以上这些特点使得庄子散文大大有别于先秦各家诸子散文，达到哲理性与文学性的完美结合。应该说，与先秦其他诸子散文一样，《庄子》还是以说理为目的的散文，只是庄子以其令人惊叹的天才，不自觉地在文学性上超越了哲理性。正如闻一多所说："庄子是一位哲学家，然而侵入了文学的圣域。"正由于此，庄子能把枯燥艰涩的理论表达得浑然流畅、含而不露，如《齐物论》篇末写"庄周梦蝶"：

> 昔者庄周梦为蝴蝶，栩栩然蝴蝶也。自喻适志与，不知周也。俄然觉，则蘧蘧然周也。不知周之梦为蝴蝶与，蝴蝶之梦为周与？周与蝴蝶，则必有分矣。此之谓物化。

"物化"指泯灭事物差别，彼我浑然同化的和谐境界，本不好理解，但庄周却借生活中常见的"做梦"这种"物化"的瞬间表达来加以说明，且将"栩栩然"的蝴蝶与"蘧蘧然"的庄周刻画得如见其人，如梦其梦，从而使人明白了梦与觉、周与蝶本不必分，也不可分的道理，达到了物我两忘的境界。此类例子在《庄子》中不胜枚举，但是也必须看到，庄子汪洋恣肆的生花妙笔根本上还是来源于其深邃难测的哲理，读《庄子》不仅要欣赏其艺术魅力，也应当领略其哲学风采，正如闻一多所说："读《庄子》，本分不出哪是思想的美，哪是文字的美。"

五、庄子的地位与影响

《庄子》在文学上的影响很大，自贾谊、司马迁以来，历代大作家几乎无一不受到它的熏陶。在思想上，或取其愤世嫉俗、旷达不羁，或随其悲观消极、颓废厌世；在艺术上，或赞叹不已，或汲取仿效，并加以发挥，从而创造了许多中国古代文学中多姿多彩的艺术作品。郭沫若认为，秦汉以来的中国文学史差不多大半是在《庄子》的影响下发展的（见《鲁迅与庄子》）。闻一多也说："中国人的文化上永远留着庄子的烙印。"这些话决不夸张，从寓言到小说，从诗歌到散文，从形式到内容，从文学到哲学，无一不留有庄子的影子，甚至中国的艺术史也多少带有庄子的印记。

首先，在先秦诸子中，庄子可谓是最善于将寓言作为一种文学形式加以自觉运用的。在他的笔下，寓言不仅仅是说理的辅助工具，也具有了几近独立的地位。

在中国文学的发展过程中，它直接影响了文人的寓言创作，如唐代韩愈的《马说》、《龙说》、《送穷文》，柳宗元的《三戒》、《种树郭橐驼传》，明代刘基的《郁离子》等，使寓言逐步脱离了论说文、史传文而独立成体。更为重要的是，先秦寓言起着上继神话，下启小说的作用。《庄子》中关于浑沌、黄帝、广成子等的刻画，都采用了神话的题材，其变幻莫测的想象与夸张也与古代神话的风格相似。但它又发展了神话的简单形式，其寓言有故事情节，有时甚至是复杂的故事情节，有人物形象，有对话，有细节，直接启发了后代小说的产生。《庄子》中许多寓言记述或者虚构了鬼怪异事，是魏晋以后志怪小说的鼻祖之一。《庄子》中妻死鼓盆在冯梦龙《警世通言》中被发挥成《庄子休鼓盆成大道》，庄周梦蝶、髑髅见梦等也被后人演为《三勘蝴蝶梦》、《大劈棺》等戏剧，鲁迅《故事新编》中的《起死》也本于此。至于后代诗、词、曲、赋中熔铸其寓言为题材的，更是俯拾皆是，数不胜数。

其次，庄子“独与天地精神往来”的浪漫主义风格也给中国文学带来了深刻的影响，其极端热情的文字，漫无涯际的想象，缤纷瑰丽的辞藻，天马行空的文思，使其成为中国浪漫主义文学的源头，影响到包括咏怀诗、玄言诗、游仙文学、山水文学、田园文学、志怪文学等在内的一大批文学形式。唐代李白深受庄子“开浩荡之奇言”的浪漫主义风格影响，其诗歌、散文感情炽烈，想象丰富，气势磅礴，狂放不羁，成为庄子之后中国浪漫主义文学的又一个高峰。宋代苏轼也深得庄子浪漫主义的真谛，他说：“吾昔有见于中，口未能言。今见《庄子》，得吾心矣。”（苏辙《东坡先生墓志铭》）看来，其自然旷达、卓尔不群的人格与庄子不无关系；其《赤壁赋》及清风阁、凌虚台、墨宝堂、超然台诸记，思想语言亦无不出于庄子，而其文章所谓“如行云流水”，“如万斛泉源，不择地而出”的风格，亦与《庄子》相近，其词更是得庄子之风，成为开创“豪放”一派的大家。

第三，庄子散文中的美学思想对中国文学、艺术都产生了深远的影响。庄子认为“天地有大美而不言”，认为“美”存在于“天地”之间，为自然所有，只有自然无为方才可以体会到天地之大美。这一思想可谓直接孕育了中国山水诗、田园诗、游记等文学的萌芽，并促其发展。中国的绘画、书法也无一不受其影响，山水画以其得天地之美而成为中国画的最主要类型，书法则受其“大美”的美学情调和浪漫主义风格的影响，产生了行云流水、挥斥八极的草书，典型的如张旭、怀素等人的书法。庄子还独开“以丑为美”的美学先河，他追求形体的完美，但更追求精神的完美，在他看来，丑陋的形体之下反而更能包含超越形体之外的精神之美，即他所称的“全德”。这种以形体的丑陋来突出精神之美的美学取向，也成了文学家和艺术家们的又一处灵感源泉，文学家以“丑石”、“病梅”等等有缺憾的事物来表达自己的精神追求，画家们则以形像怪异丑陋的人物来表达内心不屈不挠的精神力量。此外，庄子主张得意忘言、言约旨远、意在言外的创作准则，直接影响了刘勰“情在词外”、钟嵘“文有尽而意有余”、司空图“象外之象，景外之景”、王国维境界说等文艺理论，也极深地影响到中国的文学与艺术，使其形成了重神而不重形这种显著区别于西方文艺的风格。

第四，庄子蔑视权势利禄、追求独立自由人格和逍遥自适生命境界的精神，使中国文人在儒家的“修身、齐家、治国、平天下”之外，有了另一种生命追求。阮籍、嵇康不拘礼教、任性不羁、愤世嫉俗的人格表现，陶渊明“不为五斗米折腰”而宁愿“采菊东篱下”的人生态度，甚至欧阳修流连山水时“醉翁之意不在酒，在乎山水之间也”的理想，无一不留有庄子的影子。李白、苏轼面对人生的大起大落，能够不惊不乱，依然旷达自适，都可看出受庄子濡染之深。庄子对中国文人精神的影响难以一语道尽，大到人格取向，小到细枝末节，都与庄子有着或多或少、或深或浅的联系，要真正体会中国文人的精神，不读懂庄子是不行的。

六、历代的庄子研究

战国时的荀子对庄子已有所批判，但却往往对庄子学说加以改造、发挥，以为己用。《吕氏春秋》对庄子思想和内容也多有引用。西汉前期的淮南王刘安、司马迁都对庄子有所研究，秦汉辞赋、经学也都吸纳、改造了部分庄子思想，以为己用。

魏晋时期，玄学兴起，以阮籍、嵇康为代表的“竹林七贤”对庄子大加倡导，提出“越名教而任自然”，以庄子的思想行为为标榜。魏晋注《庄》者甚多，郭象之前便有几十家，其中为世所重者有崔譔、向秀、司马彪、孟氏、郭象诸家的注和李颐的集解。郭注以其精纯而为世人所贵，流传至今，其余诸人的注解，或佚失，或仅残存于陆德明《经典释文·庄子音义》和他书注文及类书之中。东晋南北朝佛教盛行，般若学与儒、道互相渗透，使此时的庄子学带有浓重的佛化色彩，许多名僧研究庄子思想，如慧远早年“博综六经，尤善庄老”，支遁作《逍遥论》等。东晋道教亦迅速发展，其理论往往通过改造、发展老庄思想而成，许多道教理论家对《庄子》进行了积极阐释，如葛洪曾著《修订庄子》十七卷，当是一部以道教理论来修正庄子学说的专著。

隋唐两代，道学地位陡增，尤其唐朝出于神化“李”姓的目的，对老子大加崇拜，这在唐玄宗时达到了高潮，他不仅大力提高老子的地位，也对其后继者庄子、列子大加推崇，诏号《庄子》为《南华真经》，加封庄子为“南华真人”，并在科举之中对道学加以重视，促成了唐代庄子学的盛行。隋唐两代，关于庄子的著作可以考知的有二十多种，但流传下来的只有陆德明的音义和成玄英的注疏。陆德明《庄子音义》三卷，广集并审订了汉魏六朝众多学者为《庄子》所作之音义，并于这些旧音义之外自作音义，可谓为汉魏以来所取得的治《庄》成果作了一次前所未有的总结，许多宝贵的庄子研究资料因此而得以保存。唐初道士成玄英作《庄子疏》，在继承郭象注的基础上，既吸取了佛教的许多思想观念和思想方式，又承因了道教的一些思想信仰，他从训释字词入手，进一步对语句章句进行疏理贯通，弥补了郭象只重义理不重训释的不足，因此可谓是一部吸纳、融合魏晋六朝多种思想学术精华而又有所进益的著作。

宋明时期儒、道、佛三家并立而以儒为尊，故宋明庄子学表现出明显的儒学化，以儒评庄，引庄入儒是宋明两代庄子学的最大特点。此外佛、道两家的学者也对庄子学贡献颇大。宋明时期重要的文人学者包括理学家，都对《庄子》进行过评论，如王安石、苏轼、黄庭坚、周敦颐、程颢、程颐、朱熹、宋濂、杨慎、归有光、李卓吾、袁宏道、袁中道、钟惺、谭元春等，其中王安石、苏轼对后世庄子学影响极大，而宋明理学虽试图划清与道家的界限，也还是不免吸纳了道家的思想理论与思维方法。宋明佛教特别是其禅宗，不但大胆吸收了庄子思想，还积极参与了阐释庄子思想的活动。宋明道教以其与道家的独特关系，对庄子学贡献甚大，许多道教学者都撰有庄子学专著，如陈景元《南华真经章句音义》、褚伯秀《南华真经义海纂微》、陆西星《南华真经副墨》等。宋明时期以诗文词曲评庄释庄的现象也大量出现，典型的如宋王安石、苏轼、刘辰翁，明归有光等，为庄子学的发展起了特殊的作用。

清代庄子学结合了义理阐释与文章学研究两方面，如林云铭《庄子因》、宣颖《南华经解》等，取得了很大成绩。乾嘉之后的庄子学受乾嘉学风的影响，又大量引进了训诂、考据等方法，如卢文弨《庄子音义考证》、王念孙《庄子杂志》、俞樾《庄子平议》、孙诒让《庄子郭象注札迻》等，也取得了很大成就。晚清还出现了一些集合众家研究成果的大成之作，如郭庆藩《庄子集释》、王先谦《庄子集解》等皆是。民国时期，中国政治、经济、文化都发生了剧烈变化，西方文化的传入，使中国传统文化的研究在受到种种冲击之后，表现出许多新的特点，并产生了一大批具有新兴思想与研究方法的学者，因此近代庄子学出现了两种不同的趋势，一种以传统的训诂校勘方法进行更深入的研究，如马叙伦《庄子义证》、刘文典《庄子补正》、王叔岷《庄子校释》、胡远濬《庄子诠诂》、闻一多《庄子内篇校释》、杨树达《庄子拾遗》等；另一种则吸收了西方哲学与科学的成果进行新的阐释，如苏甲荣《庄子哲学》、郎擎霄《庄子学案》、叶国庆《庄子研究》等，为庄子研究注入了新的活力。

本书所选录的《庄子》原文，据中华书局 1997 年 10 月重印《诸子集成》中郭庆藩《庄子集释》本。

逍　遥　游

题解

本文是《庄子》的首篇，表现了庄子追求绝对自由的思想。庄子的逍遥是指“无所待而游于无穷”，即是说无视物我之别，忘己、忘功、忘名，与自然化而为一，不受任何约束而自由自在地优游。此篇逍遥义同时奠定了整部《庄子》的浪漫主义基调。

全文分总论和分论两大部分。文章一开始就给我们塑造了大鹏的宏伟形象，它凭风怒飞，扶摇而上九万里，看虽逍遥，实则“有所待”，没有达到庄子理想的境界。紧接着又通过野马、尘埃、蜩与鸴鸠、朝菌、蟪蛄、冥灵、大椿、彭祖等形象说明他们皆有所待。文章到此以“此小大之辩也”稍作收结，承上启下，又引出誉不加劝、非不加沮的宋荣子和“御风而行”的列子，他们也不逍遥。至此“乘天地之正，而御六气之辩，以游无穷”的至人、神人、圣人形象就呈现在我们面前，成为庄子肯定的正面形象。文章在分论部分进行具体论述，用许多寓言故事逐层阐释了圣人无名、神人无功、至人无己，继续重申了顺乎自然、无为而适的逍遥游观点。

庄子的逍遥游作为一种理想境界，让人心驰神往。但在现实中却是无法达到的。文章想象丰富，构思巧妙，结构谨严。行文自然顺畅，如行云流水，汪洋恣肆；又如万斛源泉，随地涌出。且文复生文，喻中夹喻，波兴云委，莫测涯涘，字里行间洋溢着浪漫主义精神，给人以艺术上的享受。

北冥有鱼[①]，其名为鲲[②]。鲲之大，不知其几千里也。化而为鸟，其名为鹏[③]。鹏之背，不知其几千里也。怒而飞[④]，其翼若垂天之云[⑤]。是鸟也[⑥]，海运则将徙于南冥[⑦]。南冥者，天池也[⑧]。《齐谐》者[⑨]，志怪者也[⑩]。《谐》之言曰：“鹏之徙于南冥也，水击三千里[⑪]，抟扶摇而上者九万里[⑫]，去以六月息者也[⑬]。”野马也[⑭]，尘埃也，生物之以息相吹也[⑮]。天之苍苍[⑯]，其正色邪[⑰]？其远而无所至极邪[⑱]？其视下也[⑲]，亦若是则已矣[⑳]。且夫水之积也不厚[㉑]，则其负大舟也无力[㉒]；覆杯水于坳堂之上[㉓]，则芥为之舟[24]；置杯焉则胶[25]，水浅而舟大也。风之积也不厚，则其负大翼也无力[26]。故九万里，则风斯在下矣[27]，而后乃今培风[28]；背负青天而莫之夭阏者[29]，而后乃今将图南[30]。

注释

① 冥（míng 明）：通“溟”，指海。北冥，北海。

② 鲲（kūn 昆）：小鱼。这里用作大鱼名。

③ 鹏：即古“凤”字，大鸟名。

④ 怒：奋力。

⑤ 垂：通“陲”，边疆。

⑥ 是鸟：此鸟，指大鹏。

⑦ 海运：海动，谓海水翻腾。

⑧ 天池：天然形成的大池。

⑨《齐谐》：书名，出于齐国，故名《齐谐》。

⑩ 志怪：记载怪异的事物。

⑪ 水击：击水，拍水。这是写鹏翼拍水而飞。

⑫ 抟（tuán 团）：兼有拍、旋二义。　扶摇：盘旋而上的暴风。

⑬ 去：离开。　息：气息，谓风。

⑭ 野马：指浮游的水气。

⑮ 息：气息。

⑯ 苍苍：深蓝色。

⑰ 邪：同耶。

⑱ 其：抑或，还是。

⑲ 其：指大鹏。

⑳ 是：指人视天。

㉑ 厚：谓深。

㉒ 负：载。

㉓ 坳（ào 傲）堂：室内低洼处。

㉔ 芥：小草。

㉕ 胶：粘着，犹言搁浅。

㉖ 大翼：指大鹏。

㉗ 斯：就。
㉘ 培风：凭借风力。培，通“凭”。
㉙ 莫之夭阏：没有阻碍。夭，折；阏（è 扼），止。
㉚ 图南：图谋南飞。

“蜩与鸴鸠笑之曰[①]：‘我决起而飞[②]，抢榆枋[③]，时则不至[④]，而控于地而已矣[⑤]，奚以之九万里而南为[⑥]？’”适莽苍者[⑦]，三飡而反[⑧]，腹犹果然[⑨]；适百里者，宿舂粮[⑩]；适千里者，三月聚粮。之二虫[⑪]，又何知！小知不及大知[⑫]，小年不及大年[⑬]。奚以知其然也？朝菌不知晦朔[⑭]，蟪蛄不知春秋[⑮]，此小年也。楚之南有冥灵者[⑯]，以五百岁为春，五百岁为秋；上古有大椿者[⑰]，以八千岁为春，八千岁为秋。而彭祖乃今以久特闻[⑱]，众人匹之[⑲]，不亦悲乎？

注释

① 蜩（tiáo 条）：蝉。　鸴鸠：小斑鸠。
② 决（xuè 谑）起：急起的样子。
③ 抢：冲。　榆：榆树。　枋：檀树。
④ 则：或。
⑤ 控：投。
⑥ 奚以……为：哪里用得着……呢！　之：往，到。　南：作动词，向南飞。
⑦ 适：往。　莽苍：指郊野。
⑧ 飡（cān 餐）：通“餐”。　反：通“返”。
⑨ 果然：饱的样子。
⑩ 宿舂粮：指要携带过一宿的粮食。
⑪ 之二虫：指蜩与鸴鸠。之，这。
⑫ 知：通“智”。
⑬ 年：年寿。
⑭ 朝菌：一种朝生暮死的虫。　晦朔：每月的第一天为朔，最末一天为晦。这里指平明与黑夜。
⑮ 蟪蛄：寒蝉，春生夏死，夏生秋死。

⑯ 楚:楚国。　冥灵:木名。
⑰ 椿:椿树,传说是神树。
⑱ 彭祖:传说中的长寿人物。　特闻:独闻于世。
⑲ 匹:比。　之:指彭祖。

汤之问棘也是已[①]:“穷发之北[②],有冥海者,天池也。有鱼焉,其广数千里[③],未有知其修者[④],其名为鲲。有鸟焉,其名为鹏,背若太山[⑤],翼若垂天之云,抟扶摇羊角而上者九万里[⑥],绝云气[⑦],负青天[⑧],然后图南,且适南冥也[⑨]。斥鴳笑之曰[⑩]:‘彼且奚适也?我腾跃而上,不过数仞而下[⑪],翱翔蓬蒿之间[⑫],此亦飞之至也[⑬],而彼且奚适也?’”此小大之辩也[⑭]。

注释

① 棘:即夏革,汤时贤大夫。
② 穷发:指北极地带草木不生的地方。
③ 广:指鱼背的宽度。
④ 修:长。
⑤ 太山:即泰山,在山东境内。
⑥ 羊角:羊角风,即旋风。
⑦ 绝:超越。
⑧ 负:倚靠。
⑨ 且:将,将要。
⑩ 斥鴳(yàn 宴):生活在小泽中的雀鸟。斥,小泽。
⑪ 仞:古代长度单位,一仞为八尺。
⑫ 蓬、蒿:皆为低矮的草本植物。
⑬ 至:极,指最理想境界。
⑭ 辩:通“辨”,分。

故夫知效一官[①],行比一乡[②],德合一君而征一国者[③],其自视也[④],

亦若此矣[5]。而宋荣子犹然笑之[6]。且举世而誉之而不加劝[7],举世而非之而不加沮[8],定乎内外之分,辩乎荣辱之境,斯已矣。彼其于世,未数数然也[9]。虽然,犹有未树也。夫列子御风而行[10],泠然善也[11],旬有五日而后反[12]。彼于致福者[13],未数数然也。此虽免乎行,犹有所待者也[14]。若夫乘天地之正[15],而御六气之辩[16],以游无穷者[17],彼且恶乎待哉!故曰:至人无己[18],神人无功[19],圣人无名[20]。

注释

① 效:胜任。

② 比:适合,投合。

③ 征:信。

④ 其:指上述三种人。

⑤ 此:指蜩、鸠、斥鴳。

⑥ 宋荣子:战国中期的思想家。　犹然:嗤笑的样子。

⑦ 誉:赞扬。　劝:努力,励勉。

⑧ 非之:非难他。　沮:沮丧,消极。

⑨ 数数然:营求急促的样子。

⑩ 列子:即列御寇。　御风:乘风。

⑪ 泠然:轻妙的样子。

⑫ 有:通“又”。　反:通“返”。

⑬ 致:求。

⑭ 有所待:有所依赖。这里是说列子仍不能逍遥游。

⑮ 乘:顺。　正:法则,规律。

⑯ 御:顺从。　六气:指阴、阳、风、雨、晦、明。

⑰ 无穷:无始无终之境,即大道。

⑱ 无己:即忘掉自己,与万物化而为一。

⑲ 无功:谓无意求功于世间。

⑳ 无名:指无心汲汲于名位。至人、神人、圣人即是庄子理想中修养最高的人物。

尧让天下于许由[1],曰:“日月出矣,而爝火不息[2],其于光也,不亦难乎！时雨降矣，而犹浸灌[3]，其于泽也[4]，不亦劳乎！夫子立而天下治[5]，而我犹尸之[6]，吾自视缺然[7]，请致天下[8]。”

许由曰：“子治天下，天下既已治也，而我犹代子，吾将为名乎？名者，实之宾也[9]。吾将为宾乎？鹪鹩巢于深林[10]，不过一枝；偃鼠饮河[11]，不过满腹。归休乎君，予无所用天下为！庖人虽不治庖[12]，尸祝不越樽俎而代之矣[13]！”

注释

① 尧：传说中的古代帝王。 许由：传说中的古代隐士。

② 爝（jué 爵）火：小火把。 息：通“熄”。

③ 浸灌：浇灌。

④ 泽：润泽。

⑤ 夫子：指许由。

⑥ 尸：本指庙中神像，后引申为徒居名位而无其实之意，这里是主持，主其事。

⑦ 缺然：自愧的样子。

⑧ 致：与，交给。

⑨ 宾：从属、派生的东西。

⑩ 鹪鹩（jiāo liáo 焦疗）：小鸟名，善于筑巢。

⑪ 偃（yǎn 眼）鼠：即鼹鼠，好饮河水。

⑫ 庖（páo 袍）人：厨师。 治庖：管理烹饪的工作。

⑬ 尸祝：祭祀中执祭版对神主祷祝的人。 樽（zūn 尊）：盛酒器具。 俎（zǔ 阻）：盛肉器具。

肩吾问于连叔曰[1]：“吾闻言于接舆[2]，大而无当，往而不返。吾惊怖其言，犹河汉而无极也[3]；大有径庭[4]，不近人情焉。”

连叔曰：“其言谓何哉[5]？”曰：“‘藐姑射之山有神人居焉[6]，肌肤若冰雪，绰约若处子[7]；不食五谷[8]，吸风饮露；乘云气，御飞龙，而游乎四海之外；其神凝，使物不疵疠而年谷熟[9]。’吾以是狂而不信也[10]。”

连叔曰：“然。瞽者无以与乎文章之观[11]，聋者无以与乎钟鼓之声。

岂唯形骸有聋盲哉！夫知亦有之[12]。是其言也，犹时女也[13]。之人也[14]，之德也，将旁礴万物以为一[15]，世蕲乎乱[16]，孰弊弊焉以天下为事[17]！之人也，物莫之伤[18]，大浸稽天而不溺[19]，大旱金石流、土山焦而不热。是其尘垢粃穅[20]，将犹陶铸尧舜者也[21]，孰肯以物为事！宋人资章甫而适诸越[22]，越人断发文身[23]，无所用之。尧治天下之民，平海内之政，往见四子藐姑射之山、汾水之阳[24]，窅然丧其天下焉[25]。”

注释

① 肩吾、连叔：皆为作者虚构的人物。

② 接舆：楚国的狂士，隐居不仕。

③ 河汉：指天上的银河。

④ 径庭：差别很大的意思。径，指门前路。庭，指堂外地。

⑤ 其：指接舆。

⑥ 藐姑射（yè 夜）：神山名。

⑦ 绰约：姿态柔美。　处子：处女。

⑧ 五谷：指稻、黍、稷、菽、麦五种谷物。

⑨ 疵疠（cī lì 词阴平力）：恶病，引申为灾害。

⑩ 以：认为。　是：指接舆的那番话。

⑪ 瞽者：盲人。　文章：花纹。

⑫ 知：通“智”，智力。

⑬ 时：通“是”，此。　女：通“汝”，指肩吾。

⑭ 之人：神人。之，此。

⑮ 旁礴：混同。

⑯ 蕲（qí 其）：通“期”，期望。　乱：治。

⑰ 弊弊：辛苦经营的样子。

⑱ 莫：没有能。此句为宾语前置。

⑲ 大浸：大水。　稽：至。

⑳ 粃穅：比喻道之粗者。穅，通“糠”。

㉑ 陶铸：造就。

㉒ 宋：今河南。宋人是殷人后代，所以戴章甫这种礼帽。　资：贩卖。　章甫：殷代的一种礼帽。　诸越：即于越，今浙江。

㉓ 断发：剪短头发。　文身：在身上刺画图案或花纹。

㉔ 四子：指王倪、啮缺、被衣、许由。　汾水：在今山西省境内，为黄河支流。
㉕ 窅（yǎo 咬）然：怅然的样子。　丧：遗忘。

惠子谓庄子曰[1]："魏王贻我大瓠之种[2]，我树之，成[3]，而实五石[4]；以盛水浆，其坚不能自举也[5]；剖之以为瓢，则瓠落无所容[6]。非不呺然大也[7]，吾为其无用而掊之[8]。"庄子曰："夫子固拙于用大矣[9]。宋人有善为不龟手之药者[10]，世世以洴澼絖为事[11]。客闻之，请买其方百金[12]。聚族而谋曰：'我世世为洴澼絖，不过数金；今一朝而鬻技百金[13]，请与之。'客得之，以说吴王[14]。越有难[15]，吴王使之将[16]；冬，与越人水战，大败越人，裂地而封之[17]。能不龟手，一也；或以封，或不免于洴澼絖，则所用之异也。今子有五石之瓠，何不虑以为大樽而浮乎江湖[18]，而忧其瓠落无所容？则夫子犹有蓬之心也夫[19]！"

注释

① 惠子：姓惠名施，宋人，曾为梁惠王相，是庄子的好友。
② 魏王：梁惠王。　贻（yí 移）：赠送。　瓠（hù 户）：葫芦。
③ 成：成熟。
④ 实：容量。　石：重量单位，十斗为一石。
⑤ 坚：硬度。
⑥ 瓠落：即廓落，空廓的样子。
⑦ 呺（xiāo 消）然：空虚巨大的样子。
⑧ 为：因为。　掊（pǒu 剖上声）：击碎。
⑨ 拙：笨拙，不善于。
⑩ 龟（jūn 军）：通"皲"，皮肤冻裂。
⑪ 洴澼絖（píng pì kuàng 平譬况）：漂洗丝絮。
⑫ 方：指不龟手的药方。　金：古代的货币单位。
⑬ 鬻（yù 育）：出售。
⑭ 说（shuì 税）：劝说，游说。　吴：周代诸侯国，包括今江苏、安徽、浙江的部分地区。
⑮ 越：即今浙江钱塘江一带。　难：难事，指军事行动。
⑯ 将：带兵。

⑰ 裂地:割出一块地方。
⑱ 虑:系缚。 樽:腰舟。
⑲ 有蓬之心:指惠子心为茅塞,不通道理。

惠子谓庄子曰:"吾有大树,人谓之樗①。其大本拥肿而不中绳墨②,其小枝卷曲而不中规矩③,立之涂④,匠者不顾。今子之言,大而无用,众所同去也⑤。"庄子曰:"子独不见狸狌乎⑥?卑身而伏,以候敖者⑦;东西跳梁⑧,不辟高下⑨;中于机辟⑩,死于罔罟⑪。今夫斄牛⑫,其大若垂天之云。此能为大矣,而不能执鼠⑬。今子有大树,患其无用,何不树之于无何有之乡,广莫之野,彷徨乎无为其侧⑭,逍遥乎寝卧其下。不夭斤斧⑮,物无害者,无所可用,安所困苦哉!

注释

① 樗(chū 初):臭椿,一种劣质的大木。
② 大本:主干。 拥肿:即臃肿,指树干疙瘩盘结。 中(zhòng 众):合乎。
③ 规矩:圆规和角尺。
④ 涂:通"途",道路。
⑤ 去:抛弃。
⑥ 狸(lí 离):野猫。 狌(shēng 生):黄鼠狼。
⑦ 敖(áo 翱)者:指嬉游的小动物。
⑧ 跳梁:即跳踉,腾跃跳动的意思。
⑨ 辟:通"避",避开。
⑩ 机辟:泛指捕兽工具。
⑪ 罔:通"网"。 罟(gǔ 古):网的统称。
⑫ 斄(lí 离)牛:即牦牛,体大不灵活。
⑬ 执:捉拿。
⑭ 彷徨:指翱翔、悠游之义。
⑮ 夭:夭折,早死。

文化史拓展

关于庄子逍遥义，历来有不同的解释。

《世说新语·文学》刘孝标注引向秀、郭象《逍遥义》云："夫大鹏之上九万，尺鷃之起榆枋，小大虽差，各任其性，苟当其分，逍遥一也。然物之芸芸，同资有待，得其所待，然后逍遥耳。唯圣人与物冥而循大变为能，无待而常通，岂独自通而已？又从有待者，不失其所待，不失则同于大通矣。"认为鹏与小鸟在能力方面虽有差异，但他们都是率性而动，都满足了自己性分的要求，顺其自然而行，便都是一样逍遥的。

东晋支遁曾在余杭白马寺与刘系之等谈《庄子·逍遥游》，不同意郭象"适性以为逍遥"的说法，认为按照郭象的观点，一切坏人只要满足他们的凶残本性，也都得到逍遥了："夫桀跖以残害为性，若适性为得者，彼亦逍遥矣。"(《高僧传·支遁传》引)"于是退而注《逍遥》篇，群儒旧学，莫不叹服"。《世说新语·文学》刘孝标注引支氏《逍遥论》云："夫逍遥者，明至人之心也。庄生建言大道，而寄指鹏鷃。鹏以营生之路旷，故失适于体外；鷃以在近而笑远，有矜伐于心内。至人乘天正而高兴，游无穷于放浪，物物而不物于物，则遥然不我得，玄感不为，不疾而速，则逍遥靡不适。此所以为逍遥也。若夫有欲，当其所足，足于所足，快然有似天真，犹饥者一饱，渴者一盈，岂忘烝尝于糗粮，绝觞爵于醪醴哉？苟非至足，岂所以逍遥乎？"支遁认为，鹏因躯体庞大，非海运不能举其翼，非扶摇不能托其身，非到九万里高不能往南飞，非到南冥不能休息，所以它是很不舒适的，哪里有什么逍遥可言呢？鷃自己不能远飞而嘲笑大鹏飞得那么远，这是有骄傲自满的情绪，是为内心所累，因此也同样不能得到逍遥。支遁还指出，所谓足性、适性逍遥，只不过是追求一种低级的形躯上的欲望满足，而这种欲望实际上又是永远得不到满足的，因为当其所足之时，似乎已经得到天真快乐，但哪里知道这好比饥者一饱、渴者一盈之时，并不能忘掉糗粮和美酒呢！所以所谓的足性、适性逍遥，远不是一种逍遥至足的境界。那么，何谓逍遥至足的境界？支遁说："至人乘天正而高兴，游无穷于放浪。"这就是庄子在《逍遥游》篇中所谓："乘天地之正，而御六气之辩，以游无穷"的"无所待"的逍遥游。在支遁看来，要达到这种逍遥境界，首先必须使自己获得精神上的彻底解脱，做到"物物而不物于物"，不为一切外物所负累，从而呈现为"至人"一般的冲虚明净的心理状态。他的这一逍遥论，是对向秀、郭象思想中"得其所待，然后逍遥"一层意思的坚决否定和批判，而把他们思想中关于"无待"而逍遥的一层意思加以肯定和提升，使之成为呈现"至人"之心的超拔境界，从而接近了庄子的逍遥本义。

唐代人对庄子逍遥义没有新的发明。宋代人则在继王弼以《庄子》研治儒家经典《周易》卦象之后，并受理学影响，开拓了以《周易》阐释《庄子》，运用易学象数派理论来阐释庄子逍遥义的道路。据《道藏》褚伯秀《南华真经义海纂微》所收录的宋代学者阐释《逍遥游》篇的文字资料可知，其中除林希逸一人外，其余的都是以易学象数派理论来阐释庄子逍遥义的。他们认为，《周易》的本体论是“太极”和“阴阳”，阴阳交感产生万物，六、九之数代表阴、阳二爻，阳数前进止于九，阴数后退止于六，整个自然界的运动变化就是由阳极到阴、阴极到阳这一进退变化引起的。如在王安石之子王雱看来，“道”是无方无物的绝对虚无，只有至人能够与之冥合，所以他无我、无心而不物于物，从而达到了逍遥游的境界。而鲲、鹏潜则必有赖于北冥，飞则必迁徙于南冥，高升必凭九万里之上，休息必待六个月之后；蜩、鸴之飞，远则不过榆枋，时或不至，落于地而已，此皆为造化所制，阴阳所拘，非所以为逍遥也。这种阐释不但有力地纠正了郭象对庄子逍遥游思想的错误理解，而且还标志着在继东晋支遁以佛教即色空义哲学阐释《逍遥游》篇后，对庄子逍遥游思想的阐释又有了新的进展。

当然，宋代学者以易学象数派理论阐释庄子逍遥义也不免会有些牵强附会，所以宋末林希逸对他们提出了批评，认为“无所待”的境界才是庄子逍遥游思想，从而有力地纠正了宋代绝大多数治庄者在阐释《逍遥游》篇主题思想上存在着的偏颇。但林希逸在纠正别人偏颇的同时，他自己的阐释却又不免表现出了儒释化倾向。

罗勉道是继林希逸之后的又一位治庄者，他在阐释《逍遥游》篇方面的最大特点就是执一“化”字以寻绎庄子逍遥游的本旨。如他在《南华真经循本》开篇释“鲲化而为鸟”之“化”字时指出：“篇首言鲲化而为鹏，则能高飞远徙。引喻下文，人化而为圣、为神、为至，则能逍遥游。初出一‘化’字，乍读未觉其有意，细看始知此字不闲。”对于庄子全书首次出现的“化”字，前人都未从中看出什么特殊意义，而罗勉道却知“此字不闲”，说明他一开始就与庄子“万物皆化”的思想发生了共鸣，因而就紧紧抓住“化”字来具体阐释庄子的逍遥游思想，为后人诠释庄子逍遥义提供了一种崭新的思维方法。

明清人对庄子的研究基本上继承了宋代人儒、释、道结合的观点。在逍遥义的阐释上，以清初人林云铭为代表，提出了以“大”为逍遥游的观点。如他在《庄子因・逍遥游》开头“鲲之大不知其几千里也”下说：“总点出‘大’，‘大’字是一篇之纲。”其实，执“大”以为逍遥、盛赞大鹏形象的观点由来已久。如李白在《大鹏赋》

中所塑造的大鹏，以多种多样的艺术手法丰富和发展了《庄子·逍遥游》中的大鹏形象，这在大鹏形象的发展史上可说是具有里程碑意义的。他又在《上李邕》诗中再次运用这一形象以自比，“大鹏一日同风起，扶摇直上九万里。假令风歇时下来，犹能簸却沧溟水。”即使到了临终之际，犹作《临路歌》云：“大鹏飞兮震八裔，中天摧兮力不济！”可见，这里又把庄子所描绘的大鹏阐释成了一个气势磅礴而又苍凉悲壮的大鹏形象。

毛泽东同志在1965年创作了《念奴娇·鸟儿问答》词，其中写道：“鲲鹏展翅，九万里，翻动扶摇羊角。背负青天朝下看，都是人间城廓。炮火连天，弹痕遍地，吓倒蓬间雀。怎么得了，哎呀我要飞跃。”毛泽东同志把伟大的祖国比作大鹏，把祖国的前程比作大鹏之展翅南飞，意境宏伟，气象开阔，使大鹏的形象焕然一新，放射出时代的光芒。他笔下的大鹏形象虽然与庄子的本旨不同，但他反其意而用之，执“大”字刻划出的鲲鹏形象却为广大人民群众所深深喜爱。

李泽厚、刘纲纪先生主编的《中国美学史》谈到大鹏之美时说：“《庄子》全书中，充满着对无限之美的赞颂。那被庄子极为生动地描绘出来的其背‘不知几千里’，‘怒而飞，其翼若垂天之云’，‘水击三千里，抟扶摇而上者九万里’的大鹏之美……是庄子所赞颂的‘大美’。”即认为庄子借“大鹏”的形象表达了他的“大美”思想。但应当指出，他们所编的《中国美学史》作为一部学术著作，却把庄子笔下的大鹏理解为“大美”，似乎是与庄子的本意不相一致的。

文学史链接

1. 相关文学典故

鹏程万里

鹏程万里兹权舆，平时义方师有余。

（楼钥《送袁恭安赴江州节推》）

莫叹儒冠久误身，鹏程万里终当奋。

（杨珽《龙膏记·开阁》）

扶摇直上

大鹏一日同风起，扶摇直上九万里。

（李白《上李邕》）

鲲鹏展翅，九万里，翻动扶摇羊角。

（毛泽东《念奴娇·鸟儿问答》）

越俎代庖

一时承乏，方惭越俎以代庖。

（秦观《代谢中书舍人启》）

大著何不警其越俎代庖之罪，而乃疑其心测进渫不食乎？

（陈亮《又与吕伯恭正字书》）

2. 后世有关诗赋文

阮修《大鹏赞》

贾彪《鹏鸟赋》

高迈《鲲化为鹏赋》

李白《北溟有巨鱼》

李白《大鹏赋》

独孤授《北溟有鱼赋》

王起《尧见姑射神人赋》

纥干俞《列子御风赋》

宋太宗《逍遥咏》

楼钥《鲲化为鹏》

程文海《逍遥游铭跋》

周祈《鲲鹏》

3. 文学技法

意中生意，言外立言。纩中线引，草里蛇眠。云破月映，藕断丝连。作是观者，许读此篇。

（陆西星《南华真经副墨·逍遥游》篇末文评）

篇中忽而叙事，忽而引证，忽而譬喻，忽而议论，以为断而非断，以为续而非续，以为复而非复，只见云气空濛，往返纸上，顷刻之间，顿成异观。

（林云铭《庄子因·逍遥游》篇末总评）

开手撰出"逍遥游"三字，是南华集中第一篇寓意文章。全幅精神，只在乘正御辨以游无穷，乃通篇结穴处。却借鲲鹏变化，破空而来，为"逍遥游"三字立竿见影，摆脱一切理障语，烟波万状，几莫测其端倪，所谓洸洋自恣以适己也。老子论道德之精，却只在正文中推寻奥义；庄子辟逍遥之旨，便都从寓言内体会全神，同是历劫不磨文字，而缥缈空灵，则推南华为独步也。其中逐段逐层，皆有逍遥境界，如游武夷九曲，万壑千岩，应接不暇。起手特揭出一"大"字，乃是通篇眼目。

大则能化，鲲化为鹏，引起至人、神人、圣人，皆具大知本领，变化无穷。至大瓠、大树，几于大而无用，而能以无用为有用，游行自适，又安往而不见为逍遥哉！一路笔势蜿蜒，如神龙夭矫空中，灵气往来，不可方物。至许由、肩吾以下各节，则东云见鳞，西云见爪，余波喷涌，亦极恣肆汪洋。读者须处处觑定逍遥游正意，方不失赤水元珠，致贻讥于象罔也。

（刘凤苞《南华雪心编·逍遥游》总论）

《庄子》文法断续之妙，如《逍遥游》忽说鹏，忽说蜩与学鸠、斥鴳，是为断；下乃接之曰‘此大小之辨也’，则上文之断处皆续矣，而下文宋荣子、许由、接舆、惠子诸断处，亦无不续矣。

（刘熙载《艺概·文概》）

文之神妙，莫过于能飞。庄子之言鹏飞，曰“怒而飞”。今观其文，无端而来，无端而去，殆得“飞”之机者，乌知非鹏之学为周邪？

（同上）

集评

夫大鹏之上九万，尺鴳之起榆枋，小大虽差，各任其性，苟当其分，逍遥一也。然物之芸芸，同资有待，得其所待，然后逍遥耳。唯圣人与物冥，而循大变为能，无待而常通，岂独自通而已！又从有待者，不失其所待，不失则同于大通矣。

（梁刘孝标《世说新语·文学》注引向秀、郭象《逍遥义》）

夫小大虽殊，而放于自得之场，则物任其性，事称其能，各当其分，逍遥一也，岂容胜负于其间哉！

（郭象《庄子注·逍遥游》题解）

夫逍遥者，明至人之心也。庄生建言大道，而寄指鹏鴳。鹏以营生之路旷，故失适于体外；鴳以在近而笑远，有矜伐于心内。至人乘天正而高兴，游无穷于放浪，物物而不物于物，则遥然不我得；玄感不为，不疾而速，则逍然靡不适，此所以为逍遥也。若夫有欲当其所足，足于所足，快然有似天真，犹饥者一饱，渴者一盈，岂忘烝尝于糗粮，绝觞爵于醪醴哉？苟非至足，岂所以逍遥乎？

（刘孝标《世说新语·文学》注引支遁《逍遥论》）

此为书之首篇。庄子自云言有宗，事有君，即此便是立言之宗本也。逍遥者，广大自在之意，即如佛经无碍解脱。佛以断尽烦恼为解脱，庄子以超脱形骸，泯灭知巧，不以生人一身功名为累为解脱。盖指虚无自然为大道之乡，为逍遥之境，如下云“无何有之乡，广漠之野”等语是也。意谓唯有真人能游于此广大自在之场者，即下所谓大宗师即其人也。……故此篇立意，以“至人无己，神人无功，圣人无名”为骨子。立定主意，只说到后，方才指出，此是他文章变化鼓舞处。学者若识得立言本意，则一书之旨了然矣。

（释德清《庄子内篇注·逍遥游》总论）

庄子之学，以虚无为体，以静寂为用，以自然为宗，以无为为教。逍遥游者，游于虚无之乡，寂静一任其自然，无为而无不为也。……《庄子》全书，皆是虚无、寂静、自然、无为之递演。此篇为第一篇，统括全书之意，逍遥物外，任心而游，而虚无、寂静、自然、无为之旨，随在可见。能了解此意，《庄子》全书即可了解。

（胡朴安《庄子章义·逍遥游》总论）

思考与讨论

1. 庄子逍遥的本义是什么？郭象、支遁各是如何阐释的？你又是如何理解的？
2. 你是如何理解大鹏形象的？
3. 明陆西星认为本篇行文有“纩中线引，草里蛇眠”的特征，清刘熙载认为有“断续”之妙，请具体谈谈你的看法。
4. 作者在本篇中是如何运用寓言、重言、卮言的？
5. 请分析下面第一段文字的喻中有喻的特征；指出第二段文字中所有比喻与被比喻的关系：

   （1）夫水之积也不厚，则其负大舟也无力；覆杯水于坳堂之上，则芥为之舟；置杯焉则胶，水浅而舟大也。风之积也不厚，则其负大翼也无力。

   （2）尧让天下于许由，曰：“日月出矣，而爝火不息，其于光也，不亦难乎！时雨降矣，而犹浸灌，其于泽也，不亦劳乎！夫子立而天下治，而我犹尸之，吾自视缺然。请致天下。”许由曰：“子治天下，天下既已治也，而我犹代子，吾将为名乎？名者，实之宾也。吾将为宾乎？鹪鹩巢于深林，不过一枝；偃鼠饮河，不过满腹。归休乎君，予无所用天下为！庖人虽不治庖，尸祝不越樽俎而代之矣！”

齐 物 论

题解

所谓齐物论，即齐同物论，也就是要消除各派对天下万物所作的不同评论。春秋战国时代，诸子百家对客观事物的评论，各执一端，相互非难，都把自己的思想观点，当作裁决一切的绝对真理。针对这种倾向，庄周给予了坚决的否定。他认为，从“道”的观点来看，世间一切矛盾对立的双方，诸如生与死、贵与贱、荣与辱、成与毁、小与大、寿与夭、然与不然、可与不可等等，都是没有差别的。因此，各家各派出于“成心”的彼此是非之争，只能是各自发挥偏见的争辩，不如物我两忘，不言不辩，超然是非之外。庄周明确地肯定天下万物和人们认识的相对性，这无疑含有一些辩证法的因素。但他由此完全否定事物间的一切差别和人们认识真理的可能性，这就使自己陷入了相对主义的泥坑。

此篇行文，先以“丧我”发端，暗示物论纷纭不齐，皆由执“我”之见所致，所以要齐而同之，非先忘“我”不可。接着紧承“丧我”而忽以“三籁”致问，但却又随即撇开“人籁”、“天籁”，而独将“地籁”铺叙描写一番，为下文穷尽种种人情世态作出铺垫。然后迂回推进，由种种不齐的人情，逐步导出“是非”二字。于是再深一层，进一步追究产生是非的根源——“成心”。至此，行文似乎已断。但文章却以“言非吹也”一句，遥接“吹万”云云，则断处即续。于是又由言有彼此而论述诸子百家的是非丛生，由是非丛生而论述道之所以亏，由道之所以亏而论述物论之所以不齐，逐步推出全文的论点：“天地与我并生，而万物与我为一。”随后即连设三喻，重发此旨。最后，借罔两之问，引出庄周之梦，关锁全篇，并照应开头“丧我”之意。

南郭子綦隐机而坐[①]，仰天而嘘[②]，荅焉似丧其耦[③]。颜成子游立侍乎前[④]，曰：“何居乎[⑤]？形固可使如槁木[⑥]，而心固可使如死灰乎？今之隐机者，非昔之隐机者也。”子綦曰：“偃，不亦善乎，而问之也[⑦]！今者吾丧我[⑧]，汝知之乎？女闻人籁而未闻地籁[⑨]，女闻地籁而未闻天籁夫[⑩]！”

子游曰：“敢问其方[⑪]。”子綦曰：“夫大块噫气[⑫]，其名为风。是唯无作，作则万窍怒呺[13]。而独不闻之翏翏乎[14]？山林之畏佳[15]，大木百围之窍穴[16]，似鼻，似口，似耳，似枅[17]，似圈[18]，似臼[19]，似洼者[20]，似污者[21]；激者[22]，謞者[23]，叱者，吸者，叫者，譹者[24]，宎者[25]，咬者[26]。前者唱于[27]，而随者唱喁[28]。泠风则小和[29]，飘风则大和[30]，厉风济则众窍为虚[31]。而独不见之调调[32]、之刁刁乎[33]？"子游曰："地籁则众窍是已，人籁则比竹是已[34]。敢问天籁。"子綦曰："夫吹万不同[35]，而使其自已也[36]，咸其自取，怒者其谁邪？"

注释

① 南郭子綦（qí 其）：楚昭王的庶弟，字子綦，居住城南，故取号南郭。 隐：依凭。 机：通"几"，几案。

② 嘘：慢慢地吐气。

③ 荅（tà 榻）焉：遗弃形体的样子。 耦：身，形体。

④ 颜成子游：子綦弟子，姓颜成，名偃，字子游。

⑤ 居：语气助词，无实义。

⑥ 固：本来。

⑦ 而：通"尔"，你。

⑧ 丧：遗忘。

⑨ 女：通"汝"，你。 人籁：人吹箫管所发出的声音。 地籁：风吹众窍所发出的声音。

⑩ 天籁：指天地间万物的自鸣之声。

⑪ 方：指其中的道理。

⑫ 大块：大地。 噫气：饱后出气。引申为风灌众窍，满则逆出作声。

⑬ 呺（háo 豪）：通"号"，呼啸，吼叫。

⑭ 翏翏（liù 六）：长风之声。又作"飂飂"。

⑮ 山林：当作"山陵"。 畏佳：通"嵔崔"，山势高峻参差的样子。

⑯ 窍穴：指树孔。细曰窍，大曰穴。

⑰ 枅（jī 机）：柱上横木，此指横木上的方孔。

⑱ 圈：杯圈。

⑲ 臼（jiù 旧）：舂捣器具。

⑳ 洼：深池。

㉑ 污：污地。
㉒ 激者：像激水声。
㉓ 謞（xiào 笑）者：像响箭声。
㉔ 譹者：像嚎哭声。譹，通“嚎”。
㉕ 宎（yǎo 舀）者：像狗吠声。
㉖ 咬者：像悲哀声。
㉗ 于：舒缓之声。
㉘ 喁（yú 于）：相应之声。
㉙ 泠（líng 零）风：小风。
㉚ 飘风：大风。
㉛ 厉风：烈风。　济：过。
㉜ 之：此。　调调：树枝摇动的样子。
㉝ 刁刁：树枝微动的样子。
㉞ 比竹：以众竹管并列而成的乐器，如箫、笙之类。
㉟ 吹：谓天籁作声。　万不同：谓音响万变。
㊱ 自已：自行停息。已，止。

大知闲闲[①]，小知间间[②]；大言炎炎[③]，小言詹詹[④]。其寐也魂交[⑤]，其觉也形开[⑥]。与接为构[⑦]，日以心斗。缦者[⑧]，窖者[⑨]，密者[⑩]。小恐惴惴[⑪]，大恐缦缦[⑫]。其发若机栝[⑬]，其司是非之谓也[⑭]；其留如诅盟[⑮]，其守胜之谓也；其杀若秋冬[⑯]，以言其日消也；其溺之所为之[⑰]，不可使复之也[⑱]；其厌也如缄[⑲]，以言其老洫也[⑳]；近死之心，莫使复阳也[㉑]。喜怒哀乐，虑叹变慹[㉒]，姚佚启态[㉓]。乐出虚，蒸成菌。日夜相代乎前，而莫知其所萌。已乎，已乎！旦暮得此，其所由以生乎！

注释

① 知：通“智”。　闲闲：广博之貌。
② 间间：琐细分别的样子。
③ 炎炎：盛气凌人的样子。
④ 詹詹：小辩不休的样子。

⑤ 魂交:精神交错。
⑥ 形开:形体不宁。
⑦ 拘:交接,交战。
⑧ 缦:心计柔奸。
⑨ 窖:谓善设陷阱。
⑩ 密:谓潜机不露。
⑪ 惴惴(zhuì 坠):忧惧不宁的样子。
⑫ 缦缦:惊恐失神的样子。
⑬ 机:弩牙。 栝(guā 瓜):箭末扣弦处。
⑭ 司:同"伺",伺机。
⑮ 诅(zǔ 祖)盟:誓约。
⑯ 杀:衰。
⑰ 所为:指所为辩论而言。
⑱ 复之:恢复自然本性。
⑲ 厌:闭塞。 缄:束箧的绳子,引申为束缚。
⑳ 老洫(xù 绪):谓至晚年时,更加不可救拔。
㉑ 复阳:恢复生气。
㉒ 虑:多思。 叹:多悲。 变:多反复。 慹(zhé 哲):多忧惧。
㉓ 姚:同"佻",浮躁。 佚:纵逸。 启:狂放。 态:装模作样。

非彼无我[①],非我无所取。是亦近矣[②],而不知其所为使。若有真宰[③],而特不得其眹[④]。可行已信[⑤],而不见其形,有情而无形[⑥]。

百骸[⑦]、九窍[⑧]、六藏[⑨],赅而存焉[⑩],吾谁与为亲?汝皆说之乎[⑪]?其有私焉[⑫]?如是皆有为臣妾乎?其臣妾不足以相治乎?其递相为君臣乎[⑬]?其有真君存焉[⑭]?如求得其情与不得,无益损乎其真。

一受其成形,不忘以待尽[⑮]。与物相刃相靡[⑯],其行尽如驰[⑰],而莫之能止,不亦悲乎!终身役役而不见其成功[⑱],苶然疲役而不知其所归[⑲],可不哀邪!人谓之不死,奚益?其形化[⑳],其心与之然,可不谓大哀乎?人之生也,固若是芒乎[㉑]?其我独芒[㉒],而人亦有不芒者乎?

夫随其成心而师之㉓，谁独且无师乎？奚必知代而心自取者有之㉔？愚者与有焉。未成乎心而有是非㉕，是今日适越而昔至也㉖。是以无有为有。无有为有，虽有神禹，且不能知㉗，吾独且奈何哉！

注释

① 彼：指以上的种种情态。

② 是：此。指这种相互依存的关系。

③ 若：似，仿佛。　真宰：天真本性，即身心的主宰者。

④ 特：独。　眹（zhèn 朕）：通“朕”，征兆，迹象。

⑤ 己：当为“已”字之形误。

⑥ 情：实。

⑦ 骸：骨节。

⑧ 九窍：指口、双目、双耳、双鼻孔、前阴、后阴。

⑨ 六藏：心、肝、脾、肺、肾称为五脏。肾有二，故又合称六脏。藏，通“脏”。

⑩ 赅：完备。

⑪ 说：通“悦”。　之：指百骸、九窍、六藏。

⑫ 其：抑或，还是。　私：偏爱。

⑬ 递相：轮流。

⑭ 真君：即上文所说的“真宰”。

⑮ 忘：当为“亡”字之误。

⑯ 靡：磨擦。

⑰ 行尽：走向死亡。

⑱ 役役：驰逐奔忙的样子。

⑲ 苶（nié 捏阳平）然：疲倦的样子。　疲役：疲困。　归：归宿。

⑳ 化：衰败。

㉑ 芒：昏惑，糊涂。

㉒ 其：抑或，还是。

㉓ 成心：主观偏见。　师：作动词，取法。

㉔ 知代：了解事物的更替变化。　心自取：谓心有见识。

㉕ 未成乎心：即未有成见存于心中。

㉖ 今日适越而昔至：此为惠施历物之说。昔，昨天。

㉗ 神禹：谓禹是能知未来的神人。

夫言非吹也[①]。言者有言,其所言者特未定也。果有言邪,其未尝有言邪[②]? 其以为异于鷇音[③],亦有辩乎[④],其无辩乎?

道恶乎隐而有真伪[⑤]? 言恶乎隐而有是非[⑥]? 道恶乎往而不存? 言恶乎存而不可? 道隐于小成[⑦],言隐于荣华[⑧]。故有儒墨之是非,以是其所非而非其所是。欲是其所非而非其所是,则莫若以明[⑨]。

物无非彼,物无非是[⑩]。自彼则不见,自知则知之。故曰彼出于是,是亦因彼。彼是方生之说也[⑪]。虽然,方生方死,方死方生;方可方不可,方不可方可;因是因非,因非因是。是以圣人不由而照之于天[⑫],亦因是也[⑬]。是亦彼也,彼亦是也。彼亦一是非,此亦一是非。果且有彼是乎哉[⑭]? 果且无彼是乎哉? 彼是莫得其偶[⑮],谓之道枢[⑯]。枢始得其环中[⑰],以应无穷。是亦一无穷,非亦一无穷也。故曰莫若以明。

注释

① 吹:指无心而吹的"天籁"。

② 其:抑或,还是。

③ 鷇(kòu 寇)音:谓鸟欲出卵中而鸣叫之音,有声无辩,不知是非。鷇,即将破壳而出的幼鸟。

④ 辩:通"辨",区别。

⑤ 隐:遮蔽。

⑥ 言:谓至言。

⑦ 小成:指一孔之见。

⑧ 荣华:指浮夸不实之辞。

⑨ 明:谓空明的心灵。

⑩ 是:此。

⑪ 彼是:即"彼此"。　方生:指惠施"方生方死"的言论。

⑫ 不由:不取。　天:即自然。

⑬ 因是:谓因其所是者而是之。

⑭ 彼是:即是非。

⑮ 偶:对立。

⑯ 枢:枢要。

⑰ 环:谓门上下两横槛之洞,圆空如环,能承受枢之旋转。

以指喻指之非指,不若以非指喻指之非指也;以马喻马之非马,不若以非马喻马之非马也。天地一指也,万物一马也[①]。

可乎可,不可乎不可。道行之而成[②],物谓之而然。恶乎然?然于然。恶乎不然?不然于不然[③]。物固有所然[④],物固有所可。无物不然,无物不可。故为是举莛与楹[⑤],厉与西施[⑥],恢恑憰怪[⑦],道通为一。

其分也,成也;其成也,毁也。凡物无成与毁,复通为一。唯达者知通为一[⑧],为是不用[⑨],而寓诸庸[⑩]。庸也者,用也;用也者,通也;通也者,得也[⑪];适得而几矣[⑫]。因是已。已而不知其然,谓之道。劳神明为一[⑬],而不知其同也,谓之"朝三"。何谓"朝三"?狙公赋芧[⑭],曰:"朝三而暮四。"众狙皆怒。曰:"然则朝四而暮三。"众狙皆悦。名实未亏[⑮],而喜怒为用,亦因是也。是以圣人和之以是非[⑯],而休乎天钧[⑰],是之谓两行。

注释

① "以指喻指"六句:公孙龙有《白马》、《指物》二论,旨在分离万物之同,认为虽是同一匹马,也有是非之分,正如同一手指,也有彼我之分一样。而庄周意在混同彼此,泯灭是非,认为即使是天地与手指、万物与马匹也是没有区别的,何况是手指与手指、马匹与马匹呢!可见,庄周虽取喻于手指、马匹,而用意却与公孙龙相反,旨在破公孙龙之说。

② 道:道路。

③ "不然"句:据王先谦等治庄者言,此句下似应有"恶乎可?可乎可。恶乎不可?不可乎不可。"

④ 固:本来。

⑤ 莛(tíng 庭):草茎。　楹(yíng 盈):屋柱。

⑥ 厉:病癞。此指丑陋的女人。

⑦ 恢:宏大。　恑(guǐ 轨):通"诡",诡秘。　憰(jué 绝):通"谲",欺诈。　怪:奇异。

⑧ 达者:通达大道的人。

⑨ 为是:因此。　不用:不执己见。
⑩ 寓:寄。　诸:之于。　庸:众。
⑪ 得:无往而不自得。
⑫ 适:至。　几:谓尽得大道。
⑬ 神明:心智,心神。
⑭ 狙(jū 居)公:养猕猴的老翁。　赋:分给。　芧(xù 叙):即山栗,又名橡子。
⑮ 未亏:未损。
⑯ 和:合,混同。
⑰ 休:息,止。　天钧:天然的陶钧。

古之人[①],其知有所至矣[②]。恶乎至[③]?有以为未始有物者,至矣,尽矣,不可以加矣。其次以为有物矣,而未始有封也[④]。其次以为有封焉,而未始有是非也。是非之彰也[⑤],道之所以亏也。道之所以亏,爱之所以成[⑥]。果且有成与亏乎哉,果且无成与亏乎哉?有成与亏,故昭氏之鼓琴也[⑦];无成与亏,故昭氏之不鼓琴也。昭文之鼓琴也,师旷之枝策也[⑧],惠子之据梧也[⑨],三子之知几乎,皆其盛者也,故载之末年[⑩]。唯其好之也,以异于彼;其好之也,欲以明之彼。非所明而明之,故以坚白之昧终[⑪]。而其子又以文之纶终[⑫],终身无成。若是而可谓成乎?虽我亦成也[⑬]。若是而不可谓成乎?物与我无成也。是故滑疑之耀[⑭],圣人之所图也[⑮]。为是不用而寓诸庸,此之谓以明。

注释

① 古之人:指古时的悟道者。
② 知:通“智”。　至:至极,即最高的境界。
③ 恶:何。
④ 封:域,即彼此界限。
⑤ 彰:彰明,显现。
⑥ 爱:谓偏好。
⑦ 故:即,就是。　昭氏:指下文的“昭文”,姓昭,名文,善鼓琴。　鼓:弹。

⑧ 师旷：晋平公乐师，妙解音律。　枝策：谓持策以击乐器。枝，即持而击。策，谓击乐器之物。

⑨ 据梧：倚靠着梧树。

⑩ 载：从事。　末年：晚年。

⑪ 坚白：即"坚白同异"之说，是先秦名家公孙龙的重要命题。公孙龙主张"离坚白"，即分离万物之同。他说，一块白石头的白色和坚硬性是完全可以互相分离而独立存在的，因为"视不得其所坚而得其所白"，"拊不得其所白而得其所坚"。

⑫ 纶：琴瑟之弦，代指鼓琴。

⑬ 我：泛指。

⑭ 滑：滑乱人心。　疑：使人心疑惑。

⑮ 图：图谋。可引申为图谋摒弃。

今且有言于此[①]，不知其与是类乎[②]，其与是不类乎？类与不类，相与为类，则与彼无以异矣。虽然，请尝言之[③]。有始也者[④]，有未始有始也者[⑤]，有未始有夫未始有始也者。有有也者，有无也者，有未始有无也者，有未始有夫未始有无也者。俄而有无矣[⑥]，而未知有无之果孰有孰无也[⑦]。今我则已有谓矣[⑧]，而未知吾所谓之其果有谓乎，其果无谓乎？

天下莫大于秋豪之末[⑨]，而太山为小[⑩]；莫寿于殇子[⑪]，而彭祖为夭[⑫]。天地与我并生，而万物与我为一。既已为一矣，且得有言乎？既已谓之一矣，且得无言乎？一与言为二[⑬]，二与一为三。自此以往，巧历不能得[⑭]，而况其凡乎[⑮]！故自无适有，以至于三，而况自有适有乎！无适焉，因是已。

注释

① 言：谓"有始"以下之言。

② 是：与下文"彼"义同，皆指其他辩者的话。

③ 尝：尝试。

④ 始：谓天地之始。

⑤ 未始:未尝。
⑥ 俄而:忽然。
⑦ 果:果真。
⑧ 谓:说。
⑨ 秋豪:即“秋毫”,秋天鸟兽新生的毫毛,其末甚微。
⑩ 太山:即泰山。
⑪ 殇子:死于襁褓中的婴儿。
⑫ 彭祖:传说中的长寿人物。 夭:寿短。
⑬ 一:即上文“万物与我为一”中的“一”。 言:指作者说明“一”的话。
⑭ 巧历:善于计算。这里指善于计数的人。
⑮ 凡:指凡夫,平庸的人。

夫道未始有封[①],言未始有常,为是而有畛也[②]。请言其畛:有左有右[③],有伦有义[④],有分有辩[⑤],有竞有争[⑥],此之谓八德。六合之外,圣人存而不论;六合之内,圣人论而不议。《春秋》经世先王之志[⑦],圣人议而不辩。故分也者,有不分也;辩也者,有不辩也。曰,何也?圣人怀之,众人辩之以相示也。故曰,辩也者,有不见也。

夫大道不称,大辩不言,大仁不仁,大廉不嗛[⑧],大勇不忮[⑨]。道昭而不道[⑩],言辩而不及,仁常而不成[⑪],廉清而不信[⑫],勇忮而不成。五者园而几向方矣[⑬]。故知止其所不知,至矣。孰知不言之辩,不道之道?若有能知,此之谓天府[⑭]。注焉而不满[⑮],酌焉而不竭[⑯],而不知其所由来,此之谓葆光[⑰]。

注释

① 封:界域。
② 畛(zhěn 枕):田间小道。引申为界限。
③ 左:指卑或下言。 右:指尊或上言。
④ 义:通“仪”,仪则。
⑤ 分:剖析万物。 辩:通“辨”,谓分别彼此。

⑥ 竞：并逐为竞。　争：对辩为争。
⑦ 经：治理。　志：记载。
⑧ 嗛（qiān 谦）：崖岸，比喻锋芒。
⑨ 忮（zhì 至）：很。
⑩ 昭：明。
⑪ 常：固定的爱，即偏爱。　成：当为"周"字之误。周，周遍。
⑫ 信：真实。
⑬ 园：通"圆"，圆通。　几：近。
⑭ 天府：自然的府藏。这里指涵容大道的心胸。
⑮ 注：灌注，灌入。
⑯ 酌：取。
⑮ 葆光：藏光不露。葆，包藏。

故昔者尧问于舜曰："我欲伐宗、脍、胥敖[①]，南面而不释然[②]，其故何也？"

舜曰："夫三子者[③]，犹存乎蓬艾之间[④]。若不释然[⑤]，何哉？昔者十日并出[⑥]，万物皆照，而况德之进乎日者乎[⑦]？"

注释

① 宗、脍、胥敖：三个小国之名，为庄子所虚构。
② 南面：君位，此指临朝听政。　释然：怡悦的样子。释，通"怿"。
③ 三子：指三个小国的国君。
④ 蓬艾：比喻其蕃国卑小。
⑤ 若：你。
⑥ 十日并出：神话传说。《淮南子·本经训》云，尧之时，十日并出，焦禾稼，杀草木，而民无所食，尧乃使羿上射十日。此处庄子不用"十日"为灾害之意，而是说十日普照万物，无所偏私。
⑦ 进：胜过，超过。

啮缺问乎王倪曰[①]："子知物之所同是乎[②]？"曰："吾恶乎知之[③]！""子知子之所不知邪？"曰："吾恶乎知之！"

"然则物无知邪？"曰："吾恶乎知之！虽然，尝试言之。庸讵知吾所谓知之非不知邪[④]？庸讵知吾所谓不知之非知邪？且吾尝试问乎女[⑤]：民湿寝则腰疾偏死[⑥]，鳅然乎哉？木处则惴栗恂惧[⑦]，猨猴然乎哉？三者孰知正处？民食刍豢[⑧]，麋鹿食荐[⑨]，蝍蛆甘带[⑩]，鸱鸦耆鼠[⑪]，四者孰知正味？猨猵狙以为雌[⑫]，麋与鹿交，鳅与鱼游[⑬]。毛嫱丽姬[⑭]，人之所美也；鱼见之深入，鸟见之高飞，麋鹿见之决骤[⑮]。四者孰知天下之正色哉？自我观之，仁义之端[⑯]，是非之涂[⑰]，樊然淆乱[⑱]，吾恶能知其辩[⑲]！"

啮缺曰："子不知利害，则至人固不知利害乎？"王倪曰："至人神矣！大泽焚而不能热[⑳]，河汉沍而不能寒[㉑]，疾雷破山，飘风振海而不能惊[㉒]。若然者，乘云气，骑日月，而游乎四海之外，死生无变于己，而况利害之端乎！"

注释

① 啮(niè 涅)缺、王倪：皆为虚构的人物。

② 是：认可。

③ 恶：何。

④ 庸讵(jù 拒)：怎么。

⑤ 女：通"汝"，你。

⑥ 偏死：半身枯死，即半身不遂。

⑦ 木处：指人在树上居住。　惴栗恂惧：惊恐战栗的样子。

⑧ 刍豢(chú huàn 除患)：指家畜。食草者谓刍，食谷者谓豢。

⑨ 荐：美草。

⑩ 蝍蛆(jí jū 急居)：蜈蚣。　带：蛇。

⑪ 鸱(chī 吃)：猫头鹰一类的鸟。　耆：通"嗜"，喜好。

⑫ 猵(biān 边)狙：猿类，其雄喜与雌猿交配。

⑬ 游：交合。

⑭ 毛嫱(qiáng 墙)、丽姬：皆为古代美人。丽姬，当为"西施"之误。

⑮ 决骤:疾驰,引申为急速逃跑。
⑯ 端:条理。
⑰ 涂:通"途",途径。
⑱ 樊然淆乱:错综杂乱的样子。
⑲ 辩:通"辨",分别。
⑳ 泽:聚水的洼地。泽中灌木丛生,故能焚烧。
㉑ 河汉:泛指江河。河,黄河。汉,汉水。 冱(hù 户):冻。
㉒ 飘风:狂风。"飘"字原缺,据北宋陈景元《庄子阙误》所引江南李氏本增补。

瞿鹊子问乎长梧子曰[①]:"吾闻诸夫子[②]:'圣人不从事于务[③],不就利,不违害[④],不喜求[⑤],不缘道,无谓有谓[⑥],有谓无谓,而游乎尘垢之外[⑦]。'夫子以为孟浪之言[⑧],而我以为妙道之行也。吾子以为奚若[⑨]?"

长梧子曰:"是皇帝之所听荧也[⑩],而丘也何足以知之!且女亦大早计[⑪],见卵而求时夜[⑫],见弹而求鸮炙[⑬]。予尝为女妄言之[⑭],女以妄听之[⑮]。奚旁日月[⑯],挟宇宙[⑰],为其吻合,置其滑涽[⑱],以隶相尊?众人役役[⑲],圣人愚芚[⑳],参万岁而一成纯[㉑]。万物尽然,而以是相蕴。予恶乎知说生之非惑邪[㉒]!予恶乎知恶死之非弱丧而不知归者邪[㉓]!丽之姬[㉔],艾封人之子也。晋国之始得之也,涕泣沾襟;及其至于王所[㉕],与王同筐床[㉖],食刍豢,而后悔其泣也。予恶乎知夫死者不悔其始之蕲生乎[㉗]!梦饮酒者,旦而哭泣;梦哭泣者,旦而田猎。方其梦也[㉘],不知其梦也。梦之中又占其梦焉,觉而后知其梦也。且有大觉而后知此其大梦也[㉙]。而愚者自以为觉,窃窃然知之[㉚]。君乎,牧乎,固哉!丘也与女,皆梦也;予谓女梦,亦梦也。是其言也,其名为吊诡[㉛]。万世之后而一遇大圣,知其解者,是旦暮遇之也。"

注释

① 瞿鹊子、长梧子:皆为虚构的人物。
② 夫子:指孔子。
③ 务:事务,指俗事而言。

④ 违:避。
⑤ 求:妄求。
⑥ 谓:说话。
⑦ 尘垢:世俗。
⑧ 孟浪:谓不切实际。
⑨ 吾子:先生。 奚若:何如。
⑩ 皇帝:又作“黄帝”。 荧(yíng盈):疑惑不明的样子。
⑪ 女:通“汝”。 大:又作“太”。
⑫ 时夜:司夜之鸡。时,通“司”。
⑬ 鸮(xiāo销)炙:鸮鸟的烤肉。
⑭ 妄言:随便说。
⑮ 妄听:姑且听听。
⑯ 奚:何不。 旁:依傍。
⑰ 挟:怀抱。
⑱ 滑:乱。 涽(hūn婚):暗。
⑲ 役役:劳役不息的样子。
⑳ 芚(chūn春):浑然无知的样子。
㉑ 参:糅杂,调和。 万岁:指千万年来的一切事物。 一成纯:犹言“浑沌一团”。
㉒ 说:通“悦”。
㉓ 弱丧:幼弱的孩儿迷失在他乡。
㉔ 丽之姬:即骊姬,晋献公夫人。之,语气助词。
㉕ 王:指晋献公。
㉖ 筐床:安适之床。
㉗ 蕲:通“祈”,求。
㉘ 方:正当。
㉙ 大觉:最清醒的人,指圣人。
㉚ 窃窃然:明察的样子。
㉛ 吊诡:奇怪非常之谈。

既使我与若辩矣[①],若胜我,我不若胜,若果是也,我果非也邪?我胜若，若不吾胜，我果是也，而果非也邪[2]？其或是也[3]，其或非也邪[4]？其俱是也，其俱非也邪？我与若不能相知也，则人固受其黮闇[5]，吾谁使正之？使同乎若者正之，既与若同矣，恶能正之？使同乎我者正之，既同乎我矣，恶能正之？使异乎我与若者正之，既异乎我与若矣，恶能正之？使同乎我与若者正之，既同乎我与若矣，恶能正之？然则我与若与人俱不能相知也，而待彼也邪[6]？何谓和之以天倪[7]？曰：是不是，然不然。是若果是也，则是之异乎不是也，亦无辩[8]；然若果然也，则然之异乎不然也，亦无辩。化声之相待[9]，若其不相待，和之以天倪，因之以曼衍[10]，所以穷年也[11]。忘年忘义，振于无竟[12]，故寓诸无竟。

注释

① 若：你。
② 而：通“尔”，你。
③ 或是：有一人对。
④ 或非：有一人不对。
⑤ 人：他人。　黮闇（dàn àn 淡暗）：暗昧不明的样子。
⑥ 彼：指下文的“天倪”。
⑦ 和：调和。　天倪：自然的分际。
⑧ 无辩：用不着争辩。
⑨ 化声：与是非纠缠在一起的话。　相待：相对待。
⑩ 曼衍：游衍自得。
⑪ “化声之相待”五句：此五句当移至“何谓和之以天倪”前。　穷年：谓享尽天年。
⑫ 振：振动鼓舞，这里有“逍遥”之意。　竟：又作“境”，境界。

罔两问景曰[1]：“曩子行[2]，今子止；曩子坐，今子起；何其无特操与[3]？”

景曰：“吾有待而然者邪？吾所待又有待而然者邪[4]？吾待蛇蚹蜩翼邪[5]？恶识所以然！恶识所以不然！”

昔者庄周梦为胡蝶[6]，栩栩然胡蝶也[7]，自喻适志与[8]！不知周也。

俄然觉[⑨]，则蘧蘧然周也[⑩]。不知周之梦为胡蝶与，胡蝶之梦为周与？周与胡蝶，则必有分矣。此之谓物化[⑪]。

注释

① 罔两：影外之阴，或谓影外之影。　景：通“影”，影子。
② 曩（nǎng 囊上声）：从前。
③ 特：独立。
④ 所待：即所待者，指形体。
⑤ 蚹（fù 付）：蛇鳞。
⑥ 昔者：夜间。昔，通“夕”。　胡：通“蝴”。
⑦ 栩栩然：形容蝴蝶飞舞的轻快自如。
⑧ 自喻：自乐。　适志：快意。
⑨ 俄然：突然。
⑩ 蘧蘧（jù 巨）然：忽然觉醒的样子。
⑪ 物化：指一种泯灭事物差别，彼我浑然同化的和谐境界。

文化史拓展

《齐物论》篇集中地阐述了庄周对事物相对性的看法，是《庄子》全书中最重要的一篇哲学论文，在中国哲学史上具有相当重要的地位。

对于此篇题目和全文宗旨，前人有着不同的理解。如刘勰说“庄周齐物，以论为名”（《文心雕龙·论说》），认为此篇应理解为“齐物之论”。而释德清则说“物论者，乃古今人物众口之辩论也”（《庄子内篇注》），认为庄子意在齐同人们对天下事物所作出的不同评论。

宋元理学家从“分殊”的理论观点出发批评了庄子的“齐物”思想。如北宋程颢、程颐在《河南程氏遗书》中指出，如果站在“万物皆是一理”的立场上来看，则千差万殊的事物都无不是“理一”的体现，哪里还等着你庄周去齐同呢？如果站在“分殊”的立场上来看，则天地阴阳所变化出的事物皆各自有一个理，“譬如磨既行，齿都不齐，既不齐，便生出万变，故物之不齐，物之情也。”因此，你庄周写出《齐物论》，“强要齐物，然而物终不齐也。”很显然，二程这里是通过论述“理一”与“分殊”即本原与万物、本体与现象之关系来批评庄子的齐物思想的，在一定程度上显示出了其理论思维的独特性。当然，庄子在《齐物论》篇中是从“道通为一”的基本观点出发来阐述其齐物思想的，认为只要以“道”观之，则“天地与我并生，而万物与我为一”，哪里还有万物不可齐同的道理呢！而理学家在这里则主要是从“物形”着眼来认识、批评庄子齐物思想的，把庄子齐同万物的哲学思想与人们对现实世界中各种“物形”的基本认识混为一谈，这就不免使他们的批评发生了一些偏差。然而，理学家却偏要从“物形”着眼来深入批判庄子的齐物思想。如元代刘因在《庄周梦蝶图序》中进一步指出，万物“赋形”各异，不能随意加损，更无法齐而同之，怎能像庄子那样不承认客观事物的差别，“一举而纳事物于幻，而谓窈冥恍惚中，自有所谓道者存焉”呢！他分析其原因说：“周之学，纵横之变也。盖失志于当时，而欲求全于乱世。然其才高意广，有不能自已者，是以见夫天地如是之大也，古今如是之远也，圣贤之功业如是之广且盛也，而己以眇焉之身，横于纷纷万物间无几时也，复以是非可否绳于外，得丧寿夭困于内，而不知义命以处之，思以诧夫家人时俗，而为朝夕苟安之计而不可得，姑浑沦空洞，举事物而纳之幻，或庶几焉得以猖狂恣肆于其间，以妄自表于天地万物之外也。以是观之，虽所谓幻者，亦未必真见其为幻也。”在刘因看来，庄子之所以要“浑沦空洞，举事物而纳之幻”，其目的只是为了发泄因失志当时、功业不成而产生的情绪而已，其实他也未必真正认识到所谓万物是可以齐同的。而后世诸如卤莽厌烦者、得罪于名教者、遭遇困折者，每每借庄子齐物之说以自遣，这就更为荒唐了。按照刘因的看法，所谓齐物，实际上应该是“随时变易，遇物赋形”，承认事物的差异，使自己的思想认识符合于客观事物的真实性。由此可见，在刘因的这些批评意见中，实际上已包含了一定的唯物主义思想因素。

当然，历史上大多数文学艺术家则从《齐物论》篇中得到了有益的启迪。如庄子在此篇开头即提出了一个命题“吾丧我”。“吾丧我”，表现在外是“形同槁木”，表现在内是“心如死灰”。“丧我”并不要丧失自我，而是要去掉纷繁芜杂的“诸我”，复归生命本源的虚静灵台，这就要求一切文学艺术家在创作过程中必须还自己一个澄明净澈的本我，从而达到最完美的创作境界。庄子接着由“吾丧我”引发开去，导出“三籁”，其中所谓的“天籁”也就是要求人们应该消除种种“是非”、“成心”，达到物我两忘的超然境界，这同样给了文学艺术家以有益的艺术启迪。庄子最后以“庄周梦蝶”寓言故事收结，在万物一齐的观念下，让自己于梦醒后化作优游自在的蝴蝶，这更把文学艺术家带进了一片“浑沦元气”的审美境界，使他们的创作灵感由此勃发出来。

文学史链接

1. 相关文学典故

天籁

唱既野芳坼，酬还天籁疏。

（陆龟蒙《奉和因赠至一百四十言》）

朝三暮四

饱喜饥嗔笑杀侬，凤凰未可笑狙公，尽逃暮四朝三外，犹在桐花竹实中。

（杨万里《有叹》）

朝三暮四，昨非今是，痴儿不解荣枯事。

（乔吉《冬日写怀》）

庄周梦蝶

梦蝶犹飞旅枕，粥鱼已响枯桐。

（苏轼《奉敕祭西太一和韩川韵》）

百岁光阴一梦蝶，重回首往事堪嗟。

（马致远《夜行船·秋思》）

2. 后世有关诗赋文

李澥《罔两赋》

包佶《罔两赋》

石镇《罔两赋》

蒋至《罔两赋》

贾悚《庄周梦为胡蝶赋》

牛应真《魍魉问影赋》

晁补之《齐物论》

李士表《庄子九论·梦蝶》

郑思肖《庄子梦蝶图》

方凤《庄生梦蝶图》

刘因《庄周梦蝶图序》

刘仁本《题庄周蝶梦序》

徐有贞《题庄周梦蝶图》

3. 文学技法

钧天之乐，韃鞳铿锵。常山之蛇，首尾相望。驱车长坂，倏尔羊肠。过脉微眇，结局广洋。寻其正眼，开卷数行。……首尾照应，断而复连。藏头于回顾之中，转意于立言之外。于平易中突出多少层峦叠嶂，令人应接不暇。奇哉妙哉！

（陆西星《南华真经副墨・齐物论》篇末文评）

文之意中出意，言外立言，层层相生，段段回顾，倏而羊肠鸟道，倏而迭嶂重峦。世儒见之，每不得其肯綮，辄废阁不敢复道，此犹可恕；乃敢率臆曲解，割裂支离，俾千古奇文，埋没尘土。呜呼，庄叟当日下笔落想时，原不许此辈轻易读得也，又何怪焉！

（林云铭《庄子因・齐物论》篇末总评）

写地籁忽而杂奏，忽而寂收，乃只是风作风济之故。以闻起，以见收，不是置闻说见，止是写闻忽化为乌有，借眼色为耳根衬尾，妙笔妙笔！初读之，拉杂崩腾，如万马奔趋，洪涛汹涌；既读之，希微杳冥，如秋空夜静，四顾悄然。写天籁，更不须另说，止就地籁上提醒一笔，便陡地豁然。

（宣颖《南华经解・齐物论》对“三籁”一段文字的评论）

通篇大势，前半顺提，中间总锁，后半倒应，千变万化，一线穿来，如常山之蛇，击首尾应，击尾首应，击中则首尾皆应也。

（屈复《南华通・齐物论》篇末总评）

此与濠梁观鱼一段，文心同为超妙。但彼是一片机锋，全身解数，此是浑沦元气，参透化机，虽同一语妙，而其泄天地之奥，则《齐物论》末段独臻上乘也。

（刘凤苞《南华雪心编・齐物论》对“庄周梦蝶”一段文字的评论）

集评

物论者，人物之论也，犹言“众论”也。齐者，一也，欲合众论而为一也。战国之世，学问不同，更相是非，故庄子以为，不若是非两忘，而归之自然，此其立名之意也。

（林希逸《南华真经口义・齐物论》题解）

物论者，乃古今人物众口之辩论也。盖言世无真知大觉之大圣，而诸子各以小知小见为自是，都是自执一己之我见，故各以己得为必是。既一人以己为是，则天下人人皆非，竟无一人之真是者。大者则从儒墨两家相是非，下则诸子众口，各以己是而互相非，则终竟无一人可正齐之者。故物论之难齐也久矣，皆不自明之过也。今庄子意，若齐物之论，须是大觉真人出世，忘我忘人，以真知真悟，了无人我之分，相忘于大道。如此，则物论不必要齐而是非自泯，了无人我是非之相，此齐物之大旨也。

（释德清《庄子内篇注·齐物论》总论）

物论，谓众论也；齐者，所以一之也。夫道何往而不存？恶乎有显晦？隐于小成者，荣华之言也，此之谓物论。战国时，学术庞杂，人执一见，家创一说，庄子以为不若两忘而化其道也。

（胡文豹《南华经合注吹影·齐物论》总论）

思考与讨论

1. 此篇集中地阐述了作者什么样的哲学思想？我们应作如何评价？
2. 此篇行文线索十分隐密，请试作梳理。
3. 篇末所写“蝴蝶梦”有何美学意味？
4. 阅读下面几段文字，认真体会老庄追求“全真”美的艺术思想：

（1）大方无隅，大器晚成，大音希声，大象无形。

（选自《老子》四十一章）

（2）是非之彰也，道之所以亏也。道之所以亏，爱之所以成。果且有成与亏乎哉，果且无成与亏乎哉？有成与亏，故昭氏之鼓琴也；无成与亏，故昭氏之不鼓琴也。（郭象注：“夫声，不可胜举也。故吹管操弦，虽有繁手，遗声多矣。而执籥鸣弦者，欲以彰声也。彰声而声遗，不彰声而声全。故欲成而亏之者，昭文之鼓琴也；不成而无亏者，昭文之不鼓琴也。”）

（选自《齐物论》）

（3）百年之木，破为牺尊，青黄而文之，其断在沟中。比牺尊于沟中之断，则美恶有间矣，其于失性一也。

（选自《天地》）

养　生　主

题解

所谓“养生主”，即“养生之宗旨”。庄子认为，只有循乎天理，依乎自然，处于至虚，游于无有，完全取消主客对立，使精神不被外物所伤害，才能保全自己，从而达到享尽天年的目的。

全篇是以“缘督以为经”为纲，通过三则寓言故事来阐明养生宗旨的。庖丁解牛故事，从正面阐发了养生的奥义，认为养生也应如解牛一样，遗形去智，避实就虚，“以神遇而不以目视”，这样才能达到享尽天年的目的。然而这则寓言所体现出来的客观意义，又远远超出了庄子的创作本意。它告诉人们只有像庖丁学解牛一样努力学习，勤于实践，才能熟能生巧、游刃有余，进而掌握事物的内在规律，从“族庖”上升为“良庖”，牛刀虽然用了十九年，而其“刀刃若新发于硎”。接着又用右师不善养生与泽雉不蕲樊中的寓言故事，从正反两面阐明宗旨。第三则寓言故事用老聃安时处顺，哀乐不入进一步阐明宗旨。文章最后以“薪尽火传”之喻总结前文，戛然锁住全篇。综观全文，以大笔起，以大笔收，开头和收束皆有千钧之力；而中间三则寓言故事，紧扣全篇宗旨，正反设喻，妙意环生，有如群峦起伏，互生光辉。

吾生也有涯①，而知也无涯②。以有涯随无涯③，殆已④！已而为知者⑤，殆而已矣！为善无近名，为恶无近刑。缘督以为经⑥，可以保身⑦，可以全生⑧，可以养亲⑨，可以尽年⑩。

注释

① 生：生命。　涯：水的边际，引申为有限。

② 知：思虑，情识。

③ 随：追逐。

④ 殆：危险。　已：通“矣”，了。

⑤ 已：即上文“殆已”一词的省略。　为：追逐。

⑥ 缘：循，顺应。　督：人的脊脉，骨节空虚处。　经：常。

⑦ 保身：谓不使形躯遭受刑戮。
⑧ 全生：谓保全自然本性。
⑨ 养亲：谓不残生伤性，以辱双亲。
⑩ 尽年：享尽天年。

庖丁为文惠君解牛①，手之所触，肩之所倚②，足之所履③，膝之所踦④，砉然响然⑤，奏刀騞然⑥，莫不中音⑦，合于《桑林》之舞⑧，乃中《经首》之会⑨。

文惠君曰："譆⑩，善哉！技盖至此乎⑪？"庖丁释刀对曰⑫："臣之所好者道也，进乎技矣⑬。始臣之解牛之时，所见无非全牛者；三年之后，未尝见全牛也。方今之时，臣以神遇而不以目视⑭，官知止而神欲行。依乎天理⑮，批大郤⑯，导大窾⑰，因其固然⑱，技经肯綮之未尝⑲，而况大軱乎⑳！良庖岁更刀㉑，割也；族庖月更刀㉒，折也。今臣之刀十九年矣，所解数千牛矣，而刀刃若新发于硎㉓。彼节者有间㉔，而刀刃者无厚㉕，以无厚入有间，恢恢乎其于游刃必有余地矣㉖。是以十九年而刀刃若新发于硎。虽然，每至于族㉗，吾见其难为，怵然为戒㉘，视为止㉙，行为迟，动刀甚微㉚。謋然已解㉛，如土委地㉜。提刀而立，为之四顾，为之踌躇满志㉝，善刀而藏之㉞。"文惠君曰："善哉！吾闻庖丁之言，得养生焉㉟。"

注释

① 庖（páo 袍）丁：名叫丁的厨师。庖，厨师。　文惠君：即梁惠王。
② 倚：靠近。
③ 履：踩。
④ 踦（yǐ 倚）：一足，引申为屈一足之膝抵住牛。
⑤ 砉（huā 花）然：皮骨相离的声音。　响然：指皮骨相离之声随刀而响应。
⑥ 奏刀：进刀。　騞（huō 豁）：谓进刀解物的声音。
⑦ 中（zhòng 仲）音：合乎音乐节奏。
⑧ 桑林：殷汤乐名。
⑨ 经首：尧乐《咸池》中乐章名。　会：节奏。

⑩ 譆:通“嘻”,惊叹声。

⑪ 盖:通“盍”,何故。

⑫ 释:放下。

⑬ 进:超过。

⑭ 遇:接触。

⑮ 天理:天然的纹理。

⑯ 批:击。　郤(xì 隙):通“隙”,指筋骨连接处的空隙。

⑰ 导:引刀深入。　窾(kuǎn 款):骨节间的空穴。

⑱ 因:顺着。　固然:本来的样子。

⑲ 技经肯綮(qìng 庆):技,当作“枝”,谓枝脉。经,经脉。肯,粘着骨头的肉。綮,筋肉相结处。

⑳ 軱(gū 姑):坚硬的大骨。

㉑ 岁:一年。　更:换。

㉒ 族庖:指技术一般的庖人。

㉓ 发:起。　硎(xíng 刑):磨刀石。

㉔ 节:骨节。　间:间隙,空隙。

㉕ 无厚:没有厚度。

㉖ 恢恢:宽绰的样子。

㉗ 族:筋骨交错盘结之处。

㉘ 怵(chù 触)然:警惕的样子。

㉙ 止:集中,专注。

㉚ 微:轻。

㉛ 謋(huò 霍)然:筋骨解散的样子。

㉜ 委:堆积。

㉝ 踌躇满志:闲豫安适,从容自得的样子。

㉞ 善刀:拭刀。

㉟ 养生:指养生之道。

公文轩见右师而惊曰[①]:“是何人也?恶乎介也[②]?天与,其人与[③]?”曰:“天也,非人也。天之生是使独也[④],人之貌有与也[⑤]。以是知其天也，非人也。”

泽雉十步一啄[6]，百步一饮，不蕲畜乎樊中[7]。神虽王[8]，不善也。

注释

① 公文轩：姓公文，名轩，宋人。　右师：官名。这里指做此官的人。
② 介：独足。
③ 其：抑或。
④ 是：指足。　独：独足。
⑤ 与：给予。
⑥ 泽雉：水泽中的野鸡。雉，野鸡。
⑦ 蕲：求。　畜：养。　樊：鸟笼。
⑧ 王：通“旺”，旺盛。

老聃死[1]，秦失吊之[2]，三号而出。弟子曰[3]：“非夫子之友邪[4]？”曰：“然。”“然则吊焉若此可乎？”曰：“然。始也吾以为其人也[5]，而今非也。向吾入而吊焉[6]，有老者哭之如哭其子，少者哭之如哭其母。彼其所以会之[7]，必有不蕲言而言[8]，不蕲哭而哭者。是遁天倍情[9]，忘其所受[10]，古者谓之遁天之刑。适来[11]，夫子时也；适去，夫子顺也。安时而处顺，哀乐不能入也，古者谓是帝之县解[12]。”

指穷于为薪[13]，火传也，不知其尽也。

注释

① 老聃：姓李，名耳，字聃，楚国苦县厉乡曲仁里人。曾任周守藏室之史官。
② 秦失（yì 逸）：又作秦佚，庄子虚构的人物。
③ 弟子：指秦失的门人。
④ 夫子：指秦失。
⑤ 其：指老子。　人：世俗之人。
⑥ 向：刚才。
⑦ 彼：指吊唁的众人。

⑧ 蕲：期望。

⑨ 遁：逃避。　倍：通“背”，背弃。

⑩ 所受：谓禀受于自然的天伦关系。

⑪ 适：正当。

⑫ 是：这。　帝：天帝。　县：通“悬”，倒悬，即困缚。

⑬ 指：通“脂”，脂膏。

文化史拓展

道家学派普遍重视探讨养生问题。老子在阐发他的哲学思想时，实际上也提出了一些关于养生的原则，而庄子则把这些养生原则进一步发展成了一套完整的养生理论，其主旨就是要求人们弃绝世事，顺乎自然，以恬淡虚无为养生之本。庄子的这一养生思想，对中国古代医学理论发生过一定的影响。此外，桓谭曾在《新论·祛蔽》中以“烛火”之喻来阐述形尽神灭的道理，王充在《论衡·论死》中也认为“天下无独燃之火，世间安得有无体独知之精?”杨泉在《物理论》中同样以“薪火”为喻，认为“人死之后，无遗魂矣。”凡此，虽或与《养生主》篇末“指穷于为薪，火传也，不知其尽也”的意旨不同，但其所用比喻在形式上当皆与庄子的“薪火”之喻有一定关系。

朱熹对《养生主》篇曾有很多论述。如他在《朱子语类》中对“庖丁解牛”寓言故事多有赞许之语，认为其中正呈现出了“许多道理”。但他在《养生主说》专论中却尖锐地指出，庄子借这一寓言故事来发挥他的“但欲依阿于其间，以为全身避患之计”的思想，这却是大错特错的。因为在他看来，“盖圣贤之道但教人以力于为善之实”，“夫君子之恶恶，如恶恶臭，非有所畏而不为也”，而庄子在这里却“不论义理之当否”，只是“欲以其依违苟且之两间为中之所在而循之”，岂非有违圣人为善、君子恶恶之道！朱熹还进而指出，庄子的这种“不论义理之当否”的思想，实际上正是与他所崇尚的“没拘检”、“不拘绳墨”等思想相一致的。

其实，朱熹在《朱子语类》中对“庖丁解牛”寓言故事的评论是正确的，因为这则寓言故事确实包含着许多有益的启示。如它正如《达生》篇“痀偻承蜩”、“津人操舟”、“吕梁丈人”、“梓庆削鐻”的寓言故事一样，其本身所体现出来的客观意义，远远超过了作者的创作原意，使人们诵读之后，可以从中引出如何在实践中精通技术，掌握存在于各种事物中的“道”(即内在规律)，以便由“必然王国”进入“自由王国”的合理见解。

文学史链接

1. 相关文学典故

庖丁解牛

何逊之作，不费气力，如庖丁解牛，风成于騞然。

（《说郛》卷八十引无名氏《竹林诗评》）

庖丁之解牛，伯牙之操琴，羿之发羽，僚之弄丸，古之所谓神技也。

（龚自珍《明良论四》）

游刃有余

才令虽当繁剧，而才足以副之，用刀不折，游刃有余。

（袁宏道《管宁初》）

明知白公办理此事游刃有余。

（刘鹗《老残游记》第十七回）

薪尽火传

薪尽火传，工匠市廛都有韵。

（吴敬梓《儒林外史》第五十四回）

薪尽火传，理学大畅。

（陈康祺《燕下乡脞录》卷一）

2. 后世有关诗赋文

张楚《游刃赋》

王履贞《目无全牛赋》

朱熹《养生主说》

李士表《庄子九论・解牛》

吴如愚《养生说》

乾隆《庖丁解牛》

3. 文学技法

此篇止写养之之妙。开口便将“知”字说破病症，将“缘督”二字显示要方，解牛之喻，无过写此二字，要人识得督在何处耳，断不是拘定四方，取那中间也。若如此，与子莫执中何异？“公文轩”三节，止随手点三证，以见主之所不在，都不足留意，不是散叙事迹之文。末三句，至奇至妙，生主之义难言，止一喻觌面迸出，遂索解人不得也。

（宣颖《南华经解・养生主》总论）

"养生主",是言养生之大主脑。开手直起"生"字,反旋"养"字;"善"、"恶"两层,夹出"缘督为经"句,暗点"主"字;下四句,飞花骤雨,千点万点,只是一点。随用"庖丁"一段接住,见养生者,虽不随无崖以自殆,亦不至畏物而离群;惟养此一片清刚之气,随机鼓动,神游于天理,则自不伤于物,明点"养生"二字。折到右师之介,将不养生的样子作衬。末段带出一极养生之老聃,拈着一无关养生闲事,坐他最足伤生的过失,正见得养到老聃模样,还须仔细,非贬薄老聃也。通篇只首段文法略为易明,余则月华霞锦,光灿陆离,几使人玩其文而忘其命意之处。

(胡文英《庄子独见·养生主》篇末总评)

篇内说透"养生"宗旨,全在"缘督为经"句,引"庖丁解牛"一段妙文为证;后二段,关会"为善无近名"二语,妙绪环生,均不类寻常意境。前幅正襟危坐,语必透宗;后幅空灵缥缈,寄托遥深。分之则烟峦起伏,万象在旁;合之则云锦迷离,天衣无缝也。

(刘凤苞《南华雪心编·养生主》总论)

集评

夫生以养存,则养生者理之极也。若乃养过其极,以养伤生,非养生之主也。

(郭象《庄子注·养生主》题解)

养生主,养其所以主吾生者也。其意则自前《齐物论》中"真君"透下。盖真君者,吾之真主人也。……此篇教人循乎天理之自然,安时处顺,将使利害不惊于心,而生死无变于己,然后谓之善养主人也。

(陆西星《南华真经副墨·养生主》总论)

此篇教人养性全生,以性乃生之主也。……教人安时处顺,不必贪求以养形,但以清净离欲以养性,此示入道之功夫也。

(释德清《庄子内篇注·养生主》总论)

思考与讨论

1. 此篇反映了作者什么样的养生思想?外篇《刻意》、《缮性》、《达生》所反映出的养生思想与此有何不同?
2. 庖丁解牛寓言故事寄寓了作者什么样的思想?这则寓言故事在客观上给了人们以什么样的启示?

人　间　世

题解

人间世，即人间社会。如何能做到“涉乱世以自全”，这就是本篇所论述的主要问题。

春秋战国之世，奴隶制向封建制的转化，固然是一种历史的进步现象，但作为新兴势力代表的地主阶级人物，他们的大多数却是野心勃勃，残忍横暴，阴险狡诈的，动辄互相争夺，互相残杀，使整个社会成了一个血淋淋的角斗场。庄周认为，生活在这样的人世间，若要远害全身，就非得泯灭矜才用己、求功求名之心，做到虚己顺物，以不材为大材，以无用为大用不可。因此，就撰出“颜回请行”等六则寓言故事，从不同的角度，具体而生动地阐明了这一处世哲学。最后借接舆一歌，复又自续一曲，以深寄胸中无限辛酸之慨，并结住全文。

颜回见仲尼①，请行②。曰：“奚之③？”曰：“将之卫④。”曰：“奚为焉？”曰：“回闻卫君，其年壮，其行独⑤，轻用其国，而不见其过。轻用民死，死者以国量乎泽若蕉⑥，民其无如矣⑦！回尝闻之夫子曰⑧：‘治国去之⑨，乱国就之⑩，医门多疾。’愿以所闻思其则⑪，庶几其国有瘳乎⑫！”

注释

① 颜回：姓颜名回，字子渊，鲁国人，孔子最得意的弟子。　仲尼：孔子的字。

② 请行：谓向他辞行。

③ 奚之：何往。奚，何。之，往。

④ 卫：春秋时的诸侯国，在今河南省境内。

⑤ 独：专断自用。

⑥ 量：填满。　乎：于。　蕉：草芥。

⑦ 无如：无处可归。

⑧ 夫子：指孔子。

⑨ 去：离开，离去。

⑩ 就:趋从。
⑪ 则:法则,办法。
⑫ 瘳(chōu 抽):病愈。

仲尼曰:“譆,若殆往而刑耳[①]! 夫道不欲杂,杂则多[②],多则扰,扰则忧,忧而不救[③]。古之至人,先存诸己,而后存诸人。所存于己者未定,何暇至于暴人之所行[④]! 且若亦知夫德之所荡而知之所为出乎哉[⑤]? 德荡乎名,知出乎争。名也者,相轧也[⑥];知也者,争之器也[⑦]。二者凶器,非所以尽行也。且德厚信矼[⑧],未达人气[⑨];名闻不争,未达人心[⑩]。而强以仁义绳墨之言术暴人之前者[⑪],是以人恶有其美也[⑫],命之曰菑人[⑬]。菑人者,人必反菑之。若殆为人菑夫[⑭]! 且苟为悦贤而恶不肖,恶用而求有以异[⑮]? 若唯无诏[⑯],王公必将乘人而斗其捷[⑰]。而目将荧之[⑱],而色将平之[⑲],口将营之[⑳],容将形之[㉑],心且成之。是以火救火,以水救水,名之曰益多。顺始无穷,若殆以不信厚言[㉒],必死于暴人之前矣! 且昔者桀杀关龙逢[㉓],纣杀王子比干[㉔],是皆修其身,以下伛拊人之民[㉕],以下拂其上者也[㉖],故其君因其修以挤之[㉗]。是好名者也。昔者尧攻丛、枝、胥敖[㉘],禹攻有扈[㉙],国为虚厉[㉚],身为刑戮。其用兵不止,其求实无已[㉛],是皆求名实者也,而独不闻之乎[㉜]? 名实者,圣人之所不能胜也,而况若乎[㉝]? 虽然,若必有以也[㉞],尝以语我来[㉟]!”

注释

① 若:你。　殆:恐怕。
② 多:多事。
③ 不救:不可挽救。
④ 暴人:暴君,指卫君。
⑤ 荡:流荡,丧失。　知:智能。　出:显露。
⑥ 轧:倾轧。
⑦ 器:工具。
⑧ 德厚:道德纯厚。　信矼(qiāng 腔):谓诚意着实。

⑨ 未达：不了解。

⑩ 人心：指卫君的心意。

⑪ 绳墨：法度，规范。　术：同“述”，陈述。　暴人：指卫君。

⑫ 有：卖弄。

⑬ 菑（zāi 灾）：通“灾”，害。

⑭ 为：被。

⑮ 而：你。

⑯ 诏：进谏。

⑰ 王公：指卫君。　斗其捷：施展他的捷辩。

⑱ 荧：眩惑。

⑲ 色：面色。

⑳ 营：营救。

㉑ 形：显现。

㉒ 厚言：忠诚之言

㉓ 桀：夏朝最后一个国君，以暴虐著称于世。　关龙逢：姓关，字龙逢，桀时贤臣，因竭诚忠谏而被斩首。

㉔ 王子比干：纣王庶叔，因忠谏而被剖心。

㉕ 伛（yǔ 雨）拊：曲身抚爱。

㉖ 拂：触逆。

㉗ 挤：陷害。

㉘ 丛、枝、胥敖：皆为虚构的小国之名。

㉙ 有扈：小国名，在今陕西户县。

㉚ 虚：同“墟”，废墟。　厉：厉鬼。

㉛ 实：实利，指土地和财物。

㉜ 而：你。

㉝ 若：你。

㉞ 以：用来谏劝卫君的办法。

㉟ 尝：试。　来：语气助词。

颜回曰：“端而虚[①]，勉而一[②]，则可乎？”曰：“恶[③]！恶可？夫以阳为充孔扬[④]，采色不定[⑤]，常人之所不违[⑥]，因案人之所感[⑦]，以求容与其心[⑧]，名之曰日渐之德不成[⑨]，而况大德乎？将执而不化[⑩]，外合而内不訾[⑪]，其庸讵可乎[⑫]？”

“然则我内直而外曲[⑬]，成而上比。内直者，与天为徒。与天为徒者，知天子之与己[⑭]，皆天之所子[⑮]，而独以己言蕲乎而人善之[⑯]，蕲乎而人不善之邪？若然者[⑰]，人谓之童子[⑱]，是之谓与天为徒。外曲者，与人之为徒也。擎跽曲拳[⑲]，人臣之礼也，人皆为之，吾敢不为邪？为人之所为者，人亦无疵焉[⑳]，是之谓与人为徒。成而上比者，与古为徒[㉑]。其言虽教，谪之实也[㉒]，古之有也，非吾有也。若然者，虽直而不病[㉓]，是之谓与古为徒。若是则可乎？”仲尼曰：“恶！恶可？大多政法而不谍[㉔]，虽固亦无罪。虽然，止是耳矣，夫胡可以及化[㉕]！犹师心者也[㉖]。”

注释

① 端：端正。　虚：谦虚。

② 勉：勤勉。　一：专一。

③ 恶：驳斥声，犹“唉”。

④ 阳：刚猛之性。　充：充满。　孔：甚。　扬：显扬。

⑤ 采色：神采气色。

⑥ 违：违逆。

⑦ 案：压抑。

⑧ 容与：自快。

⑨ 日渐之德：指小德。

⑩ 执：固执。

⑪ 訾（zī 资）：资取。

⑫ 庸讵：怎么。

⑬ 曲：委曲求全，即恭敬。

⑭ 天子：人君。

⑮ 子：动词，生。

⑯ 而：岂。　蕲：求。　而人：别人。　善：称善。

⑰ 若然：像这样。

⑱ 童子：天真纯一、未失自然本性的人。
⑲ 擎：执笏。 跽：跪拜。 曲拳：鞠躬。
⑳ 疵：毛病。
㉑ 古：古人。
㉒ 谪（zhé 哲）：指责。
㉓ 病：指灾祸。
㉔ 大：也作“太”。 政法：正人之法。 谍：妥当。
㉕ 化：感化。
㉖ 师心：师从有为之心。

颜回曰：“吾无以进矣，敢问其方①。”仲尼曰：“斋②，吾将语若。有心而为之，其易邪③？易之者，皞天不宜④。”

颜回曰：“回之家贫，唯不饮酒不茹荤者数月矣⑤。如此，则可以为斋乎？”曰：“是祭祀之斋，非心斋也⑥。”

回曰：“敢问心斋。”仲尼曰：“若一志！无听之以耳而听之以心，无听之以心而听之以气⑦。听止于耳⑧，心止于符⑨。气也者，虚而待物者也。唯道集虚。虚者，心斋也。”

颜回曰：“回之未始得使⑩，实自回也；得使之也，未始有回也，可谓虚乎？”夫子曰：“尽矣！吾语若：若能入游其樊而无感其名⑪，入则鸣⑫，不入则止。无门无毒⑬，一宅而寓于不得已⑭，则几矣。绝迹易，无行地难。为人使易以伪，为天使难以伪。闻以有翼飞者矣，未闻以无翼飞者也；闻以有知知者矣，未闻以无知知者也。瞻彼阕者⑮，虚室生白⑯，吉祥止止⑰。夫且不止，是之谓坐驰⑱。夫徇耳目内通而外于心知⑲，鬼神将来舍⑳，而况人乎？是万物之化也，禹、舜之所纽也㉑，伏戏、几蘧之所行终㉒，而况散焉者乎㉓？”

注释

① 敢：谦词。
② 斋：即斋心。

③ 其：岂。
④ 皞(hào浩)天：自然。　不宜：不合。
⑤ 茹荤：吃肉食。
⑥ 心斋：一种内心斋戒，即心地平静专一而无杂念。
⑦ 气：气息。
⑧ 听止于耳：当作“耳止于听”。
⑨ 符：合。
⑩ 得使：得到教诲。
⑪ 若：你。　樊：藩篱，指卫国境内。
⑫ 入：接纳。
⑬ 毒：药味。
⑭ 一宅：安心于一，了无二念。
⑮ 瞻：观看。　彼：眼前万物。　阕：空。
⑯ 室：指人心。
⑰ 止止：集于虚明之心。前面“止”是动词，有“处、集”之意。后面“止”是名词，指空明虚静的心境。
⑱ 坐驰：谓形坐而心驰。
⑲ 徇：同循，顺。
⑳ 舍：冥附。
㉑ 纽：枢纽，关键。
㉒ 伏戏：即伏羲。　几蘧：传说中的古代圣君。
㉓ 散焉者：指平庸的人。

叶公子高将使于齐[①]，问于仲尼曰：“王使诸梁也甚重[②]，齐之待使者，盖将甚敬而不急[③]。匹夫犹未可动[④]，而况诸侯乎！吾甚慄之[⑤]。子常语诸梁也曰[⑥]：‘凡事若小若大，寡不道以欢成[⑦]。事若不成，则必有人道之患；事若成，则必有阴阳之患。若成若不成而后无患者，唯有德者能之。’吾食也执粗而不臧[⑧]，爨无欲清之人[⑨]。今吾朝受命而夕饮冰，我其内热与！吾未至乎事之情[⑩]，而既有阴阳之患矣。事若不成，必有人道之患。是两也[⑪]，为人臣者不足以任之，子其有以语我来[⑫]！”

注释

① 叶公子高:楚庄王玄孙,姓沈,名诸梁,字子高,被封于叶,僭号称公。

② 王:楚王。　重:重要的使命。

③ 敬:恭敬。

④ 动:感化。

⑤ 慄:害怕。

⑥ 子:你,指孔子。

⑦ 寡:少。　欢成:欢然成功。

⑧ 臧:善。

⑨ 爨(cuàn 篡):司火之人。　清:清凉。

⑩ 情:实。

⑪ 是两也:谓忧虑结于心,刑罚遭于外。

⑫ 来:语气助词,犹“咧”。

仲尼曰:“天下有大戒二[1]:其一,命也[2];其一,义也[3]。子之爱亲,命也,不可解于心;臣之事君,义也,无适而非君也[4],无所逃于天地之间[5];是之谓大戒。是以夫事其亲者,不择地而安之,孝之至也;夫事其君者,不择事而安之,忠之盛也;自事其心者,哀乐不易施乎前[6],知其不可奈何而安之若命,德之至也。为人臣子者,固有所不得已,行事之情而忘乎身,何暇至于悦生而恶死?夫子其行可矣!丘请复以所闻[7]:凡交[8],近则必相靡以信[9],远则必忠之以言,言必或传之[10]。夫传两喜两怒之言,天下之难者也。夫两喜必多溢美之言[11],两怒必多溢恶之言[12]。凡溢之类妄[13],妄则其信之也莫[14],莫则传言者殃。故法言曰[15]:‘传其常情[16],无传其溢言,则几乎全[17]。’且以巧斗力者,始乎阳[18],常卒乎阴[19],大至则多奇巧[20];以礼饮酒者,始乎治[21],常卒乎乱[22],大至则多奇乐[23]。凡事亦然,始乎谅[24],常卒乎鄙[25];其作始也简,其将毕也必巨。言者,风波也;行者[26],实丧也[27]。夫风波易以动,实丧易以危。故忿设无由[28],巧言偏辞。兽死不择音,气息茀然[29],于是并生心厉[30]。克核大至[31],则必有不肖之心应之[32],而不知其然也。苟为不知其然也,孰知其所终!故法言曰:‘无迁令，无劝成。'过度，益也[33]。'迁令'、'劝成'，殆事。美成在久，恶成不及改，可不慎与！且夫乘物以游心，托不得已以养中[34]，至矣。何作为报也？莫若为致命[35]，此其难者。"

注释

① 大戒：不可逾越的大法。
② 命：指受之于自然之天的性分。
③ 义：指人所应尽的社会职责。
④ 适：往。
⑤ 无所逃：无可逃避。
⑥ 施：移动，改易。
⑦ 复：再。
⑧ 交：国与国之间的交往。
⑨ 近：邻近的国家。　靡：顺。　信：信用。
⑩ 或：有人。
⑪ 溢美：夸奖过分。
⑫ 溢恶：指责过分。
⑬ 妄：不真实。
⑭ 莫：疑惑。
⑮ 法言：格言。
⑯ 常情：真实无妄之言。
⑰ 全：谓免祸全身。
⑱ 阳：谓喜。
⑲ 阴：谓怒。
⑳ 大至：过甚，甚至。　奇巧：诡诈。
㉑ 治：谓依循规矩。
㉒ 乱：谓迷醉大乱。
㉓ 奇乐：狂乐狎侮。
㉔ 谅：诚信。
㉕ 鄙：欺诈。
㉖ 行：谓传达语言。

㉗ 实丧：得失。
㉘ 设：发作。
㉙ 茀（bó 勃）：勃然。
㉚ 心厉：伤人的恶念。
㉛ 克核：苛求。　大至：太过分。
㉜ 不肖之心：即伤人的恶念。
㉝ 益：增益。
㉞ 中：指心性。
㉟ 致命：据实传命。

颜阖将傅卫灵公太子[①]，而问于蘧伯玉曰[②]："有人于此[③]，其德天杀[④]。与之为无方[⑤]，则危吾国；与之为有方，则危吾身。其知适足以知人之过[⑥]，而不知其所以过。若然者，吾奈之何？"

蘧伯玉曰："善哉问乎！戒之[⑦]，慎之，正女身也哉[⑧]！形莫若就[⑨]，心莫若和[⑩]。虽然，之二者有患[⑪]。就不欲入[⑫]，和不欲出[⑬]。形就而入，且为颠为灭，为崩为蹶[⑭]；心和而出，且为声为名，为妖为孽[⑮]。彼且为婴儿[⑯]，亦与之为婴儿；彼且为无町畦[⑰]，亦与之为无町畦；彼且为无崖[⑱]，亦与之为无崖。达之，入于无疵[⑲]。汝不知夫螳螂乎？怒其臂以当车辙[⑳]，不知其不胜任也，是其才之美者也[㉑]。戒之，慎之！积伐而美者以犯之[㉒]，几矣[㉓]！汝不知夫养虎者乎？不敢以生物与之[㉔]，为其杀之之怒也；不敢以全物与之[㉕]，为其决之之怒也[㉖]；时其饥饱[㉗]，达其怒心[㉘]。虎之与人异类，而媚养己者，顺也。故其杀者[㉙]，逆也。夫爱马者，以筐盛矢[㉚]，以蜄盛溺[㉛]。适有蚊虻仆缘[㉜]，而拊之不时[㉝]，则缺衔毁首碎胸[㉞]。意有所至，而爱有所亡[㉟]，可不慎邪！"

注释

① 颜阖：姓颜，名阖，鲁国贤人。　傅：师傅，即太子傅。　太子：指蒯聩。
② 蘧伯玉：姓蘧，名瑗，字伯玉，卫国贤大夫。
③ 人：指太子蒯聩。

④ 天杀：天性刻薄。

⑤ 方：规矩，法度。

⑥ 过：过失。

⑦ 戒：警戒。

⑧ 女：通“汝”，你。

⑨ 就：随顺。

⑩ 和：调和。

⑪ 之：此。　二者：指“就”与“和”。

⑫ 入：谓苟同。

⑬ 出：谓显己之长。

⑭ 崩：败坏。　蹶：绊倒。

⑮ 妖孽：谓祸患。

⑯ 婴儿：比喻无知。

⑰ 町畦（tǐng qí 挺奇）：田界，可引申为检束。

⑱ 无崖：无崖岸，可引申为放荡不拘。

⑲ 疵：小病，可引申为过失。

⑳ 怒：奋举。　当：抵挡。　辙：车轮辗过的痕迹，此处引申为车轮。

㉑ 是：自是，自负。

㉒ 积：经常。　伐：夸耀。　而：你。

㉓ 几：危殆。

㉔ 生物：活的动物。　与之：给它吃。

㉕ 全物：整个动物。

㉖ 决：撕裂。

㉗ 时：通“伺”，伺候。

㉘ 达：顺导。

㉙ 杀：谓搏噬人。

㉚ 矢：通“屎”，马粪。

㉛ 蜄（shèn 肾）：一种以贝壳作装饰的器皿。　溺：马尿。

㉜ 仆缘：附缘于马体。仆，附。

㉝ 拊：拍打。

㉞ 缺衔：决裂衔勒。

㉟ 亡：忘，忘掉。

匠石之齐[1]，至于曲辕[2]，见栎社树[3]。其大蔽数千牛[4]，絜之百围[5]；其高临山[6]，十仞而后有枝；其可以为舟者，旁十数[7]。观者如市，匠伯不顾[8]，遂行不辍[9]。弟子厌观之[10]，走及匠石[11]，曰："自吾执斧斤以随夫子，未尝见材如此其美也。先生不肯视，行不辍，何邪?"曰："已矣[12]，勿言之矣！散木也[13]，以为舟则沉，以为棺椁则速腐[14]，以为器则速毁，以为门户则液樠[15]，以为柱则蠹[16]，是不材之木也。无所可用，故能若是之寿。"

匠石归，栎社见梦曰[17]："女将恶乎比予哉[18]？若将比予于文木邪[19]？夫柤梨橘柚果蓏之属[20]，实熟则剥[21]，剥则辱[22]；大枝折，小枝泄[23]。此以其能苦其生者也，故不终其天年而中道夭[24]，自掊击于世俗者也[25]。物莫不若是。且予求无所可用久矣，几死[26]，乃今得之，为予大用。使予也而有用，且得有此大也邪？且也若与予也皆物也，奈何哉其相物也[27]？而几死之散人[28]，又恶知散木！"

匠石觉而诊其梦[29]。弟子曰："趣取无用，则为社何邪?"曰："密[30]！若无言！彼亦直寄焉[31]，以为不知己者诟厉也[32]。不为社者，且几有翦乎[33]！且也彼其所保与众异[34]，而以义誉之，不亦远乎！"

注释

① 匠石：一个名叫石的木匠。　之：往。

② 曲辕：地名。

③ 栎(lì 力)社树：社中的栎树。社，祭祀土地神的地方。

④ 蔽：遮蔽。

⑤ 絜(xié 鞋)：张开两臂度量树身。　围：两臂合抱为一围。

⑥ 临山：高出山头。

⑦ 旁：旁枝。

⑧ 匠伯：指匠石。因匠石为众匠之长，故可称为"匠伯"。

⑨ 辍：止。

⑩ 厌观：饱看。

⑪ 走：跑。　及：赶上。

⑫ 已矣：算了。已，止。

⑬ 散木：无用之木。

⑭ 棺:棺材。　椁:外棺。
⑮ 液樠(mán 瞒):脂液外渗。
⑯ 蠹(dù 杜):虫蛀。
⑰ 见梦:托梦。
⑱ 女:汝,你。
⑲ 若:你。　文木:纹理细密的有用之木。
⑳ 柤(zhā 渣):即山楂。　果蓏(luǒ 裸):在树上生长的叫果,在地上生长的叫蓏。
㉑ 剥:遭受敲打。
㉒ 辱:被扭折。
㉓ 泄:被牵扭。
㉔ 中道夭:中途夭折。
㉕ 掊:打击。
㉖ 几:将近。
㉗ 相物:以散木视我。相,视。
㉘ 而:你。
㉙ 诊:通“眕”,告。
㉚ 密:犹言“别作声”。
㉛ 彼:指栎树。　直:特。
㉜ 诟厉:讥议。
㉝ 几:岂。　翦:砍伐。
㉞ 保:谓保全生命之道。

南伯子綦游乎商之丘[①],见大木焉,有异[②],结驷千乘,隐将芘其所藾[③]。子綦曰:“此何木也哉?此必有异材夫[④]!”仰而视其细枝,则拳曲而不可以为栋梁[⑤];俯而见其大根[⑥],则轴解而不可以为棺椁[⑦];咶其叶[⑧],则口烂而为伤;嗅之,则使人狂酲三日而不已[⑨]。子綦曰:“此果不材之木也,以至于此其大也。嗟乎神人,以此不材!”

宋有荆氏者[⑩],宜楸柏桑[⑪]。其拱把而上者[⑫],求狙猴之杙者斩之[⑬];三围四围,求高名之丽者斩之[⑭];七围八围,贵人富商之家求椫傍者斩之[⑮]。故未终其天年而中道之夭于斧斤,此材之患也。故解之以牛之白颡者[16]，与豚之亢鼻者[17]，与人有痔病者，不可以适河[18]。此皆巫祝以知之矣[19]，所以为不祥也。此乃神人之所以为大祥也。

注释

① 南伯子綦：即南郭子綦。见《齐物论》篇注。　商之丘：即商丘，宋国都城，在今河南商丘县。

② 有异：谓其高大异乎寻常。

③ 芘：通“庇”，遮蔽。　藾（lài 赖）：荫。

④ 有：为，是。

⑤ 拳曲：即卷曲。

⑥ 见：当为“视”之误。　大根：指主干的下部。

⑦ 轴解：谓木纹旋散。

⑧ 咶（shì 氏）：舔。

⑨ 狂酲（chéng 呈）：大醉如狂。

⑩ 荆氏：地名。

⑪ 楸（qiū 秋）：落叶乔木，材质细密。

⑫ 拱把：两手合握曰拱，一手所握曰把。

⑬ 狙猴：猕猴。　杙（yì 弋）：小木桩。

⑭ 高名：高大。　丽：通“欐”，栋梁。

⑮ 椫（shàn 善）傍：每边以整块板制成的棺材。

⑯ 解：祭祀之名。　颡（sǎng 嗓）：额。

⑰ 豚：小猪。　亢鼻：鼻孔上翻。亢，仰。

⑱ 适河：投入河中祭神。

⑲ 巫祝：巫师。　以：通“已”，已经。

支离疏者[1]，颐隐于脐[2]，肩高于顶[3]，会撮指天[4]，五管在上[5]，两髀为胁[6]。挫针治繲[7]，足以糊口；鼓筴播精[8]，足以食十人[9]。上征武士，则支离攘臂而游于其间[10]；上有大役[11]，则支离以有常疾不受功；上与病者粟[12]，则受三钟与十束薪[13]。夫支离其形者，犹足以养其身，终其天年，又况支离其德者乎！

注释

① 支离疏：作者虚构的人物。支离，指形体支离；疏，指智力不全。比喻其忘形去智。
② 颐：面颊。
③ 顶：头顶。
④ 会撮：发髻。 指天：朝天。因其佝偻低头故发髻朝天。
⑤ 五管：五脏的穴位。
⑥ 髀(bì 币)：大腿。
⑦ 挫针：缝衣服。挫，持。 治繲(xiè 械)：洗衣服。繲，脏旧衣服。
⑧ 鼓：簸。 筴(cè 册)：小簸箕。 播精：播去粗糠而得精米。
⑨ 食：赡养。
⑩ 攘臂：谓遨游自在的样子。
⑪ 役：徭役。
⑫ 与：给。
⑬ 钟：六斛四斗为一钟。 束：捆。 薪：柴草。

孔子适楚[①]，楚狂接舆游其门曰[②]：“凤兮凤兮[③]，何如德之衰也！来世不可待[④]，往世不可追也[⑤]。天下有道，圣人成焉[⑥]；天下无道，圣人生焉[⑦]；方今之时，仅免刑焉[⑧]。福轻乎羽，莫之知载[⑨]；祸重乎地，莫之知避。已乎已乎，临人以德！殆乎殆乎，画地而趋[⑩]！迷阳迷阳[⑪]，无伤吾行！吾行却曲[⑫]，无伤吾足！”

山木自寇也[⑬]，膏火自煎也[⑭]。桂可食[⑮]，故伐之；漆可用，故割之。人皆知有用之用，而莫知无用之用也。

注释

① 适：往，到。
② 接舆：楚国的隐士，姓陆，名通，字接舆。
③ 凤兮凤兮：这里用凤鸟来嘲讽和比喻孔子。
④ 待：期待。
⑤ 追：追回。
⑥ 成：成就功业。

⑦ 生:苟全性命。

⑧ 仅:很少。

⑨ 载:承受。

⑩ 画地:比喻愚者自拘。

⑪ 迷阳:一种多刺的草,常生路旁。

⑫ 吾行:当为“却曲”之误。 却:退却。 曲:拐弯而行。

⑬ 自寇:自招砍伐。

⑭ 膏:油脂。

⑮ 桂:肉桂,其皮辛香,可供调味。

文化史拓展

春秋战国时期,战乱频繁,民不聊生,“窃钩者诛,窃国者为诸侯”。在这样一种背景下,个体生命恐怕不仅无力回天,而且往往会不知不觉迷失了方向。庄子以为,“方今之世,仅免刑焉”,这虽只有八个字,却寄寓无限悲凉与无奈。

人生在世,总是为了追求更高的幸福。只是,幸福如同一枚把握不定的轻柔的羽毛,常常要倏而远逝;痛苦却像沉沉黑夜,无限宽广,辗转不去,使我们无路可逃。但一个不安定的社会,并不能成为个人不幸的充足借口。幸福首先取决于澄明的本心和朴素自然的生活意识,这样的人即使在乱世,也能独善其身,而不会在压抑中丧失了天真。痛苦降临的时候,庄子赞成“形莫若就,心莫若和”,既非自甘沉沦,也非漠然置之,而是以心灵的静穆清和获得最终的超越。当一个人无法改变整个社会混乱的现状时,就只能反观内心,追求生命的自我完善与精神的绝对自由。

乱世中有各种各样的人,如想趁火打劫者,想拯救天下者,还有想养生全形者,而社会的道德规范已在频繁的战乱动荡中分崩离析。《人间世》的开篇假托孔子教导颜回的话,说明事君之难,一或不慎,即遭杀戮。庄子以为圣主无须再添贤臣,而暴君最忌仁义法度的言论,这无异于以己之长,示人之短。古代的圣人,总是先修养充实自己,才去帮助别人。若是只抱着救世之心,一味追求完美,难免会坠跌在易碎的梦境里,非但不能实现原先的理想,甚至可能无法远祸全身。关龙逄、比干乃至后世的太史公、孔融、嵇康,无不因之得祸。倒不如顺其自然,静观水流花落,以超然之心对待世事沧桑,既不强人所难,也不颠倒黑白,反而会在不经意间归入永恒的境地。

为此,庄子提出了“心斋”之法:将心志凝聚为一,不用耳朵去听,而用心灵去感应；甚至不用心灵去感应，而用气去感应。因为可以用感官体验的只是人籁、地籁，但用虚怀之气去对待，却能得闻天籁。可见，庄子的学说终究是崇尚自然的学说。虚而待物，便无所谓物我；澄清杂念，摒弃妄见，便能以吐纳宇宙的气势来面对世界。这样，即使生而为人，也能让灵魂无翅而飞！

“心斋”与庄子所谓的“坐忘”、“守宗”及止水、明镜说一样，都要求体悟大道者必须有虚静的心境。宋明理学家和心学家，他们大都从庄子的这些说法中获得了不少启发。如周敦颐要求“主静”，二程重视“静坐”，朱熹强调“静虚”，真德秀追求心“如明镜止水”的境界，陆九渊倡导“正坐拱手，收拾精神”之说，王守仁曾以“默坐澄心为学的”，凡此皆与庄子思想有着一定的渊源关系。

文学史链接

1. 相关文学典故

心斋

身退敢谈天下事，心斋惟对古人书。

（赵翼《岁暮杂诗》之一）

苦热诚知处处皆，何当危坐学心斋。

（苏轼《泛舟城南会者五人分韵赋诗得人皆苦炎字》）

螳臂当车

人臣之谬思乱者，乃螳臂之拒走轮耳。

（杜光庭《虬髯客传》）

螗臂当辙横，怒蛙致凭轼。

（蒋一葵《长安客话·斗促织》）

2. 后世有关诗赋文

张君房《心斋》

周密《齐东野语·斋不茹荤必变食》

3. 文学技法

此篇分明处人自处两柱，却全然不露，止如散散叙事。《庄子》真是难读，何怪从来无人识得。此篇要旨，总不外《逍遥游》“无己”妙义，故曰看透第一篇“无己”二字，一部《庄子》尽矣，此篇尤其著者。末引接舆一歌，深有叔世之慨。庄子曳尾泥中，殆为是乎？

（宣颖《南华经解·人间世》篇末总评）

首段以“心斋”二字，揭出至人神化之功，先搜剔其所难，而后示以极则，为颜子立论，有行到水穷，坐看云起之妙。次段以命、义二层提出子臣忠孝之谊，先撇开其所难，而后怵以世情，为叶公设法，有移花接木，排云出岫之奇。至颜阖一段，全从喻义摹写入微，亲切指点，机趣横生，又行文之化境也。若夫栎社之树，商丘之木，人皆惜其无用，而无用者反得以自全，有用者多至于不免；画地而趋，诚不如支离其德。庄子一腔心血，萦回曲折，写得如许悲凉！其用意用笔，如置身万仞岩巅，足二分垂在外；而其行文则飞行绝迹，步步凌空，非后人所能阶其尽寸。

（刘凤苞《南华雪心编·人间世》总论）

集评

与人群者，不得离人。然人间之变故，世世异宜，唯无心而不自用者，为能随变所适而不荷其累也。

（郭象《庄子注·人间世》题解）

夫道非绝俗也，德非遁世也，夷明养晦，和光同尘，世出世法，莫不由此。夫至人无为而无不为尚矣，圣人则为之而无以为，故以仲尼、伯玉为之折衷。篇内集虚养中，正身和心，大为立言之肯綮。至于积伐才美，以犯人怒，又处世之所最忌者。篇终反喻，不美不才，乃无用之大用，此老平生受用得力处，全在于此，然亦何莫而非“至人无己”中得来邪？

（陆西星《南华真经副墨·人间世》总评）

人间世无不可游也，而入之也难。既生于其间，则虽乱世暴君，不能逃也。乱世者，善恶相轧之积。恶之轧善也方酷，而善复挟其有用之材，以轧恶而取其名。名之所在，即刑之所悬矣。唯养无用，而去知以集虚，则存于己者定而忘人。生死可外，而况于名？物不能伤，而后庶几于化。此篇为涉乱世以自全而全人之妙术，君子深有取焉。

（王夫之《庄子解·人间世》题解）

思考与讨论

1. 此篇阐述了作者什么样的处世哲学？并结合阅读下面一段文字，分析外篇所阐述的处世哲学与本篇有何不同：

　　庄子行于山中，见大木，枝叶盛茂，伐木者止其旁而不取也。问其故，曰：“无所可用。”庄子曰：“此木以不材得终其天年。”夫子出于山，舍于故人之家。

故人喜,命竖子杀雁而烹之。竖子请曰:“其一能鸣,其一不能鸣,请奚杀?”主人曰:“杀不能鸣者。”明日,弟子问于庄子曰:“昨日山中之木,以不材得终其天年;今主人之雁,以不材死。先生将何处?”庄子笑曰:“周将处乎材与不材之间。材与不材之间,似之而非也,故未免乎累。若夫乘道德而浮游则不然。无誉无訾,一龙一蛇,与时俱化,而无肯专为;一上一下,以和为量,浮游乎万物之祖,物物而不物于物,则胡可得而累邪!此神农、黄帝之法则也。若夫万物之情,人伦之传则不然:合则离,成则毁,廉则挫,尊则议,有为则亏,贤则谋,不肖则欺,胡可得而必乎哉!悲夫!弟子志之,其唯道德之乡乎!”

(选自《山木》)

德 充 符

题解

道德充实于内，万物应验于外，内外玄合无间，有如符契一般，这就叫做德充符。

春秋战国之世，许多所谓修德之人，如发冢的儒者(见《外物》)等，仅仅在缘饰外表上下功夫，而在德行方面，则毫无可称之处。所以，庄子矫枉过正，特意凭空撰出几位体残形畸而德行超众之人，同形全德亏之士作一番对照。他指出，就人类的形体与德行来说，后者是占绝对重要位置的。因此，只要德行完美，一切形体上的残缺不全并不足以为累；如果德行败坏，即使体周形全，容貌姣好，也绝不会给人以美的感受，而适足以为德之累。

文章前四段为一组镜头，借王骀、申徒嘉、叔山无趾、哀骀它四位刑余丑厉之人，反复论证德充自有外物前来应验的道理。第五段，以闉跂支离无脤结住前文残缺者粉墨登场的镜头，以形有所增的瓮盎大瘿导出下文的“益生”之辩，然后作者自发议论，总契首尾，点出全篇宗旨——“德有所长，而形有所忘”。末段借惠子“益生”而丧其德为例，反证修德关键在于忘身忘情。先后散散写来，似乎泛杂，其实通篇贯以“德”字，章法隐秘而严整，大有一线穿珠，繁而不乱之妙。

鲁有兀者王骀[①]，从之游者与仲尼相若[②]。常季问于仲尼曰[③]：“王骀，兀者也，从之游者与夫子中分鲁[④]。立不教，坐不议，虚而往，实而归。固有不言之教，无形而心成者邪[⑤]？是何人也？”仲尼曰：“夫子，圣人也，丘也直后而未往耳[⑥]。丘将以为师，而况不若丘者乎！奚假鲁国[⑦]，丘将引天下而与从之。”

常季曰：“彼兀者也，而王先生[⑧]，其与庸亦远矣[⑨]。若然者，其用心也独若之何[⑩]？”仲尼曰：“死生亦大矣，而不得与之变[⑪]，虽天地覆坠，亦将不与之遗[⑫]。审乎无假而不与物迁[⑬]，命物之化而守其宗也[⑭]。”常季曰：“何谓也？”仲尼曰：“自其异者视之，肝胆楚越也；自其同者视之，万物皆一也。夫若然者，且不知耳目之所宜[15]，而游心乎德之和[16]。物视其所一而不见其所丧，视丧其足犹遗土也。"

常季曰："彼为己[17]，以其知得其心[18]，以其心得其常心[19]，物何为最之哉[20]？"仲尼曰："人莫鉴于流水而鉴于止水[21]，唯止能止众止。受命于地，唯松柏独也，在冬夏青青；受命于天，唯舜独也正。幸能正生[22]，以正众生[23]。夫保始之征[24]，不惧之实[25]。勇士一人，雄入于九军[26]。将求名而能自要者[27]，而犹若是，而况官天地[28]，府万物[29]，直寓六骸[30]，象耳目[31]，一知之所知，而心未尝死者乎[32]！彼且择日而登假[33]，人则从是也[34]。彼且何肎以物为事乎[35]！"

注释

① 兀：断去一足。　王骀（tái 台）：虚构的人物。

② 游：游学，跟随老师学习。　相若：相等。

③ 常季：虚构的人物。

④ 中分鲁：谓平分鲁国的学生。

⑤ 无形：不见形迹。

⑥ 直：特，只。　后：落后。

⑦ 奚假：岂止。

⑧ 王：超过。　先生：指孔子。

⑨ 庸：常人。

⑩ 用心：运用心智。

⑪ 之：指生死。

⑫ 之：指天地。　遗：坠落。

⑬ 无假：当为"无瑕"之误。

⑭ 命：主宰。　宗：即大道的宗本。

⑮ 宜：适宜。

⑯ 德：指道德。　和：谓和谐玄同的境界。

⑰ 彼：指王骀。　为己：修养自己。

⑱ 知：通"智"。

⑲ 常心：恒常不变之心，即死生不变，天地覆坠不遗之心。

⑳ 物:指人,即“从之游者”。 最:尊崇。
㉑ 鉴:镜子,这里用作动词,照。 止水:静止的水。
㉒ 正生:自正心性。
㉓ 正众生:引导众人自正心性。
㉔ 保始:谓善保宗本。 征:征验。
㉕ 实:盛气,气概。
㉖ 雄入:勇敢地冲进。 九军:谓千军万马。
㉗ 将:将士。 自要:犹言“自好”,这里指求取功名。
㉘ 官:主宰。
㉙ 府:包藏。
㉚ 直:特,只。 寓:寄。 六骸:指头、身、四肢。代指整个身躯。
㉛ 象:迹象。
㉜ 心:指本真之心。 死:丧失。
㉝ 择日:指日。 登假:登升,指乘云气而升天。
㉞ 是:之,他。
㉟ 彼:指王骀。 肎:也作“肯”。

申徒嘉[①],兀者也,而与郑子产同师于伯昏无人[②]。子产谓申徒嘉曰:“我先出则子止[③],子先出则我止。”其明日,又与合堂同席而坐[④]。子产谓申徒嘉曰:“我先出则子止,子先出则我止。今我将出,子可以止乎,其未邪[⑤]?且子见执政而不违[⑥],子齐执政乎[⑦]?”申徒嘉曰:“先生之门[⑧],固有执政焉如此哉?子而说子之执政而后人者也[⑨]?闻之曰:‘鉴明则尘垢不止[⑩],止则不明也。久与贤人处,则无过。’今子之所取大者[⑪],先生也,而犹出言若是,不亦过乎[⑫]!”

子产曰:“子既若是矣[⑬],犹与尧争善。计子之德,不足以自反邪[⑭]?”申徒嘉曰:“自状其过[⑮],以不当亡者众[⑯];不状其过,以不当存者寡。知不可奈何而安之若命,唯有德者能之。游于羿之彀中[⑰],中央者,中地也[⑱],然而不中者,命也。人以其全足笑吾不全足者多矣,我怫然而怒[⑲];而适先生之所[⑳],则废然而反[㉑]。不知先生之洗我以善邪[㉒]?吾与夫子游十九年矣，而未尝知吾兀者也。今子与我游于形骸之内[23]，而子索我于形骸之外[24]，不亦过乎！”子产蹴然改容更貌曰[25]：“子无乃称[26]！”

注释

① 申徒嘉：姓申徒，名嘉，郑国贤人。

② 子产：姓公孙，名侨，字子产，郑国贤相。　伯昏无人：虚构的人物。

③ 止：留步。

④ 合堂：同室。

⑤ 其：抑或。

⑥ 执政：犹言“贵官”。这是子产的自称。　违：回避。

⑦ 齐：等同。

⑧ 先生：指伯昏无人。　门：门下。

⑨ 说：通“悦”。　后：看不起人。

⑩ 鉴：镜子。　不止：不存。

⑪ 取大：谓求取于人以自广其德。

⑫ 过：错误。

⑬ 若是：指其形残而言。

⑭ 自反：自我反省。

⑮ 状：申辩。

⑯ 以：认为。　亡：指遭受刖足之刑等。

⑰ 羿：尧时的射箭能手。　彀（gòu 构）中：箭矢所能达到的范围。比喻刑网。

⑱ 中地：箭锋所及之地。比喻触及刑罚的禁区。

⑲ 怫然：脸上变色的样子。怫，通“勃”。

⑳ 适：来到。　所：处所。

㉑ 废然：怒气消失的样子。　反：返于常性。

㉒ 洗：洗涤，即教育。　善：善道。

㉓ 形骸之内：指德。

㉔ 索：取，求。　形骸之外：指形貌。

㉕ 蹴（cù 促）然：站立不安的样子。

㉖ 乃：如此。　称：称说。

鲁有兀者叔山无趾[①]，踵见仲尼[②]。仲尼曰："子不谨，前既犯患若是矣[③]。虽今来，何及矣！"无趾曰："吾唯不知务而轻用吾身[④]，吾是以亡足。今吾来也，犹有尊足者存[⑤]，吾是以务全之也[⑥]。夫天无不覆，地无不载，吾以夫子为天地，安知夫子之犹若是也[⑦]！"孔子曰："丘则陋矣[⑧]。夫子胡不入乎？请讲以所闻。"

无趾出[⑨]。孔子曰："弟子勉之[⑩]！夫无趾，兀者也，犹务学以复补前行之恶，而况全德之人乎[⑪]！"

无趾语老聃曰："孔丘之于至人，其未邪？彼何宾宾以学子为[⑫]？彼且蕲以諔诡幻怪之名闻[⑬]，不知至人之以是为己桎梏邪[⑭]？"老聃曰："胡不直使彼以死生为一条[⑮]，以可不可为一贯者[⑯]，解其桎梏，其可乎？"无趾曰："天刑之，安可解！"

注释

① 叔山无趾：虚构的人物。

② 踵见：用脚跟行走去求见。踵，脚后跟。

③ 犯患：犯法遭祸。

④ 务：时务。

⑤ 尊足者：即"尊于足者"，比足还要贵重的东西，指自然德性。

⑥ 之：指自然德性。

⑦ 若是：谓拘于形骸之见。

⑧ 陋：见识浅陋。

⑨ 出：从室内走出。

⑩ 勉之：努力。

⑪ 全德之人：谓形体完全的人。

⑫ 彼：指孔子。　宾宾：频频。　子：指老聃。

⑬ 蕲：求。　諔(chù 畜)诡幻怪：奇异怪诞。

⑭ 是：指"名闻"。　桎梏(gù 固)：镣铐。在脚上的叫桎，在手上的叫梏。

⑮ 一条：指齐一，与"一贯"同义。

⑯ 可不可：谓是非。

鲁哀公问于仲尼曰："卫有恶人焉[①]，曰哀骀它[②]。丈夫与之处者[③]，思而不能去也；妇人见之，请于父母曰'与为人妻，宁为夫子妾'者[④]，十数而未止也。未尝有闻其唱者也[⑤]，常和人而已矣[⑥]。无君人之位以济乎人之死[⑦]，无聚禄以望人之腹[⑧]。又以恶骇天下，和而不唱，知不出乎四域[⑨]，且而雌雄合乎前[⑩]，是必有异乎人者也。寡人召而观之，果以恶骇天下。与寡人处，不至以月数，而寡人有意乎其为人也；不至乎期年[⑪]，而寡人信之。国无宰[⑫]，寡人传国焉[⑬]。闷然而后应[⑭]，氾而若辞[⑮]。寡人丑乎[⑯]，卒授之国。无几何也[⑰]，去寡人而行[⑱]。寡人恤焉若有亡也[⑲]，若无与乐是国也[⑳]。是何人者也[㉑]？"

仲尼曰："丘也尝使于楚矣，适见㹠子食于其死母者[㉒]，少焉眴若[㉓]，皆弃之而走。不见己焉尔[㉔]，不得类焉尔[㉕]。所爱其母者，非爱其形也，爱使其形者也。战而死者，其人之葬也不以翣资[㉖]；刖者之屦[㉗]，无为爱之，皆无其本矣[㉘]。为天子之诸御[㉙]，不爪翦[㉚]，不穿耳[㉛]；取妻者止于外[㉜]，不得复使[㉝]。形全犹足以为尔[㉞]，而况全德之人乎[㉟]！今哀骀它，未言而信，无功而亲，使人授己国，唯恐其不受也，是必才全而德不形者也[㊱]。"

注释

① 恶人：指形貌丑陋的人。

② 哀骀它：虚构的人物。

③ 丈夫：指男人。

④ 夫子：指哀骀它。

⑤ 唱：诱引倡导。

⑥ 和人：随和他人。

⑦ 济：拯救。

⑧ 聚：积蓄。　禄：俸禄。　望：犹月望之"望"，引申为饱满。

⑨ 四域：四方，或谓天下。

⑩ 雌雄：指妇人、男人。

⑪ 期年：周年。

⑫ 宰：宰相。

⑬ 传国:委以国政。
⑭ 闷然:没有知觉的样子。
⑮ 氾:通“泛”,无所系念的样子。　若辞:好像有所推辞。
⑯ 丑:愧。
⑰ 无几何:没有多久。
⑱ 去:离开。　行:远去。
⑲ 恤(xù 叙)焉:忧虑的样子。亡:失。
⑳ 是国:此国,指鲁国。
㉑ 是:此,指哀骀它。
㉒ 㹠(tún 屯)子:小猪。　食:吸奶。
㉓ 眴(shùn 顺)若:惊视的样子。
㉔ 焉尔:才如此。
㉕ 类:像。
㉖ 翣(shà 煞):棺材饰物。　资:给,送。
㉗ 刖(yuè 月):古代把脚砍掉的酷刑。　屦(jù 巨):鞋。
㉘ 本:指棺与足。
㉙ 诸御:宫妃。
㉚ 爪翦:剪指甲。翦,通“剪”。
㉛ 穿耳:穿耳眼。
㉜ 取:通“娶”。
㉝ 复使:役使。
㉞ 为尔:感人如此。
㉟ 全德之人:德性完备的人。
㊱ 才全:才性完备。　德不形:内德不外露。

哀公曰:“何谓才全?”仲尼曰:“死生、存亡、穷达、贫富、贤与不肖、毁誉、饥渴、寒暑,是事之变[①],命之行也[②],日夜相代乎前[③],而知不能规乎其始者也[④]。故不足以滑和[④],不可入于灵府[⑥]。使之和[⑦]、豫[⑧]、通而不失于兑[⑨],使日夜无郤而与物为春[⑩],是接而生时于心者也[⑪]。是之谓才全。”

“何谓德不形？”曰：“平者，水停之盛也[12]。其可以为法也，内保之而外不荡也[13]。德者，成和之修也[14]。德不形者，物不能离也。”

哀公异日以告闵子曰[15]：“始也吾以南面而君天下，执民之纪而忧其死，吾自以为至通矣[16]。今吾闻至人之言[17]，恐吾无其实[18]，轻用吾身而亡其国。吾与孔丘，非君臣也，德友而已矣[19]。”

注释

① 事：事物。

② 命：天命。

③ 相代：循环轮转。

④ 知：通“智”。　规：测度。

⑤ 滑和：扰乱和顺的本性。

⑥ 灵府：精神的府库，即心。

⑦ 和：和顺。

⑧ 豫：愉悦。

⑨ 通：流通。　兑：愉悦。

⑩ 郤：同“隙”，空隙，引申为间断。

⑪ 接：指与物境接触。

⑫ 盛：极，至。

⑬ 荡：动荡。

⑭ 成：保全。

⑮ 异日：他日。　闵子：孔子弟子，姓闵名损，字子骞。

⑯ 通：明于治道。

⑰ 至人：指孔丘。

⑱ 实：实德。

⑲ 德友：以德相交的朋友。

闉跂支离无脤说卫灵公[1]，灵公说之[2]；而视全人，其脰肩肩[3]。瓮盎大瘿说齐桓公[4]，桓公说之；而视全人，其脰肩肩。

故德有所长，而形有所忘。人不忘其所忘，而忘其所不忘，此谓诚忘[5]。故圣人有所游，而知为孽[6]，约为胶[7]，德为接[8]，工为商[9]。圣人不谋，恶用知？不斫[10]，恶用胶？无丧[11]，恶用德？不货[12]，恶用商？四者，天鬻也[13]。天鬻者，天食也。既受食于天，又恶用人！有人之形，无人之情。有人之形，故群于人[14]；无人之情，故是非不得于身。眇乎小哉[15]，所以属于人也！謷乎大哉[16]，独成其天！

注释

① 闉（yīn 阴）跂支离无脤（chún 淳）：虚构的人物。闉跂，曲体而跂行。支离，肢体不全。脤，同"唇"。　说（shuì 税）：游说。

② 说（yuè 悦）：同"悦"，喜欢。

③ 脰（dòu 豆）：颈。　肩肩：细长的样子。

④ 瓮盎大瘿（yǐng 影）：虚构的人物。瓮、盎，都是瓦器。瘿，颈上的瘤子。

⑤ 诚：真，确实。

⑥ 知：同"智"，智能。

⑦ 约：约束，这里指约束的礼义。

⑧ 德：施德于人。　接：应接于人。

⑨ 工：技巧。

⑩ 不斫：不求雕斫。

⑪ 无丧：没有丧失。

⑫ 不货：不求货利。

⑬ 鬻（yù 育）：养育。

⑭ 群于人：能与常人共处。

⑮ 眇：渺小。

⑯ 謷（áo 敖）：高大的样子。

惠子谓庄子曰："人故无情乎[1]？"庄子曰："然。"

惠子曰："人而无情，何以谓之人？"庄子曰："道与之貌[2]，天与之形，恶得不谓之人？"

惠子曰："既谓之人，恶得无情？"庄子曰："是非吾所谓情也。吾所谓无情者，言人之不以好恶内伤其身，常因自然而不益生也[3]。”

惠子曰：“不益生，何以有其身？”庄子曰：“道与之貌，天与之形，无以好恶内伤其身。今子外乎子之神，劳乎子之精，倚树而吟[4]，据槁梧而瞑[5]。天选子之形[6]，子以坚白鸣[7]。”

注释

① 故：原来，原本。
② 与：赋予。
③ 因：因任。　自然：指道、天所赋予的自然形貌和德性。　益：增益。
④ 吟：谓惠子争辩失败后的叹息之状。
⑤ 据：倚靠。　槁梧：干枯的梧桐树。　瞑：睡眠。
⑥ 选：授予。
⑦ 坚白：即坚白论，是战国时名家的著名论题。详见《齐物论》篇注。　鸣：争辩。

文化史拓展

《德充符》宗旨即庄子所说的“德有所长，而形有所忘”。庄子的心目中始终存在着一种理想人格，寄寓于实体上，便有了各式的至人、神人、圣人，这一点在《逍遥游》一篇中已得到阐述。但只停留于“肌肤若冰雪，绰约若处子，不食五谷，吸风饮露”，可能会使后人误入缘饰外表的歧途，或者仅仅将内心的修养沦为外在的求食服药。于是在《德充符》一篇中，庄子特意描绘出几位形残德全之士，以表达他对心灵完善、道德完美的极度重视。如从常季与仲尼对话中我们得以知晓一位“游心乎德之和”的至人王骀，他对于自身形体的残损，对于死生，都不以为意，无心为师而弟子满门。兀者申徒嘉“知不可奈何而安之若命”，使郑国贤相子产也在他面前显得黯然失色。哀骀它可谓丑陋无比，可他却赢得了君臣百姓的青睐，连所谓的儒家圣人“孔子”也非常佩服他。

庄子这一贵在德行的审美观是建立在“忘形”、“无情”基础之上的，似乎对外形所具有的审美价值太不够重视了，但它却揭示了在丑陋的外形之中完全可以包含有超越于丑陋形体的精神美的真理，这在美学史上无疑是一大贡献，对后来的影响也是深远而且多方面的。郭沫若说，由于庄子“绝对的精神超越乎相对的形体”这一幻想，“以后的神仙中人，便差不多都是奇形怪状的宝贝。民间的传说，绘画上的形象，两千多年来成为了极陈腐的俗套，然而这发明权原来是属于庄子的。”(《十批判书》)闻一多也认为:“如达摩是画中有诗,文中也常有一种‘清丑入图画,视之如古铜古玉’的人物,都代表中国艺术中极高古、极纯粹的境界。而文学中这种境界的开创者,则推庄子。”(《古典新义·庄子》)

文学史链接

1. 相关文学典故

肝胆楚越

爰造异论,肝胆楚越。

(卢谌《赠刘琨》)

治天下之道,至公而已尔,公则胡越一家,私则肝胆楚越。

(叶子奇《草木子·克谨》)

2. 文学技法

文之段段盘旋,段段换笔,神爽语隽,味永机新,雪藕冰桃,不许人间朵颐。

(林云铭《庄子因·德充符》篇末总评)

入手匹休仲尼,识力已踞绝顶。而文章起灭擒纵,步步精深,节节明快,语气似极轻此形,而意外见全形者不觉愈重。末接惠子一段,见轻此形者之大误也,以结通篇意中之言,并结通篇言外之意。极疑奥艰深之思,而能出以清亮爽俊之笔;转折极多,而不见其烦;层次极多,而不见其乱;字、句、章、段气骨无不炼,而无斧凿、结构、叙述、议论之痕迹。灵隽鲜芳,如游仙界,一草木一禽鱼,总非人间所有,千古文人有不拜下风者邪?

(方人杰《庄子读本·德充符》篇末总评)

盖深明德符全不是外边的事,先要抹去形骸一边,则德之所以为德,不言自见,却撰出如许傀儡,劈面翻来,真是以文为戏也! 只是一大翻空反衬之法。形与情,其为德之累一也。形有所忘,而情有所未忘,可乎? 所以递出末二节,一切才能世法,俱非德符,使务外者无着脚处。

(宣颖《南华经解·德充符》总论)

凭空撰出几个形体不全之人,如傀儡登场,怪状错落,几于以文为戏,却都说得高不可攀,见解全超乎形骸之外。……通体照顾“德”字,却处处借形体有亏之人著笔,追进一层,为全形者加倍策励。前五段,逐段提出“德”字,抛砖落地,听之有声,扪之有棱。……一路草蛇灰线,若隐若潜,为“德”字遗貌取神,为“符”字立竿见影,摹写入微。末用反掉之笔,见益形者适足以累其德,形全而德亏,视兀者、恶人、无脣大瘿之独成其天者，大小迥殊矣。通结上文，文势如大海回澜，激得浪花无际。

（刘凤苞《南华雪心编·德充符》总论）

集评

德充于内，应物于外，外内玄合，信若符命，而遗其形骸也。

（郭象《庄子注·德充符》题解）

符，验也。言德充于内而验于外，虽形质之不全，不足为累。

（罗勉道《南华真经循本·德充符》题解）

德充符者，言德充于内，自然征验于外，非形所能为损益，非智所能为隐显。

（张四维《庄子口义补注》）

有得于己之谓德，德积于中而验于外，若符契之自合，非形见者所得与也。有德之人，亦遗其体之可观，游其心于独尚，毋论为何许人，即刑余丑厉之徒，在世所羞称骇异者，无不可以为师，可以为友，可以为徒，使人乐于之处而忘其为形全，或反以形全为不足与也。岂有他谬巧哉，亦其心有天游而不以人之情自累也！有德而无形者尚能如此，况有形乎？篇中曰无假，曰守宗，曰和，曰保始，曰形骸之内，曰尊足者存，曰成和之修，皆德之注脚，皆德充之实理。

（林云铭《庄子因·德充符》篇末总评）

思考与讨论

1. 此篇阐释了作者什么样的德形观？我们今天进行两个文明建设应吸收其中哪些合理成分？
2. 庄子以丑为美的思想对后世艺术有哪些积极影响？

大 宗 师

题解

大宗师，即以道为宗为师。庄子认为，大道有情有信，无为无形，是产生宇宙的绝对本原，是天地之间的最高主宰，万物万众都必须绝对地以它为宗，以它为师。所以，庄子就凭空撰出博大真人，然后辅之以女偊、子舆、孟子反等人物形象，以前者为全面效法大道的理想化身，以后者为小范围内体认大道的榜样。但应当指出，本文中所竭力赞美的大道，总的说来却是一种精神实体，作者以它作为自己哲学思想的最高范畴，就不免陷进了唯心主义的泥坑。

此文先以盛赞"知"字起笔，虚将天、人分开。随之以"虽然，有患"一转，一齐将数"知"字推倒，而又捧出个博大真人，说明真知大备者，必以大道为宗为师，做到纯任天机，无为无作，浑同天、人而已。这就是所谓深悟"天与人不相胜"之理的得道者。在此基础上，文章又或喻或证，或论或议，进一步阐明大道可宗可师之旨，然后略作收束，结住总论。于是又设出"南伯子葵问乎女偊"等七大段文字，用生动的寓言故事，连证"大宗师"的旨意。

知天之所为[①]，知人之所为者，至矣。知天之所为者，天而生也；知人之所为者，以其知之所知[②]，以养其知之所不知，终其天年而不中道夭者，是知之盛也[③]。虽然，有患[④]。夫知有所待而后当[⑤]，其所待者特未定也[⑥]。庸讵知吾所谓天之非人乎[⑦]？所谓人之非天乎？

且有真人而后有真知[⑧]。何谓真人？古之真人，不逆寡[⑨]，不雄成[⑩]，不谟士[⑪]。若然者，过而弗悔[⑫]，当而不自得也[⑬]；若然者，登高不慄[⑭]，入水不濡[⑮]，入火不热。是知之能登假于道者也若此[⑯]。

古之真人，其寝不梦，其觉无忧，其食不甘，其息深深[⑰]。真人之息以踵，众人之息以喉。屈服者，其嗌言若哇[⑱]。其耆欲深者[⑲]，其天机浅[⑳]。

注释

① 天:指天道。

② 知:智力。　所知:所知道的(养生道理)。

③ 盛:至,极。

④ 患:患累,问题。

⑤ 有所待:有所依赖。

⑥ 特:独。

⑦ 庸讵:怎么。

⑧ 真人:全真之人。

⑨ 逆:拒绝。　寡:少。

⑩ 雄:夸耀。　成:成功。

⑪ 谟(mó 膜):谋。　士:同“事”,事情。

⑫ 过:过失。

⑬ 当:得当。

⑭ 慄:害怕。

⑮ 濡:沾湿。

⑯ 知:见识。　登假:升到。

⑰ 深深:幽深沉静的样子。

⑱ 嗌(ài 爱)言:窒塞在咽喉间的话。　哇:吐。

⑲ 耆:通“嗜”,嗜好。

⑳ 天机:天然的灵性。　浅:低下,迟钝。

古之真人,不知说生[①],不知恶死;其出不䜣[②],其入不距[③];翛然而往[④],翛然而来而已矣。不忘其所始[⑤],不求其所终[⑥];受而喜之[⑦],忘而复之。是之谓不以心捐道[⑧],不以人助天。是之谓真人。若然者,其心志[⑨],其容寂[⑩],其颡頯[⑪];凄然似秋[⑫],暖然似春[⑬],喜怒通四时,与物有宜而莫知其极[⑭]。故圣人之用兵也,亡国而不失人心[⑮];利泽施乎万世,不为爱人。故乐通物[⑯],非圣人也;有亲[⑰],非仁也;天时,非贤也;利害不通,非君子也;行名失己,非士也;亡身不真,非役人也[⑱]。若狐不偕[⑲]、务光[⑳]、伯夷、叔齐[㉑]、箕子[㉒]、胥余[㉓]、纪他[㉔]、申徒狄[㉕],是役人之役,适人之适，而不自适其适者也。

注释

① 说：通"悦"。

② 出：谓生。　诉（xīn 欣）：欣喜。

③ 入：谓死。　距：通"拒"，抗拒。

④ 翛（xiāo 消）：往来自然而无拘束的样子。

⑤ 始：谓生命之源。

⑥ 终：谓生命之终结。

⑦ 受：指接受大道所赋予的生命。

⑧ 捐：当为"损"字之误。

⑨ 志：专一。

⑩ 寂：凝寂安闲。

⑪ 颡（sǎng 嗓）：额。　頯（qiú 球）：广大宽平。

⑫ 凄然：严冷的样子。

⑬ 暖然：和熙的样子。

⑭ 极：痕迹。

⑮ 亡国：亡人之国。

⑯ 乐：乐意于。

⑰ 有亲：有意亲爱。

⑱ 役人：役使世人。

⑲ 狐不偕：姓狐，字不偕，古时贤人。因不肯接受尧的禅让，遂投河而死。

⑳ 务光：夏末隐士，汤让天下而不受，遂负石投庐水而死。

㉑ 伯夷、叔齐：孤竹君二子，武王伐纣，二人叩马而谏，武王不从，遂隐于首阳山，不食周粟而死。

㉒ 箕子：纣王庶叔，因忠谏不从而佯狂，但终不免于杀戮。

㉓ 胥余：不详。或谓箕子，或谓比干，或谓伍子胥。

㉔ 纪他：姓纪名他，殷时逸人，恐汤让位于己，遂携弟子俱隐于窾水旁。

㉕ 申徒狄：殷时人，因慕纪他高名，遂负石自沉于河。

古之真人，其状義而不朋[①]，若不足而不承[②]；与乎其觚而不坚也[③]，张乎其虚而不华也[④]；邴邴乎其似喜乎[⑤]！崔乎其不得已乎[⑥]！滀乎进我色也[⑦]，与乎止我德也；厉乎其似世乎[⑧]，謷乎其未可制也[⑨]；连乎其似好闭也[⑩]，悗乎忘其言也[⑪]。以刑为体[⑫]，以礼为翼[⑬]，以知为时，以德为循。以刑为体者，绰乎其杀也[⑭]；以礼为翼者，所以行于世也；以知为时者，不得已于事也；以德为循者，言其与有足者至于丘也[⑮]，而人真以为勤行者也。故其好之也一，其弗好之也一；其一也一，其不一也一。其一与天为徒，其不一与人为徒。天与人不相胜也[⑯]，是之谓真人。

注释

① 義：通“峨”，高大的样子。　朋：通“崩”，崩坏。

② 承：承受。

③ 与：容与。　觚（gū 孤）：谓特立不群。　坚：固执。

④ 张：广大的样子。　华：浮华。

⑤ 邴邴（bǐng 饼）：畅然和适的样子。

⑥ 崔：动的样子。

⑦ 滀（chù 触）：水蓄聚的样子。

⑧ 厉：当为“广”字之误。　世：通“大”。

⑨ 謷：通“傲”，高放傲视。

⑩ 连：绵邈相连，不绝如缕。此指缄默不语而莫测高深。　闭：闭口缄默。

⑪ 悗（mèn 闷）：无心的样子。

⑫ 体：本。

⑬ 翼：辅助。

⑭ 绰：宽大。

⑮ 丘：山丘。

⑯ 胜：克，抵触。

死生，命也[①]。其有夜旦之常[②]，天也。人之有所不得与[③]，皆物之情也[④]。彼特以天为父[⑤]，而身犹爱之[⑥]，而况其卓乎[⑦]！人特以有君为愈乎己[8],而身犹死之,而况其真乎[9]!

泉涸,鱼相与处于陆,相呴以湿[10],相濡以沫[11],不如相忘于江湖。与其誉尧而非桀也,不如两忘而化其道[12]。

夫大块载我以形[13],劳我以生,佚我以老[14],息我以死[15]。故善吾生者,乃所以善吾死也。夫藏舟于壑[16],藏山于泽,谓之固矣[17]。然而夜半有力者负之而走[18],昧者不知也[19]。藏小大有宜[20],犹有所遁[21]。若夫藏天下于天下而不得所遁,是恒物之大情也[22]。特犯人之形[23],而犹喜之。若人之形者,万化而未始有极也[24],其为乐可胜计邪?故圣人将游于物之所不得遁而皆存。善妖善老[25],善始善终[26],人犹效之[27],又况万物之所系而一化之所待乎[28]!

注释

① 命:天地自然之理。与下文“天”字义同。

② 其:指死生。 有:通“犹”。 夜旦:昼夜。 常:运行不止。

③ 与:通“预”,干预。

④ 情:实理。

⑤ 彼:指人。

⑥ 之:指天。

⑦ 卓:指卓然超绝的大道。

⑧ 君:君王。 愈:胜过。

⑨ 真:指纯真无伪的大道。

⑩ 呴(xū 虚):吐口水。

⑪ 濡:沾湿。

⑫ 化其道:与大道化而为一。

⑬ 大块:指大地,也可指造物或自然之道。

⑭ 佚:安逸。

⑮ 息:安息。

⑯ 壑:山谷。

⑰ 固:牢固,可靠。

⑱ 负:背。

⑲ 昧者：愚昧的人。

⑳ 小：指舟与山而言。　大：指壑与泽而言。

㉑ 遁：逃，亡失。

㉒ 大情：至理。

㉓ 特：一旦。　犯：通“范”，铸造。

㉔ 极：穷尽。

㉕ 善：认为……是好的。　妖：通“夭”，少。

㉖ 始、终：指生死。

㉗ 效：效法。

㉘ 系：归属。　待：依赖。

夫道，有情有信[①]，无为无形[②]；可传而不可受，可得而不可见；自本自根，未有天地，自古以固存[③]；神鬼神帝，生天生地；在太极之先而不为高[④]，在六极之下而不为深[⑤]，先天地生而不为久，长于上古而不为老。狶韦氏得之[⑥]，以挈天地[⑦]；伏戏氏得之[⑧]，以袭气母[⑨]；维斗得之[⑩]，终古不忒[⑪]；日月得之，终古不息[⑫]；堪坏得之[⑬]，以袭昆仑[⑭]；冯夷得之[⑮]，以游大川[⑯]；肩吾得之[⑰]，以处大山[⑱]；黄帝得之，以登云天；颛顼得之[⑲]，以处玄宫[⑳]；禺强得之[㉑]，立乎北极[㉒]；西王母得之[㉓]，坐乎少广[㉔]，莫知其始，莫知其终；彭祖得之[㉕]，上及有虞[㉖]，下及五伯[㉗]；傅说得之[㉘]，以相武丁，奄有天下[㉙]，乘东维[㉚]，骑箕尾[㉛]，而比于列星。

注释

① 情、信：实在。

② 无为：恬淡寂寞。　无形：没有形态，视之不见。

③ 固存：本来就存在着。

④ 太极：指天地未判之前的清虚浑沌之气。　先：上。

⑤ 六极：指天、地与四方。

⑥ 狶（xī 希）韦氏：传说中的远古帝王。　之：指大道。

⑦ 挈（qiè 窃）：提携，协助。

⑧ 伏戏氏：即伏羲氏。

⑨ 袭：合。　气母：元气的生育者。

⑩ 维斗：即北斗星。

⑪ 忒（tè 特）：差误。

⑫ 不息：运行不停。

⑬ 堪坏：昆仑山之神。

⑭ 袭：入。　昆仑：神话中的山名。

⑮ 冯夷：黄河之神，姓冯名夷，又名冰夷、无夷。

⑯ 大川：指黄河。

⑰ 肩吾：泰山之神。

⑱ 大山：即泰山。

⑲ 颛顼（zhuān xū 专须）：黄帝之孙，号高阳氏，得道为北方之帝。

⑳ 玄宫：北方之宫。因玄为北方之色，故称。

㉑ 禺（yù 遇）强：传说为黄帝之孙，水神。

㉒ 乎：于。　北极：北海。

㉓ 西王母：传说中的神人。

㉔ 少广：西极山名。

㉕ 彭祖：传说为颛顼之元孙，善养生，是得道者。这里与《逍遥游》、《齐物论》、《刻意》诸篇中的彭祖形象不同。

㉖ 有虞：即舜，姓姚，有虞氏，名重华。

㉗ 五伯：即五霸，指夏朝的昆吾，殷朝的大彭、豕韦，周朝的齐桓公、晋文公。

㉘ 傅说：殷商时代的名士。

㉙ 奄有：包有。

㉚ 东维：星名。

㉛ 箕尾：星名。

南伯子葵问乎女偊曰[①]：“子之年长矣[②]，而色若孺子，何也？”曰：“吾闻道矣[③]。”

南伯子葵曰：“道可得学邪？”曰：“恶！恶可！子非其人也。夫卜梁倚有圣人之才而无圣人之道[④]，我有圣人之道而无圣人之才。吾欲以教之，庶几其果为圣人乎[5]？不然，以圣人之道告圣人之才，亦易矣。吾犹守而告之，三日而后能外天下[6]；已外天下矣，吾又守之，七日而后能外物[7]；已外物矣，吾又守之，九日而后能外生[8]；已外生矣，而后能朝彻[9]；朝彻，而后能见独[10]；见独，而后能无古今[11]；无古今，而后能入于不死不生[12]。杀生者不死[13]，生生者不生。其为物[14]，无不将也[15]，无不迎也，无不毁也，无不成也，其名为撄宁[16]。撄宁也者，撄而后成者也。”

南伯子葵曰："子独恶乎闻之?"曰："闻诸副墨之子[17]，副墨之子闻诸洛诵之孙[18]，洛诵之孙闻之瞻明[19]，瞻明闻之聂许[20]，聂许闻之需役[21]，需役闻之于讴[22]，于讴闻之玄冥[23]，玄冥闻之参寥[24]，参寥闻之疑始[25]。”

注释

① 南伯子葵：即南郭子綦。见《齐物论》篇注。　女偊（yǔ 羽）：古时怀道者。一说是妇人。

② 年长：年已老。

③ 闻道：谓得道。

④ 卜梁倚：姓卜梁，名倚。　才：指聪明智慧之能。　道：指虚淡凝寂之性。

⑤ 庶几：或许，差不多。　果：果真。

⑥ 外天下：把天下遗忘掉。

⑦ 外物：遗忘人事。

⑧ 外生：忘我。

⑨ 朝彻：犹“彻悟”。

⑩ 见独：谓窥见到卓然独立的至道。

⑪ 无古今：谓破除古今的观念。

⑫ 不死不生：谓无死生。

⑬ 杀：灭。

⑭ 其：指道。

⑮ 将：送。

⑯ 撄宁：谓扰乱中保持宁静，也就是说外界的一切纷纭烦乱，都不能扰乱我心境的安宁。撄，扰乱。宁，宁静。

⑰ 诸：之于。　副墨之子：指文字。因为文字是用墨书写，它仅为道理的副贰，所以叫

做副墨;而且后来的文字都是由古文字所生,故名为副墨之子。

⑱ 洛诵之孙:谓诵读者。对前辈诵读者而言,后世的诵读者即为其孙。洛诵,反复诵读。洛,通“络”,绵络,连络,即反复之意。

⑲ 瞻明:见解洞彻。

⑳ 聂许:谓耳闻小语,心即许之。聂,附耳小语。

㉑ 需役:谓待时行使以成实际。需,通“须”,等待。役,行使。

㉒ 于讴:吟咏嗟叹之意。于,嗟叹。

㉓ 玄冥:幽渺深远的样子。玄,深远。冥,幽寂。

㉔ 参寥:参悟寥廓。参,参悟。寥,空虚。

㉕ 疑始:谓大道自本自根,不能推测它的起始。

子祀、子舆、子犁、子来四人相与语曰[①]:“孰能以无为首,以生为脊,以死为尻[②],孰知死生存亡之一体者,吾与之友矣[③]。”四人相视而笑,莫逆于心[④],遂相与为友。

俄而子舆有病[⑤],子祀往问之。曰:“伟哉!夫造物者,将以予为此拘拘也[⑥]!”曲偻发背[⑦],上有五管[⑧],颐隐于齐[⑨],肩高于顶[⑩],句赘指天[⑪]。阴阳之气有沴[⑫],其心闲而无事,跰𨇤而鉴于井[⑬],曰:“嗟乎!夫造物者,又将以予为此拘拘也!”子祀曰:“汝恶之乎?”曰:“亡[⑭]。予何恶!浸假而化予之左臂以为鸡[⑮],予因以求时夜[⑯];浸假而化予之右臂以为弹[⑰],予因以求鸮炙[⑱];浸假而化予之尻以为轮[⑲],以神为马[⑳],予因以乘之,岂更驾哉[㉑]!且夫得者时也[㉒],失者顺也[㉓],安时而处顺,哀乐不能入也,此古之所谓县解也[㉔];而不能自解者,物有结之。且夫物不胜天久矣[㉕],吾又何恶焉!”

俄而子来有病,喘喘然将死[㉖],其妻子环而泣之[㉗]。子犁往问之,曰:“叱[㉘]!避[㉙]!无怛化[㉚]!”倚其户与之语[㉛],曰:“伟哉造化!又将奚以汝为?将奚以汝适?以汝为鼠肝乎?以汝为虫臂乎?”子来曰:“父母于子[㉜],东西南北,唯命之从。阴阳于人,不翅于父母[㉝]。彼近吾死而我不听[㉞],我则悍矣[㉟],彼何罪焉?夫大块载我以形,劳我以生,佚我以老,息我以死。故善吾生者,乃所以善吾死也。今之大冶铸金[㊱],金踊跃曰[㊲]:

'我且必为镆铘[38]!'大冶必以为不祥之金。今一犯人之形[39],而曰'人耳人耳',夫造化者必以为不祥之人。今一以天地为大炉,以造化为大冶,恶乎往而不可哉!"成然寐[40],蘧然觉[41]。

注释

① 子祀、子舆、子犁、子来:皆为虚构的人物。

② 尻:脊骨的末端。

③ 与之:与他。

④ 逆:违背。

⑤ 俄而:不久。

⑥ 拘拘:曲背的样子。

⑦ 曲偻:伛偻曲腰。　发背:背骨发露,即背弯。

⑧ 五管:五脏的穴位。此句与《人间世》篇"五管在上"意同。

⑨ 颐:面颊。　齐:通"脐",肚脐。

⑩ 顶:头顶。

⑪ 句赘:发髻。

⑫ 沴(lì 丽):凌乱。

⑬ 跰(足鲜)(pián xiān 骈鲜):行步艰难的样子。　鉴:照。

⑭ 亡(wú 吾):犹"否"。

⑮ 浸:渐渐地。　假:使。

⑯ 时夜:通"司夜",报晓。

⑰ 弹:弹弓。

⑱ 鸮(xiāo 消)炙:鸱鸮的烤肉。

⑲ 轮:车轮。

⑳ 神:精神。

㉑ 更驾:另找车驾。

㉒ 得:生。

㉓ 失:死。

㉔ 县解:犹言"解人于倒悬",即超乎死生。县,通"悬"。

㉕ 物:指人力。　天:指天命。

㉖ 喘喘然:气息急促的样子。

㉗ 妻子:指妻子和儿女。　环:围。
㉘ 叱:呵斥声。
㉙ 避:令哭者退避到一边。
㉚ 无怛(dá 达)化:不要惊动正在变化的人。怛,惊。
㉛ 之:指子来。
㉜ 父母于子:是“子于父母”的倒装句。下文“阴阳于人”句用法与此同。
㉝ 不翅:不啻。
㉞ 彼:指造化。　近:迫。
㉟ 悍:违逆。
㊱ 大冶:冶金工匠。
㊲ 踊跃:跳跃。
㊳ 镆铘:古代的良剑名。
㊴ 犯:通“范”,铸成。
㊵ 成然:安然。
㊶ 蘧然:忽然。

子桑户、孟子反、子琴张三人相与友[1],曰:“孰能相与于无相与,相为于无相为[2]?孰能登天游雾,挠挑无极[3],相忘以生,无所终穷?”三人相视而笑,莫逆于心,遂相与为友,莫然[4]。

有间而子桑户死[5],未葬。孔子闻之,使子贡往侍事焉[6]。或编曲[7],或鼓琴,相和而歌曰:“嗟来桑户乎[8]!嗟来桑户乎!而已反其真[9],而我犹为人猗[10]!”子贡趋而进曰[11]:“敢问临尸而歌,礼乎?”二人相视而笑曰:“是恶知礼意[12]!”

子贡反,以告孔子,曰:“彼何人者耶?修行无有[13],而外其形骸,临尸而歌,颜色不变,无以命之[14]。彼何人者邪?”孔子曰:“彼游方之外者也[15],而丘游方之内者也。外内不相及,而丘使女往吊之[16],丘则陋矣[17]!彼方且与造物者为人[18],而游乎天地之一气。彼以生为附赘县疣[19],以死为决疣溃痈[20]。夫若然者,又恶知死生先后之所在!假于异物,托于同体;忘其肝胆,遗其耳目;反复终始,不知端倪[21];芒然彷徨乎尘垢之外[22]，逍遥乎无为之业[23]。彼又恶能愦愦然为世俗之礼[24]，以观众人之耳目哉[25]!”子贡曰:“然则夫子何方之依?”孔子曰:“丘，天之戮民也[26]。虽然，吾与汝共之。”子贡曰:“敢问其方[27]。”孔子曰:“鱼相造乎水[28]，人相造乎道。相造乎水者，穿池而养给[29]；相造乎道者，无事而生定[30]。故曰，鱼相忘乎江湖，人相忘乎道术[31]。”子贡曰:“敢问畸人[32]。”曰:“畸人者，畸于人而侔于天[33]。故曰，天之小人，人之君子；人之君子，天之小人也。”

注释

① 子桑户、孟子反、子琴张:皆为虚构人物。

② 相为:相助。

③ 挠挑:宛转。　无极:谓太虚。

④ 莫然:淡漠无心的样子。

⑤ 有间:不久。

⑥ 侍事:助办丧事。

⑦ 编曲:编次歌曲。

⑧ 来:语气助词。

⑨ 而:通“尔”，你。　反:通“返”，返归。

⑩ 猗(yī 医):叹词，犹“啊”。

⑪ 趋:小步疾行。

⑫ 礼意:礼的真意。

⑬ 修行无有:即“无有修行”，指不按礼仪修养德行。

⑭ 命:名，称。

⑮ 方:礼法。

⑯ 女:通“汝”。

⑰ 陋:鄙陋。

⑱ 方且:正要。　为人:谓为偶，为友。

⑲ 赘:多生的肉块。　县:通“悬”。　疣(yóu 尤):瘤结。

⑳ 决:破裂。　疣(huàn 患):皮肤上的小肿块。　溃:溃烂。　痈:多生于颈、背部的脓疮。

㉑ 端倪:头绪。

㉒ 芒然:无所系累的样子。 彷徨:与“逍遥”同义,即自得逸乐。
㉓ 业:事业。
㉔ 愦愦(kuì 愧)然:烦乱的样子。
㉕ 观:给人看。
㉖ 戮民:因受礼仪束缚,无异于受天之刑,故称。
㉗ 方:方法。
㉘ 造:至,到。
㉙ 穿池:谓掘地成池。
㉚ 无事:无为。 生定:心性安静。
㉛ 道术:即大道。
㉜ 畸:异。
㉝ 侔(móu 谋):合。

颜回问仲尼曰:“孟孙才[①],其母死,哭泣无涕[②],中心不戚[③],居丧不哀[④]。无是三者,以善处丧盖鲁国[⑤],固有无其实而得其名者乎[⑥]?回壹怪之[⑦]。”

仲尼曰:“夫孟孙氏尽之矣[⑧],进于知矣[⑨],唯简之而不得,夫已有所简矣。孟孙氏不知所以生,不知所以死,不知就先,不知就后,若化为物[⑩],以待其所不知之化已乎[⑪]!且方将化,恶知不化哉?方将不化,恶知已化哉?吾特与汝,其梦未始觉者邪[⑫]?且彼有骇形而无损心[⑬],有旦宅而无情死[⑭]。孟孙氏特觉[⑮],人哭亦哭,是自其所以乃[⑯]。且也相与吾之耳矣[⑰],庸讵知吾所谓吾之乎[⑱]?且汝梦为鸟而厉乎天[⑲],梦为鱼而没于渊。不识今之言者[⑳],其觉者乎,其梦者乎?造适不及笑[㉑],献笑不及排[㉒],安排而去化,乃入于寥天一[㉓]。”

注释

① 孟孙才:姓孟孙,名才,鲁国人。
② 涕:泪水。
③ 中心:心中。 戚:忧伤。

④ 居丧：服丧，守丧期间。
⑤ 盖：覆盖，即闻名。
⑥ 固有：岂有。
⑦ 壹：语气助词，表强调。
⑧ 尽之：尽处丧之道。
⑨ 进：超过。
⑩ 若：顺。
⑪ 已乎：如此而已。
⑫ 其：恐怕。
⑬ 彼：指孟孙才。　骇：惊。
⑭ 旦宅：通"怛侘"，惊恐。　情：精神。
⑮ 特：独自。
⑯ 乃：如此。
⑰ 吾之：这是我。
⑱ 庸讵：怎么。
⑲ 厉：通"戾"，到达。
⑳ 不识：不知道。
㉑ 造：至。
㉒ 献笑：突然发笑。　排：安排。
㉓ 寥天：虚空寂寥的天道。

意而子见许由[①]，许由曰："尧何以资汝[②]？"意而子曰："尧谓我：'汝必躬服仁义而明言是非[③]。'"

许由曰："而奚来为轵[④]？夫尧既已黥汝以仁义[⑤]，而劓汝以是非矣[⑥]，汝将何以游夫遥荡恣睢转徙之途乎[⑦]？"意而子曰："虽然，吾愿游于其藩[⑧]。"

许由曰："不然。夫盲者无以与乎眉目颜色之好[⑨]，瞽者无以与乎青黄黼黻之观[⑩]。"意而子曰："夫无庄之失其美[⑪]，据梁之失其力[⑫]，黄帝之亡其知，皆在炉捶之间耳[⑬]，庸讵知夫造物者不息我黥而补我劓，使我乘成以随先生邪[⑭]？"

许由曰："噫！未可知也。我为汝言其大略[15]：吾师乎[16]！吾师乎！䪡万物而不为义[17]，泽及万世而不为仁[18]，长于上古而不为老，覆载天地、刻雕众形而不为巧。此所游已。"

注释

① 意而子：虚构的人物。

② 资：教。

③ 躬服：亲自实行。　明言：辨清。

④ 而：通"尔"，你。　轵(zhǐ 纸)：通"只"，语助词。

⑤ 黥(qíng 擎)：用刀在犯人面额上刻刺，然后涂上墨的一种刑罚，亦称墨刑。

⑥ 劓(yì 艺)：割去鼻子的刑罚。

⑦ 遥荡：逍遥放荡。　恣睢：从容自适。　转徙：变化。

⑧ 藩：边缘地带。

⑨ 与：参与欣赏。

⑩ 黼黻(fǔfú 府弗)：古时礼服上所绣的斧形花纹。　观：华美。

⑪ 无庄：虚构的美人。　失：忘记。

⑫ 据梁：虚构的大力士。

⑬ 捶：通"锤"，锤炼。

⑭ 乘：载。　成：完整的身躯。

⑮ 大略：大概。

⑯ 师：指大道。

⑰ 䪡(jī 机)：碎粉，引申为调和。　不为：不自以为。

⑱ 泽：恩泽。

颜回曰："回益矣[①]。"仲尼曰："何谓也？"曰："回忘仁义矣。"曰："可矣，犹未也。"

他日复见，曰："回益矣。"曰："何谓也？"曰："回忘礼乐矣。"曰："可矣，犹未也。"

他日复见，曰："回益矣。"曰："何谓也？"曰："回坐忘矣[②]。"仲尼蹴然曰[③]:"何谓坐忘?"颜回曰:"堕肢体[④],黜聪明[⑤],离形去知,同于大通[⑥],此谓坐忘。"仲尼曰:"同则无好也[⑦],化则无常也[⑧]。而果其贤乎[⑨]! 丘也请从而后也[⑩]。"

注释

① 益:谓以损为益,即进入道境。

② 坐忘:端坐而忘一切。

③ 蹴(cù 促)然:惊而改容的样子。

④ 堕(huī 辉)肢体:谓忘其身。堕,通"隳",毁坏。

⑤ 黜(chù 触)聪明:谓忘其智。

⑥ 大通:大道。

⑦ 无好:没有好恶之情。

⑧ 常:谓滞执不变。

⑨ 而:通"尔",你。

⑩ 从而后:跟在你的后面。

子舆与子桑友[①],而霖雨十日[②],子舆曰:"子桑殆病矣[③]!"裹饭而往食之。至子桑之门,则若歌若哭,鼓琴曰:"父邪! 母邪! 天乎! 人乎!"有不任其声而趋举其诗焉[④]。

子舆入,曰:"子之歌诗,何故若是?"曰:"吾思夫使我至此极者而弗得也[⑤]。父母岂欲吾贫哉? 天无私覆,地无私载,天地岂私贫我哉? 求其为之者而不得也。然而至此极者,命也夫!"

注释

① 子桑:即子桑户。

② 霖雨:连绵细雨。

③ 病:谓因饥而病。

④ 不任其声:谓其气力不足,而歌声微弱。 趋举其诗:谓其歌唱诗句急促,而不成调子。

⑤ 极:绝境。

文化史拓展

老子《道德经》曰:“道之为物,惟恍惟惚。惚兮恍兮,其中有象。恍兮惚兮,其中有物。窈兮冥兮,其中有精。其精甚真,其中有信。自古及今,其名不去。”大道是如此玄虚,同为道家思想开山宗师的庄周在《大宗师》中也对“道”进行了深辟的阐述。

《大宗师》中曾多次言称“造物者”,但这不同于西方宗教中的“上帝”。宗教故事里的上帝有具体形象,有自己的思想,有创造能力与判定是非的自我标准。而庄子笔下的“造物者”并没有具体的职责,它“有情有信,无为无形;可传而不可受,可得而不可见,自本自根,未有天地,自古以固存”,即是不能为人的感官所感知的超越时间空间的“道”。

文中所说的“坐忘”,指的是一种“损之又损之”的悟道方法,目的是要人们做到内心虚静,甚至忘掉自己,最后与大道混同为一。唐代道教学者把庄子的这一悟道方法进一步发展成了具有宗教色彩的“坐忘修道”理论,诸如赵坚《坐忘论》七篇、吴筠《坐忘论》一卷、无名氏《天隐子·坐忘》等,当即属于这方面的理论著作,可惜多已亡佚。但司马承祯的《坐忘论》却保存到了现在,其所论“安心坐忘之法”,“略成七条修道阶次”,即依次为信敬、断缘、收心、简事、真观、泰定、得道。司马承祯在《坐忘论》中论述“七条修道阶次”时,援引了《庄子》内、外、杂篇中的大量思想资料来充实和阐述自己的理论,从而打破了庄子“坐忘”悟道方法与他的政治论、养生论、缮性论、齐物论等思想理论之间的界限,使庄子“坐忘”之法的思想内涵大大地丰富了起来。同时,由于庄子所倡导的“坐忘”之法本与佛教由定发慧、由慧照定、定慧双修的止观学说有着内在的一致性,而司马承祯又正是一位曾深受佛教天台宗止观学说影响的道教学者,因此他在《坐忘论》中便每每以天台佛学所提倡的止观并重、定慧双修和反照心源、体证中道的修行理论去接通庄子的“坐忘”之法,从而更使庄子的“坐忘”之法与佛教学说融合了起来。当然,司马承祯作为一位著名的道教学者,他在《坐忘论》中所阐述的修道理论,却仍是以追求长生成仙为最终目的的。

文学史链接

1. 相关文学典故

相濡以沫

嘘枯养瘠，相濡以泽。

（曾国藩《广东嘉应州知州刘君事状》）

十年携手共艰危，以沫相濡亦可哀。

（鲁迅《题〈芥子园画谱〉三集赠广平》）

坐忘

渐通玄妙理，深得坐忘心。

（孟浩然《游精思提观主山房》）

不违仁者三月也，不违如愚者终身也。忘仁义，忘礼乐，而至于坐忘也。（钱谦益《〈颜子疏解〉叙》）

2. 后世有关诗赋文

司马承祯《坐忘论》

无名氏《天隐子・坐忘》

李士表《庄子九论・藏舟》、《庄子九论・坐忘》

3. 文学技法

庄子先为致赞，劈手即与捩转，见他分天分人，乃正是梦梦多事。……从“死生，命也”以下，咏叹大宗师之妙，叠叠用譬喻夹发振跌，只是不曾明明指出。至数层咏叹之下，接出“夫道”二字，大宗师才一现身。点出“道”字，便极力形容“道”字之妙，便历历指点，古来神圣无不宗师此道，是前半篇正文收束处。下面七大段文字，止是为前半篇作引证发明耳。其前四段，直明生死当顺乎宗师；五、六二段，辨明道体，以世人误认宗师故也。末段收出“命”字，命乃大宗师之赋物者也。人生惟当受命，是一篇扼要归宿处。

（宣颖《南华经解・大宗师》总论）

细按此篇文法，首段已尽其妙。以下逐层逐段，分应上文，神龙嘘气成云，伸缩变化，全在首尾，若隐若显，令人不可捉摸。此外东云见鳞，西云见爪，作其之而，盘空拏攫，此其所以为灵也。……其中俊语奥词，分呈互见，剖之为荆山之玉，屑之为丽水之金，缀之为长吉之囊，割之为丘迟之锦。沾其剩馥残膏，皆可湔肠换骨，化为脉望之仙。自有文章以来，空前绝后，无古无今，殆推庄生为独步矣。

（刘凤苞《南华雪心编・大宗师》总论）

集评

大宗师，言道也。道者，自然而已。……篇中义谛，随人根器大小，各有受用。熟读此者，不惟可消贪鄙之私，而所谓性命之宗、上乘之学，亦不外是而得之矣。

（陆西星《南华真经副墨·大宗师》总论）

大宗师者，道也，莫大惟道也。道者，自然而已，所谓至真至卓者也。知自然者，能登假于道，故不悦生恶死。其与物也有宜而莫知其极，其状也不可以比象形容，知死生为命而与天为徒，游于物之所不得遁而皆存。然是大宗师也，有情有信，无为无形，可传而不可受，可得而不可见，知之者其惟真人乎？

（胡文豹《南华经合注吹影·大宗师》总论）

《大宗师》一篇，说理深邃宏博，然浅人恒做不到。庄子似亦知其过于高远，故以子桑安命一节为结穴，大要教人安命而已。此由博反约，切近人情之言也。

（林纾《庄子浅说·大宗师》篇末附见）

思考与讨论

1. “道”被道家看成是产生世界万物的最后本体，是道家哲学思想的最高范畴。请结合阅读下面几段文字，认真体会庄子所谓“道”的本质特征：

（1）夫道，有情有信，无为无形；可传而不可受，可得而不可见；自本自根，未有天地，自古以固存；神鬼神帝，生天生地；在太极之先而不为高，在六极之下而不为深，先天地生而不为久，长于上古而不为老。狶韦氏得之，以挈天地；伏戏氏得之，以袭气母；维斗得之，终古不忒；日月得之，终古不息；堪坏得之，以袭昆仑；冯夷得之，以游大川；肩吾得之，以处大山；黄帝得之，以登云天；颛顼得之，以处玄宫；禺强得之，立乎北极；西王母得之，坐乎少广，莫知其始，莫知其终；彭祖得之，上及有虞，下及五伯；傅说得之，以相武丁，奄有天下，乘东维，骑箕尾，而比于列星。

（选自《大宗师》）

（2）东郭子问于庄子曰：“所谓道，恶乎在？”庄子曰：“无所不在。”东郭子曰：“期而后可？”庄子曰：“在蝼蚁。”曰：“何其下邪？”曰：“在稊稗。”曰：“何其愈下邪？”曰：“在瓦甓。”曰：“何其愈甚邪？”曰：“在屎溺。”

（选自《知北游》）

（3）知北游于玄水之上，登隐弅之丘，而适遭无为谓焉。知谓无为谓曰：“予欲有问乎若：何思何虑则知道？何处何服则安道？何从何道则得道？”三问而无为谓不答也，非不答，不知答也。知不得问，反于白水之南，登狐阕之上，而睹狂屈焉。知以之言也问乎狂屈。狂屈曰："唉！予知之，将语若，中欲言而忘其所欲言。"知不得问，反于帝宫，见黄帝而问焉。黄帝曰："无思无虑始知道，无处无服始安道，无从无道始得道。"知问黄帝曰："我与若知之，彼与彼不知也，其孰是邪？"黄帝曰："彼无为谓真是也，狂屈似之；我与汝终不近也。……"知谓黄帝曰："吾问无为谓，无为谓不应我，非不我应，不知应我也。吾问狂屈，狂屈中欲告我而不我告，非不我告，中欲告而忘之也。今予问乎若，若知之，奚故不近？"黄帝曰："彼其真是也，以其不知也；此其似之也，以其忘之也；予与若终不近也，以其知之也。"狂屈闻之，以黄帝为知言。

（选自《知北游》）

（4）于是泰清问乎无穷曰："子知道乎？"无穷曰："吾不知。"又问乎无为，无为曰："吾知道。"曰："子之知道，亦有数乎？"曰："有。"曰："其数若何？"无为曰："吾知道之可以贵，可以贱，可以约，可以散，此吾所以知道之数也。"泰清以之言也问乎无始曰："若是，则无穷之弗知与无为之知，孰是而孰非乎？"无始曰："不知深矣，知之浅矣；弗知内矣，知之外矣。"于是泰清中而叹曰："弗知乃知乎，知乃不知乎！孰知不知之知？"无始曰："道不可闻，闻而非也；道不可见，见而非也；道不可言，言而非也。知形形之不形乎！道不当名。"无始曰："有问道而应之者，不知道也；虽问道者，亦未闻道。道无问，问无应。无问问之，是问穷也；无应应之，是无内也。以无内待问穷，若是者，外不观乎宇宙，内不知乎大初，是以不过乎昆仑，不游乎太虚。"

（选自《知北游》）

应　帝　王

题解

此篇是针对帝王而言，因此谓之《应帝王》。庄子认为，作为帝王应当“游心于淡，合气于漠，顺物自然而无容私”，这样天下方能大治。如果像倏与忽那样，想有所作为，去替浑沌开凿孔窍，就会把浑沌凿死，就会贻害天下。

文章在揭示出主旨之后，又连设数喻，层层推进，最后终止于万象俱寂的浑沌境界，再次暗寓无为任化的绝妙意趣。而篇末以“南海”、“北海”作结，又与《逍遥游》开篇“北冥”、“南冥”遥相呼应，说明内篇结构严谨，文意连贯，不愧为庄子的精心设制之作。

啮缺问于王倪①，四问而四不知。啮缺因跃而大喜，行以告蒲衣子②。蒲衣子曰：“而乃今知之乎③？有虞氏不及泰氏④。有虞氏其犹藏仁以要人⑤，亦得人矣，而未始出于非人⑥。泰氏，其卧徐徐⑦，其觉于于⑧；一以己为马，一以己为牛；其知情信⑨，其德甚真，而未始入于非人。”

注释

① 啮缺、王倪：皆为虚构的人物。

② 蒲衣子：虚构的人物。

③ 而：通“尔”，你。

④ 有虞氏：指舜。姓姚，有虞氏，字重华。　泰氏：传说中的上古帝王。

⑤ 藏仁：怀仁于心。　要人：要结人心。

⑥ 未始：未曾。　非人：欺伪之人。

⑦ 徐徐：安稳的样子。

⑧ 于于：自得的样子。

⑨ 知：通“智”。　情：实。

肩吾见狂接舆[①]，狂接舆曰："日中始何以语女[②]？"肩吾曰："告我：君人者以己出经式义度[③]，人孰敢不听而化诸[④]！"狂接舆曰："是欺德也[⑤]。其于治天下也，犹涉海凿河，而使蚊负山也。夫圣人之治也，治外乎[⑥]？正而后行[⑦]，确乎能其事者而已矣。且鸟高飞以避矰弋之害[⑧]，鼷鼠深穴乎神丘之下以避熏凿之患[⑨]，而曾二虫之无知[⑩]！"

注释

① 肩吾、接舆：见《逍遥游》篇注。

② 日中始：虚构的人物。

③ 君人者：国君。　经、式、义、度：均指法度。

④ 诸：语助词。

⑤ 欺德：欺诳不实之德。

⑥ 治外：以经式义度绳之于外。

⑦ 正：谓顺从万物性命之正，即不损害万物的自然真性。

⑧ 矰(zēng 增)：鸟网。　弋(yì 艺)：系丝之箭。

⑨ 鼷(xī 奚)鼠：小家鼠。　神丘：社坛。　熏凿：烟熏和挖凿。

⑩ 而：汝，你。　知：知道。

天根游于殷阳[①]，至蓼水之上[②]，适遭无名人而问焉[③]，曰："请问为天下[④]。"无名人曰："去！汝鄙人也[⑤]，何问之不豫也[⑥]！予方将与造物者为人[⑦]，厌，则又乘夫莽眇之鸟[⑧]，以出六极之外[⑨]，而游无何有之乡，以处圹埌之野[⑩]。汝又何帠以治天下感予之心为[⑪]？"

又复问。无名人曰："汝游心于淡[⑫]，合气于漠[⑬]，顺物自然而无容私焉[⑭]，而天下治矣。"

注释

① 天根：虚构的人物。　殷阳：殷山的南面。

② 蓼(liǎo 了)水：水名，在赵国境内。

③ 适遭：恰逢。　无名人：虚构的人物。

④ 为：治理。
⑤ 鄙人：指鄙陋的人。
⑥ 不豫：使人不快。
⑦ 为人：为友。
⑧ 莽眇之鸟：指清虚之气。
⑨ 六极：指上下和四方。
⑩ 圹埌(kuàng làng旷浪)之野：一种旷荡无垠的虚寂境界。
⑪ 何帠(yì艺)：何故。　感：触动。
⑫ 淡：指恬淡之境。
⑬ 合气于漠：谓气息恬适不迫，与自然冲漠之气合为一体。
⑭ 无容私：不容参杂一毫私意。

阳子居见老聃[①]，曰："有人于此，向疾强梁[②]，物彻疏明[③]，学道不倦[④]。如是者，可比明王乎[⑤]？"老聃曰："是于圣人也，胥易技系[⑥]，劳形怵心者也[⑦]。且也虎豹之文来田[⑧]，猨狙之便[⑨]、执斄之狗来藉[⑩]。如是者，可比明王乎？"

阳子居蹴然曰[⑪]："敢问明王之治。"老聃曰："明王之治：功盖天下而似不自己[⑫]，化贷万物而民弗恃[⑬]；有莫举名[⑭]，使物自喜；立乎不测，而游于无有者也[⑮]。"

注释

① 阳子居：即杨朱，战国时魏国人。其学说与墨家"兼爱"相背异，主张"贵生"、"重己"，故孟子谓其"拔一毛而利天下不为"。
② 向疾：如声响之疾，比喻其敏捷。向，通"响"。　强梁：强悍。
③ 物彻：洞彻万物。　疏明：疏通明达。
④ 道：此处指儒家之"道"。
⑤ 明：圣明。
⑥ 胥易：像官府中供役使的小吏那样轮番任事。胥，小吏。　易：更换职事。　技系：像有技艺的工匠那样为工巧所系累。
⑦ 怵心：心神不宁。

⑧ 文:花纹。　田:通"畋",田猎。
⑨ 猨狙:猕猴。　便:便捷。
⑩ 斄(lí 离):狐狸。　藉:拘系。
⑪ 蹴然:面色骤变的样子。
⑫ 不自己:不归于自己。
⑬ 贷:施。　恃:依赖。
⑭ 莫:无。　举:显。
⑮ 无有:谓至虚的境界。

郑有神巫曰季咸[1],知人之死生存亡、祸福寿夭,期以岁月旬日[2],若神。郑人见之,皆弃而走。列子见之而心醉[3],归,以告壶子[4],曰:"始吾以夫子之道为至矣,则又有至焉者矣。"壶子曰:"吾与汝既其文[5],未既其实[6],而固得道与[7]?众雌而无雄,而又奚卵焉!而以道与世亢[8],必信[9],夫故使人得而相女[10]。尝试与来,以予示之。"

明日,列子与之见壶子。出而谓列子曰:"嘻!子之先生死矣!弗活矣!不以旬数矣!吾见怪焉[11],见湿灰焉[12]。"列子入,泣涕沾襟,以告壶子。壶子曰:"乡吾示之以地文[13],萌乎不震不正[14],是殆见吾杜德机也[15]。尝又与来。"

明日,又与之见壶子。出而谓列子曰:"幸矣,子之先生遇我也!有瘳矣[16],全然有生矣!吾见其杜权矣[17]。"列子入,以告壶子。壶子曰:"乡吾示之以天壤[18],名实不入,而机发于踵,是殆见吾善者机也[19]。尝又与来。"

明日,又与之见壶子。出而谓列子曰:"子之先生不齐[20],吾无得而相焉[21]。试齐,且复相之。"列子入,以告壶子。壶子曰:"吾乡示之以太冲莫胜[22],是殆见吾衡气机也[23]。鲵桓之审为渊[24],止水之审为渊,流水之审为渊。渊有九名,此处三焉[25]。尝又与来。"

明日,又与之见壶子。立未定,自失而走[26]。壶子曰:"追之!"列子追之不及。反[27],以报壶子曰:"已灭矣[28],已失矣,吾弗及已。"壶子曰:"乡吾示之以未始出吾宗[29]。吾与之虚而委蛇[30]，不知其谁何，因以为弟靡[31]，因以为波流，故逃也。”

然后列子自以为未始学而归，三年不出，为其妻爨[32]，食豕如食人[33]，于事无与亲，雕琢复朴，块然独以其形立[34]。纷而封哉[35]，一以是终。

注释

① 神巫：占卜甚为灵验的巫者。

② 期：预言。　岁月旬日：预定的某岁、某月、某旬、某日。

③ 列子：列御寇，郑国人。　心醉：谓其心醉服。

④ 壶子：名林，号壶子，郑国人，为列子的老师。

⑤ 与：授。　既：尽。　文：外表。

⑥ 实：实质。

⑦ 而：通“尔”，你。　固：岂，难道。

⑧ 而：通“尔”，你。　道：指列子所学的表面之道。　亢：通“抗”，较量。

⑨ 信：通“伸”。

⑩ 相：观察人的形貌，以占测吉凶祸福。　女：通“汝”，你。

⑪ 怪：怪异的症状。

⑫ 湿灰：如湿灰不能复燃，指死亡之症，绝无生机可望。

⑬ 乡：通“向”，刚才。　地文：比喻寂静的心境。

⑭ 萌乎：芒然。　震：动。　正：当为“止”字之误。

⑮ 杜：闭塞。　德机：谓生命力、活力。

⑯ 瘳(chōu 抽)：疾病痊愈。

⑰ 杜权：谓闭塞之中已显出一点活力。权，权变。

⑱ 天壤：天地间变化生长的气象。

⑲ 善者机：谓生意萌动的机兆。机，机兆。

⑳ 不齐：谓精神、气色变化不定。

㉑ 无得：没法。

㉒ 太冲莫胜：谓冲漠之气无偏胜，即其气半动半静，各得其平。

㉓ 衡气机：谓心平气稳的机兆。衡，平。

㉔ 鲵(ní 尼)：指鲸鲵。　桓：盘旋。　审：通“潘”，回旋的深水。

㉕ 三：即三渊，比喻杜德机、善者机、衡气机。

㉖ 自失：惊惶失措。　走：逃跑。
㉗ 反：通“返”，返回。
㉘ 灭：谓不见踪影。
㉙ 出：显露。　宗：道之根宗。
㉚ 委蛇（yí 移）：随顺的样子。
㉛ 弟靡：当作“茅靡”，谓如茅草随风而伏。
㉜ 爨（cuàn 窜）：烧火做饭。
㉝ 食豕：喂猪。
㉞ 块然：无情无知的样子。
㉟ 封：守。

无为名尸[①]，无为谋府[②]，无为事任[③]，无为知主[④]。体尽无穷，而游无朕[⑤]。尽其所受乎天，而无见得[⑥]，亦虚而已。至人之用心若镜，不将不迎[⑦]，应而不藏，故能胜物而不伤。

注释

① 尸：主，承受者。
② 谋府：聚藏智谋的地方。
③ 事任：承担事情。
④ 知主：智能的汇集者。
⑤ 朕：迹象。
⑥ 无见得：谓无意于性分之外的追求。
⑦ 将：送。

南海之帝为儵[①]，北海之帝为忽[②]，中央之帝为浑沌[③]。儵与忽时相与遇于浑沌之地，浑沌待之甚善[④]。儵与忽谋报浑沌之德[⑤]，曰：“人皆有七窍以视听食息[⑥]，此独无有，尝试凿之。”日凿一窍，七日而浑沌死。

注释

① 儵(shū 书):虚构的帝王。其名取疾速之意。

② 忽:虚构的帝王。其名取疾速之意。

③ 浑沌:虚构的帝王。比喻大道浑全未亏。

④ 待:款待。

⑤ 谋报:商量报答。

⑥ 七窍:指耳、目、口、鼻七孔。　息:呼吸。

文化史拓展

庄子谈帝王之道,以“无为”、“无私”作为衡量的标准,主张突破一切界限,不怀任何功利性的目的,认为为帝者不能“藏仁以要人”,而应像“泰氏”一般浑沌蒙昧,纯朴自然。

在庄子看来,帝王自己有了成心,便会强行定出规矩法度,使人们言行受到约束限制,这是不可取的。有了自己的仁义标准,别人的意见一旦相左,便会产生矛盾,而此刻手中掌握绝对权威的帝王就可能滥用个人的强制力,企图使被破坏的是非天平复归原位。历史是在这破坏与复归平衡中不断更替前进的。聪明的老百姓怎么会甘心在帝王的法则下完全地循规蹈矩?我们看到乱世里的阮籍虽有“弹琴复长啸”的孤高,但也能大醉六十日以躲避司马氏。鲁迅先生虽然对中国人的奴性是“哀其不幸,怒其不争”,但可喜的是毕竟在诸多奴颜婢膝之外,仍然能找到不少真正的“中国的脊梁”。他们是清醒的,认清帝王专制的手段里隐藏怎样的机心。

老子也谈帝王之道,却说“无为无不为”。所以钱穆先生以为“老子实于人类社会抱有很大野心。”他的“无为”终究还是想“无不为”,甚至可以说这也只是用以愚民的一种口号。老子从帝王角度出发,懂得民众力量之强大,其一朝觉醒,无法预计后果。庄子则不然,他讲的“无为”,亦即取消明君与昏君之别,而游心淡漠,顺物无私,纯然一片天机。庄子崇尚“真”,崇尚天性。但人之为人,各有不同,无论天赋与经历都造就了丰富的人性。世界的可爱与可厌都可从它的繁复中见出。为了满足一部分人的利益就可能会伤害到另一部分人的利益;同样为了适应一部分人的天性,就必须牺牲另一部分人的天性。没有谁的天性更高一筹,在人间如此,当人与自然相对时也是如此。所以在一种无序状态下,我们不禁要怀疑,若是没有一个理性机制,世界是否会一片黑暗混乱?于是,儒家大力提倡仁义礼智信,这是多么温厚的心怀才孕育出的规则。但儒家的理论被运用于王权中，却渐渐变了味，反而成了“封建枷锁”、“吃人的礼教”。庄子并没有在“理性机制”上停留，而是向更广大虚无的“道”出发，认为万事万物间存在着使其终归于和谐的自然法则。就好像“食物链”，分裂而言，可能我们会觉得其中某一个环节弱肉强食，非常残忍，但它的背后蕴涵着整个生态系统大的平衡，刻意去改变只会导致失控无序。庄子的“无为”并非什么也不做，而是提倡为帝王者不应强逆天性而治世——无论于人、于己。

庄子想象中的君王其实只能是一种不可企及的理想。回顾历史，秦皇汉武、唐宗宋祖并无一帝如其所思。任何现实生活中的人，总有缺陷或是弱点，尤其作为帝王，言行意识都置于社会最高处，使人一目了然，乃至被无限放大。圣君或明主的称号只能代表其某一方面的成就功绩或善德。

文学史链接

1. 相关文学典故

浑沌

浑沌一以凿，几客返其淳。

（孙枝蔚《饮酒和陶韵》之二十）

他的心意果真像空空的一张白纸或者浑沌的一块石头吗？

（叶圣陶《倪焕之》二三）

2. 后世有关诗赋文

李士表《庄子九论·壶子》

洪迈《渊有九名》

乾隆《壶子示机》、《列子食豕》、《儵忽凿窍》

3. 文学技法

分而读之，则如十里蟪蛄，泠泠入耳。总而读之，则如幽涧泉鸣，随风断续，非听之以气，无从领赏其毫末。

（胡文英《庄子独见·应帝王》篇末总评）

细按此篇文法，首尾前后，一气相生，均是“立乎不测，游于无有”，入神超妙工夫。总结内篇，作者精神，全注于此。若非置身题外，入其中而茫然莫解，则七圣迷途，失却崆峒妙旨，现前境界，俱属尘封。《南华》本是寓言，将天地间万有不齐之理，铸以洪炉，鼓以元气，精液糟粕，一概融化在内，无迹可寻，故其文凌虚独步，超以象外，得其环中。欲从其浑合处窥之，则虚空粉碎，诸天之花雨缤纷；欲从其琐屑处求之，则表里晶莹，大地之山河倒影，千变万化，莫测端倪。

（刘凤苞《南华雪心编·应帝王》总论）

无心任化，是《应帝王》一篇之本旨，一线到底。四问四不知，无心也；二虫避害，亦无心也；乘莽眇之鸟，游无何有之乡，亦无心也。游于无有，则冥物矣。即冥物矣，尚有心乎？至于巫咸却走，盖相人无所指其目，则冲虚极矣。故列子大悟，至于一切皆无，似乎至理完足，无剩义矣。忽斗出儵、忽、浑沌之以有凿无，想入非非，为通篇之后殿。设想之奇，无可伦比，非庄生，安得有此仙笔！

（林纾《庄子浅说·应帝王》篇末附见）

集评

夫无心而任乎自化者，应为帝王也。

（郭象《庄子注·应帝王》题解）

老子云："王法天，天法道，道法自然。"此篇以"应帝王"名者，言帝王之治天下，其道相应如此。

（陆西星《南华真经副墨·应帝王》总论）

此篇言治国宜听民之自由自化，故狂接舆以日中始之言为欺德。无名人之告殷阳曰："顺物自然而无容私焉，而天下治矣。"老聃告阳子居曰："明王之治，功盖天下而似不自己，化贷万物而民弗恃。"郭注云："夫无心而任乎自化者，应为帝王也。"此解与挽近欧西言治者所主张合。凡国无论其为君主，为民主，其主治行政者，即帝王也。为帝王者，其主治行政，凡可以听民自为自由者，应一切听其自为自由，而后国民得各尽其天职，各自奋于义务，而民生始有进化之可期。

（严复《庄子点评·应帝王》总评）

思考与讨论

1. 此篇阐述了作者什么样的政治观？并请阅读下面两段文字，具体说明外篇所反映出的政治思想与本篇有何不同：

（1）夫帝王之德，以天地为宗，以道德为主，以无为为常。无为也，则用天下而有余；有为也，则为天下用而不足。故古之人贵夫无为也。上无为也，下亦无为也，是下与上同德，下与上同德则不臣；下有为也，上亦有为也，是上与下同道，上与下同道则不主。上必无为而用天下，下必有为为天下用，此不易之道也。故古之王天下者，知虽落天地，不自虑也；辩虽雕万物，不自说也；能虽穷海内，不自为也。天不产而万物化，地不长而万物育，帝王无为而天下功。故曰：莫神于天，莫富于地，莫大于帝王。故曰：帝王之德配天地。此乘天地，驰万物，而用人群之道也。本在于上，末在于下；要在于主，详在于臣。三军五兵之运，德之末也；赏罚利害，五刑之辟，教之末也；礼法度数，形名比详，治之末也；钟鼓之音，羽旄之容，乐之末也；哭泣衰绖，隆杀之服，哀之末也。此五末者，须精神之运，心术之动，然后从之者也。末学者，古人有之，而非所以先也。君先而臣从，父先而子从，兄先而弟从，长先而少从，男先而女从，夫先而妇从。夫尊卑先后，天地之行也，故圣人取象焉。天尊地卑，神明之位也；春夏先，秋冬后，四时之序也；万物化作，萌区有状，盛衰之杀，变化之流也。夫天地至神，而有尊卑先后之序，而况人道乎！宗庙尚亲，朝廷尚尊，乡党尚齿，行事尚贤，大道之序也。语道而非其序者，非其道也。语道而非其道者，安取道！是故古之明大道者，先明天而道德次之，道德已明而仁义次之，仁义已明而分守次之，分守已明而形名次之，形名已明而因任次之，因任已明而原省次之，原省已明而是非次之，是非已明而赏罚次之，赏罚已明而愚知处宜，贵贱履位；仁贤不肖袭情，必分其能，必由其名。以此事上，以此畜下，以此治物，以此修身，知谋不用，必归其天，此之谓大平，治之至也。故书曰："有形有名。"形名者，古人有之，而非所以先也。古之语大道者，五变而形名可举，九变而赏罚可言也。骤而语形名，不知其本也；骤而语赏罚，不知其始也。倒道而言，迕道而说者，人之所治也，安能治人！骤而语形名赏罚，此有知治之具，非知治之道；可用于天下，不足以用天下。此之谓辩士，一曲之人也。礼法数度，形名比详，古人有之，此下之所以事上，非上之所以畜下也。

（选自《天道》）

（2）孔子西游于卫。颜渊问师金曰："以夫子之行为奚如？"师金曰："惜乎，而夫子其穷哉！"颜渊曰："何也？"师金曰："夫刍狗之未陈也，盛以箧衍，巾以文绣，尸祝齐戒以将之。及其已陈也，行者践其首脊，苏者取而爨之而已。将复取而盛以箧衍，巾以文绣，游居寝卧其下，彼不得梦，必且数眯焉。今而夫子亦取先王已陈刍狗，聚弟子游居寝卧其下。故伐树于宋，削迹于卫，穷于商周，是非其梦邪？围于陈蔡之间，七日不火食，死生相与邻，是非其眯邪？夫水行莫如用舟，而陆行莫如用车。以舟之可行于水也，而求推之于陆，则没世不行寻常。古今非水陆与？周鲁非舟车与？今蕲行周于鲁，是犹推舟于陆也，劳而无功，身必有殃。彼未知夫无方之传，应物而不穷者也。且子独不见夫桔槔者乎？引之则俯，舍之则仰。彼，人之所引，非引人也，故俯仰而不得罪于人。故夫三皇五帝之礼义法度，不矜于同，而矜于治。故譬三皇五帝之礼义法度，其犹柤梨橘柚邪！其味相反而皆可于口。故礼义法度者，应时而变者也。今取猨狙而衣以周公之服，彼必龁啮挽裂，尽去而后慊。观古今之异，犹猨狙之异乎周公也。故西施病心而矉其里，其里之丑人见而美之，归亦捧心而矉其里。其里之富人见之，坚闭门而不出；贫人见之，挈妻子而去走。彼知矉美，而不知矉之所以美。惜乎，而夫子其穷哉！”

（选自《天运》）

2. 篇末所写凿死浑沌的寓言，有何哲学和美学意味？

骈拇

题解

此篇宗旨在痛斥仁义之弊，而归重于道德（即率真任性的自然之道）之途。

道家认为，人类生存的最高目的，在于保全纯真本性。及至虞舜，却揭举仁义以诱惑天下，使“天下莫不奔命于仁义”而“失其性命之情”，直至身殉其中而仍自以为聪明。流弊所趋，至战国益甚。作者目睹现实，不免痛心疾首，于是先以骈拇、枝指等物为喻，后以伯夷、盗跖等人为例，反复痛驳仁义，全力引进道德，以便使人类的自然本性得到复归。文章写得痛快淋漓，具有极大的批判力量。

骈拇枝指出乎性哉①，而侈于德②；附赘县疣出乎形哉③，而侈于性；多方乎仁义而用之者④，列于五藏哉⑤，而非道德之正也⑥。是故骈于足者，连无用之肉也；枝于手者，树无用之指也；多方骈枝于五藏之情者，淫僻于仁义之行⑦，而多方于聪明之用也。

是故骈于明者⑧，乱五色⑨，淫文章⑩，青黄黼黻之煌煌非乎⑪？而离朱是已⑫。多于聪者，乱五声⑬，淫六律⑭，金石丝竹黄钟大吕之声非乎？而师旷是已⑮。枝于仁者，擢德塞性以收名声⑯，使天下簧鼓以奉不及之法非乎⑰？而曾史是已⑱。骈于辩者，累瓦结绳⑲，窜句⑳，游心于坚白同异之间㉑，而敝跬誉无用之言非乎㉒？而杨墨是已㉓。故此皆多骈旁枝之道，非天下之至正也㉔。

注释

① 骈（pián）拇：谓脚的大拇指与第二指连生。骈，合、并。　枝指：谓手的大拇指旁边生出的一指，成为第六指。　性：指与生俱来的东西。

② 侈：过，多余。　德：指容德，容貌。

③ 赘：横生出来的肉块。　县：通“悬”。　疣（yóu 尤）：瘤结。　形：形体。

④ 多方：多端，多方面。

⑤ 五藏：指心、肝、脾、肺、肾。藏，通“脏”。
⑥ 正：本然。
⑦ 淫僻：过分邪僻。
⑧ 骈：过分。
⑨ 五色：青、黄、赤、白、黑。
⑩ 文章：青与赤交错谓之文，赤与白交错谓之章。
⑪ 黼黻（fǔ fú 府弗）：泛指一般的花纹。黼，黑白相次。黻，黑青相次。　煌煌：眩目的样子。
⑫ 而：如，比如。　离朱：黄帝时人，以目力超人著称，能于百步之外见秋毫之末。　已：犹“也”。
⑬ 五声：指宫、商、角、徵、羽。
⑭ 六律：指黄钟、大蔟、姑洗、蕤宾、夷则、无射六个标准音。
⑮ 师旷：字子野，晋平公乐师，善审音律。
⑯ 擢（zhuó 卓）德：拔擢伪德。擢，拔。　塞性：蔽塞真性。
⑰ 簧鼓：犹言“吹笙鼓簧”，即喧嚷之意。　法：礼法。
⑱ 曾：曾参，字子舆，孔子弟子。　史：史鳅，字子鱼，卫灵公臣，与曾参并以仁孝著称。
⑲ 累瓦：谓迭聚无用之词。　结绳：谓连贯荒诞之言。
⑳ 窜句：穿凿古人的文句。
㉑ 游心：驰骛心思。　坚白、同异：是战国名家的两个重要论题，详见《齐物论》。
㉒ 敝跬：跛而用力之貌，谓竭尽心力。
㉓ 杨：杨朱，字子居，宋人。　墨：墨翟，宋大夫。
㉔ 至正：最纯真的道德。

彼正正者[①]，不失其性命之情[②]。故合者不为骈，而枝者不为跂[③]；长者不为有余，短者不为不足。是故凫胫虽短[④]，续之则忧；鹤胫虽长，断之则悲。故性长非所断，性短非所续，无所去忧也。意仁义其非人情乎[⑤]，彼仁人何其多忧也？

且夫骈于拇者，决之则泣[⑥]；枝于手者，龁之则啼[⑦]。二者或有余于数，或不足于数，其于忧一也。今世之仁人，蒿目而忧世之患[⑧]；不仁之人，决性命之情而饕贵富[⑨]。故意仁义其非人情乎[⑩]？自三代以下者，天下何其嚣嚣也[11]？

且夫待钩绳规矩而正者[12]，是削其性者也[13]；待绳约胶漆而固者[14]，是侵其德者也；屈折礼乐[15]，呴俞仁义[16]，以慰天下之心者，此失其常然也[17]。天下有常数。常然者，曲者不以钩，直者不以绳，圆者不以规，方者不以矩，附离不以胶漆[18]，约束不以纆索[19]。故天下诱然皆生而不知其所以生[20]，同焉皆得而不知其所以得。故古今不二，不可亏也。则仁义又奚连连如胶漆纆索而游乎道德之间为哉[21]，使天下惑也！

注释

① 正正：当为"至正"之误。
② 情：实。
③ 跂：当为"岐"字之误。
④ 凫(fú 扶)胫：野鸭的小腿。
⑤ 意：料想。
⑥ 决：剔开。
⑦ 龁(hé 禾)：咬掉。
⑧ 蒿(hāo 好阴平)目：目昏乱不明的样子。
⑨ 决：溃乱。　饕(tāo 涛)：贪求。
⑩ 意：料想。
⑪ 嚣嚣：喧嚣竞逐。
⑫ 钩：木工划曲线的工具。
⑬ 削：戕害。
⑭ 约：指绳索。
⑮ 屈折：屈身折体。
⑯ 呴(xū 须)俞：和悦的样子。
⑰ 常然：真常自然之性。
⑱ 离：通"丽"，依附。
⑲ 纆(mò 墨)：黑色的绳子。
⑳ 诱然：犹"油然"。
㉑ 奚：何。　连连：相续的样子。

夫小惑易方[①]，大惑易性[②]。何以知其然邪？自虞氏招仁义以挠天下也[③]，天下莫不奔命于仁义，是非以仁义易其性与？故尝试论之，自三代以下者，天下莫不以物易其性矣。小人则以身殉利[④]，士则以身殉名，大夫则以身殉家，圣人则以身殉天下。故此数子者，事业不同，名声异号，其于伤性以身为殉，一也。臧与谷[⑤]，二人相与牧羊而俱亡其羊[⑥]。问臧奚事[⑦]，则挟筴读书[⑧]；问谷奚事，则博塞以游[⑨]。二人者，事业不同，其于亡羊均也[⑩]。伯夷死名于首阳之下[⑪]，盗跖死利于东陵之上[⑫]。二人者，所死不同，其于残生伤性均也。奚必伯夷之是而盗跖之非乎！天下尽殉也，彼其所殉仁义也，则俗谓之君子；其所殉货财也，则俗谓之小人。其殉一也，则有君子焉，有小人焉。若其残生损性，则盗跖亦伯夷已，又恶取君子小人于其间哉[⑬]！

注释

① 易方：谓迷失东西南北。

② 易性：谓丧失真常之性。

③ 虞氏：有虞氏，即舜，姓姚，名重华。　招：举。　挠：扰乱。

④ 小人：泛指农民、工匠、商人等靠职业收益谋生的人。

⑤ 臧：奴隶。　谷：指童子。

⑥ 亡：走失。

⑦ 奚事：干什么事去了。

⑧ 筴：通“策”，驱羊鞭。

⑨ 博塞：通“簙簺”，下棋一类的游戏。

⑩ 均：相同。

⑪ 伯夷：殷末孤竹君之长子。　首阳：即首阳山，在今山西省永济市南。

⑫ 盗跖：传说为古时的大盗。　东陵：山名。一说陵名。

⑬ 恶：何。　取：分，分别。

且夫属其性乎仁义者[①]，虽通如曾史[②]，非吾所谓臧也[③]；属其性于五味[④]，虽通如俞儿[⑤]，非吾所谓臧也；属其性乎五声，虽通如师旷，非吾所谓聪也；属其性乎五色，虽通如离朱，非吾所谓明也。吾所谓臧者，非仁义之谓也，臧于其德而已矣[⑥]；吾所谓臧者，非所谓仁义之谓也，任其性命之情而已矣[⑦]；吾所谓聪者，非谓其闻彼也，自闻而已矣；吾所谓明者，非谓其见彼也，自见而已矣。夫不自见而见彼，不自得而得彼者，是得人之得而不自得其得者也，适人之适而不自适其适者也[⑧]。夫适人之适而不自适其适，虽盗跖与伯夷，是同为淫僻也。余愧乎道德，是以上不敢为仁义之操[⑨]，而下不敢为淫僻之行也。

注释

① 属：系，从属。

② 通：通达。

③ 臧：善。

④ 五味：指酸、甜、苦、辣、咸。

⑤ 俞儿：齐桓公时善识味者。

⑥ 德：指自然本性。

⑦ 性命之情：自然本性之实。

⑧ 适：安适。

⑨ 操：节操。

文化史拓展

与《庄子》内七篇不同的是，外、杂篇一般被认为非庄子本人所作，但历来注家却也认为外、杂篇能“羽翼内篇而尽其未尽之蕴者”（陆长庚《南华真经副墨》）。根据实际的阅读经验，我们可以体会出内篇与外、杂篇之间的差异。从某种意义上，内七篇形成了一个独立而不可撼动的整体，是庄子本人超拔世俗的思想与诗意飞扬的文笔的综合体现，是圆融静定而又光华四射的千载不朽的心灵世界。而外、杂篇则更多纷繁面貌，时而如一激愤之士，慷慨陈词，时而如一纵横之家，说剑游谈；隐逸与观世之语，杂处其间，养生与安死之命，变幻莫测。

正如外、杂篇中其他篇目一样，《骈拇》这一标题出自于文章首句，是一个比较切合主旨的题目，此篇谈的正是道德上的“骈拇枝指”和“附赘县疣”。所谓“骈拇”是指大脚趾与第二趾粘连，是比平常人少去一个脚趾。“枝指”是说一只手长出六个指头，那就比正常人又多出一个手指。所谓“附赘”讲的是身体上多生出来的肉，“县疣”指身上长出来的小瘤结。上天赋予人类优美清洁的形体，而这些“骈拇枝指”、“附赘县疣”却都是在正常范围之外的东西。这样的描述自然让我们联想起《人间世》、《德充符》中的诸多怪人，他们或是瘸腿、驼背、没有嘴唇，或是脖子上长着像盆一样大的肉瘤。但尽管他们形体上丑陋至极，却仍然使人们肃然起敬，钦佩他们的品行而忘却他们的外表。于是，就有人产生了疑惑，为什么在《人间世》、《德充符》中这些大瘤、小肉都无关紧要，到了《骈拇》处却成了“出乎性哉，而侈于德”，“出乎形哉，而侈于性”的恶物？其实，区别在于：《人间世》和《德充符》宣扬人的内在精神修养要高于外表，而《骈拇》强调这些东西的多余，只是以此作比方来引出文章的批判中心，亦即“仁义”。就像骈拇枝指虽是与生俱来，对体貌来说只是无用，附赘悬疣虽是从形体上长出来，对本性而言却也只是多余；同样，旁生枝节般地造作仁义而加以应用，把它与五脏相配合，也只是滥用聪明的淫僻之行，绝非任性率真的自然之道。

孟子认为仁义是人内在本然就具有的，告子与之争辩，把仁义一切为二，一半“仁”归于人的本然之内，一半“义”归在人之外。庄子则彻底地一笔抹杀，痛贬仁义是人类本性之外的“淫僻”。他认为，要使自然本性得以彻底回归，就必须摆脱人为的、作为社会道德规范的“仁义”。人不是拯救世界光明普照的天使，也不是无恶不作自私自利的魔鬼，人只须做回他自己：一个有真情实感而无偏私的真正的“人”。所谓“大仁不仁”、“至仁无亲”，庄子理想中的社会，摒弃了“失其性命之情”的宗法礼制，卸下了桎梏人心的礼教规范，复归于一片“常然”的天下。

在讲求“克己复礼”的儒家眼中，“仁义”是一种极高的、并非人人都能真正达到的道德境界，甚至连孔子自己也说“若圣与仁，则吾岂敢”（《论语·述而》）。但对于超越世俗之礼，“游乎尘垢之外”的庄子而言，人的最高精神追求，就是从“仁义”等观念中摆脱出来，心境返归于无是非、善恶、哀乐的本然状态。或许“仁义”本身是一种难得的宽容伟大的品行，可是庄子认为，自从仁义名号腾空出世，万丈红尘内便多有假造仁义或利用仁义沽名钓誉之徒。一时间，真仁义、假仁义喧嚣扰攘，反而搅乱了人世间本来的平静。一些人靠仁义获取名利，一些人放弃正途去追求变了质的仁义，终身役役而不可得。在这样的氛围中，更为根本的“道德”渐渐被人忽略和遗弃。在庄子看来，无论是离朱的视觉，师旷的听觉或杨墨的言说，都是脱离本然而生造出的旁门左道，既非大美，也非纯真，而是一种损害了自然本性之美、扰乱了视听的事物。可惜人们往往被其华美表象所迷惑，虽识得大体，却拙于辨识，在名实之间难分泾渭。

文学史链接

1. 相关文学典故

附赘悬疣

附赘悬肬，实侈于形。

（刘勰《文心雕龙·镕裁》）

蒿目忧世

蒿目黄尘忧世事，追思陈迹故难忘。

（王安石《忆金陵》）

蒿目为时忧，年未艾霜雪盈头。

（李渔《玉搔头·分任》）

2. 文学技法

语至刻急，每结皆缓，若深厚不可知者，优柔有余，得雄辩守胜之道。自经而子，未有成片文字，枝叶横生，首尾救应，自为一家若此。

（刘辰翁《庄子南华真经点校·骈拇》批语）

篇中将仁义与聪明口辩之用，声色臭味之欲，作一派铺写，其眼光直是最高，其笔力直是最辣。老庄之见，从来是尚道德而卑仁义，如此篇菲薄仁义，便特提“道德”二字为一篇之主。行文段落极整，而其每段中忽添忽减，随手错落。一线穿去，一段生一段，波澜滚滚，然至束笔处，皆故作悠扬蕴藉，另是一格。

（宣颖《南华经解·骈拇》总论）

篇中扫除仁义名色，而约之于道德之途，此《庄子》外篇托始之微意也。至其行文，节节相生，层层变换，如万顷怒涛，忽起忽落，极汪洋恣肆之奇。尤妙在喻意层出叠见，映发无穷，使人目光霍霍，莫测其用意用笔之神。后来惟眉山苏氏得此灵境，故嬉笑怒骂，信手挥洒，可以横绝峨嵋。其余皆望洋而叹。

（刘凤苞《南华雪心编·骈拇》总论）

集评

《骈拇》篇以“道德”为正宗，而以“仁义”为骈附，正好与《老子》“失道而后德，失德而后仁，失仁而后义”参看。一部《庄子》宗旨，全在此篇，末用一句叫出：“予愧于道德，是以上不敢为仁义之操，而下不敢为淫僻之行。”上下俱不为，则虚静、恬淡、寂寞、无为，而道德之正，性命之情，于是乎得之矣。

（陆西星《南华真经副墨・骈拇》总论）

此篇宗旨在任性命之情，而以仁义为赘，先以形喻，次以官喻，故曰不独手足以骈枝也，而聪明道德亦有之。凡此，皆失其性命之情者也。

（严复《庄子评点・骈拇》总评）

思考与讨论

1. 此篇可与《马蹄》、《胠箧》、《盗跖》、《渔父》诸篇互为参看，谈谈全文是如何痛斥儒家所提倡的“仁义”的？
2. 此篇的行文风格，与《马蹄》、《胠箧》二篇相一致，而跟内篇颇为不同，请作具体分析。

马　蹄

题解

此篇与《骈拇》篇同旨，在着意宣讲恢复人的自然本性。所不同者，此篇主要以马设喻，谓马属性自然，只知食草饮水，喜则交颈相摩，怒则分背相踢。由于伯乐施以各种约束，以致马死过半。因此马也学会“诡衔窃辔”的盗智，此皆伯乐之罪。由马及人，远推所谓“至德之世”（原始社会），禽兽成群，草木遂长，人与禽兽为伍，与万物并生，无知无欲，居不知所为，行不知所之，没有君子小人之别，处于“常然”，“是谓素朴”世界。及至儒家圣人，提倡仁义礼乐，以匡正天下，使民自矜好诈，争归于利，真是罪大恶极！

作者反对“圣人”以仁义礼乐禁锢人的自由思想，主张个性解放，在当时来说，自然具有很大的进步意义。同时，作者因主张恢复人的自然本性，而向往愚昧无知的原始社会，显然，这种愤激思想又带有严重的消极虚幻性。

马，蹄可以践霜雪，毛可以御风寒，龁草饮水①，翘足而陆②，此马之真性也。虽有义台、路寝③，无所用之。及至伯乐④，曰：“我善治马。”烧之，剔之⑤，刻之⑥，雒之⑦，连之以羁馽⑧，编之以皁栈⑨，马之死者十二三矣；饥之，渴之，驰之，骤之，整之，齐之，前有橛饰之患⑩，而后有鞭筴之威⑪，而马之死者已过半矣。陶者曰：“我善治埴⑫，圆者中规⑬，方者中矩。”匠人曰：“我善治木，曲者中钩⑭，直者应绳。”夫埴木之性，岂欲中规矩钩绳哉！然且世世称之曰：“伯乐善治马，而陶匠善治埴木。”此亦治天下者之过也⑮。

注释

① 龁（hé 禾）：啃，咬。

② 翘：扬起。　陆：跳跃。

③ 义台：即仪台，天子、诸侯行礼之台。　路寝：即正寝，正室。

④ 伯乐：姓孙，名阳，字伯乐，相传是秦穆公时善相马者。
⑤ 剔（tī 梯）之：剪剔马毛。
⑥ 刻之：凿削马蹄。
⑦ 雒（luò 洛）之：用红铁烙火印，作为标识。
⑧ 羁：马络头。　馽（zhí 执）：牵绊马足的绳子。
⑨ 皁（zào 造）：马槽，饲马饮食的地方。　栈：以木排成的地板，马居其上，可以避湿，俗名“马床”。
⑩ 橛（jué 绝）：马口中所衔的横木。　饰：马络头上的装饰物。
⑪ 鞭、筴：都是打马的工具。筴，通“策”。
⑫ 埴（zhí 直）：粘土，可烧制陶器。
⑬ 中（zhòng 众）：恰恰相合。　规：成圆之器。
⑭ 钩：木工划曲线的工具。
⑮ 过：过失。

吾意善治天下者不然[①]。彼民有常性，织而衣，耕而食，是谓同德[②]；一而不党[③]，命曰天放[④]。故至德之世，其行填填[⑤]，其视颠颠[⑥]。当是时也，山无蹊隧[⑦]，泽无舟梁；万物群生，连属其乡[⑧]；禽兽成群，草木遂长[⑨]。是故禽兽可系羁而游，乌鹊之巢可攀援而闚[⑩]。夫至德之世，同与禽兽居[⑪]，族与万物并[⑫]，恶乎知君子小人哉？同乎无知[⑬]，其德不离[⑭]；同乎无欲，是谓素朴；素朴而民性得矣；及至圣人[⑮]，蹩躠为仁[⑯]，踶跂为义[⑰]，而天下始疑矣；澶漫为乐[⑱]，摘僻为礼[⑲]，而天下始分矣。故纯朴不残[⑳]，孰为牺尊[㉑]？白玉不毁，孰为珪璋[㉒]？道德不废，安取仁义？性情不离，安用礼乐？五色不乱[㉓]，孰为文采？五声不乱[㉔]，孰应六律[㉕]？夫残朴以为器，工匠之罪也；毁道德以为仁义，圣人之过也。

注释

① 意：以为。
② 同德：共同的天然的本能。
③ 党：偏私。

④ 命：叫作。　天放：放任自乐。
⑤ 填填：脚步迟重的样子。
⑥ 颠颠：愚朴直视的样子。
⑦ 蹊：小路。　隧：孔道。
⑧ 乡：住所。
⑨ 遂长：繁茂地生长。
⑩ 阙(kuī亏)：通"窥"，从孔隙中窥望。
⑪ 同：混杂。
⑫ 族：聚在一起。
⑬ 同：无知的样子。
⑭ 德：指人的自然本性。　离：离散，丧失。
⑮ 圣人：这里指儒家所说的"圣人"。
⑯ 蹩躠(bié xiè别谢)：行走困难的样子。引申为勉强用心力的意思。
⑰ 踶跂(zhì qí至齐)：踮起脚尖。意同"蹩躠"。
⑱ 澶(dàn但)漫：放纵逸乐。
⑲ 摘僻：烦屑拘泥的样子。
⑳ 纯朴：原始的木材。　残：雕斫。
㉑ 牺尊：刻有牛形花纹的酒器。尊，通"樽"，盛酒器。
㉒ 珪璋：玉器。上锐下方者为珪，形似半珪者为璋。
㉓ 五色：指青、赤、黄、白、黑。
㉔ 五声：指宫、商、角、徵、羽。
㉕ 六律：指黄钟、大蔟、姑洗、蕤宾、夷则、无射。

夫马，陆居则食草饮水，喜则交颈相靡[①]，怒则分背相踶[②]。马知已此矣[③]。夫加之以衡扼[④]，齐之以月题[⑤]，而马知介倪[⑥]、闉扼[⑦]、鸷曼[⑧]、诡衔[⑨]、窃辔[⑩]。故马之知而态至盗者[⑪]，伯乐之罪也。夫赫胥氏之时[⑫]，民居不知所为，行不知所之，含哺而熙[⑬]，鼓腹而游，民能以此矣[⑭]。及至圣人，屈折礼乐以匡天下之形，县跂仁义以慰天下之心[⑮]，而民乃始踶跂好知[⑯]，争归于利，不可止也。此亦圣人之过也。

注释

① 相靡：互相磨擦，表示亲顺。

② 相踶：用后脚相踢。踶，通“踢”。

③ 知：通“智”，智力。　已：止。

④ 衡：辕前横木。　扼：通“轭”，叉马颈之木。

⑤ 月题：马额上的装饰物。

⑥ 介倪：损折车輗。

⑦ 闉（yīn 音）扼：曲颈企图从轭下逃脱。闉，弯曲。

⑧ 鸷曼：指马狂突不羁，试图挣脱。鸷，猛。曼，突。

⑨ 诡衔：狡猾地吐出衔子。

⑩ 窃辔：偷偷地啃咬辔头。

⑪ 态：同“能”，能够。

⑫ 赫胥氏：传说中的上古帝王。

⑬ 哺：口中所含食物。　熙：通“嬉”，嬉戏。

⑭ 以：通“已”，止。

⑮ 县跂：高高悬起，使人企而望之。县，通“悬”。跂，企望。

⑯ 踶跂：勉强企求的样子。

文化史拓展

《马蹄》和《骈拇》两篇主旨很相近，都极力劝说人们应当保有自然本性，摈弃仁义枷锁。只不过《骈拇》篇着重从人性受损的角度论说仁义对人身心的危害，是微观论述；而《马蹄》篇着重从物性受戕害的角度描述仁义对天下的害处，是宏观论述。两篇一大一小，相互呼应补充，浓墨重彩，只为了唤起人们对仁义的反思和对本性的珍视。

《马蹄》开首便从马的本性着笔。庄子笔下的马悠然自得，颇有风骨，食草饮水，奔腾欢跃，活得自由自在。伯乐一来，真性皆失。失却了真性的马儿死者过半，所剩的也在鞭子下和车套中苟延残喘。在庄子看来，让马、埴和木失去真性的是伯乐、陶人和工匠，让百姓失去真性的是仁义礼乐。

西汉初期，黄老学盛行，统治阶级在猛烈抨击秦代“有为”政治的同时，极力主张“无为而治”。如淮南王刘安等在《淮南子·修务训》中说：“夫鱼者跃，鹊者駮也，犹人马之为人马，筋骨形体，所受于天，不可变。以此论之，则不类矣。夫马之为草驹之时，跳跃扬蹄，翘尾而走，人不能制。……及至圉人扰之，良御教之，掩以衡扼，连以辔衔，则虽历险超堑弗敢辞。故其形之为马，马不可化；其可驾御，教之所为也。"这里显然受到了庄子思想的影响，但又对庄子思想进行了改造，认为马与鱼、人都不一样，它的本性是"跳跃扬蹄，翘尾而走"，人们如顺着它的这一本性而"掩以衡扼，连以辔衔"，使之能够"历险超堑"而"可驾御"，这就是不以人易天的"教之所为"。由此可见，淮南王等已对庄子《马蹄》篇的思想内容作了大胆发挥，其目的就是要把因任自然与发挥人的能动作用统一起来，以便为汉初最高统治者提供出一套适应当时社会实际情况的治国理论。

珍视人的天然本性是中国古代思想的母题。它萦绕在每一个有良知的知识分子心头，并在每朝每代幻化成不同的表述和理论。如明代思想家李贽提出了著名的"童心"说，认为"童心"即"绝假纯真"的真心，也就是心的最原初状态。在李贽看来，人还没有长大的时候，所见所闻通过眼睛、耳朵进入头脑，把这些学得了记住了的同时，童心却渐渐蒙尘。到了长大之后，各种道理和见闻越来越多，也就离开童心越发遥远。时间一长，习得了社会的标准，知道好名气是好东西就多追逐它，懂得坏名声是让人丢脸的就千方百计伪装。他的这些说法的思想渊源，显然可以追溯到《庄子》中的《马蹄》等篇。

文学史链接

1. 文学技法

此篇自首至末，只是一意，其大旨从上篇"天下有常然"句生来，庄文之最易读者，然其中之体物类情，笔笔生动。

（林云铭《庄子因·马蹄》篇末总评）

此篇言以仁义为治，则拂人之性，是就害于物上说。前后用譬喻错落洗发，如雨后青山，最为醒露。

（宣颖《南华经解·马蹄》总论）

此篇庄文之尤近人者，西汉人文字多祖之，而字法句法要非秦汉以下所有也。至其巨篇奥旨，则固别成一经矣。

（陆树芝《庄子雪·马蹄》篇末总评）

《马蹄》、《秋水》，乃南华绝妙文心，须玩其操纵离合，起伏顿挫之奇。……一路夹叙夹议，恣肆汪洋，如万顷惊涛，忽起忽落，真有排天浴日之奇。……格局极为完密，而正意、喻意，萦回宕漾，在有意无意之间，微云河汉，疏雨梧桐，可以想其逸致矣。

（刘凤苞《南华雪心编·马蹄》篇末总评）

集评

此篇言圣人治天下之过，其意则自前篇“天下有常然”生下。

（陆西星《南华真经副墨·马蹄》题解）

《马蹄》与《骈拇》，皆从性命上发论。《骈拇》是尽己之性而切指仁义之为害于身心，《马蹄》是尽物之性而切指仁义之为害于天下。

（刘凤苞《南华雪心编·马蹄》总论）

思考与讨论

1. 本篇与《骈拇》篇的主旨大致相同，请作比较分析。

胠　　箧

题解

此篇在着意发挥老子“绝圣弃知”之旨。认为圣、智之法，不足以防患止乱，而适足以成为大盗的凭借，如田成子“窃齐国并与其圣知之法”，即最雄辩地说明了这个问题。可见，作者抨击圣、智，而向往自由平等的“小国寡民”的原始社会，尽管其中含有消极思想，但主要还是表明了他对当时黑暗的社会政治、虚伪的道德标准，及“窃钩者诛，窃国者为诸侯”的丑恶现实的深刻认识和极端憎恶。

文章以箧、囊、匮喻天下、国家，以缄、縢、扃、鐍喻圣、智之法，又以盗贼负匮、揭箧、担囊而趋，喻田成子一类窃国并与其圣、智之法，雄辩滔滔，一气直下，兴尽而后已，真有长江大河一泻千里之势。

将为胠箧①、探囊、发匮之盗而为守备②，则必摄缄縢③，固扃鐍④，此世俗之所谓知也⑤。然而巨盗至，则负匮⑥、揭箧、担囊而趋⑦，唯恐缄縢扃鐍之不固也。然则乡之所谓知者⑧，不乃为大盗积者也⑨？

注释

① 胠（qū 屈）：从旁打开。　箧（qiè 窃）：小箱子。

② 发匮：开柜。匮，通“柜”。　守备：防守戒备。

③ 摄：结，扎紧。　缄、縢（téng 藤）：皆为绳索。

④ 扃（jiōng 坰）：关钮。　鐍（jué 绝）：箱子上加锁的绞纽。

⑤ 知：通“智”。

⑥ 负：背。

⑦ 趋：跑。

⑧ 乡：通“向”，前面。

⑨ 不乃：不正是。　积：做准备。

故尝试论之，世俗之所谓知者，有不为大盗积者乎？所谓圣者，有不为大盗守者乎？何以知其然邪？昔者齐国①，邻邑相望，鸡狗之音相闻，罔罟之所布②，耒耨之所刺③，方二千余里。阖四竟之内④，所以立宗庙社稷⑤，治邑屋州闾乡曲者⑥，曷尝不法圣人哉？然而田成子一旦杀齐君而盗其国⑦。所盗者，岂独其国邪？并与其圣知之法而盗之。故田成子有乎盗贼之名，而身处尧舜之安，小国不敢非，大国不敢诛，十二世有齐国。则是不乃窃齐国并与其圣知之法，以守其盗贼之身乎？

尝试论之，世俗之所谓至知者，有不为大盗积者乎？所谓至圣者，有不为大盗守者乎？何以知其然邪？昔者龙逢斩⑧，比干剖⑨，苌弘胣⑩，子胥靡⑪。故四子之贤，而身不免乎戮。故跖之徒问于跖曰⑫："盗亦有道乎？"跖曰："何适而无有道邪⑬？夫妄意室中之藏⑭，圣也；入先，勇也；出后，义也；知可否，知也；分均，仁也。五者不备，而能成大盗者，天下未之有也。"由是观之，善人不得圣人之道不立，跖不得圣人之道不行；天下之善人少而不善人多，则圣人之利天下也少而害天下也多。

注释

① 齐国：齐本为姜尚之后。公元前481年，齐大夫田常杀国君简公，立简公弟为平公，而自专国政。由平公历宣公至康公，田常的曾孙田和终于逐君而自立为诸侯，国号仍为齐。此处指姜氏之齐。

② 罔：通"网"，鱼网。　罟(gǔ 古)：网的总称。

③ 耒(lěi 垒)：犁。　耨(nòu 槈)：锄草农具。　刺：扎入，指耕耘。

④ 阖(hé 合)：全。　四竟：四境。

⑤ 宗庙：祭祀祖先之处。　社稷：祭祀土神、谷神之处。

⑥ 邑、屋、州、闾、乡：都是古代划分城乡区域的名称。　曲：指乡之一隅。

⑦ 田成子：即田常，又称陈恒。

⑧ 龙逢(páng 庞)：姓关，字龙逢，夏桀时的贤臣，因直谏而被斩首。

⑨ 比干：商纣王叔父，因忠谏而被剖心。

⑩ 苌(cháng 常)弘：周灵王之贤臣，因遭谗被逐，自刳而死。　胣(chǐ 齿)：刳肠。

⑪ 子胥：即伍子胥，春秋时楚大夫伍奢之子。后入吴，因谏吴王夫差被杀，尸体糜烂于江中。　靡：通"糜"，糜烂。

⑫ 跖(zhí 直):即盗跖,古时起义军领袖。

⑬ 适:往。

⑭ 妄意:凭空猜测。　藏:指储藏的财物。

故曰:唇竭则齿寒[①],鲁酒薄而邯郸围[②],圣人生而大盗起。掊击圣人[③],纵舍盗贼[④],而天下始治矣!夫川竭而谷虚,丘夷而渊实[⑤];圣人已死,则大盗不起,天下平而无故矣[⑥]!圣人不死,大盗不止。虽重圣人而治天下[⑦],则是重利盗跖也[⑧]。为之斗斛以量之[⑨],则并与斗斛而窃之;为之权衡以称之[⑩],则并与权衡而窃之;为之符玺以信之[⑪],则并与符玺而窃之;为之仁义以矫之[⑫],则并与仁义而窃之。何以知其然邪?彼窃钩者诛[⑬],窃国者为诸侯,诸侯之门而仁义存焉。则是非窃仁义圣知邪[⑭]?故逐于大盗,揭诸侯[⑮],窃仁义并斗斛权衡符玺之利者,虽有轩冕之赏弗能劝[⑯],斧钺之威弗能禁[⑰]。此重利盗跖而使不可禁者,是乃圣人之过也。

注释

① 竭:亡,没有。

② 鲁酒薄而邯郸围:有两种说法。其一,楚国会诸侯,鲁国和赵国都给楚王献酒,鲁国的酒淡薄而赵国的酒浓郁。楚国主酒吏向赵国讨酒,赵不给,于是他用鲁酒调换了赵酒,楚王因赵酒淡薄而围攻其都城邯郸。其二,楚宣王会诸侯,鲁恭公后到,而且献的酒也淡薄。楚宣王不高兴,想侮辱他,鲁恭公据理反驳,不辞而别。楚宣王很生气,于是就出兵鲁国。以前,梁惠王一直想攻打赵国,但惟恐楚国援救而不敢出兵,现在适逢楚鲁相争,于是就趁机围攻邯郸。此事说明事物之间的因果关系。

③ 掊(pǒu 剖上声)击:打倒。

④ 纵舍:放走。

⑤ 夷:平。

⑥ 故:意外的事故。

⑦ 重:尊重。

⑧ 重:增益。

⑨ 斛(hú 壶):量器,古时以十斗为一斛,后世又以五斗为一斛。
⑩ 权衡:泛指秤。权,秤锤。衡,秤杆。
⑪ 符玺(xǐ 喜):符,古代朝廷传达命令或征调兵将用的凭证,多以金属、玉、木等制成,双方各执一半,合之可验真假。玺,印,秦以后专指皇帝的印。
⑫ 矫:矫正。
⑬ 钩:腰带钩。
⑭ 是:这。
⑮ 揭:举而夺之。
⑯ 轩冕:指高官厚禄。轩,大夫以上官员乘坐的车子。冕,大夫以上官员所戴的礼帽。劝:劝止。
⑰ 斧钺(yuè 月):古时杀人的两种刑具。小称斧,大称钺。

故曰:"鱼不可脱于渊,国之利器不可以示人[①]。"彼圣人者,天下之利器也,非所以明天下也[②]。故绝圣弃知,大盗乃止;擿玉毁珠[③],小盗不起;焚符破玺,而民朴鄙[④];掊斗折衡,而民不争;殚残天下之圣法[⑤],而民始可与论议;擢乱六律[⑥],铄绝竽瑟[⑦],塞瞽旷之耳[⑧],而天下始人含其聪矣[⑨];灭文章[⑩],散五采[⑪],胶离朱之目[⑫],而天下始人含其明矣;毁绝钩绳,而弃规矩,攦工倕之指[⑬],而天下始人有其巧矣。故曰:"大巧若拙。"削曾、史之行[⑭],钳杨、墨之口[⑮],攘弃仁义[⑯],而天下之德始玄同矣[⑰]。彼人含其明,则天下不铄矣[⑱];人含其聪,则天下不累矣[⑲];人含其知,则天下不惑矣;人含其德,则天下不僻矣[⑳]。彼曾、史、杨、墨、师旷、工倕、离朱,皆外立其德,而以爚乱天下者也[㉑],法之所无用也。

注释

① 国之利器:指圣人所制定的治理天下的法则。语出《老子》。
② 明:明示,宣布。
③ 擿(zhì 至):投掷。
④ 朴鄙:返朴还淳,而归鄙野。
⑤ 殚残:全部毁弃。殚,尽。

⑥ 擢乱:搅乱。

⑦ 铄绝:烧断。 竽、瑟:皆为乐器。竽,古簧管乐器。瑟,拨弦乐器。

⑧ 瞽旷:即师旷,春秋时晋国乐师,极精音律,因其目盲,故称瞽旷。

⑨ 含:有,怀养。 聪:指高度灵敏的听觉。

⑩ 文章:泛指文采。青和赤相配合叫做“文”,赤和白相配合叫做“章”。

⑪ 五采:指青、黄、赤、白、黑五种颜色。

⑫ 离朱:传为黄帝时人,百步能见毫末,千里能见针尖,视力极佳。

⑬ 攦(lì 丽):折断。 工倕(chuí 垂):传为尧时的巧匠。

⑭ 曾:曾参,字子舆,孔子弟子,至孝。 史:史鳅,字子鱼,卫灵公大臣,以忠直著称。

⑮ 钳:封闭。 杨:杨朱,宋人,先秦的大思想家,善辩论。 墨:墨翟,宋大夫,先秦的大思想家,也善辩论。

⑯ 攘:排除。

⑰ 玄同:混同为一。

⑱ 铄:消坏,消散。

⑲ 累:忧患。

⑳ 僻:邪恶。

㉑ 爚(yuè 跃):火乱飞的样子。

子独不知至德之世乎?昔者容成氏、大庭氏、伯皇氏、中央氏、栗陆氏、骊畜氏、轩辕氏、赫胥氏、尊卢氏、祝融氏、伏牺氏、神农氏[①],当是时也,民结绳而用之,甘其食,美其服,乐其俗,安其居,邻国相望,鸡狗之音相闻,民至老死而不相往来。若此之时,则至治已。今遂至使民延颈举踵[②],曰“某所有贤者”[③],赢粮而趣之[④],则内弃其亲而外去其主之事,足迹接乎诸侯之境,车轨结乎千里之外,则是上好知之过也[⑤]。

上诚好知而无道,则天下大乱矣。何以知其然邪?夫弓弩[⑥]、毕弋[⑦]、机变之知多[⑧],则鸟乱于上矣;钩饵、罔罟、罾笱之知多[⑨],则鱼乱于水矣;削格[⑩]、罗落[⑪]、罝罘之知多[⑫],则兽乱于泽矣;知诈渐毒[⑬]、颉滑坚白[⑭]、解垢同异之变多[⑮],则俗惑于辩矣。故天下每每大乱[⑯],罪在于好知。故天下皆知求其所不知,而莫知求其所已知者;皆知非其所不善,而莫知非其所已善者，是以大乱。故上悖日月之明⑰，下烁山川之精⑱，中堕四时之施⑲；惴耎之虫⑳，肖翘之物㉑，莫不失其性。甚矣，夫好知之乱天下也！自三代以下者是已。舍夫种种之民而悦夫役役之佞㉒，释夫恬淡无为而悦夫哼哼之意㉓，哼哼已乱天下矣。

注释

① “容成氏”至“神农氏”：此十二氏皆为古代传说中的帝王。
② 遂：竟。　延颈举踵：伸长脖子，抬起脚跟。形容盼望甚切。
③ 某所：某地方。
④ 赢：担。　趣：通“趋”，奔赴。
⑤ 上：诸侯之君。　知：通“智”，智巧。
⑥ 弩：用机栝发箭的弓。
⑦ 毕：带柄的网。　弋（yì 亦）：系绳的箭。
⑧ 机：弩上钩弓弦的机栝。
⑨ 罾（zēng 增）：用竿做支架的鱼网。　笱（gǒu 狗）：捕鱼的竹器，鱼能入而不能出。
⑩ 削格：用以张罗网的东西。削，竹竿。格，木柄。
⑪ 罗落：即罗网。落，通“络”。
⑫ 罝罘（jūfú 居浮）：是两种捕兽的网。
⑬ 渐毒：欺诈。
⑭ 颉滑：奸黠。　坚白：指战国时期名家的诡辩论题“坚白论”。
⑮ 解垢：诡曲之辞。　同异：即“合同异”，是战国名家的又一诡辩论题。
⑯ 每每：昏昏，胡涂。
⑰ 悖（bèi 倍）：亏蚀。
⑱ 烁：销毁。
⑲ 堕：毁坏。　四时之施：指四季的炎凉风雨。
⑳ 惴耎（zhuì ruǎn 坠软）：蠕动的样子。
㉑ 肖翘之物：指飞翔的小虫。肖，小。翘，轻，飞物。
㉒ 种种：淳朴的样子。　役役：奸滑的样子。　佞：指巧言谄媚之人。
㉓ 释：丢弃。　哼哼（tūn 吞）：多言的样子。

文化史拓展

按照儒家的规范备圣智于己身，犹未能免祸。那么，这样的圣智必也可有可无。但是，庄子认为这还不是全部。圣智祸君子却有益于盗，原因是“盗亦有道”，他们窃取圣智，用于各种或大或小的盗窃事业。而庄子认定当时的世道是恶人多，好人少，所以“智”流传于当时，人人可以学得，启发坏人之处要多于好人。后果便是“仁义圣知”为患天下，戕害贤者，助虐大盗。

从《骈拇》篇到《马蹄》篇，庄子掊折仁义，诋斥圣智，始终是在论辩，让读者发现仁义圣智光芒之下的漏洞和危害，却没有提出他的解决方法。《在宥》篇可以说是庄子针对问题开出的具体药方，不过在《胠箧》里这帖药方已经有所透露。这就是“绝圣弃知”。“圣知”好比“天下之利器”，不出现于江湖则已，一旦浮现哪怕只是传闻也会引得人窥伺。有窥伺便有贪求，贪求的人多了，争斗就不可避免。其实，所谓“圣知”本身并不能给人们带来什么，人们窥伺达旦的是其背后的无上权力和财富。仁义圣智便如阿拉丁神灯中的保护神，他不讲是非善恶，只管满足神灯的主人。人们抢夺神灯也是为了那个无所不能的神灵，而非破旧残损的油灯。仁义圣智也往往不辨贤愚地给君王以凌驾一切的权力，而大盗们则把仁义当作夺取财利的手段。庄子说：“故绝圣弃知，大盗乃止。”庄子一语热辣直截，釜底抽薪。乍一看来，叫人不可接受，怎么能为了杜绝坏的便把善的好的一同与其玉碎？这样做的代价高过成效，岂非大不合算？后人也有同感，但是他们指出“须知意在矫枉，自不嫌于过正耳”(陆树芝)。又有人说：“矫偏而论，正而若反，读者须大其胸襟，空其我相，不得以习见参之。”(马其昶)联系下文，我们也许能了解庄子为何如此极端。在庄子眼中，“好知”求进都是人为机巧，无用且有害。人间的理想状态是原始蒙昧社会，人们无知无识，返朴归真，从道德到技术都处于极低的水平。如果“上诚好知而无道，则天下大乱矣。”可见，仁义圣智在我们心中原是有价值的东西，而在庄子那里却根本是不值得追求的，所以摒弃仁义圣智不仅因为要遏制大盗，也在于其本身的害处。

文学史链接

1. 相关文学典故

鲁酒薄而邯郸围

鲁酒薄而邯郸围，羊羹偏而宋师败，郈孙以斗鸡亡身，齐侯以笑嫔破国。

（刘昼《新论·慎隙》）

《春秋》捐其首谋，舍其亲弑，亦何异鲁酒薄而邯郸围，城门火而池鱼及。

（刘知几《史通·惑经》）

2. 文学技法

“绝圣弃知”以下，屏除一切诲盗之资，将圣人当作利器，醒快异常。圣人生而大盗起，欲利国适以利盗，诚不如浑其仁义圣知之用，立乎不测而游于无有。如利器之不以示人，则大盗失其凭借之具，而无隙可乘矣。随将聪明巧诈各种人一齐抹煞，万顷烟涛，倏起倏灭，只觉水天一色，倒影空明，此与上斗斛权衡一段，均作层波叠浪之笔，排奡纵横，力透纸背。昌黎《原道》各篇，从此脱化，便足起八代之衰。后幅提出“至德”，轻轻一掉，将仁义圣知，巧辩聪明，概行压倒，随用“若此之时，则至治矣”二句，顿住上文，趁势转入“好知”，以起下致乱之由。“乌乱”三层，已显出知巧纷纭，乖戾成象，不待图穷而匕首见矣。以后淡淡著笔，归结全篇，更不须劲弩强弓，持满而发。煞尾一句，在冷处传神，言尽而意不尽。

（刘凤苞《南华雪心编·胠箧》总论）

此篇愤战国之世，假窃仁义为私利以祸天下者，词益激宕不平。杨士奇曰：庄子知口而言，粗而实精，矫偏而论，正而若反。读者须大其胸襟，空其我相，不得以习见参之。

（马其昶《庄子故·胠箧》篇末总评）

通篇如一笔书，有掉臂游行之乐。此庄文之疏通者，故世多诵之。

（严复《庄子评点·胠箧》总评）

集评

夫圣人以圣知仁义治天下，而天下复窃圣人之圣知仁义以济其私，则圣人之治法，适足以为大盗媒，故绝圣弃知，绝仁弃义，而天下治矣。篇中屡用“故曰”，可见段段议论，皆《道德经》之疏义。局儒读之，未免骇汗。然意却精到，不可不深思也。

（陆西星《南华真经副墨·胠箧》总论）

老庄言圣人不死，大盗不止，儒究吐舌曰：“嘻，其甚矣！”然网罟一设，至使深者不深，幽者不幽，禽鱼众生，乱上乱下乱泽，惊悸痛楚，飞走不得自由，如人生乱世，兵刃攒蹙，我为圣人，众生何须我圣人邪？万世众生，不向庖牺索命，反尊为圣人，亦理外法外之事也。

（谭元春《南华真经评点·胠箧》篇末总评）

思考与练习

1. 司马迁谓庄子"作《渔父》、《盗跖》、《胠箧》,以诋訿孔子之徒,以明老子之术。"请认真体会这一说法,并谈谈你对《胠箧》篇的看法。

天　地

题解

本篇的主旨在于阐发“无为而治”的思想。作者指出，玄古的国君虽在君位却无心于治世，只是效法天道“无为”而已，因此百姓都能自治自化，天下也就始终太平无事。及至黄帝失“天德”，以“有为”之心临天下，百姓就开始知道仁义、忠信之名，随之而萌发出“贼害”之心，从此太古纯朴之风就不见了。而唐尧、虞舜、夏禹、周武王之辈，不但不引以为戒，反而推波助浪，举凡仁义、礼乐、刑罚、智慧等等，皆无不成为他们统治人民的工具，致使人类的自然本性遭到极大的摧残，天下乱到不堪设想的地步。目睹这般事实，后世一切“有为”之君，都应当感到寒心、羞愧，彻底敛手，“以无为自然为宗”。

此篇章法，首段为总论，其余为分论，而以“无为”二字贯穿始终。所以，全文十余大段，虽似散散叙来，却有一线穿珠，繁而不乱之妙。

天地虽大，其化均也①；万物虽多，其治一也②；人卒虽众，其主君也③。君原于德而成于天④，故曰，玄古之君天下⑤，无为也，天德而已矣⑥。以道观言⑦，而天下之君正；以道观分⑧，而君臣之义明；以道观能⑨，而天下之官治⑩；以道泛观⑪，而万物之应备。故通于天地者，德也；行于万物者，道也；上治人者，事也；能有所艺者⑫，技也。技兼于事⑬，事兼于义，义兼于德，德兼于道，道兼于天，故曰：古之畜天下者⑭，无欲而天下足，无为而万物化，渊静而百姓定⑮。《记》曰⑯：“通于一而万事毕⑰，无心得而鬼神服⑱。”

注释

① 均：均等。

② 治：谓自得为治，即纯任万物自由生存、发展。

③ 主：主宰者。

④ 原:本。　德:天德,本性。　天:指自然无为的天道。
⑤ 玄古:远古。　君:君临,统治。
⑥ 天德:即天道的自然无为之德。
⑦ 言:名称,称谓。
⑧ 分:职分,名分。
⑨ 能:能力。
⑩ 官:官吏。　治:称职。
⑪ 泛观:广泛地观察。
⑫ 艺:多才能。
⑬ 兼:统属,统管。
⑭ 畜:养,引申为统治。
⑮ 渊静:像渊水一样玄默无为。　定:安宁。
⑯ 记:旧注认为即《西升经》,老子所作。
⑰ 一:指天道。　万事毕:谓万事都化为无。
⑱ 无心得:无心于有所得,即无欲。

夫子曰[①]:"夫道,覆载万物者也,洋洋乎大哉[②]!君子不可以不刳心焉[③]。无为为之之谓天,无为言之之谓德,爱人利物之谓仁,不同同之之谓大,行不崖异之谓宽[④],有万不同之谓富[⑤]。故执德之谓纪[⑥],德成之谓立[⑦],循于道之谓备[⑧],不以物挫志之谓完[⑨]。君子明于此十者,则韬乎其事心之大也[⑩],沛乎其为万物逝也[⑪]。若然者,藏金于山,藏珠于渊;不利货财,不近贵富[⑫];不乐寿,不哀夭;不荣通[⑬],不丑穷[⑭];不拘一世之利以为己私分[⑮],不以王天下为己处显,显则明。万物一府,死生同状。"

注释

① 夫子:指孔子。
② 洋洋:辽阔盛大的样子。
③ 刳(kū 枯)心:谓剔去心智。
④ 崖异:突出而自异于众。
⑤ 有:包涵,包举。　万不同:指千差万别的物类。

⑥ 纪：纲纪。
⑦ 立：建立，建树。
⑧ 备：谓万善齐备。
⑨ 完：指自然德性完全。
⑩ 韬：包藏，包涵。　事：立。
⑪ 沛：德泽盛大的样子。　逝：往。
⑫ 近：追求。
⑬ 荣：感到荣耀。　通：谓处境顺利，做官显达。
⑭ 丑：感到羞愧。　穷：指处境困厄不顺。
⑮ 拘：通"钩"，取。　私分：私有。

夫子曰："夫道，渊乎其居也①，漻乎其清也②。金石不得无以鸣。故金石有声，不考不鸣③。万物孰能定之④！夫王德之人⑤，素逝而耻通于事⑥，立之本原而知通于神⑦，故其德广。其心之出，有物采之⑧。故形非道不生，生非德不明⑨。存形穷生⑩，立德明道，非王德者邪？荡荡乎⑪，忽然出⑫，勃然动，而万物从之乎！此谓王德之人。视乎冥冥⑬，听乎无声。冥冥之中，独见晓焉⑭；无声之中，独闻和焉⑮。故深之又深，而能物焉；神之又神，而能精焉。故其与万物接也⑯，至无而供其求，时骋而要其宿⑰，大小、长短、修远。"

注释

① 渊：渊静。　居：静定。
② 漻(liáo 辽)：清澈的样子。
③ 考：叩击。
④ 定：确定。
⑤ 王德之人：即盛德之人。王，盛大。
⑥ 素逝：谓抱真而行。素，真。逝，往。
⑦ 本原：大道。　知：通"智"。
⑧ 采：交感，影响。
⑨ 生：通"性"。

⑩ 穷:尽。
⑪ 荡荡:宽平的样子。
⑫ 忽然:不得已而后应的样子。与下文“勃然”义同。
⑬ 冥冥:昏暗的样子。
⑭ 晓:光亮。
⑮ 和:协和的声韵。
⑯ 接:交接,应接。
⑰ 骋:驰纵。　要:聚合。　宿:归宿,即大道所在的幽深之境。

黄帝游乎赤水之北[①],登乎昆仑之丘而南望[②]。还归,遗其玄珠[③]。使知索之而不得[④],使离朱索之而不得[⑤],使喫诟索之而不得也[⑥]。乃使象罔[⑦],象罔得之。黄帝曰:“异哉!象罔乃可以得之乎?”

注释

① 赤水:神话中的水名。
② 昆仑:神话中的山名。　南望:谓有企求显明闻达之意,与天道崇尚玄默相违。
③ 玄珠:比喻道。
④ 知:虚构的人名,取其多智多巧之义。　索:求。
⑤ 离朱:古代以目明著称的人。
⑥ 喫(chī 痴)诟:虚构的人名,取其巧言善辩之义。
⑦ 象罔:虚构的人名,取其恍惚窈冥,不见形迹之义。

尧之师曰许由[①],许由之师曰齧缺,齧缺之师曰王倪,王倪之师曰被衣[②]。

尧问于许由曰:“齧缺可以配天乎[③]?吾藉王倪以要之[④]。”许由曰:“殆哉圾乎天下[⑤]!齧缺之为人也,聪明叡知[⑥],给数以敏[⑦],其性过人[⑧],而又乃以人受天[⑨]。彼审乎禁过[⑩],而不知过之所由生。与之配天乎?彼且乘人而无天[⑪],方且本身而异形[⑫],方且尊知而火驰[⑬],方且为绪使[14]，方且为物絯[15]，方且四顾而物应，方且应众宜，方且与物化而未始有恒。夫何足以配天乎？虽然，有族有祖[16]，可以为众父[17]，而不可以为众父父[18]。治，乱之率也[19]，北面之祸也，南面之贼也[20]。”

注释

① 许由：传说为古代的高士。详见《逍遥游》篇注。
② 齧缺、王倪、被衣：皆为虚构的人名。
③ 配天：谓王天下。
④ 藉：借助。　要：通“邀”。
⑤ 殆：近。　圾：通“岌”，危险。
⑥ 叡（ruì 锐）：通“睿”，明智。　知：通“智”。
⑦ 给（jǐ 挤）：捷便。　数：急。　敏：迅
⑧ 性：才性，才器。
⑨ 受：通“授”。
⑩ 审：精明，明察。
⑪ 乘：凭。
⑫ 方且：方将。　本身：以己身为本，即以自己为万物转移的中心。　异形：与万物不能同形，即不能与万物浑同一体。
⑬ 火驰：如火之驰，谓用智之急。
⑭ 绪：指细事。
⑮ 絯（gāi 该）：拘束。
⑯ 族：谓一族之人，喻万事万物。　祖：谓一族之所自始，喻道。
⑰ 众父：即众人之父，喻臣子。
⑱ 众父父：即众父之父，喻君主。
⑲ 率：先导。
⑳ 南面：喻君位。　贼：害。

尧观乎华[1]，华封人曰[2]：“嘻，圣人！请祝圣人[3]，使圣人寿。”尧曰：“辞[4]。”“使圣人富。”尧曰：“辞。”“使圣人多男子[5]。”尧曰：“辞。”封人曰：“寿、富、多男子，人之所欲也，女独不欲[6]，何邪？”尧曰：“多男子则多惧，

富则多事，寿则多辱。是三者，非所以养德也[7]，故辞。”封人曰：“始也我以女为圣人邪，今然君子也[8]。天生万民，必授之职。多男子而授之职，则何惧之有？富而使人分之，则何事之有？夫圣人，鹑居而鷇食[9]，鸟行而无彰[10]；天下有道，则与物皆昌；天下无道，则修德就闲[11]；千岁厌世，去而上仙；乘彼白云，至于帝乡[12]；三患莫至[13]，身常无殃，则何辱之有？”封人去之[14]，尧随之，曰：“请问[15]。”封人曰：“退已！”

注释

① 华：地名，即华州，在今陕西华县。

② 封人：看守边疆的人。

③ 祝：祝愿。

④ 辞：谢绝。

⑤ 多男子：谓多生男孩。

⑥ 女：通“汝”，你。　独：偏。

⑦ 养德：谓培养无为之德。

⑧ 然：犹“乃”。　君子：志节高尚，服膺仁义的人。

⑨ 鹑居：像鹑鸟一样居无常处。即无意于求安。　鷇（kòu 寇）食：像幼鸟一样仰食而足。鷇，待母喂食的幼鸟。

⑩ 无彰：不留形迹。

⑪ 就闲：闲居。

⑫ 帝乡：上帝居所。比喻幽远至虚的境界。

⑬ 三患：指多惧、多事、多辱。

⑭ 去：离去。

⑮ 请问：请求教诲。

尧治天下，伯成子高立为诸侯[1]。尧授舜[2]，舜授禹，伯成子高辞为诸侯而耕。禹往见之，则耕在野。禹趋就下风[3]，立而问焉，曰：“昔尧治天下，吾子立为诸侯[4]。尧授舜，舜授予，而吾子辞为诸侯而耕，敢问其故何也？”

子高曰:“昔尧治天下,不赏而民劝[⑤],不罚而民畏[⑥]。今子赏罚而民且不仁,德自此衰,刑自此立,后世之乱自此始矣!夫子阖行邪[⑦]?无落吾事[⑧]!”俋俋乎耕而不顾[⑨]。

注释

① 伯成子高:传说中的隐士。

② 授:传位。

③ 趋就:急步走近。　下风:风向的下方。是一种谦称,有愿居人下的意思。

④ 吾子:您,相亲之辞。

⑤ 劝:自勉行善。

⑥ 畏:害怕行恶。

⑦ 阖(hé 河):通“盍”,何不。

⑧ 落:废,妨碍。

⑨ 俋俋(yì 义):用力耕作的样子。

泰初有无[①],无有无名;一之所起[②],有一而未形。物得以生,谓之德;未形者有分,且然无间[③],谓之命;留动而生物,物成生理[④],谓之形;形体保神,各有仪则,谓之性。性修反德[⑤],德至同于初[⑥]。同乃虚,虚乃大。合喙鸣[⑦],喙鸣合,与天地为合。其合缗缗[⑧],若愚若昏,是谓玄德[⑨],同乎大顺[⑩]。

注释

① 泰初:同“太初”,指元气刚刚萌动之时。

② 一:即“道”。

③ 无间:谓浑然一体。

④ 生理:产生生理形态。

⑤ 反:通“返”。

⑥ 初:泰初。

⑦ 喙(huì 会):鸟嘴。

⑧ 缗缗(mín 民):吻合无迹的样子。
⑨ 玄德:深玄之德,即德之至。
⑩ 大顺:谓完全顺从泰初自然之理。

夫子问于老聃曰[①]:“有人治道若相放[②],可不可,然不然。辩者有言曰[③]:‘离坚白,若县宇[④]。’若是,则可谓圣人乎?”

老聃曰:“是胥易技系[⑤],劳形怵心者也[⑥]。执留之狗成思[⑦],猿狙之便自山林来[⑧]。丘,予告若[⑨],而所不能闻与而所不能言[⑩],凡有首有趾[⑪]、无心无耳者众[⑫],有形者与无形无状而皆存者尽无[⑬]。其动止也,其死生也,其废起也,此又非其所以也。有治在人,忘乎物,忘乎天,其名为忘己;忘己之人,是之谓入于天。”

注释

① 夫子:指孔丘。
② 相放:相背逆,即不苟同众说。
③ 辩者:指公孙龙之徒。
④ 县:通“悬”,悬挂。　宇:天宇,天空。
⑤ 胥易技系:见《应帝王》篇注。
⑥ 怵心:心神不宁。
⑦ 留:指竹鼠。　思:即“田”字之误。田,田猎。
⑧ 猿狙:猕猴。　便:便捷,敏捷。
⑨ 若:你。
⑩ 而:通“尔”,你。
⑪ 首、趾:代指人的整个形躯。
⑫ 无心无耳:谓无知无闻。
⑬ 无形无状:指“道”。

将闾葂见季彻曰[①]:“鲁君谓葂也曰:‘请受教[②]。’辞不获命[③]。既已告矣，未知中否，请尝荐之[④]。吾谓鲁君曰：‘必服恭俭[⑤]，拔出公忠之属而无阿私[⑥]，民孰敢不辑[⑦]！’”季彻局局然笑曰[⑧]：“若夫子之言[⑨]，于帝王之德，犹螳螂之怒臂以当车轶[⑩]，则必不胜任矣。且若是，则其自为处危[⑪]，其观台多物，将往投迹者众[⑫]。”

将闾葂覤覤然惊曰[⑬]：“葂也汒若于夫子之所言矣[⑭]。虽然，愿先生之言其风也[⑮]。”季彻曰：“大圣之治天下也，摇荡民心[⑯]，使之成教易俗，举灭其贼心而皆进其独志[⑰]，若性之自为[⑱]，而民不知其所由然。若然者，岂兄尧舜之教民，溟涬然弟之哉[⑲]！欲同乎德而心居矣[⑳]！”

注释

① 将闾葂（miǎn 免）、季彻：皆为虚构的人名。

② 受教：授治国之术。受，通："授"。

③ 获命：获得允许。

④ 荐：陈述。

⑤ 服：躬行。

⑥ 阿：曲从，庇护。

⑦ 辑：和顺。

⑧ 局局然：笑不出声的样子。或说俯身而笑的样子，或大笑的样子。

⑨ 夫子：指将闾葂。

⑩ 怒：奋举。　轶：通"辙"，车轮辗地的痕迹。此代指车轮。

⑪ 危：高。

⑫ 投迹：投足而来。

⑬ 覤覤（xì 细）然：惊惧的样子。

⑭ 汒（máng 忙）若：犹"茫然"，不明白的样子。

⑮ 言其风：谓言其大要。

⑯ 摇荡民心：谓因任民心。

⑰ 举：全。　贼心：有为之心。　独志：见独之志。

⑱ 若：顺从。

⑲ 溟涬：冥冥愚沌，无所知的样子。

⑳ 居：安。

子贡南游于楚，反于晋[①]，过汉阴[②]，见一丈人方将为圃畦[③]，凿隧而入井，抱瓮而出灌[④]，搰搰然用力甚多而见功寡[⑤]。子贡曰："有械于此[⑥]，一日浸百畦[⑦]，用力甚寡而见功多，夫子不欲乎?"为圃者卬而视之曰[⑧]："奈何?"曰："凿木为机[⑨]，后重前轻，挈水若抽[⑩]，数如泆汤[⑪]，其名为槔[⑫]。"为圃者忿然作色而笑曰："吾闻之吾师，有机械者必有机事[⑬]，有机事者必有机心[⑭]。机心存于胸中，则纯白不备[⑮]；纯白不备，则神生不定[⑯]；神生不定者，道之所不载也。吾非不知，羞而不为也。"子贡瞒然惭[⑰]，俯而不对。

有间，为圃者曰："子奚为者邪?"曰："孔丘之徒也。"为圃者曰："子非夫博学以拟圣[⑱]，於于以盖众[⑲]，独弦哀歌以卖名声于天下者乎？汝方将忘汝神气，堕汝形骸，而庶几乎[⑳]！而身之不能治[㉑]，而何暇治天下乎！子往矣，无乏吾事[㉒]！"

子贡卑陬失色[㉓]，顼顼然不自得[㉔]，行三十里而后愈[㉕]。其弟子曰："向之人何为者邪[㉖]？夫子何故见之变容失色，终日不自反邪[㉗]?"曰："始吾以为天下一人耳，不知复有夫人也[㉘]。吾闻之夫子[㉙]，事求可，功求成，用力少，见功多者，圣人之道。今徒不然[㉚]。执道者德全，德全者形全，形全者神全[㉛]。神全者，圣人之道也。托生与民并行而不知其所之[㉜]，汒乎淳备哉[㉝]！功利机巧，必忘夫人之心[㉞]。若夫人者，非其志不之[㉟]，非其心不为。虽以天下誉之，得其所谓，謷然不顾[㊱]；以天下非之，失其所谓，傥然不受[㊲]。天下之非誉，无益损焉，是谓全德之人哉！我之谓风波之民[㊳]。"

反于鲁，以告孔子。孔子曰："彼假修浑沌氏之术者也[㊴]，识其一，不知其二；治其内，而不治其外。夫明白入素[㊵]，无为复朴[㊶]，体性抱神[㊷]，以游世俗之间者，汝将固惊邪[㊸]？且浑沌氏之术，予与汝何足以识之哉！"

注释

① 反：通"返"。

② 汉阴：汉水南岸。古时称水南为阴。

③ 丈人：古时对年长者的尊称。　为：管理。　圃：菜园。　畦（qí 旗）：菜畦。

④ 瓮:瓦罐。　出灌:灌溉圃畦。
⑤ 搰搰(gǔ古)然:用力的样子。
⑥ 械:机械。
⑦ 浸:灌溉。
⑧ 卬:通“仰”。
⑨ 机:机关。
⑩ 挈:提。　抽:抽引。
⑪ 数:迅疾。　泆:通“溢”。
⑫ 槔(gāo高):即桔槔,一种井上汲水的工具。
⑬ 机事:机巧之事。
⑭ 机心:机巧之心。
⑮ 纯白:纯真朴素的自然本性。　备:完备。
⑯ 生:同“性”。
⑰ 瞒然:目无精采的样子。
⑱ 拟:比拟。
⑲ 於(wū乌)于:自夸的样子。一说,谓广设华伪之辞。　盖众:超出世人。
⑳ 庶几:希冀之辞,谓有可能实现愿望。
㉑ 而:通“尔”,你。
㉒ 无乏:不要妨碍。
㉓ 卑陬(zōu邹):谓因自卑而踉跄退至一隅。陬,角落,引申为一边。
㉔ 顼顼(xū虚)然:自失的样子。
㉕ 愈:始复常态。
㉖ 向:刚才。
㉗ 反:通“返”,恢复。
㉘ 夫人:那位治圃的人。夫,犹“彼”,那。
㉙ 夫子:指孔子。
㉚ 徒:乃,才。
㉛ 神全:指精神旺盛。
㉜ 之:往。
㉝ 汒乎:愚昧无知的样子。汒,通“茫”。　淳备:淳朴之性完备。
㉞ 夫人:指执道者。
㉟ 之:往。

㊱ 謷(ào 傲):通“傲”。
㊲ 傥然:无心的样子。
㊳ 风波:比喻容易为是非、功利所动。
㊴ 假:借。
㊵ 素:白色生绢。
㊶ 复朴:复归于自然。
㊷ 体性:体悟真性。　抱神:守住精神。
㊸ 固:通“胡”,何故。

谆芒将东之大壑[①],适遇苑风于东海之滨[②]。苑风曰:“子将奚之?”曰:“将之大壑。”曰:“奚为焉?”曰:“夫大壑之为物也,注焉而不满[③],酌焉而不竭[④],吾将游焉。”

苑风曰:“夫子无意于横目之民乎[⑤]?愿闻圣治。”谆芒曰:“圣治乎?官施而不失其宜[⑥],拔举而不失其能[⑦],毕见其情事而行其所为,行言自为而天下化,手挠顾指[⑧],四方之民莫不俱至,此之谓圣治。”

“愿闻德人。”曰:“德人者,居无思,行无虑,不藏是非美恶;四海之内共利之之为悦,共给之之谓安;怊乎若婴儿之失其母也[⑨],傥乎若行而失其道也[⑩];财用有余而不知其所自来,饮食取足而不知其所从,此谓德人之容[⑪]。”

“愿闻神人。”曰:“上神乘光[⑫],与形灭亡[⑬],此谓照旷[⑭];致命尽情[⑮],天地乐而万事销亡,万物复情[⑯],此之谓混冥[⑰]。”

注释

① 谆芒:虚构的人物。　大壑:大海沟,此指大海。
② 适:恰巧。　苑风:虚构的人物。
③ 注:灌注,灌入。
④ 酌:取。
⑤ 横目之民:谓四面瞻望圣治的百姓。
⑥ 官:设立官职。　施:推行政令。

⑦ 拔举：提拔人，任用人。　能：贤能之士。
⑧ 挠：动。　顾指：谓顾盼指挥之间。
⑨ 怊（tiáo 条）乎：惆怅的样子。
⑩ 傥乎：若有所失的样子。
⑪ 容：容仪，容态。
⑫ 上神：即“神上”，神人腾跃而上。
⑬ 灭亡：指形迹消失殆尽。
⑭ 照旷：虚明空旷。
⑮ 致命：穷性命之致。　尽情：尽生化之情。
⑯ 复情：恢复本性。
⑰ 混冥：混沌幽昏，与至道冥合。

门无鬼与赤张满稽观于武王之师[①]。赤张满稽曰：“不及有虞氏乎[②]！故离此患也[③]。”

门无鬼曰：“天下均治而有虞氏治之邪[④]，其乱而后治之与[⑤]？”赤张满稽曰：“天下均治之为愿，而何计以有虞氏为！有虞氏之药疡也[⑥]，秃而施髢[⑦]，病而求医。孝子操药以修慈父[⑧]，其色燋然[⑨]，圣人羞之。至德之世，不尚贤，不使能，上如标枝[⑩]，民如野鹿[⑪]，端正而不知以为义，相爱而不知以为仁，实而不知以为忠[⑫]，当而不知以为信[⑬]，蠢动而相使，不以为赐[⑭]。是故行而无迹，事而无传。”

注释

① 门无鬼、赤张满稽：皆为虚构的人物。　武王之师：指周武王讨伐纣王的军队。
② 有虞氏：指虞舜。
③ 离：通“罹”，遭受。
④ 均治：太平。
⑤ 与：通“欤”，语末助词。
⑥ 药：医治。　疡（yáng 洋）：头疮。
⑦ 秃：秃顶。　施髢（dí 笛）：装衬假发。髢，假发。
⑧ 修：进。

⑨ 燋(qiáo 桥)然:憔悴的样子。

⑩ 上:指君主。　标枝:树木高处的枝条。

⑪ 野鹿:比喻放逸而无拘忌。

⑫ 实:老实,诚实。

⑬ 当:办事合情合理。　信:诚实。

⑭ 赐:犹"惠",恩惠。

孝子不谀其亲[①],忠臣不谄其君,臣、子之盛也[②]。亲之所言而然[③],所行而善[④],则世俗谓之不肖子;君之所言而然,所行而善,则世俗谓之不肖臣。而未知此其必然邪[⑤]?世俗之所谓然而然之,所谓善而善之,则不谓之道谀之人也[⑥]。然则俗故严于亲而尊于君邪[⑦]?谓己道人则勃然作色,谓己谀人则怫然作色[⑧],而终身道人也,终身谀人也。合譬饰辞聚众也[⑨],是终始本末不相坐[⑩]。垂衣裳[⑪],设采色,动容貌,以媚一世[⑫],而不自谓道谀;与夫人之为徒[⑬],通是非[⑭],而不自谓众人[⑮],愚之至也。知其愚者,非大愚也;知其惑者,非大惑也。大惑者,终身不解[⑯];大愚者,终身不灵[⑰]。三人行而一人惑,所适者犹可致也[⑱],惑者少也;二人惑,则劳而不至,惑者胜也[⑲]。而今也以天下惑,予虽有祈向[⑳],不可得也,不亦悲乎!大声不入于里耳[㉑],《折杨》、《皇荂》[㉒],则嗑然而笑[㉓]。是故高言不止于众人之心[㉔],至言不出[㉕],俗言胜也[㉖]。以二缶钟惑[㉗],而所适不得矣。而今也以天下惑,予虽有祈向,其庸可得邪[㉘]!知其不可得也而强之,又一惑也。故莫若释之而不推[㉙]。不推,谁其比忧[㉚]?厉之人[㉛],夜半生其子,遽取火而视之[㉜],汲汲然唯恐其似己也[㉝]。

注释

① 谀:谄媚,奉承。

② 盛:盛德。

③ 然:肯定。

④ 善:称颂。

⑤ 其:指世俗的谄媚奉承之情。

⑥ 道谀之人：即谄谀之人。

⑦ 严：敬。

⑧ 佛：通“勃”，脸上变色的样子。

⑨ 合譬：多方取譬，使人易于明白。　饰辞：修饰辞令，使人好听。

⑩ 终始本末：谓始终。　坐：讼曲直。

⑪ 垂衣裳：犹“垂裳”、“垂拱”，即垂衣拱手。这本是用来形容古代帝王的无为而治，而此处则指衣冠严整。

⑫ 一世：天下的百姓。

⑬ 夫人：指世俗谄谀之人。

⑭ 通：相通，相同。

⑮ 众人：谄谀之人。

⑯ 解：觉悟。

⑰ 灵：知晓。

⑱ 致：到达。

⑲ 胜：多。

⑳ 祈：求。　向：向往。

㉑ 大声：指《咸池》、《六英》一类高雅的音乐。　里耳：世俗人的耳朵。里，陋巷。

㉒《折杨》、《皇荂》：古代的民间小调。

㉓ 嗑（kè 客）：笑声。

㉔ 高言：高雅之言。　止：至，到。可引申为进入。

㉕ 至言：至理之言。　不出：不能行于世。

㉖ 俗言：庸俗之言。　胜：胜过高言。

㉗ 缶：土缶，即俗音。　钟：即正音。　惑：乱。

㉘ 庸：岂。

㉙ 推：推究。

㉚ 比：跟。

㉛ 厉：通“疠”，恶疮。

㉜ 遽：速。

㉝ 汲汲然：匆迫的样子。

百年之木[①]，破为牺尊[②]，青黄而文之[③]，其断在沟中[④]。比牺尊于沟中之断，则美恶有间矣[⑤]，其于失性一也。跖与曾、史，行义有间矣[⑥]，然其失性均也[⑦]。且夫失性有五：一曰五色乱目[⑧]，使目不明；二曰五声乱耳[⑨]，使耳不聪；三曰五臭薰鼻[⑩]，困惾中颡[⑪]；四曰五味浊口[⑫]，使口厉爽[⑬]；五曰趣舍滑心[⑭]，使性飞扬。此五者，皆生之害也[⑮]。而杨、墨乃始离跂自以为得[⑯]，非吾所谓得也。夫得者困[⑰]，可以为得乎？则鸠鸮之在于笼也[⑱]，亦可以为得矣。且夫趣舍、声色以柴其内[⑲]，皮弁、鹬冠、搢笏、绅修以约其外[⑳]，内支盈于柴栅[㉑]，外重缧缴[㉒]，睆睆然在缧缴之中而自以为得[㉓]，则是罪人交臂历指而虎豹在于囊槛[㉔]，亦可以为得矣。

注释

① 木：指枝叶茂盛的树木。

② 牺尊：祭器。尊，通“樽”。

③ 文：谓涂饰花纹。

④ 断：指被砍去不用的部分。

⑤ 有间：有差别。

⑥ 行义：德行。

⑦ 均：相同，一样。

⑧ 五色：指青、赤、黄、白、黑五种颜色。

⑨ 五声：指宫、商、角、徵、羽五个音符。

⑩ 五臭：羶、薰、香、腥、腐五种气味。

⑪ 困惾（zōng 宗）：冲逆。　中颡（sǎng 嗓）：伤害脑门，即刺激头脑之意。

⑫ 五味：指甜、酸、苦、辣、咸。　浊：污浊口舌。

⑬ 厉：病。　爽：伤。

⑭ 趣：通“取”，谓见利则取。　舍：谓见害则舍。　滑：搅乱。

⑮ 生：通“性”。

⑯ 离跂：踮起脚尖盼望。形容汲汲追求的样子。

⑰ 困：遭受困苦。

⑱ 鸠：斑鸠、雉鸠等小鸟的统称。　鸮（xiāo 消）：鸱鸮。

⑲ 柴其内：横塞胸中。

⑳ 皮弁(biàn 变):古代贵族戴的一种皮帽。　鹬(yù 喻)冠:用鹬鸟的羽毛装饰的帽子。　搢笏(jìn hù 近护):朝笏,古时臣子朝见天子时手中所执的狭长板子,多用玉、象牙或竹片制成。用作指画及记事,因常插于绅带间,故名"搢笏"。搢,插。笏,手板。　绅修:长带。

㉑ 支:塞。盈:满。

㉒ 纆(mò 墨):绳索。　缴(zhuó 浊):丝绳。

㉓ 睆睆(huǎn 缓)然:目光呆滞的样子。

㉔ 交臂:反缚,缚手于背。　历指:即"枥指",古代夹手指的刑罚。　囊槛:槛阱。

文化史拓展

《庄子》外、杂篇大部分被视为庄子后学的著作,它们一方面阐述和深化了庄子的基本思想,另一方面也适应着社会形势的改变而对庄子思想进行了部分的调整,《天地》篇中对"无为"思想的阐述中,就能看出这种细微的调整。可以说,《天地》篇是将庄子的"无为"思想注入了"有为"的内核。

《天地》篇说:"玄古之君天下,无为也,天德而已矣。以道观言,而天下之君正;以道观分,而君臣之义明;以道观能,而天下之官治;以道泛观,而万物之应备。"又说:"德人者,居无思,行无虑,不藏是非美恶;四海之内共利之之谓悦,共给之之谓安;……财用有余而不知其所自来,饮食取足而不知其所从,此谓德人之容。"其中蕴含的意思非常明显,只要能"无为"而顺应自然,就可以达到"有为"而天下大治。这"有为"的结果,表现在政治上就是"天下之君正"、"君臣之义明"、"天下之官治";表现在经济上就是"财用有余"、"饮食取足"。可以看出,这种思想明显是介于庄子"无为"思想与汉初黄老学"无为"观点之间的,很可以看出一些黄老学的端倪了。可见,庄子后学们并不反对"有为",也并不避讳"王天下",只是强调如何"以无为而无不为",如何"不以王天下为己处显"。但是,从现实的眼光来看,若事无大小,都以"无为"处之,显然是不可行的,因此庄子后学们在无为的君主和有为的臣僚之间进行了严格的角色划分,理论上也区分了"天道"和"人道",与之相适应。因此,可以说,《天地》篇中所强调的"无为"是针对君主而言的,所谓"玄古之君天下,无为也,天德而已矣",这种"天德"(即"天道")并不排除治民的种种具体内容,只是强调在治民中尽量采取顺其自然的态度而已,其具体表现也就是文中所说的"昔尧治天下,不赏而民劝,不罚而民畏"。所以,我们说《天地》篇中虽然强调"无为",但实际指向的却是"有为";"无为"是一种手段,"有为"才是根本目的。作者对于君臣万物的关注程度决不亚于儒家，不同之处仅在于儒家以“仁义”统率一切，而作者却认为应以无为无欲的“道”来统率一切，从而做到如“古之畜天下者”，“无欲而天下足，无为而万物化，渊静而百姓定”，其想要达到的结果与儒家可谓殊途同归。

此外，《天地》篇中的“技术观”也是常令人津津乐道的，其中子贡与丈人的寓言几乎成了庄子哲学中反技术主义的代表篇章。但是，庄子哲学虽然反对机械，可又并非完全赞同丈人的做法，将所有的机械一概摒弃，而是认为只要是顺应自然、保持本性，不为外物所役，不为机械所累，作到“技兼于事，事兼于义，义兼于德，德兼于道，道兼于天”，使“技”与“天”达到某种沟通，那么一味的反对利用机械反而成了一种“刻意”的行为，所以庄子才借孔子之口说出“识其一，不识其二”的批评。所以，文章最后指出，保持人的本心而做到不“失性”，才是真正的顺应自然。

文学史链接

1. 相关文学典故

象罔得玄珠

道会贵冥想，罔象掇玄珠。

（支遁《咏怀》之二）

业调甘酸嗜秦炙，肯逐象罔迷玄珠。

（叶適《魏华甫鹤山书院》）

机心

抚鸥鯈而悦豫，杜机心于林池。

（谢灵运《山居赋》）

早息机心劳役少，懒闻世事往来疏。

（刘基《浣溪沙》）

2. 后世有关诗赋文

白居易《求元珠赋》

赵宇《求元珠赋》

李士表《庄子九论・玄珠》

吴曾《有机事必有机心》

王洪《题汉阴丈人抱瓮图》

乾隆《象罔得珠》

3. 文学技法

此篇以道与天合者，交互勘发，极精掬微。天之体，声臭之所俱泯，故能运化于无言；道之妙，形迹之所不居，故能包涵于万有。首段用“玄”字煞住，抉天地之根柢，泄大道之灵奥，只此一字，已抵得五千言《道德》真诠。下面无心无为，都发明“玄”字之义。“玄珠”、“玄德”，又特特点醒“玄”字，乃一篇精神聚会、血脉贯通处。其余逐段夹叙，虽系零星散碎之文，而横峰侧岭，离立参差，云气往来，自成灵境。逐层领略，历落嵚奇，皆可得其精神意趣，正不必以章法绳之，强为联续也。

（刘凤苞《南华雪心编·天地》总论）

陆方壶云：“此篇头绪各别，不可串为一章。”细意推求，或正言，或反言，或喻言，或述古，或征今，总是令人于无中觅有，不可指幻为真之意。认定此旨，则元珠在握，正不必于章句间强求其贯串也。

（陈寿昌《南华真经正义·天地》篇末总评）

集评

此篇言王者法天，天法道，道法自然，故其所论圣德圣治，一以无为自然为宗。但头绪别起，不可串为一章；中间根极性命之语，百世以俟圣人，终莫能易；末言大愚大惑，困亦可以为得，谑浪世俗，切中今时局士之病。

（陆西星《南华真经副墨·天地》总论）

道之大源出于天，非有物可指之为道也。无声无臭，玄而已矣。须无心无为，然后得之，一毫机巧俱用不得，是此篇大意。

（宣颖《南华经解·天地》总论）

此篇亦发明君天下者，但当顺天德之自然，绝圣弃知，无所作为，而道得焉矣。

（陆树芝《庄子雪·天地》总论）

思考与讨论

1. 此篇所反映出的治世思想与《应帝王》篇有何不同，又是如何下启《天道》篇的治世思想的？
2. “汉阴丈人”寓言故事反映了作者怎样的“科技观”？对于其所谓“科技”所带来的负面影响，今天应作如何认识？

天　道

题解

君道效法天道，无为而贵；臣道拘于人道，有为而卑。这就是本文所论述的中心问题。所以，《在宥》篇所谓“有为而尊者，天道也；有为而累者，人道也。主者，天道也；臣者，人道也。天道之与人道也，相去远矣，不可不察也。”正可用来概括此篇大意。

陈鼓应先生认为全文系“杂纂而成”，“各节意义不相关连”；并沿袭旧说，判定“夫帝王之德”至“非上之所以畜下也”一节文字为伪作掺入，而予以删除。其实不然。一、细按本篇章法，首段为总论，其余皆为引证文字，文章前后自有脉络关连，并非“杂纂而成”；二、被删去部分，与上文笔意衔接，而所述君道无为而贵，臣道有为而卑的思想，又与“舜问”以下文字的基本观点相一致，可见此节并非伪作。总之，本篇行文自有脉络可寻，作者所阐发的观点虽与内篇有所抵牾，但却既能做到自圆其说，又能符合道家虚静无为的基本精神。

天道运而无所积[①]，故万物成[②]；帝道运而无所积[③]，故天下归[④]；圣道运而无所积[⑤]，故海内服[⑥]。明于天[⑦]，通于圣[⑧]，六通四辟于帝王之德者，其自为也[⑨]，昧然无不静者矣。圣人之静也，非曰静也善，故静也；万物无足以铙心者[⑩]，故静也。水静则明烛须眉[⑪]，平中准[⑫]，大匠取法焉。水静犹明，而况精神？圣人之心静乎！天地之鉴也[⑬]，万物之镜也。夫虚静、恬淡、寂漠、无为者，天地之平而道德之至[⑭]，故帝王、圣人休焉[⑮]。休则虚，虚则实，实者伦矣[⑯]。虚则静，静则动，动则得矣[⑰]。静则无为，无为也则任事者责矣[⑱]。无为则俞俞[⑲]，俞俞者忧患不能处，年寿长矣。夫虚静、恬淡、寂漠、无为者，万物之本也。明此以南乡[⑳]，尧之为君也；明此以北面[㉑]，舜之为臣也。以此处上，帝王、天子之德也；以此处下，玄圣素王之道也[㉒]。以此退居而闲游[㉓]，江海、山林之士服[㉔]；以此进为而抚世[㉕]，则功大名显而天下一也。静而圣，动而王，无为也而尊，朴素而天下莫能与之争美。夫明白于天地之德者[26]，此之谓大本大宗[27]，与天和者也；所以均调天下[28]，与人和者也。与人和者，谓之人乐；与天和者，谓之天乐。庄子曰："吾师乎，吾师乎！整万物而不为戾[29]，泽及万世而不为仁，长于上古而不为寿，覆载天地、刻雕众形而不为巧，此之谓天乐。故曰：'知天乐者，其生也天行[30]，其死也物化[31]。静而与阴同德[32]，动而与阳同波。'故知天乐者，无天怨，无人非，无物累，无鬼责[33]。故曰：'其动也天，其静也地，一心定而王天下；其鬼不祟[34]，其魂不疲，一心定而万物服。'言以虚静推于天地，通于万物，此之谓天乐。天乐者，圣人之心以畜天下也[35]。"

注释

① 天道：指自然界及其运行规律。　运：运化。　积：滞积不通。

② 成：生成。

③ 帝道：指帝王应具备的"无为"之道。

④ 归：归附。

⑤ 圣道：指下文所说的"玄圣素王"之道。

⑥ 服：宾服。

⑦ 天：天道。

⑧ 圣：圣道。

⑨ 自为：谓纯任万物自由发展。

⑩ 铙：通"挠"，挠乱。

⑪ 烛：照。

⑫ 中：合于。

⑬ 鑑：镜。

⑭ 平：准则。

⑮ 休焉：谓使心息虑。

⑯ 者：当为"则"字之误。　伦：当为"备"字之误。备，完备。

⑰ 得：谓得其宜。

⑱ 任事者：指臣下。　责：谓各守其职，各尽其责。

⑲ 俞俞：恬愉的样子。

⑳ 南乡：即南面登天子之位。乡，通“向”。
㉑ 北面：指北面就臣位。
㉒ 玄圣素王：指有帝王之道而不居帝王之位的人。
㉓ 退居：谓晦迹隐处。
㉔ 江海、山林之士：指隐士。　服：诚心服从。
㉕ 进为：指出仕。　抚世：安抚世人，即统治百姓。
㉖ 天地之德：指天地虚静无为之道。
㉗ 大本：比喻事物最关键的部分，或事理最主要的依据。　大宗：比喻事物的本源。
㉘ 均调：协调。
㉙ 整(jī 鸡)：粉末。此用作动词，谓弄成粉末。　戾(lì 利)：暴戾。
㉚ 天行：顺天而行。
㉛ 物化：随物而化。
㉜ 同德：相符合、相一致。与下文“同波”义同。
㉝ 责：责备，谴责。
㉞ 祟：作祟，作祸。
㉟ 畜：养。

夫帝王之德，以天地为宗[①]，以道德为主，以无为为常[②]。无为也，则用天下而有余；有为也，则为天下用而不足。故古之人贵夫无为也。上无为也，下亦无为也，是下与上同德，下与上同德则不臣；下有为也，上亦有为也，是上与下同道，上与下同道则不主。上必无为而用天下，下必有为为天下用，此不易之道也[③]。故古之王天下者，知虽落天地[④]，不自虑也；辩虽雕万物[⑤]，不自说也；能虽穷海内，不自为也。天不产而万物化，地不长而万物育，帝王无为而天下功[⑥]。故曰：莫神于天，莫富于地，莫大于帝王。故曰：帝王之德配天地。此乘天地[⑦]，驰万物[⑧]，而用人群之道也[⑨]。

本在于上[⑩]，末在于下[⑪]；要在于主[⑫]，详在于臣[⑬]。三军五兵之运[⑭]，德之末也；赏罚利害，五刑之辟[⑮]，教之末也；礼法度数[⑯]，形名比详[⑰]，治之末也；钟鼓之音[⑱]，羽旄之容[⑲]，乐之末也；哭泣衰绖[⑳]，隆杀之服[㉑]，哀之末也。此五末者，须精神之运，心术之动，然后从之者也。末学者，古人有之，而非所以先也[22]。君先而臣从[23]，父先而子从，兄先而弟从，长先而少从，男先而女从，夫先而妇从。夫尊卑先后，天地之行也，故圣人取象焉[24]。天尊地卑，神明之位也；春夏先，秋冬后，四时之序也；万物化作，萌区有状[25]，盛衰之杀[26]，变化之流也[27]。夫天地至神，而有尊卑先后之序，而况人道乎！宗庙尚亲，朝廷尚尊[28]，乡党尚齿[29]，行事尚贤，大道之序也。语道而非其序者，非其道也。语道而非其道者，安取道！

是故古之明大道者，先明天而道德次之，道德已明而仁义次之，仁义已明而分守次之[30]，分守已明而形名次之，形名已明而因任次之[31]，因任已明而原省次之[32]，原省已明而是非次之，是非已明而赏罚次之，赏罚已明而愚知处宜[33]，贵贱履位[34]；仁贤不肖袭情[35]，必分其能，必由其名。以此事上，以此畜下[36]，以此治物，以此修身，知谋不用[37]，必归其天，此之谓大平，治之至也。故书曰[38]："有形有名。"形名者，古人有之，而非所以先也。古之语大道者，五变而形名可举[39]，九变而赏罚可言也。骤而语形名[40]，不知其本也；骤而语赏罚，不知其始也[41]。倒道而言[42]，迕道而说者[43]，人之所治也，安能治人！骤而语形名赏罚，此有知治之具，非知治之道；可用于天下，不足以用天下。此之谓辩士[44]，一曲之人也[45]。礼法数度，形名比详，古人有之，此下之所以事上，非上之所以畜下也。

注释

① 宗：本源。

② 常：常法，法则。

③ 不易：不变。

④ 落：通"络"，笼络。引申为周遍、覆盖。

⑤ 雕：雕饰。

⑥ 功：成功。

⑦ 乘：驾驭。

⑧ 驰：驱使。

⑨ 用：役使。　人群：指有才智之士。

⑩ 本:无为。

⑪ 末:有为。

⑫ 要:简要。

⑬ 详:繁冗。

⑭ 三军:军队的通称。　五兵:弓、殳、矛、戈、戟五种兵器。此泛指兵器。　运:运用。

⑮ 五刑:劓、墨、刖、宫、大辟五种刑罚。　辟:法。

⑯ 度:计量长短的标准。　数:计算之术。

⑰ 形名:指事物的实体与名称。　比详:比较详审。

⑱ 钟鼓之音:泛指音乐。

⑲ 羽旄之容:泛指舞蹈阵容。羽,古代文舞所执的雉羽,故常用以代指文舞。旄,指旄舞,是周代统治者制定的六种祭祀小舞之一,因舞者手执旄牛之尾而得名。容:指舞蹈的阵容。

⑳ 衰(cuī 摧):也作"缞",古时用粗麻布制成的丧服,披于胸前。　绖(dié 碟):古时用麻做的丧带,系在头上的叫首绖,系于腰间的叫腰绖。

㉑ 隆:加等,加级。　杀:减等,减级。

㉒ 先:根本。

㉓ 先:居于尊贵、主宰的地位。　从:处于卑贱、从属的地位。

㉔ 取象:取法,效法。

㉕ 区:通"句",指草木出生时的拳曲者。

㉖ 杀:借为"差",等差,即万物由盛转衰的变化次第。

㉗ 流:流行。

㉘ 尚尊:注重官爵的高下。

㉙ 乡党:乡里。　齿:指年龄的大小。

㉚ 分守:职分。

㉛ 因任:因材授任。

㉜ 原省:省察,考察。

㉝ 处宜:各得其所。

㉞ 履位:各安其职。

㉟ 袭情:各因自己的本性。

㊱ 畜:养。

㊲ 知:通"智"。

㊳ 书:道家之书。或谓古逸书。

㊴ 举:列举。
㊵ 骤:突然。
㊶ 始:起始,根源。
㊷ 倒道:颠倒大道给万物万事所规定的先后、本末的次序。
㊸ 迕:违逆。
㊹ 辩士:徒以华辞饰辩的人。
㊺ 一曲之人:拘于一隅,仅得一孔之见的人。

昔者舜问于尧曰:"天王之用心何如①?"尧曰:"吾不敖无告②,不废穷民③,苦死者④,嘉孺子而哀妇人⑤,此吾所以用心已。"舜曰:"美则美矣,而未大也。"尧曰:"然则何如?"舜曰:"天德而出宁⑥,日月照而四时行,若昼夜之有经⑦,云行而雨施矣。"尧曰:"胶胶扰扰乎⑧! 子,天之合也;我,人之合也。"

夫天地者,古之所大也,而黄帝、尧、舜之所共美也。故古之王天下者,奚为哉? 天地而已矣!

注释

① 天王:即天子。
② 敖:通"傲",傲慢,傲视。　无告:有苦无处申诉的人,主要指鳏寡孤独者。
③ 废:遗弃,抛弃。　穷民:穷苦的百姓。
④ 苦:哀怜。
⑤ 嘉:爱怜。　孺子:孤儿。　妇人:寡妇。
⑥ 天德:自然之德。
⑦ 经:常则。
⑧ 胶胶、扰扰:皆扰乱之貌。

孔子西藏书于周室,子路谋曰①:"由闻周之征藏史有老聃者②,免而归居③,夫子欲藏书,则试往因焉④。"孔子曰:"善。"

往见老聃，而老聃不许，于是繙十二经以说[5]。老聃中其说[6]，曰："大谩[7]，愿闻其要[8]。"孔子曰："要在仁义。"老聃曰："请问：仁义，人之性邪？"孔子曰："然。君子不仁则不成，不义则不生。仁义，真人之性也，又将奚为矣？"老聃曰："请问：何谓仁义？"孔子曰："中心物恺[9]，兼爱无私，此仁义之情也[10]。"老聃曰："意[11]，几乎后言[12]！夫兼爱，不亦迂乎！无私焉，乃私也。夫子若欲使天下无失其牧乎[13]？则天地固有常矣[14]，日月固有明矣，星辰固有列矣[15]，禽兽固有群矣，树木固有立矣。夫子亦放德而行[16]，循道而趋，已至矣！又何偈偈乎揭仁义[17]，若击鼓而求亡子焉[18]！意，夫子乱人之性也！"

注释

① 子路：姓仲，名由，字子路，孔子门徒。

② 征藏史：掌管府藏坟籍的官。征，掌管。

③ 免：解免征藏史的职位。　归居：归家闲居。

④ 因：依凭。

⑤ 繙（fān 翻）：反复申说。　十二经：有三种说法，一说谓《易》上下经并十翼为十二；二说谓《春秋》十二公经；三说谓"十二经"当为"六经"之误。　说（shuì 税）：游说，说服。

⑥ 中：中途打断。

⑦ 大谩：太空泛繁冗。大，通"太"。谩，通"漫"，繁多。

⑧ 要：精义。

⑨ 恺：和乐。

⑩ 情：实。

⑪ 意：通"噫"，叹词。

⑫ 几：危殆。　后言：谓浅近之言。

⑬ 牧：养育。

⑭ 固：本来。　常：常存。

⑮ 列：罗列。

⑯ 放德：仿效天理。放，通"仿"。

⑰ 偈偈（jié 杰）：用力的样子。　揭：高高擎起。

⑱ 亡子：谓逃亡之人。

士成绮见老子而问曰[①]："吾闻夫子圣人也，吾固不辞远道而来愿见，百舍重趼而不敢息[②]。今吾观子，非圣人也。鼠壤有余蔬而弃妹之者[③]，不仁也；生熟不尽于前，而积敛无崖[④]。"老子漠然不应[⑤]。

士成绮明日复见，曰："昔者吾有刺于子[⑥]，今吾心正郤矣[⑦]，何故也？"老子曰："夫巧知神圣之人，吾自以为脱焉。昔者子呼我牛也而谓之牛，呼我马也而谓之马。苟有其实，人与之名而弗受[⑧]，再受其殃。吾服也恒服，吾非以服有服。"

士成绮雁行避影[⑨]，履行遂进而问："修身若何？"老子曰："而容崖然[⑩]，而目冲然[⑪]，而颡頯然[⑫]，而口阚然[⑬]，而状义然[⑭]，似系马而止也；动而持[⑮]，发也机[⑯]，察而审，知巧而睹于泰[⑰]，凡以为不信[⑱]。边竟有人焉[⑲]，其名为窃[⑳]。"

注释

① 士成绮：虚构的人名。

② 百舍：三千里，极言路途遥远。舍，三十里为一舍。重：多层。趼（jiǎn 检）：通"茧"，脚底板上因走路摩擦而长成的硬皮。

③ 鼠壤：耗子凿洞所排出的泥土。

④ 无崖：无限。

⑤ 漠然：不介意的样子。

⑥ 刺：讥刺。

⑦ 郤（xì 细）：通"隙"，裂缝。此指讥刺之心正在产生裂缝并逐渐消失。

⑧ 与之：给他。

⑨ 雁行：侧身斜步而行。　避影：不敢履蹑老子的脚迹。

⑩ 而：通"尔"，你。　容：仪容。　崖然：傲岸的样子。

⑪ 冲然：突目而视的样子。

⑫ 颡（sǎng 嗓）：前额。　頯（qiú 球）然：颧骨高耸，此处引申为前额突出的样子。

⑬ 阚（hǎn 喊）然：口大张的样子。

⑭ 义然：高大的样子。
⑮ 持：矜持。
⑯ 机：弩箭上的扳机。
⑰ 睹：外露。　泰：骄傲放肆。
⑱ 信：信实。
⑲ 竟：通“境”。
⑳ 窃：盗贼。

夫子曰[1]：“夫道，于大不终[2]，于小不遗[3]，故万物备。广广乎其无不容也[4]，渊乎其不可测也[5]。形德仁义[6]，神之末也，非至人孰能定之！夫至人有世[7]，不亦大乎[8]，而不足以为之累；天下奋棅而不与之偕[9]，审乎无假而不与利迁[10]，极物之真[11]，能守其本，故外天地，遗万物[12]，而神未尝有所困也[13]。通乎道，合乎德[14]，退仁义[15]，宾礼乐[16]，至人之心有所定矣[17]！”

注释

① 夫子：指老子。
② 终：穷尽。
③ 遗：遗漏。
④ 广广乎：虚旷无人的样子。
⑤ 渊乎：幽深渊静的样子。
⑥ 形德：谓刑戮与庆赏。形，通“刑”。
⑦ 有世：谓据有天下。
⑧ 大：指天下广大无边。
⑨ 棅（bìng 病）：通“柄”，权柄。
⑩ 假：通“瑕”，瑕疵。
⑪ 极：穷究。
⑫ 遗：遗弃，忘掉。
⑬ 困：困扰。
⑭ 德：天德，大道。

⑮ 退：斥退。
⑯ 宾：通“摈”，摈弃。
⑰ 定：寂定，宁静。

世之所贵道者，书也。书不过语，语有贵也。语之所贵者意也，意有所随[①]。意之所随者，不可以言传也，而世因贵言传书。世虽贵之，我犹不足贵也，为其贵非其贵也。故视而可见者，形与色也；听而可闻者，名与声也。悲夫，世人以形色名声为足以得彼之情！夫形色名声果不足以得彼之情，则知者不言[②]，言者不知，而世岂识之哉！

桓公读书于堂上[③]，轮扁斫轮于堂下[④]，释椎凿而上[⑤]，问桓公曰：“敢问：公之所读者，何言邪？”公曰：“圣人之言也。”曰：“圣人在乎？”公曰：“已死矣。”曰：“然则君之所读者，古人之糟魄已夫[⑥]！”桓公曰：“寡人读书，轮人安得议乎！有说则可，无说则死。”轮扁曰：“臣也以臣之事观之。斫轮，徐则甘而不固[⑦]，疾则苦而不入[⑧]，不徐不疾，得之于手而应于心，口不能言，有数存焉于其间[⑨]。臣不能以喻臣之子[⑩]，臣之子亦不能受之于臣，是以行年七十而老斫轮。古之人与其不可传也死矣，然则君之所读者，古人之糟魄已夫！”

注释

① 随：寄寓。
② 知：通“智”。
③ 桓公：齐桓公，名小白。
④ 轮扁：制作车轮的匠人，名扁。　斫轮：砍削木头，制作车轮。
⑤ 释：放下。　椎：捶击凿子的工具。
⑥ 糟：酒糟。　魄：烂食。
⑦ 徐：宽。　甘：滑动。
⑧ 疾：紧。　苦：苦涩，涩滞。
⑨ 数：术数，技艺。
⑩ 喻：晓喻，明确地告诉。

文化史拓展

天道、人道的观念先秦时郑子产已提出，他说“天道远，人道迩”。孔子和孟子基本上继承了子产的思想，承认有天道有人道，认为天道和人道有一个比较远的距离，人难以把握天道，因此他们大谈礼智、仁义、道德。而道家则尊崇天道，认为道是万物之源。老子说：“人法地，地法天，天法道，道法自然。”又说“天之道损有余而补不足，人之道则不然，损不足以奉有余。”老子认为天道公平无私而人道卑劣，肯定天道，排斥或否定人道，因此提倡绝仁弃义，绝圣弃智，返朴归真。庄子在此基础上又作了新的阐释。

庄子在《天道》篇中认为，君道是天道，臣道是人道，君道应该效法天道，而天道有自己的运行规律，它自运自化，寂寞无为，虽然化育万物，恩及万世，但都是无心而作，在不知不觉中完成的。因此君道也应以天地为宗，以自然为用，以虚静、恬淡、寂寞、无为为本，虽有天下，但要做到不为所累，无为而治，让天下万物自治自化。那么怎样才能做到无为呢？庄子强调君道虚静，他说虚静才能像镜子一样无所不包，虚静才能各得所宜，虚静才能使臣下各守其职，各尽其责。内心虚明若镜，才能映照万物，虚明才能无为，无为才能精神愉悦、超然物外，这样才能达到天人合一、物我两忘的境界。可见，此篇所谓的“无为而治”，实际上包含了“君无为”、“臣有为”的重要思想，与内篇中《应帝王》篇主张一切人都应无为的思想有明显区别，对后世的政治产生了较大影响。如魏征向唐太宗进献“无为而治”的方略，正是以有为的臣道来补充无为的君道为前提的。因此，他在主持编撰《群书治要·庄子治要》时，便把《天道》篇看成是《庄子》中最为重要的一篇文章，而将其中近一半的文字选了进去，从而使君无为、臣有为的思想在此书中占据了十分重要的位置。王安石则以实现政治改革为己任，这就使他在解读《天道》篇时更加注意为自己的政治革新主张寻找理论根据，因而他特撰《九变而赏罚可言》一文云：“庄周曰‘五变而形名可举，九变而赏罚可言’，‘语道而非其序，安取道？’善乎，其言之也！庄周，古之荒唐人也，其于道也荡而不尽善，圣人者与之遇，必有以约之，约之而不能听，殆将摈四海之外而不使之疑中国。虽然，其言之若此者，圣人亦不能废。”说明王安石为了给自己的政治改革主张找到理论根据，便宁愿舍弃最能代表庄周本人思想的《庄子》内篇，却特别注重于对《天道》篇的精心阐释，从而使《天道》篇中的有关思想在宋代变法运动中发挥了积极作用。

如果就寓言故事而论，《天道》篇中最精彩的当属“轮扁斫轮”的故事了，可与“庖丁解牛”、“濠梁观鱼”等寓言故事相媲美，一直为后人所乐道。这则寓言故事说明，道体至虚，是根本无法用语言文字加以传达的。执薪求火，火在薪外；执履求迹，迹在履外；执书求道，道在书外。语言文字只不过是古人留下来的糟粕罢了，那些想通过书本来求道的做法是错误的。作者在这里完全否定语言文字的传达功能显然是错误的，但其指出语言文字在表情达意方面的局限性，这对于人们突破语言文字符号本身去领会文字之外的意义是有积极意义的。在《外物》篇中作者进一步指出："荃者所以在鱼，得鱼而忘荃；蹄者所以在兔，得兔而忘蹄；言者所以在意，得意而忘言。"语言只是像荃、蹄一样的工具而已，并非意本身，所以既已得意，其言便可忘去。庄子关于言意关系的表述对中国古代文艺思想的影响是前无古人的。魏晋时期王弼所谓的"得意忘象"、"得象忘言"，唐司空图所谓的"不着一字，尽得风流"，宋严羽所谓的"羚羊挂角，无迹可求"，以及近人王国维所谓的"境界说"等等，都与庄子的思想有渊源关系。可以这样说，没有庄子的这一思想，中国的文艺发展就会大打折扣了。

文学史链接

1. 相关文学典故

轮扁斫轮

是盖轮扁所不得言，故亦非华说之所能精。

（陆机《文赋》）

丹青妙处不可传，轮扁斫轮如此用。

（黄庭坚《戏题小雀捕飞虫画扇》）

2. 后世相关诗赋文

王安石《九变而赏罚可言》

郑思肖《轮扁谏读书图》

乾隆《轮扁斫轮》

3. 文学技法

《庄子·天道》篇辞理俱到，有蔚然之文，浩然之气，苍然之光，学者更当熟读。

（陆西星《南华真经副墨·天道》总论）

篇中以天地作线，而归本于无为，言及本末、要详、上下、君臣，理极醇正而且近情。但细玩其文，别有一种苍秀缭绕之致，行云流水之机，切近时趋，全无奇气，恐亦叔敖衣冠也。然有此，则自成一家，可不必深辩矣。

（林云铭《庄子因·天道》篇末总评）

“轮扁”一段文法，乃《檀弓》、《考工》之绝佳者，住法最为悠然。

（宣颖《南华经解·天道》对“轮扁斫轮”故事的评论）

集评

此篇言帝王之道，以天地为宗，以道德为主，以自然为用，以虚静、恬淡、寂寞、无为为道之本；本在于上，末在于下，要在于君，详在于臣，皆极醇无疵之语。

（陆西星《南华真经副墨·天道》总论）

此篇以虚静无为浑括天道、帝道、圣道，而揭其本体之精微。从无为勘出有为，乃不涉于空虚寂灭；复从有为归到无为，乃不滞于形色名声。《天地》篇只重无为，是从源头上说道；《天道》篇兼言有为，是因原以竟委，仍由委以溯原，可见庄子并非扫却有为，致落玄门窠臼也。

（刘凤苞《南华雪心编·天道》总论）

古人各有其精华，书籍所传，特古人之糟粕耳。然则典谟之训，官礼之文，灿然而著为政教者，皆属形色、名声之末，而岂古人之意哉！轮扁一段妙论，托出正意，事外逸致，弦外余音，使人低徊不尽。

（刘凤苞《南华雪心编·天道》对“轮扁斫轮”故事的评论）

思考与讨论

1. 此篇作为谈论政治的专篇，与《应帝王》篇所表现出的政治思想有何本质区别？
2. 篇末“轮扁斫轮”的寓言故事，揭示了怎样的言意关系？我们应如何予以积极理解，以便获得有益的启示？

秋　　水

题解

本篇运用《齐物论》的观点，极力论证万物大小、是非的无限相对性和人生贵贱、荣辱的极端无常性，旨在要人息伪还真，顺应自然，不为追求名位、富贵等而伤害天然本性。虽然作者最终因强调过分而陷入了相对主义，但由于他始终能把事理的无穷性与人类认识的相对性、宇宙的无限性与具体事物的局限性对照起来分析，所以仍然显示出他对于绝对与相对、无限与有限的辩证关系的理解有着高度的灵活性，这对于人们突破认识上的局限性，从而领悟到天地宇宙的无限广大性，无疑是很有帮助的。所谓"吾读漆园书，《秋水》一篇足；安用十万言，磊落载其腹？"（金翰林学士马定国《读〈庄子〉》）大概就是从这一意义上来说的。

至于此篇的行文特点，在于不烦作者亲自出面解说，而全文宗旨却由河伯、海若七番问答逐层披剥出来。第一番问答，全力从"大"字上拓开，说明所谓极大之物，皆不足以称为大。第二番问答，极意从"小"字上收转，说明所谓极小之物，皆不足以称为小。第三番问答，兼论"大"字与"小"字，说明二者总在有形之间，俱非至道所本。第四番问答，又从"大"字、"小"字，带出"贵"字、"贱"字，说明无论是贵是贱，同样变化无常，皆不足依凭。第五番问答，先扫尽一切有为痕迹，然后示以无为自化之则。第六番问答，划出天内、人外的界限，把无为自化属于天，把有为之迹归于人。第七番问答，通过进一步诠解天、人的涵义，而推导出全篇的宗旨——"无以人灭天，无以故灭命，无以得殉名。谨守而勿失，是谓反其真。"接着，又写出六大段文字，用来申论这一宗旨。

秋水时至[①]，百川灌河[②]，泾流之大[③]，两涘渚崖之间[④]，不辩牛马[⑤]。于是焉河伯欣然自喜[⑥]，以天下之美为尽在己；顺流而东行，至于北海，东面而视，不见水端[⑦]。于是焉河伯始旋其面目[⑧]，望洋向若而叹曰[⑨]："野语有之[⑩]，曰'闻道百，以为莫己若'者[⑪]，我之谓也。且夫我尝闻少仲尼之闻而轻伯夷之义者[⑫]，始吾弗信；今我睹子之难穷也[⑬]，吾非至于子之门，则殆矣[14]，吾长见笑于大方之家[15]。”

北海若曰：“井鼃不可以语于海者[16]，拘于虚也[17]；夏虫不可以语于冰者[18]，笃于时也[19]；曲士不可以语于道者[20]，束于教也[21]。今尔出于崖涘[22]，观于大海，乃知尔丑[23]，尔将可与语大理矣[24]。天下之水，莫大于海，万川归之，不知何时止而不盈[25]；尾闾泄之[26]，不知何时已而不虚[27]；春秋不变，水旱不知。此其过江河之流[28]，不可为量数。而吾未尝以此自多者[29]，自以比形于天地[30]，而受气于阴阳，吾在天地之间，犹小石、小木之在大山也。方存乎见少[31]，又奚以自多！计四海之在天地之间也，不似礨空之在大泽乎[32]？计中国之在海内，不似稊米之在大仓乎[33]？号物之数谓之万，人处一焉；人卒九州[34]，谷食之所生[35]，舟车之所通[36]，人处一焉，此其比万物也，不似豪末之在于马体乎[37]？五帝之所连[38]，三王之所争[39]，仁人之所忧，任士之所劳[40]，尽此矣。伯夷辞之以为名，仲尼语之以为博，此其自多也，不似尔向之自多于水乎[41]？”

注释

① 时：按时，及时。

② 百川：许多河流。　灌：流入。　河：黄河。

③ 泾（jīng 经）流：直涌的水流。

④ 两涘（sì 四）：两岸。涘，河岸。　渚（zhǔ 主）崖：小洲的边沿。渚，水中的小块陆地。

⑤ 不辩牛马：形容河面阔大，两岸景物模糊不清。辩，通“辨”。

⑥ 河伯：黄河之神。

⑦ 端：边际。

⑧ 旋：改变。

⑨ 望洋：连绵词，远视的样子。　若：海神，即下文的“北海若”。

⑩ 野语：俗语。

⑪ 莫己若：即莫若己，没有谁比得上自己。下文的“我之谓也”，即谓我也。

⑫ 尝闻：曾听说。　少：以……为少，贬低。　仲尼：即孔子，字仲尼。　伯夷：孤竹君之子，他不受君位，不食周粟，饿死在首阳山。一般认为他很有节义。

⑬ 子：您。本指北海若，这里借指大海。穷：尽。

⑭ 殆：危险。

⑮ 长:长久地。　见:被。　大方之家:指得大道的人。方,道。
⑯ 鼃(wā 挖):同"蛙",两栖动物。
⑰ 拘:拘限。　虚:通"墟",指所居之处。
⑱ 夏虫:夏生夏死的昆虫。
⑲ 笃(dǔ 堵):专守。可引申为拘限。
⑳ 曲士:见识浅陋的乡曲之士。此指偏执俗学的人。
㉑ 教:指不合大道的俗教、俗学。
㉒ 崖涘:代指黄河。
㉓ 丑:指思想境界的浅陋。
㉔ 大理:大道。
㉕ 盈:满。
㉖ 尾闾(lǘ 驴):指大海的排水处。
㉗ 已:止。　虚:指水尽。
㉘ 过:超过。
㉙ 自多:感到自满。
㉚ 自以:自己认识到。　比:借为"庇",寄托。
㉛ 方:正。
㉜ 礨(lěi 磊)空:石块的小孔穴。
㉝ 稊(tí 题):一种形似稗的草,果实像小米,故称稊米。　大仓:大谷仓。大,通"太"。
㉞ 卒:借为"萃",聚集。
㉟ 所生:生长的地方。
㊱ 所通:通行的地方。
㊲ 豪末:毫毛的末梢,形容其微不足道。豪,通"毫"。
㊳ 五帝:指黄帝、颛顼、帝喾、唐尧、虞舜。　所连:指五帝所连续禅让的对象(天下)而言。
㊴ 三王:泛指夏、商、周三代的帝王。
㊵ 任士:指以救世为己任的贤能之士。
㊶ 向:刚才。

河伯曰:"然则吾大天地而小毫末[1],可乎?"北海若曰:"否。夫物量无穷[②]，时无止，分无常[③]，终始无故[④]。是故大知观于远近[⑤]，故小而不寡[⑥]，大而不多，知量无穷[⑦]；证向今故[⑧]，故遥而不闷[⑨]，掇而不跂[⑩]，知时无止；察乎盈虚[⑪]，故得而不喜，失而不忧，知分之无常也；明乎坦涂[⑫]，故生而不说[⑬]，死而不祸，知终始之不可故也[⑭]。计人之所知[⑮]，不若其所不知；其生之时，不若未生之时；以其至小，求穷其至大之域[⑯]，是故迷乱而不能自得也。由此观之，又何以知毫末之足以定至细之倪[⑰]？又何以知天地之足以穷至大之域？”

注释

① 大：以……为大，是形容词意动用法。后文的“小”与此同。
② 物量：事物的体积。
③ 分：指得失之分。
④ 故：通“固”，固定。
⑤ 知：通“智”。
⑥ 寡：少。
⑦ 量：物量。
⑧ 向：察明。　故：同“古”。
⑨ 闷：厌倦。
⑩ 掇（duō 多）：拾取。　跂（qì 气）：求。
⑪ 察：看清楚。　盈：满。　虚：空。
⑫ 涂：通“途”。
⑬ 说：通“悦”，欣悦。
⑭ 终始：指死生。　故：通“固”，固定。
⑮ 所知：所知道的事。
⑯ 穷：尽。
⑰ 倪：尺度、标准。

河伯曰：“世之议者皆曰：‘至精无形[①]，至大不可围。’是信情乎[②]？”北海若曰：“夫自细视大者不尽，自大视细者不明。夫精，小之微也；垺[③]，大之殷也[④]。故异便[⑤]，此势之有也。夫精粗者，期于有形者也[⑥]；无形者，数之所不能分也；不可围者，数之所不能穷也[⑦]。可以言论者，物之粗也；可以意致者[⑧]，物之精也；言之所不能论，意之所不能察致者，不期精粗焉。是故大人之行[⑨]，不出乎害人，不多仁恩[⑩]；动不为利，不贱门隶[⑪]；货财弗争，不多辞让；事焉不借人[⑫]，不多食乎力[⑬]，不贱贪污；行殊乎俗，不多辟异[⑭]；为在从众，不贱佞谄[⑮]；世之爵禄不足以为劝[⑯]，戮耻不足以为辱[⑰]；知是非之不可为分，细大之不可为倪。闻曰：'道人不闻[⑱]，至德不得，大人无己。'约分之至也[⑲]。"

注释

① 精：细小。

② 信情：信实。

③ 垺（fú 浮）：通"郛"，外城，比喻大外之大者。

④ 殷：大。

⑤ 异便：指物不相同却各有所宜。

⑥ 期：限于。

⑦ 穷：穷尽。

⑧ 意致：意识到的。

⑨ 大人：指道家理想中的至人、圣人。

⑩ 多：赞许。

⑪ 门隶：家奴。

⑫ 事：做事。　借人：借助别人之力。

⑬ 食乎力：自食其力。

⑭ 辟异：怪僻奇异的行为。辟，通"僻"。

⑮ 佞谄（nìng chǎn 泞产）：奉承谄媚。

⑯ 劝：勉励。

⑰ 戮耻：刑戮与耻辱。

⑱ 闻：闻名。

⑲ 约：束缚，取消。　分：分别。

河伯曰："若物之外[1]，若物之内，恶至而倪贵贱[2]？恶至而倪小大？"北海若曰："以道观之，物无贵贱；以物观之，自贵而相贱；以俗观之，贵贱不在己。以差观之，因其所大而大之，则万物莫不大；因其所小而小之，则万物莫不小。知天地之为稊米也，知毫末之为丘山也，则差数睹矣[3]。以功观之，因其所有而有之，则万物莫不有；因其所无而无之，则万物莫不无。知东西之相反而不可以相无，则功分定矣[4]。以趣观之[5]，因其所然而然之，则万物莫不然；因其所非而非之，则万物莫不非。知尧、桀之自然而相非[6]，则趣操睹矣。昔者尧、舜让而帝[7]，之、哙让而绝[8]；汤、武争而王，白公争而灭[9]。由此观之，争让之礼，尧、桀之行，贵贱有时[10]，未可以为常也。梁丽可以冲城[11]，而不可以窒穴[12]，言殊器也[13]；骐骥骅骝一日而驰千里[14]，捕鼠不如狸狌[15]，言殊技也；鸱鸺夜撮蚤[16]，察毫末，昼出瞋目而不见丘山[17]，言殊性也。故曰[18]：'盖师是而无非[19]，师治而无乱乎？'是未明天地之理，万物之情者也；是犹师天而无地，师阴而无阳，其不可行明矣。然且语而不舍[20]，非愚则诬也。帝王殊禅，三代殊继。差其时，逆其俗者，谓之篡夫[21]；当其时，顺其俗者，谓之义徒[22]。默默乎河伯，女恶知贵贱之门[23]，小大之家[24]！"

注释

① 若：此，这个。

② 恶至：如何，怎样。　倪：端倪，有区别之义。

③ 差数：指同一物体大小的等差之数。

④ 功分：指事物的功效与本分。

⑤ 趣：情趣，趣向。

⑥ 自然：自以为对。　相非：互为否定。

⑦ 让：禅让。

⑧ 之、哙（kuài 快）让而绝：谓燕王哙将王位禅让给宰相子之，而燕国几乎灭亡。

⑨ 白公：楚平王之孙，因起兵反楚被镇压消灭。

⑩ 有时：因时而异。

⑪ 梁丽：栋梁。丽，通"欐"。　冲城：撞击城墙。

⑫ 窒：堵塞。

⑬ 殊：不同。
⑭ 骐骥、骅骝（huá liú 滑留）：皆为古代良马。
⑮ 狸（lí 离）：野猫。　狌（shēng 生）：黄鼠狼。
⑯ 鸱鸺（chī xiū 吃修）：猫头鹰。　蚤：跳蚤。
⑰ 瞋（chēn 琛）目：尽力睁大眼睛。
⑱ 故曰：俗语说。
⑲ 盖：通“盍”，何不。　师：效法。　无：不要，抛弃。
⑳ 舍：停止。
㉑ 篡夫：指篡夺帝位的坏人。
㉒ 义徒：指合乎高义的伟人。
㉓ 女：通“汝”，你。　门：门径。引申为有关贵贱的道理。
㉔ 家：家门。引申为有关大小的道理。

河伯曰：“然则我何为乎，何不为乎？吾辞受趣舍[①]，吾终奈何[②]？”北海若曰：“以道观之，何贵何贱，是谓反衍[③]；无拘而志[④]，与道大蹇[⑤]。何少何多，是谓谢施[⑥]；无一而行，与道参差[⑦]。严乎若国之有君[⑧]，其无私德；繇繇乎若祭之有社[⑨]，其无私福；泛泛乎其若四方之无穷[⑩]，其无所畛域[⑪]。兼怀万物，其孰承翼[⑫]？是谓无方[⑬]。万物一齐，孰短孰长？道无终始，物有死生，不恃其成[⑭]。一虚一满，不位乎其形。年不可举[⑮]，时不可止。消息盈虚[⑯]，终则有始[⑰]。是所以语大义之方[⑱]，论万物之理也。物之生也，若骤若驰[⑲]，无动而不变，无时而不移[⑳]。何为乎，何不为乎？夫固将自化[㉑]。”

注释

① 趣：通“取”，进取。
② 终：究竟。
③ 反衍：向相反的方向延伸，即今所说的转化。
④ 而：通“尔”，你。
⑤ 蹇（jiǎn 检）：违背。

⑥ 谢施(yì 易):与上文的“反衍”同义。谢,代谢,转化。施,延伸,发展。

⑦ 参差:不合,背离。

⑧ 若:像。　有:语助词,无实义。与下文“有社”的“有”用法同。

⑨ 繇繇(yóu 由):悠然自得的样子。　社:社神,即土地神。

⑩ 泛泛:广阔的样子。

⑪ 畛(zhěn 诊)域:界限。

⑫ 孰:谁。　承翼:承接扶翼,指得到庇护。

⑬ 无方:没有偏向。

⑭ 恃:依靠。　成:成功。

⑮ 举:追攀。

⑯ 消息:消亡、生长。

⑰ 有:又。

⑱ 语:谈论。　大义:大道。　方:方向。引申为原则。

⑲ 骤:马儿急驰。　驰:车马疾行。

⑳ 移:移动,变化。

㉑ 固:本来。　自化:自行变化。

河伯曰:“然则何贵于道邪?”北海若曰:“知道者必达于理,达于理者必明于权[①],明于权者不以物害己。至德者[②],火弗能热,水弗能溺,寒暑弗能害,禽兽弗能贼[③]。非谓其薄之也[④],言察乎安危,宁于祸福[⑤],谨于去就[⑥],莫之能害也。故曰:‘天在内[⑦],人在外[⑧],德在乎天。’知天人之行,本乎天,位乎得[⑨],蹢躅而屈伸[⑩],反要而语极[⑪]。”

注释

① 权:权变、应变。

② 至德者:有高尚道德修养的人,这里指得道之人。

③ 贼:伤害。

④ 薄:迫近。　之:代指火水、寒暑、禽兽。

⑤ 宁:安。　祸:指困穷。　福:指通达。

⑥ 去:退舍。　就:进取。

⑦ 天：天性，即自然本性。
⑧ 人：人事，人为。
⑨ 位：处、居。　得：自得。
⑩ 蹢躅（zhí zhú 直烛）：同“踯躅”，进退不定的样子。
⑪ 反：通“返”。　要：枢要，即大道的关键。　极：大道的极致。

曰：“何谓天[①]？何谓人[②]？”北海若曰：“牛马四足，是谓天；落马首[③]，穿牛鼻，是谓人。故曰：无以人灭天，无以故灭命[④]，无以得殉名。谨守而勿失，是谓反其真[⑤]。”

注释

① 天：天然，天性。
② 人：人为。
③ 落：通“络”，羁络。
④ 故：有心而为叫做故。　命：自然天性。
⑤ 反：通“返”，回归。　真：真性。

夔怜蚿[①]，蚿怜蛇，蛇怜风，风怜目，目怜心。夔谓蚿曰：“吾以一足趻踔而行[②]，予无如矣。今子之使万足，独奈何？”蚿曰：“不然。子不见夫唾者乎？喷则大者如珠，小者如雾，杂而下者不可胜数也。今予动吾天机[③]，而不知其所以然。”

蚿谓蛇曰：“吾以众足行，而不及子之无足，何也？”蛇曰：“夫天机之所动，何可易邪[④]？吾安用足哉！”

蛇谓风曰：“予动吾脊胁而行，则有似也[⑤]。今子蓬蓬然起于北海[⑥]，蓬蓬然入于南海，而似无有，何也？”风曰：“然。予蓬蓬然起于北海而入于南海也，然而指我则胜我[⑦]，鳝我亦胜我[⑧]。虽然，夫折大木，蜚大屋者[⑨]，唯我能也，故以众小不胜为大胜也。为大胜者，唯圣人能之。”

注释

① 夔(kuí 魁):古代神话传说中的一足兽,似牛而无角。　怜:爱慕,羡慕。　蚿(xián 弦):百足虫。

② 趻踔(chěn chuō 碜戳):跳着行走。

③ 天机:灵性,天然的本能。

④ 易:变易,改变。

⑤ 有似:似有,谓有形迹可见。

⑥ 蓬蓬然:象声词,风声。

⑦ 胜:胜过。

⑧ 鰌(qiū 秋):也作"蹭",逆蹋。

⑨ 蜚:通"飞",谓吹房拔梁。

孔子游于匡[①],宋人围之数帀[②],而弦歌不惙[③]。子路入见,曰:"何夫子之娱也[④]?"孔子曰:"来,吾语女[⑤]。我讳穷久矣[⑥],而不免,命也;求通久矣,而不得,时也[⑦]。当尧、舜而天下无穷人[⑧],非知得也[⑨];当桀、纣而天下无通人,非知失也,时势适然[⑩]。夫水行不避蛟龙者,渔父之勇也;陆行不避兕虎者[⑪],猎夫之勇也;白刃交于前,视死若生者,烈士之勇也;知穷之有命,知通之有时,临大难而不惧者,圣人之勇也。由[⑫],处矣!吾命有所制矣[⑬]!"

无几何,将甲者进[⑭],辞曰:"以为阳虎也[⑮],故围之;今非也,请辞而退。"

注释

① 匡:卫国邑名。

② 宋:当为"卫"字之误。　帀:同"匝",周。

③ 惙:通"辍",停止。

④ 娱:欢娱,快乐。

⑤ 语:告诉。　女:通"汝",你。

⑥ 讳:忌讳。　穷:指在仕途上,或在推行政治主张方面很不顺利。

⑦ 时:时运。
⑧ 穷人:不得志之人。
⑨ 知:通“智”,智能。
⑩ 时势:时代的形势。　适然:适足以使然。
⑪ 兕(sì 四):雌性犀牛。
⑫ 由:即子路,名由。
⑬ 制:制约,限定。
⑭ 将:率领。　甲:指身着盔甲的围攻者。
⑮ 阳虎:指鲁国人阳虎,他曾暴虐匡人,长相与孔子相像。

公孙龙问于魏牟曰[①]:“龙少学先王之道,长而明仁义之行;合同异,离坚白;然不然,可不可;困百家之知,穷众口之辩,吾自以为至达已。今吾闻庄子之言,汒焉异之[②]。不知论之不及与[③],知之弗若与?今吾无所开吾喙[④],敢问其方。”公子牟隐机大息[⑤],仰天而笑曰:“子独不闻夫埳井之鼃乎[⑥]?谓东海之鳖曰:‘吾乐与!出跳梁乎井干之上[⑦],入休乎缺甃之崖[⑧];赴水则接腋持颐[⑨],蹶泥则没足灭跗[⑩];还虷、蟹与科斗[⑪],莫吾能若也[⑫]。且夫擅一壑之水[⑬],而跨跱埳井之乐[⑭],此亦至矣[⑮]。夫子奚不时来入观乎[⑯]?’东海之鳖左足未入,而右膝已絷矣[⑰]。于是逡巡而却[⑱],告之海曰[⑲]:‘夫千里之远,不足以举其大[⑳];千仞之高,不足以极其深[㉑]。禹之时十年九潦[㉒],而水弗为加益[㉓];汤之时八年七旱,而崖不为加损[㉔]。夫不为顷久推移[㉕],不以多少进退者[㉖],此亦东海之大乐也。’于是埳井之鼃闻之,适适然惊[㉗],规规然自失也[㉘]。且夫知不知是非之竟[㉙],而犹欲观于庄子之言,是犹使蚊负山,商蚷驰河也[㉚],必不胜任矣。且夫知不知论极妙之言,而自适一时之利者,是非埳井之鼃与?且彼方跐黄泉而登大皇[㉛],无南无北,奭然四解[㉜],沦于不测[㉝];无东无西,始于玄冥[㉞],反于大通[㉟]。子乃规规然而求之以察[㊱],索之以辩,是直用管窥天[㊲],用锥指地也[㊳],不亦小乎?子往矣!且子独不闻夫寿陵余子之学行于邯郸与[㊴]?未得国能[㊵],又失其故行矣[㊶],直匍匐而归耳[㊷]。今子不去,将忘子之故[43]，失子之业。”公孙龙口呿而不合[44]，舌举而不下[45]，乃逸而走[46]。

注释

① 公孙龙：姓公孙，名龙，字子秉，战国时赵人。　魏牟：魏国公子，名牟。

② 汒焉：自失的样子。汒，同“茫”。

③ 论：指言辩的水平。

④ 喙（huì 惠）：鸟兽的嘴。此借指人的嘴。

⑤ 隐：依靠。　机：通“几”，古人用以倚凭身体的矮小桌子。　大息：叹息。

⑥ 埳井：浅井。埳，通“坎”，洼坑。　鼃：通“蛙”。

⑦ 跳梁：即跳踉，腾跃跳动。　干：井栏。

⑧ 缺甃（zhòu 宙）：破砖的井壁。甃，用砖砌成的井壁。

⑨ 接、持：承托。　腋：腋窝。　颐：面颊。

⑩ 蹶：踏。灭跗（fū 肤）：盖没脚背。跗，脚背。

⑪ 还（xuán 玄）：顾视。　虷（hán 寒）：即孑孓，蚊子的幼虫。一说，赤虫。　科斗：即蝌蚪。

⑫ 若：相比。

⑬ 擅：独占，独霸。　壑：坑。

⑭ 跨跱（zhì 治）：盘据。

⑮ 至：最大的快乐。

⑯ 时：时时，时常。

⑰ 絷（zhí 执）：卡住，绊住。

⑱ 逡巡：小心退却的样子。　却：退却。

⑲ 之：指井蛙。

⑳ 举：形容。

㉑ 极：量尽。

㉒ 潦（lǎo 老）：雨后地面上的积水，可引申为洪灾。

㉓ 加：更加。

㉔ 崖：海岸，可引申为海岸的水位。　损：谓水位下降。

㉕ 顷：短暂。　推移：改变，变化。

㉖ 多少：谓降雨量的多与少。　进退：指大海水位的升降。

㉗ 适适然：惊怖的样子。
㉘ 规规然：自失的样子。
㉙ 竟：通“境”，境界。
㉚ 商蚷（jù 巨）：虫名，又称马蚿。
㉛ 跐：蹈。　大皇：皇天。
㉜ 奭（shì 世）然：阻碍物消散的样子。　四解：四面畅通。
㉝ 沦：浸渍，可引申为深入。
㉞ 玄冥：即无极，指宇宙未产生时的混沌昏昧状态。
㉟ 大通：大道。
㊱ 乃：却，竟然。　规规然：求索经营的样子。　察：小聪明。
㊲ 直：简直。
㊳ 指：测。
㊴ 寿陵：燕国地名。　余子：少年。
㊵ 国能：赵人行步的绝技。
㊶ 故行：原先的步法。
㊷ 匍匐：以手据地而行，爬行。
㊸ 故：原来的学业。
㊹ 呿（qū 区）：张口的样子。
㊺ 举：高抬。
㊻ 逸：遁逃。　走：逃跑。

庄子钓于濮水[①]，楚王使大夫二人往先焉[②]，曰：“愿以境内累矣！”庄子持竿不顾，曰：“吾闻楚有神龟，死已三千岁矣，王巾笥而藏之庙堂之上[③]。此龟者，宁其死为留骨而贵乎[④]，宁其生而曳尾于涂中乎[⑤]？”二大夫曰：“宁生而曳尾涂中。”庄子曰：“往矣！吾将曳尾于涂中。”

惠子相梁[⑥]，庄子往见之。或谓惠子曰[⑦]：“庄子来，欲代子相。”于是惠子恐，搜于国中三日三夜[⑧]。庄子往见之，曰：“南方有鸟，其名为鹓鸰[⑨]，子知之乎？夫鹓鸰发于南海而飞于北海，非梧桐不止[⑩]，非练实不食[⑪]，非醴泉不饮[⑫]。于是鸱得腐鼠[⑬]，鹓鸰过之，仰而视之曰：‘吓[⑭]！’今子欲以子之梁国而吓我邪？”

庄子与惠子游于濠梁之上[15]。庄子曰:“儵鱼出游从容[16],是鱼之乐也。”惠子曰:“子非鱼,安知鱼之乐?”庄子曰:“子非我,安知我不知鱼之乐?”惠子曰:“我非子,固不知子矣;子固非鱼也[17],子之不知鱼之乐,全矣。”庄子曰:“请循其本[18]。子曰‘汝安知鱼乐’云者,既已知吾知之而问我,我知之濠上也。”

注释

① 濮水:据唐成玄英说,在濮州濮阳县。

② 楚王:楚威王,名熊商,怀王之父。　先:谓先以非正式的方式,宣明楚王的意图。

③ 巾:用来覆盖贵重器物的巾幂。　笥(sì 饲):盛装衣物的方形竹箱。

④ 宁:宁肯。

⑤ 宁:还是。　涂:泥。

⑥ 惠子:即惠施,庄子的好友。

⑦ 或:有人。

⑧ 搜:搜捕。

⑨ 鹓鶵(yuān chú 渊除):传说中与鸾凤同类的鸟。

⑩ 止:栖息。

⑪ 练实:竹实。

⑫ 醴(lǐ 礼)泉:甘美如醴的泉水。醴,甜酒。

⑬ 鸱(chī 吃):猫头鹰。　腐鼠:臭老鼠。

⑭ 吓:怒声。

⑮ 濠(háo 豪)梁:濠水上的桥梁。濠水,在今安徽凤阳县境内。

⑯ 儵(tiáo 条):通“鲦”,白条鱼。

⑰ 固:本来。

⑱ 循:顺,追溯。　本:始,指原来的问话。

文化史拓展

《秋水》一篇文字,历来为文论家所激赏赞叹,称其“有气蒸云梦、波撼岳阳之势”(刘凤苞《南华雪心编》),所谓“不可无一,不可有二”(林云铭《庄子因》),笔力超绝,元气浑然。明陈深也给予《秋水》极高的评价:“《庄子》书有迂阔者,有荒唐者,有愤懑者,语皆未平,独此篇说义理阔大精详,有前圣所未发,而后儒所不及闻

者。”(《庄子品节》)

河伯与北海若七番问答,一气卷舒,自成片段,终于推导出全文宗旨。庄子划开天、人界限,着墨不多却一针见血:“牛马四足,是谓天;落马首,穿牛鼻,是谓人。”人类若尚存一丝清醒的良知,必当为之羞愧不已。所谓智慧机巧的背后,隐藏的往往不是对万物的呵护与珍惜,而是贪婪的利用和掠夺。究竟是“万物之灵”还是“万物之害”,只有我们自己才知道。庄子倡导的“无以人灭天,无以故灭命,无以得殉名”,未必是无情的出世之语,他只是真诚地希冀我们谨守天真的本性,不要再让它一代代地零落成泥碾作尘。

篇旨既见,庄子便继续一贯文风,串起六个韵流简外的寓言故事,以飨后学。首则夔怜蚿一节,屈曲宛折,幽微深隐,如怀珠蕴玉,泠然有善音。天机于此初明,渐达通灵宝境,卓显圣人之能。次则孔子游匡一节,言语略嫌做作,曾见疑于大方之家。清林云铭以为“笔颇平庸,非庄所作也”,刘凤苞亦曰“此段并无精意,非南华妙境”。虽然寄言孔子,但其中讳穷、求通、制命之语,确与庄子思想有所出入。第三节文字提到了当时著名的“辩者之徒”公孙龙,他“诡辞数万”,最热衷于“困百家之知,穷众口之辩”。在名辩思潮中,公孙龙代表名家两个基本派别中的“离坚白”派。庄子曾在《齐物论》中批驳过他分离万物之同的“白马”、“指物”二论,并针对他割裂事物性质的观点提出“天地一指也,万物一马也”,意在回归泯灭是非、无分彼我的“道”的立场。文中公孙龙听闻庄子“极妙之言”,不由对其神冥玄默的境界迷惑不已,陷入与浅井之蛙以及学步邯郸的寿陵少年相同的困境。而与公孙龙对答如流的“万乘公子”魏牟虽也曾有“身在江海之上,心居乎魏阙之下”(《让王》)的迷惘,此间却言谈悠然有致,与《秋水》之旨互相映发,抹去断续离合之迹。

尾声归结出的三个故事并不因为前文的运化奇横就黯然失色,相反,它们恰恰以淡宕深妙的精神记载了庄子生平的三个重要片段。庄子持竿濮水上,宁作曳尾涂中之龟,也不应楚王庙堂之请。此事在《列御寇》一文中有类似记载,只是将本篇中确指的楚王遣使之聘换作“或聘于庄子”,并将神龟之喻换作牺牛之比。《史记》中亦载:“楚威王闻庄周贤,使使厚币迎之,许以为相。”而且司马迁还用更激扬生动的文学化语言铺张犀利地描述了庄子辞聘楚相的具体缘由。有此相与为证,后人多沿信以为真。但宋代学者黄震认为“史无其事”,“凡方外横议之士,多自夸时君聘我为相而逃之,其为寓言未可知也。”(《黄氏日钞》)在他看来,这些记载其实是体现了庄子清高品格及对自由与生命极度珍视的某种寓言,而非史实。正如英国诗人拜伦所言:“我不愿用我自由的思想,来交换国王的权杖。”庄子

"拣尽寒枝不肯栖，寂寞沙洲冷"，绝不与世俗同流合污。

相反，与庄子过从甚密的惠施却十分热衷社会活动。他是战国时名家"合同异"派的代表，"以善辩为名"(《天下》)，尤其喜爱与庄子争论诸如有用无用、有情无情一类的问题，这在《庄子》一书中也多有所录。庄子本人也认为若无惠施，则天下"无以言之"者。但他对惠施"逐万物而不反"、贪名好势的行为是极为鄙夷的，不仅本文中记载了他对惠施"不知腐鼠成滋味，猜意鹓雏竟未休"的疑心的大加嘲讽，《淮南子·齐俗训》中也有一则记事："惠子从车百乘，以过孟诸，庄子见之，弃其余鱼。"庄子的率真任性有时未免使惠施的言行沦为后世的笑柄，宋人林希逸多有不忍之心，为其辩驳申明："庄子惠子最相厚善，此事未必有之，戏以相讥耳。"无论是寓言抑或真事，庄子的引述都是一番醒世之情。

文学史链接

1. 相关文学典故

望洋而叹

真能笼乾坤万里于一咏之内，千古吟人，望洋兴叹。

(刘壎《隐居通议·诗歌五》)

寄言漆园叟，此去真望洋。

(吴莱《次定海候涛山》)

见笑大方

今时叠床架屋以为声气，不知见笑于大方之家。

(恽敬《与廖听桥书》)

庶几不以小说家言见诮大方，而笔墨匠亦不致笑我之浪用其资料也。

(吴趼人《两晋演义》序)

坎井之蛙

子阳(公孙述)井底蛙耳，而妄自尊大。

(范晔《后汉书·马援传》)

醯瓮之鸡，坎井之蛙，盖不知瓮外之天，井外之海为何如。

(吴澂《送何太虚北游序》)

曳尾涂中

宁曳尾于涂中，秽浊世之休戚。

(陈寿《三国志·蜀志·郤正传》)

欲返江东无面目，曳尾涂中当死。

（郁达夫《毁家诗纪·贺新郎》）

濠梁

濠梁之乐谁能写？袁蚁死后无画者。

（刘基《题仲山和尚〈群鱼图〉》）

攀崖试腰脚，垂钓话濠梁。

（陈毅《七星岩》）

2. 后世有关诗赋文

胡曾《濮水》

宋祁《濠上》

李士表《庄子九论·濠梁》

王存《濮水》

柳贯《题刘原父书庄子秋水篇》

石珤《秋水》

乾隆《濠梁观鱼》

3. 文学技法

自篇首至此，凡六问答，如风驱远浪，渐近渐激，至是而雪涛喷薄，使人应接不暇，须臾澄静，则波光万顷，一碧涵天，人之息伪还真、中扃虚湛者有类于此。

（褚伯秀《南华真经义海纂微·秋水》对总论部分的评论）

是篇大意，自内篇《齐物论》脱化出来，立解创辟，既踞绝顶山巅，运词变幻，复擅天然神斧，此千古有数文字，开后人无数法门。

（林云铭《庄子因·秋水》篇末总评）

前一节议论，随以夔蚿一喻、夫子一证结之，是为一篇之纲。后一节自序，极尽淋漓感兴之致。末复出三段作波澜，以写自适之乐，与首节尽天反真，开阖呼应，粗服乱头之中，神气极其完足。昔人评文者，曰潘江陆海，又曰韩潮苏海。读《庄子·秋水》，真有潮海之势，浩浩荡荡，不见水端，而诸君瞠乎其后者矣。胡可及哉！胡可及哉！能以隽思逸笔写深微之理，能以恒情俗态作奇幻之文，其中位置天然，节奏妙合，从来文章之家，并未有此手笔。

（方人杰《庄子读本·秋水》篇末总评）

《秋水》一篇，体大思精，文情恣肆。开端即借河伯、海若一问一答，层层披剥，节节玲珑。……看他从大处落墨，接连七段文字，洋洋洒洒，如海波接天，浪花无际，却只用“反其真”三字，归结通篇，笔力超绝横绝。以下各段，分应“无以人灭天”五句，逐段读之，各尽其妙。尤妙在濠梁观鱼一段，从寓意中显出一片真境，绝顶文心，原只在寻常物理上体会得来。末二句更为透彻圆通，面面俱到。内篇庄化为蝶，蝶化为庄，可以悟《齐物》之旨；外篇子亦知我，我亦知鱼，可以得“反真”之义，均属上乘慧业，不能有二之文。

（刘凤苞《南华雪心编·秋水》总论）

濠梁观鱼，知鱼之乐，即以濠上之乐印证得之，活泼泼地物我同此真机。至惠、庄问答，止就本词捩转机关，愈转愈灵，愈折愈醒。绝妙机峰，全身解数，真飞行绝迹之文。

（刘凤苞《南华雪心编·秋水》对“庄子与惠子游于濠梁之上”故事的评论）

集评

是篇以“秋水”命题，设河伯、海若问答，喻细大精粗之理，明道物功趣之观，各本自然；无贵无贱，成败得失，时适然耳。翻覆辩难，卒归于“无以人灭天，无以故灭命”，则求之性分之内而足，是谓反其真，有非言论意察所可及也。

（褚伯秀《南华真经义海纂微·秋水》篇末总评）

此篇因《逍遥游》、《齐物论》而衍之，推言天地万物初无定质，无定情，扩其识量而会通之，则皆无可据，而不足以撄吾心之宁矣。

（王夫之《庄子解·秋水》题解）

思考与讨论

1. 本篇是怎样运用《齐物论》篇的基本观点来展开论述的？
2. 文中河伯、北海若第一番问答，极力从“小”的束缚中解脱出来而通向“大”的无限境界。你认为作者是否就认为“大”便是大道的体现？为什么？
3. 前人每每指出庄子文章具有汪洋恣肆的风格特征，试分析本篇河伯、北海若数番问答所体现出的这一风格特征。
4. 阅读下面两段文字，说明在庄子虚无主义言论中包含了对语言文字局限性的深刻认识：

   （1）夫精粗者，期于有形者也；无形者，数之所不能分也；不可围者，数之所不能穷也。可以言论者，物之粗也；可以意致者，物之精也；言之所不能论，意之所不能察致者，不期精粗焉。

（选自《秋水》）

（2）世之所贵道者，书也。书不过语，语有贵也。语之所贵者意也，意有所随。意之所随者，不可以言传也，而世因贵言传书。世虽贵之，我犹不足贵也，为其贵非其贵也。故视而可见者，形与色也；听而可闻者，名与声也。悲夫，世人以形色名声为足以得彼之情！夫形色名声果不足以得彼之情，则知者不言，言者不知，而世岂识之哉！桓公读书于堂上，轮扁斫轮于堂下，释椎凿而上，问桓公曰："敢问：公之所读者，何言邪？"公曰："圣人之言也。"曰："圣人在乎？"公曰："已死矣。"曰："然则君之所读者，古人之糟魄已夫！"桓公曰："寡人读书，轮人安得议乎！有说则可，无说则死。"轮扁曰："臣也以臣之事观之。斫轮，徐则甘而不固，疾则苦而不入，不徐不疾，得之于手而应于心，口不能言，有数存焉于其间。臣不能喻臣之子，臣之子亦不能受之于臣，是以行年七十而老斫轮。古之人与其不可传也死矣，然则君之所读者，古人之糟魄已夫！"

（选自《天道》）

至　乐

题解

此篇主旨是在论述"至乐活身之术，皆以无为而存"，"一味顺其自然，然后在我者长乐而长存"（陆西星语）。文章取首句"至乐"二字为题，即有揭示主旨的作用。

作者指出，世俗之人以为乐产生于富贵寿善，苦产生于贫贱夭恶，于是举世汲汲，以求厚味、美服、好色、音声等养形之具，而不知自己以此为智之时却已深深陷入大愚之中。因为以道的观点来看，一切富贵寿善对于至乐都无所益，一切贫贱夭恶对于至乐亦都无所损，若将此八者分为二等，而一味以厚味、美服、好色、音声为追求对象，则必然招来伤身灭性之害，而形骸之乐也就随之化为乌有。所以，得道者总是以天地为效法对象，一切任其自然，以无为为至乐。作者写出"庄子妻死"等三则寓言故事，是要从窥破生死关头处，来发明至乐在于无为的主旨。"颜渊东之齐"的寓言故事，是要从不以人为损益自然之天处，来阐明至乐在于无为的主旨。末则寓言故事，是要人从生死转换处，来悟出无为至乐之道。

天下有至乐无有哉[①]？有可以活身者无有哉[②]？今奚为奚据？奚避奚处？奚就奚去？奚乐奚恶？

夫天下之所尊者，富、贵、寿、善也[③]；所乐者，身安、厚味、美服、好色、音声也；所下者，贫贱、夭恶也[④]；所苦者，身不得安逸，口不得厚味，形不得美服[⑤]，目不得好色，耳不得音声。若不得者，则大忧以惧，其为形也亦愚哉[⑥]！夫富者，苦身疾作[⑦]，多积财而不得尽用，其为形也亦外矣[⑧]。夫贵者，夜以继日，思虑善否[⑨]，其为形也亦疏矣。人之生也，与忧俱生，寿者惽惽[⑩]，久忧不死，何苦也！其为形也亦远矣。烈士为天下见善矣，未足以活身。吾未知善之诚善邪[⑪]，诚不善邪？若以为善矣，不足活身；以为不善矣，足以活人[⑫]。故曰："忠谏不听，蹲循勿争[⑬]。"故夫子胥争之[⑭]，以残其形；不争，名亦不成。诚有善无有哉？

今俗之所为与其所乐，吾又未知乐之果乐邪，果不乐邪？吾观夫俗之所乐，举群趣者[15]，诬诬然如将不得已[16]，而皆曰乐者，吾未之乐也，亦未之不乐也。果有乐无有哉？吾以无为诚乐矣，又俗之所大苦也。故曰："至乐无乐，至誉无誉。"

天下是非果未可定也。虽然，无为可以定是非。至乐活身，唯无为几存[17]。请尝试言之：天无为以之清，地无为以之宁，故两无为相合，万物皆化。芒乎芴乎，而无从出乎！芴乎芒乎，而无有象乎[18]！万物职职[19]，皆从无为殖[20]。故曰："天地无为也而无不为也。"人也孰能得无为哉[21]！

注释

① 至乐：最大的快乐。

② 活身：养活自然性命。

③ 善：指善名令誉。

④ 夭：夭折。　恶：恶名。

⑤ 形：谓身体。

⑥ 为形：保养形骸。

⑦ 疾作：勤苦劳作。

⑧ 外：谓养形方法的拙劣。

⑨ 善：指仕途亨通。　否（pǐ 匹）：六十四卦之一，谓"天地不交而万物不通"。此指仕途穷厄不通。

⑩ 惛惛（hūn 昏）：通"惽惽"，糊涂昏愦的样子。

⑪ 诚：诚然，真的。

⑫ 活人：救活他人。

⑬ 蹲循：通"逡巡"，谓退却不争。

⑭ 子胥：即伍子胥，名员，字子胥，春秋时楚大夫伍奢次子。详见《胠箧》。

⑮ 趣：通"趋"，趋竞。

⑯ 诬诬（kēng 坑）：形容世俗争奔求乐的样子。

⑰ 几：近。

⑱ 象：形迹。

⑲ 职职：繁多的样子。
⑳ 殖：生长，繁殖。
㉑ 人：世俗之人。

庄子妻死，惠子吊之，庄子则方箕踞鼓盆而歌[①]。惠子曰："与人居[②]，长子[③]、老[④]、身死[⑤]，不哭，亦足矣，又鼓盆而歌，不亦甚乎！"

庄子曰："不然。是其始死也，我独何能无概然[⑥]！察其始而本无生，非徒无生也而本无形[⑦]，非徒无形也而本无气[⑧]。杂乎芒芴之间[⑨]，变而有气，气变而有形，形变而有生，今又变而之死，是相与为春秋冬夏四时行也。人且偃然寝于巨室[⑩]，而我嗷嗷然随而哭之[⑪]，自以为不通乎命[⑫]，故止也。"

注释

① 箕踞：两脚伸直岔开而坐，形似簸箕，是一种傲慢的行为。此处表示一种不拘礼节的态度。　鼓盆：叩击瓦缶。盆，瓦缶，是一种瓦质乐器。
② 人：指庄子妻。
③ 长子：生育子女。
④ 老：白头偕老。
⑤ 身死：谓老妻一旦身死。
⑥ 概：通"慨"，感触于心。
⑦ 非徒：不只，不仅。　形：形体。
⑧ 气：指一种构成形体的元素。
⑨ 芒芴：恍恍惚惚的样子。
⑩ 人：指其妻。　偃然：仰卧的样子。　巨室：谓天地之间。
⑪ 嗷嗷（jiào 叫）：悲哭声。
⑫ 命：天命。

支离叔与滑介叔观于冥伯之丘[①]，昆仑之虚[②]，黄帝之所休[③]。俄而柳生其左肘[④]，其意蹶蹶然恶之[⑤]。

支离叔曰："子恶之乎？"滑介叔曰："亡[⑥]，予何恶！生者，假借也；假之而生生者，尘垢也。死生为昼夜。且吾与子观化而化及我[⑦]，我又何恶焉！"

注释

① 支离叔、滑介叔：皆为虚构的人物，含有忘形去智之意。　冥伯之丘：虚构的丘名。

② 昆仑：虚构的地名。　虚：谓虚无之所。

③ 休：休息。

④ 柳：同"瘤"。　其：指滑介叔。

⑤ 蹶蹶：惊动不安的样子。　恶：厌恶。

⑥ 亡（wú 无）：否。

⑦ 观化：观察天地万物的变化。

庄子之楚[①]，见空髑髅[②]，髐然有形[③]，撽以马捶[④]，因而问之，曰："夫子贪生失理而为此乎？将子有亡国之事[⑤]，斧钺之诛而为此乎[⑥]？将子有不善之行，愧遗父母妻子之丑而为此乎？将子有冻馁之患而为此乎[⑦]？将子之春秋故及此乎[⑧]？"于是语卒，援髑髅[⑨]，枕而卧。

夜半，髑髅见梦曰[⑩]："子之谈者似辩士。视子所言，皆生人之累也，死则无此矣。子欲闻死之说乎[⑪]？"庄子曰："然。"髑髅曰："死，无君于上，无臣于下，亦无四时之事，从然以天地为春秋[⑫]，虽南面王乐，不能过也。"庄子不信，曰："吾使司命复生子形[⑬]，为子骨肉肌肤[⑭]，反子父母[⑮]、妻子、闾里[⑯]、知识[⑰]，子欲之乎？"髑髅深瞑蹙頞曰[⑱]："吾安能弃南面王乐而复为人间之劳乎！"

注释

① 之：前往。

② 髑髅（dú lóu 独楼）：死人的头骨。

③ 髐（xiāo 销）然：空枯的样子。

④ 撽(qiào 窍):谓旁击头部。 捶:同“箠”,鞭子。
⑤ 将:还是。
⑥ 斧钺:古代的两种兵器。钺,与斧相似,长柄。
⑦ 馁:饥饿。
⑧ 春秋:指年纪。
⑨ 援:引,拉。
⑩ 见:通“现”。
⑪ 说:论说。
⑫ 从然:从容自得的样子。
⑬ 司命:掌管生命之神。
⑭ 为:重新造出。
⑮ 反:通“返”,归还,恢复。
⑯ 闾里:指曾聚居于一处的宗族或邻里。
⑰ 知识:指曾交游相识的朋友。
⑱ 矉:通“颦”,皱眉头。 蹙頞(cù è 促遏):紧缩前额,表示愁苦。蹙,皱,收缩。頞,前额。

颜渊东之齐,孔子有忧色,子贡下席而问曰[①]:“小子敢问:回东之齐,夫子有忧色,何邪?”

孔子曰:“善哉汝问!昔者管子有言,丘甚善之[②],曰:‘褚小者不可以怀大[③],绠短者不可以汲深[④]。’夫若是者,以为命有所成而形有所适也,夫不可损益。吾恐回与齐侯言尧[⑤]、舜、黄帝之道,而重以燧人、神农之言[⑥]。彼将内求于己而不得[⑦],不得则惑,人惑则死[⑧]。且女独不闻邪?昔者海鸟止于鲁郊[⑨],鲁侯御而觞之于庙[⑩],奏《九韶》以为乐[⑪],具太牢以为膳[⑫]。鸟乃眩视忧悲[⑬],不敢食一脔[⑭],不敢饮一杯,三日而死。此以己养养鸟也[⑮],非以鸟养养鸟也。夫以鸟养养鸟者,宜栖之深林,游之坛陆[⑯],浮之江湖,食之鳝鲦[⑰],随行列而止[⑱],委虵而处[⑲]。彼唯人言之恶闻[⑳],奚以夫譊譊为乎[㉑]!《咸池》[㉒]、《九韶》之乐,张之洞庭之野,鸟闻之而飞,兽闻之而走,鱼闻之而下入,人卒闻之[㉓],相与还而观之[㉔]。鱼处水而生，人处水而死，彼必相与异[25]，其好恶故异也。故先圣不一其能，不同其事。名止于实[26]，义设于适，是之谓条达而福持[27]。”

注释

① 下席：离开席位。

② 善：赞许。

③ 褚（zhǔ 主）：装衣之袋。　怀大：包藏大物。

④ 绠（gěng 梗）：汲水用的绳索。　汲深：汲取深井之水。

⑤ 与：向。

⑥ 重：再加上。

⑦ 彼：指齐侯。

⑧ 人：指齐侯。　死：谓齐侯将以死罪惩处颜渊。

⑨ 海鸟：指爰居。　止：栖息。

⑩ 御：迎。　觞（shāng 商）：酒杯。此处作动词，以酒招待。

⑪ 九韶：传说中的舜乐名。因其乐共九章，故名。

⑫ 太牢：古代帝王、诸侯祭祀时，牛、羊、豕都具备的称为“太牢”。

⑬ 眩视：眼花。

⑭ 脔（luán 峦）：切成块的肉。

⑮ 己养：指养人的方法。

⑯ 坛陆：水中沙洲。

⑰ 鰌：通“鳅”，泥鳅。　鲦（tiáo 条）：即“鲦”，亦作“鯈”，白条鱼。

⑱ 行列：鸟群的行列。

⑲ 委虵：从容自得的样子。虵，通“蛇”。

⑳ 彼：指海鸟。

㉑ 夫：那，指《九韶》之乐。　譊譊（náo 挠）：喧闹嘈杂声。

㉒《咸池》：乐曲名。

㉓ 人卒：众人。

㉔ 还：通“环”，环绕。

㉕ 彼：指鱼与人。

㉖ 止：定立。

㉗ 条达：条理通达。　福持：福份常驻不离。

列子行，食于道从[①]，见百岁髑髅[②]，攓蓬而指之曰[③]：“唯予与汝知而未尝死[④]，未尝生也。若果养乎[⑤]？予果欢乎？”种有几[⑥]，得水则为㡭[⑦]，得水土之际则为蛙蠙之衣[⑧]，生于陵屯则为陵舄[⑨]，陵舄得郁栖则为乌足[⑩]。乌足之根为蛴螬[⑪]，其叶为胡蝶。胡蝶胥也化而为虫[⑫]，生于灶下，其状若脱[⑬]，其名为鸲掇[⑭]。鸲掇千日为鸟，其名为乾余骨[⑮]。乾余骨之沫为斯弥[⑯]。斯弥为食醯[⑰]。颐辂生乎食醯[⑱]，黄軦生乎九猷[⑲]，瞀芮生乎腐蠸[⑳]，羊奚比乎不箰[㉑]。久竹生青宁[㉒]，青宁生程[㉓]，程生马，马生人，人又反入于机[㉔]。万物皆出于机，皆入于机。

注释

① 道从：路旁。

② 百岁：极言年代很久。

③ 攓（qiān 千）：拔开。　蓬：蓬草。

④ 而：尔，你。指髑髅。

⑤ 若：你。　养：通“恙”，忧悲。

⑥ 种：种类。　几：细微，隐微。

⑦ 㡭（jì 继）：即续断，二年生或多年生草本，产于华北、华东各省。

⑧ 蛙蠙（bīn 宾）之衣：即青苔。

⑨ 陵屯：指高旱之地。　陵舄（xì 细）：车前草。

⑩ 郁栖：粪壤。　乌足：草名，未详。

⑪ 蛴螬（qí cáo 齐曹）：金龟子的幼虫，体白色，常弯成马蹄形，以植物的根、茎为食，是地下害虫。

⑫ 胥也：须臾，不久。

⑬ 脱：通“蜕”，谓好像刚蜕化了的皮壳似的。

⑭ 鸲（qú 衢）掇：虫名，未详。

⑮ 乾余骨：鸟名，即山鹊。

⑯ 沫：口中粘液。　斯弥：虫名，或称为米虫。

⑰ 食醯（xī 西）：即醯鸡，生于酒醋中。

⑱ 颐辂（lù 路）：虫名，即蜉蝣。

⑲ 黄軦（kuàng 况）、九猷（yóu 犹）：皆虫名，未详。

⑳ 瞀芮（mào ruì 冒锐）：蚊子。　蠸（quán 权）：瓜类害虫，亦称黄守瓜。

㉑ 羊奚:草名。　比:结合。　不箰:久不生笋的老竹。箰,通“笋”。
㉒ 久竹:老竹。　青宁:虫名。
㉓ 程:豹子。
㉔ 又:当为“久”字之误。　机:自然。

文化史拓展

在人人都以“富、贵、寿、善”为重,以“身安、厚味、美服、好色、音声”为乐的世界里,偏偏还有一个庄子凭着他谬悠荒唐横无际涯的言说,否定世俗之乐,独立于生死边界之上,“上与造物者游,而下与外死生、无终始者为友”(《天下》)。如果说在《大宗师》里庄子勘破生死,悟得了“死生存亡之一体”的道理,那么这篇《至乐》更是他出生入死,寻得天地化机的要文。

也许庄子的哲学对寻常人而言是太过于广大又太过于玄妙神秘,所以连同他所经历的人生也都被附丽上诡异奇特的光彩。相伴一生的发妻亡故了,庄子鼓盆而歌,流传到后世,便成了无情负义的典范。

更出乎意料之外的是庄子竟然在前往楚国的途中和髑髅交起了朋友,而且同入一梦中,相谈甚欢。庄子这一外死生、鄙俗乐的人生态度,深刻影响了汉魏六朝乃至后世的诸多有识之士。如刘向《说苑・指武》即言:“忘其身故必死。必死不如乐死,乐死不如甘死,甘死不如义死,义死不如视死如归。”真正的视死如归,并非是一味地厌生乐死,而是以平和的心态去顺从自然的运化流变。张衡更将《至乐》篇“髑髅”寓言重新创作为著名的《髑髅赋》,用来发抒自己因处于黑暗现实中而产生的悲伤之情。鲁迅、郭沫若则分别在《故事新编・起死》和《漆园吏游梁》中借用了庄子与髑髅的原型以充实自己的文学作品。

文末写万物职职,皆在变化之中,出乎此者则入于彼,入乎彼者则出于此,辗转相生,以至无穷。谁也没有想到,这段文字在二千多年后会引起学者们如此大的兴趣。严复即将庄子思想与进化论思想进行了参照比较,认为《至乐》篇这段文字,“可以之与晚近西欧生物学家所发明者互证,特其名词不易解释,文所解析者,亦未必是。然有一言可以断定者,庄子于生物功用变化,实已窥其大略,至其细琐情形,虽不尽然,但生当二千余岁之前,其脑力已臻此境,亦可谓至难能而可贵矣。”(《庄子评点》)胡适则更推进了严复的说法,明确指出庄子这段文字所表现出的思想与达尔文进化论是相通的,庄子在二千年前已发明了生物进化论。胡适此说一出,曾一度轰动了学术界,而梁启超、章炳麟等人则提出了反对意见,认为胡氏的说法并不可取。

文学史链接

1. 相关文学典故

鼓盆

已分今生不服缞，谁知晚景鼓盆悲。

（赵翼《悼亡》）

今日鼓盆初歌，明日便新人如玉。

（秋瑾《精卫石》第一回）

2. 后世有关诗赋文

张衡《髑髅赋》

曹植《髑髅说》

冯梦龙《警世通言·庄子休鼓盆成大道》

张萱《庄周鼓盆》

鲁迅《故事新编·起死》

郭沫若《漆园吏游梁》

3. 文学技法

此段从髑髅发端，落想甚奇。……前幅层层诘问，感慨无端，如有悲风起于毫末；后幅说得生之劳，转不如死之快，正为贪生者唤醒痴迷也。

（刘凤苞《南华雪心编·至乐》对“庄子见空髑髅”故事的评论）

此篇当与《大宗师》篇互参，乃见其妙。中间形容各种，曲尽物情，万态毕呈，亦令人目不暇给。

（刘凤苞《南华雪心编·至乐》篇末总评）

集评

所谓齐者，生时安生，死时安死，生死之情既齐，则无为当生而忧死耳，此庄子之旨也。

（郭象《庄子注·至乐》对“庄子见空髑髅”故事的评论）

生死变化，循环无极，若悦生而恶死，或乐死而厌生，皆滞于一偏而非乐之至。必也无乐无不乐，无生无不生，然后不为化所役，不为机所运，造夫大衍虚一不用之妙，泯然无际，湛兮若存，斯为至乐也欤！

（褚伯秀《南华真经义海纂微·至乐》篇末总评）

此篇教人抉择至乐活身之术，皆以无为而存。将个“无”字推到本始，论及人物之生死变化，察其本无而同出入于一机，其有生老病死等，如四时昼夜，达命者不哀，观化者无恶，一味顺其自然，然后在我者，长乐而长存也。

（陆西星《南华真经副墨·至乐》总论）

南华文字，善言化境。《逍遥游》开手“鲲化为鹏”，《齐物论》结尾“此之谓物化”，二“化”字已道尽化工矣。至于尻轮、神马、虫臂、鼠肝，一身之内，随天所付，出于机，入于机，无所用其计较，正以其能外死生而真者常存也。

（刘凤苞《南华雪心编·至乐》篇末总评）

思考与讨论

1. 此篇表达了怎样的“至乐”观？
2. “庄子鼓盆而歌”、“庄子见空髑髅”两则故事之所以每为后世文人学士所重视，除了故事本身富于趣味而外，还有哪些思想和社会方面的原因？
3. 试用当今的生物学理论，评论本篇最后一段文字所包含的思想内容，以及胡适等所谓“庄子生物进化论思想”的说法。

达　　生

题解

此篇宗旨与《养生主》大体相同。作者认为，养生的关键在于全神，一是因为形体转瞬即灭，而精神却可以超然世外，与天地共其悠远。二是因为神全则无隙可乘，无隙可乘则性命不为外物所伤。所以，凡通达生命实情的人，只要保全其精神而已，根本无心凭借导引延年之术，备物厚养之举，以冀其长生不老。但此篇所展示的全神途径，却与《养生主》篇是不同的。《养生主》所强调的是“缘督以为经”，即以顺应中虚之道作为通向全神的重要途径。此篇则强调“纯气之守”，即以守气为全神的重要前提。如至人的气守神全、桓公的气荡神摇、斗鸡的气守神藏、梓庆的“不敢耗气”等等，都无不证明气在运载精神方面的重要功用。

首段为总论，“子列子问关尹”以下十一段是引证文字，最后一段，借扁庆子寄慨，感叹养生妙论不入世人之耳，以关锁全文。

达生之情者[1]，不务生之所无以为[2]；达命之情者，不务知之所无可奈何[3]。养形必先之以物，物有余而形不养者有之矣；有生必先无离形，形不离而生亡者有之矣。生之来不能却[4]，其去不能止[5]。悲夫！世之人以为养形足以存生，而养形果不足以存生，则世奚足为哉[6]！虽不足为而不可不为者，其为不免矣。

夫欲免为形者，莫如弃世。弃世则无累，无累则正平[7]，正平则与彼更生[8]，更生则几矣[9]。事奚足弃而生奚足遗[10]？弃事则形不劳，遗生则精不亏。夫形全精复[11]，与天为一。天地者，万物之父母也，合则成体，散则成始。形精不亏，是谓能移[12]；精而又精，反以相天[13]。

注释

① 达：通达，懂得。　生：生命。　情：实情，真谛。

② 务：追求。

③ 知：当为“命”字之误。
④ 却：拒绝。
⑤ 止：留住。
⑥ 世：指世人备物养形之事。
⑦ 正平：指身心都处于本然平稳的状态之中。
⑧ 彼：指造物者。　更生：谓循环推移。
⑨ 几：接近。此指接近大道。
⑩ 奚：何以，为什么。　足：值得。
⑪ 精复：谓精神凝聚而不外散。
⑫ 能移：能与造物者即天地阴阳二气一同变化。
⑬ 相：辅助，赞助。

子列子问关尹曰①：“至人潜行不窒②，蹈火不热，行乎万物之上而不慄。请问何以至于此？”

关尹曰：“是纯气之守也③，非知巧果敢之列④。居⑤，予语女。凡有貌象声色者⑥，皆物也⑦，物与物何以相远？夫奚足以至乎先⑧？是色而已⑨。则物之造乎不形而止乎无所化⑩，无得是而穷之者⑪，物焉得而止焉⑫！彼将处乎不淫之度⑬，而藏乎无端之纪⑭，游乎万物之所终始，壹其性，养其气⑮，合其德，以通乎物之所造⑯。夫若是者，其天守全⑰，其神无卻⑱，物奚自入焉⑲！夫醉者之坠车，虽疾不死⑳。骨节与人同而犯害与人异㉑，其神全也。乘亦不知也，坠亦不知也，死生惊惧不入乎其胸中，是故遻物而不慴㉒。彼得全于酒而犹若是㉓，而况得全于天乎㉔？圣人藏于天，故莫之能伤也。复仇者不折镆干㉕，虽有忮心者，不怨飘瓦㉖，是以天下平均㉗。故无攻战之乱，无杀戮之刑者，由此道也。不开人之天㉘，而开天之天㉙。开天者德生㉚，开人者贼生㉛。不厌其天㉜，不忽于人，民几乎以其真㉝。”

注释

① 子列子：对列御寇的尊称。　关尹：有两种说法。其一，名喜，关尹为其官职名称。

其二，关尹，即关令尹喜，姓尹名喜，字公度，为函谷关令。

② 潜行：谓潜行水中。

③ 纯气之守：即守住元气。

④ 知：通“智”。　列：类。

⑤ 居：坐下。

⑥ 貌象：形貌迹象。

⑦ 物：指一切有形迹声色可见可闻的东西，也包括拘于形迹声色，而不能独任虚无的人。

⑧ 先：指未始有物之先。

⑨ 色：指拘于色相之物。

⑩ 物：指道。　造：至，达到。

⑪ 是：此，指道。

⑫ 物：外物。　止：停留。

⑬ 彼：指至人。　淫：过分，超越。

⑭ 无端之纪：指无首无尾的大道。纪，绪。

⑮ 气：元气。

⑯ 物之所造：即造物者，派生万物的大道。

⑰ 天：自然天性。

⑱ 郤（xì 隙）：通“隙”，间隙，裂缝。

⑲ 物：外物。

⑳ 疾：摔伤。

㉑ 犯害：受害。

㉒ 遻（è 恶）：通“遌”，触，遇到。　慴（shè 慑）：通“慑”，害怕，恐惧。

㉓ 彼：指醉者。

㉔ 天：指自然无为的天道，也即大道。

㉕ 镆干：即镆铘与干将，都是古代良剑名。

㉖ 忮（zhì 秩）：忌恨，嫉妒。

㉗ 平均：谓和平安宁。

㉘ 人之天：谓情欲。

㉙ 天之天：谓自然恬淡。

㉚ 德：自然德性。

㉛ 贼：祸害。

㉜ 厌：满足。
㉝ 几：差不多。　真：真性。

仲尼适楚[①]，出于林中，见痀偻者承蜩[②]，犹掇之也[③]。仲尼曰："子巧乎！有道邪[④]？"曰："我有道也。五六月累丸二而不坠，则失者锱铢[⑤]；累三而不坠，则失者十一；累五而不坠，犹掇之也。吾处身也[⑥]，若厥株拘[⑦]；吾执臂也[⑧]，若槁木之枝。虽天地之大，万物之多，而唯蜩翼之知。吾不反不侧，不以万物易蜩之翼[⑨]，何为而不得！"孔子顾谓弟子曰："用志不分，乃凝于神[⑩]，其痀偻丈人之谓乎[⑪]！"

注释

① 适：往。
② 痀偻（jū lóu 拘楼）：老人曲背的样子。　承蜩（tiáo 条）：持竿粘蝉。蜩，蝉。
③ 掇：拾取。
④ 道：指技艺。
⑤ 锱铢（zī zhū 孜朱）：古代重量单位，比喻极小的数量。
⑥ 处身：立定身子。
⑦ 厥：直立。　拘：当为"枸"字之误。枸，指树干靠近根的部分。
⑧ 执臂：用臂执竿。
⑨ 易：改变。
⑩ 凝于神：谓精神凝聚专一。
⑪ 丈人：古时对老人的尊称。

颜渊问仲尼曰："吾尝济乎觞深之渊[①]，津人操舟若神[②]。吾问焉，曰：'操舟可学邪？'曰：'可。善游者数能[③]。若乃夫没人[④]，则未尝见舟而便操之也。'吾问焉而不吾告，敢问何谓也？"

仲尼曰："善游者数能，忘水也[⑤]。若乃夫没人之未尝见舟而便操之也，彼视渊若陵，视舟之覆犹其车却也[⑥]。覆却万方陈乎前而不得入其舍[⑦]，恶往而不暇[⑧]！以瓦注者巧[⑨]，以钩注者惮[⑩]，以黄金注者殙[⑪]。其巧一也，而有所矜[⑫]，则重外也[⑬]。凡外重者内拙。”

注释

① 济：渡。　觞深：渊名。

② 津人：在觞深上摆渡的人。　操舟：驾驶船只。

③ 数：数次，多次。

④ 若乃：至于。　夫：那。　没人：能潜入水底的人。

⑤ 忘水：忘掉水能危害人的性命。

⑥ 却：后退。

⑦ 万方：万端，即千万种翻船、退车的景象。　舍：即内心。

⑧ 暇：闲适自得。

⑨ 注：赌注。此处作动词，谓作为赌注。　巧：心灵思巧。

⑩ 钩：带钩，多用青铜制成。　惮：惧怕。

⑪ 殙（hūn 昏）：同“惛”，心志昏乱。

⑫ 矜：怜惜。

⑬ 重外：注重外物。

田开之见周威公[①]，威公曰：“吾闻祝肾学生[②]，吾子与祝肾游[③]，亦何闻焉？”田开之曰：“开之操拔篲以侍门庭[④]，亦何闻于夫子[⑤]！”

威公曰：“田子无让[⑥]，寡人愿闻之。”开之曰：“闻之夫子曰：‘善养生者，若牧羊然，视其后者而鞭之。’”

威公曰：“何谓也？”田开之曰：“鲁有单豹者[⑦]，岩居而水饮[⑧]，不与民共利[⑨]，行年七十而犹有婴儿之色；不幸遇饿虎，饿虎杀而食之。有张毅者[⑩]，高门县薄[⑪]，无不走也[⑫]，行年四十而有内热之病以死。豹养其内而虎食其外，毅养其外而病攻其内，此二子者，皆不鞭其后者也[⑬]。仲尼曰：‘无入而藏，无出而阳[⑭]，柴立其中央[⑮]。三者若得，其名必极[⑯]。’夫畏涂者[⑰]，十杀一人，则父子兄弟相戒也，必盛卒徒而后敢出焉[⑱]，不亦知乎[⑲]！人之所取畏者[⑳]，衽席之上[㉑]，饮食之间，而不知为之戒者，过也[㉒]。”

注释

① 田开之:姓田,名开之,学道之人。

② 祝肾:姓祝,名肾,怀道之人。　学生:学养生之道。

③ 吾子:相亲之辞,犹“您”。

④ 拔篲:扫帚。

⑤ 夫子:先生,指祝肾。

⑥ 田子:犹“田先生您”。　让:谦让。

⑦ 单豹:姓单,名豹,鲁国隐士。

⑧ 水饮:饮山泉之水。

⑨ 共利:争利。

⑩ 张毅:姓张,名毅,鲁国人,以谦恭著称。

⑪ 高门:指大户。　县薄:即悬挂帷帘在门前的小户。县,通“悬”,挂。

⑫ 走:趋。

⑬ 鞭其后:谓去其不足,使其执中无偏。

⑭ 阳:显露。

⑮ 柴:枯木。

⑯ 极:穷极,穷尽。

⑰ 畏涂:险阴多盗之途。涂,通“途”。

⑱ 盛卒众:谓成群结队。

⑲ 知:通“智”,聪明。

⑳ 取畏:自取戕害。

㉑ 衽(rèn 认)席之上:指色欲之事。衽,卧席。

㉒ 过:错误,过错。

祝宗人元端以临牢筴[①],说彘曰[②]:“汝奚恶死?吾将三月犠汝[③],十日戒,三日齐[④],藉白茅[⑤],加汝肩尻乎雕俎之上[⑥],则汝为之乎?”为彘谋,曰不如食以糠糟而错之牢筴之中[⑦];自为谋,则苟生有轩冕之尊[⑧],死得于腞楯之上[⑨]、聚偻之中则为之[⑩]。为彘谋则去之[⑪],自为谋则取之[⑫],所异彘者何也?

注释

① 祝宗人:祭祀官。　元端:黑色礼服。此作动词,身穿黑色礼服。　临:走近,靠近。　牢筴(cè 册):猪圈。筴,木栏。

② 彘(zhì 治):猪。

③ 豢:通“豢”,豢养。

④ 齐:通“斋”。

⑤ 藉白茅:用白茅作祭器的衬垫,表示洁净。藉,衬垫。

⑥ 肩:前腿的根部。　尻:臀部。　俎:盛祭品的器具。

⑦ 错:通“措”,放置。

⑧ 苟:希望。

⑨ 腞楯(zhuàn shǔn 篆吮):饰有花纹的柩车。腞,画饰。楯,柩车。

⑩ 聚偻:本指棺饰,这里借指饰纹繁多的棺椁。聚,丛积。

⑪ 去:丢弃,抛弃。　之:指白茅、雕俎。

⑫ 之:指轩冕、柩车、棺椁。

桓公田于泽[①],管仲御[②],见鬼焉。公抚管仲之手曰:“仲父何见[③]?”对曰:“臣无所见。”公反[④],诶诒为病[⑤],数日不出。

齐士有皇子告敖者曰[⑥]:“公则自伤,鬼恶能伤公!夫忿滀之气[⑦],散而不反,则为不足[⑧];上而不下[⑨],则使人善怒;下而不上,则使人善忘;不上不下,中身当心,则为病。”

桓公曰:“然则有鬼乎!”曰:“有。沈有履[⑩],灶有髻[⑪]。户内之烦壤[⑫],雷霆处之[⑬];东北方之下者,倍阿鲑蠪跃之[⑭];西北方之下者,则泆阳处之[⑮]。水有罔象[⑯],丘有峷[⑰],山有夔[⑱],野有彷徨[⑲],泽有委蛇。”

公曰:“请问,委蛇之状何如?”皇子曰:“委蛇,其大如毂[⑳],其长如辕[㉑],紫衣而朱冠。其为物也,恶闻雷车之声,则捧其首而立,见之者殆乎霸[㉒]。”桓公辴然而笑曰[㉓]:“此寡人之所见者也。”于是正衣冠与之坐,不终日而不知病之去也[㉔]。

注释

① 桓公：齐桓公，姓姜，名小白，春秋五霸之一。　田：打猎。
② 御：驾驭车马。
③ 仲父：齐桓公对管仲的尊称。
④ 反：通“返”。
⑤ 诶诒（xī yí 希夷）：谓病而失魂，自笑自言。
⑥ 皇子告敖：复姓皇子，字告敖，齐国贤人。
⑦ 忿滀（chù 触）：蓄愤郁结。滀，结聚。
⑧ 不足：谓精神萎靡不振。
⑨ 上：谓忿滀之气上攻头部。
⑩ 沈：水下污泥。　履：鬼名。
⑪ 髻：灶神名。
⑫ 烦壤：粪壤。
⑬ 雷霆：鬼名。
⑭ 倍阿、鲑蠪（wā lóng 蛙龙）：皆神名。　跃之：在那里蹦跳着。
⑮ 泆（yì 逸）阳：神名。
⑯ 罔象：水怪名。
⑰ 峷（zhēn 臻）：山丘之鬼。
⑱ 夔（kuí 葵）：木石之怪。
⑲ 彷徨：野外神名。
⑳ 毂（gǔ 古）：车轮中心可以插轴的部件。
㉑ 辕：大车前面驾牲口的两根直木。
㉒ 殆：近，差不多。
㉓ 辴（zhěn 枕）然：喜笑的样子。
㉔ 不知：不知不觉。　去：愈。

纪渻子为王养斗鸡[①]。十日而问：“鸡已乎？”曰：“未也。方虚憍而恃气[②]。”十日又问，曰：“未也。犹应向景[③]。”十日又问，曰：“未也。犹疾视而盛气。”十日又问，曰：“几矣[④]。鸡虽有鸣者，已无变矣，望之似木鸡矣，其德全矣[⑤]，异鸡无敢应者[⑥]，反走矣[⑦]。”

注释

① 纪渻(shěng 省)子:姓纪,名渻子。　王:指齐王。

② 虚:虚浮。　恃:通“骄”。　恃气:自恃意气。

③ 向:通“响”,指鸡鸣声。　景:通“影”,指鸡的身影。

④ 几:差不多。

⑤ 德全:自然德性完备。

⑥ 异鸡:别的鸡。　应:应战。

⑦ 反走:掉身逃跑。

孔子观于吕梁[①],县水三十仞[②],流沫四十里[③],鼋鼍鱼鳖之所不能游也[④]。见一丈夫游之[⑤],以为有苦而欲死也,使弟子并流而拯之[⑥]。数百步而出,被发行歌而游于塘下[⑦]。

孔子从而问焉,曰:“吾以子为鬼,察子则人也。请问,蹈水有道乎[⑧]?”曰:“亡[⑨],吾无道。吾始乎故[⑩],长乎性,成乎命[⑪]。与齐俱入[⑫],与汩偕出[⑬],从水之道而不为私焉。此吾所以蹈之也。”孔子曰:“何谓始乎故,长乎性,成乎命?”曰:“吾生于陵而安于陵,故也;长于水而安于水,性也;不知吾所以然而然,命也。”

注释

① 吕梁:地名,在今徐州附近。

② 县水:瀑布。县,通“悬”。　仞:八尺为一仞,或谓七尺为一仞。

③ 流:激流。　沫:浪花。

④ 鼋(yuán 元):即癞头鼋,鳖的一种。　鼍(tuó 驼):即扬子鳄,俗称“猪婆龙”。

⑤ 丈夫:古代称成年男子为丈夫。

⑥ 并流:靠近岸边,顺流游去。　拯:拯救。

⑦ 被发:散发。被,通“披”。　行歌:边走边唱。　游:行走。　塘下:堤岸之下。

⑧ 蹈水:游水。　道:方法。

⑨ 亡:通“无”,没有。

⑩ 故:本然。

⑪ 命：自然之理。
⑫ 齐：通“脐”，指漩涡，因其形似肚脐，故称。
⑬ 汩：当为“汩”字之误。汩，上涌的波流。

梓庆削木为鐻①，鐻成，见者惊犹鬼神。鲁侯见而问焉，曰：“子何术以为焉？”对曰：“臣，工人②，何术之有！虽然，有一焉。臣将为鐻，未尝敢以耗气也③。必齐以静心④。齐三日，而不敢怀庆赏爵禄；齐五日，不敢怀非誉巧拙；齐七日，辄然忘吾有四枝形体也⑤。当是时也。无公朝，其巧专而外骨消⑥；然后入山林，观天性⑦，形躯至矣⑧，然后成见鐻，然后加手焉⑨；不然则已⑩。则以天合天，器之所以疑神者⑪，其是与！”

注释

① 梓庆：名叫庆的梓人。梓人，周时官名，主造笋鐻、饮器及射侯者。　鐻（jù 巨）：悬挂钟鼓的架子，上面刻有鸟兽等图案。
② 工人：作工匠的人。
③ 耗气：耗费神气。
④ 齐：通“斋”。
⑤ 辄然：不动的样子。　枝：通“肢”。
⑥ 巧专：内心专一。　外骨：外物的滑乱。骨，通“滑”，乱。
⑦ 观天性：观察树木的天然质性。
⑧ 形躯：指树木的形体。
⑨ 加手：谓着手取木。
⑩ 已：止。
⑪ 疑神：疑是鬼神所作。

东野稷以御见庄公①，进退中绳②，左右旋中规③。庄公以为文弗过也④，使之钩百而反⑤。

颜阖遇之⑥，入见曰：“稷之马将败。”公密而不应⑦。少焉，果败而反。公曰："子何以知之?"曰："其马力竭矣,而犹求焉[8],故曰败。"

注释

① 东野稷:复姓东野,名稷,善驭马。 庄公:鲁庄公。

② 中绳:合绳墨之直。

③ 中规:合规之圆。

④ 文:当为"造父"之误。造父,为周穆王驾八骏,最称善御。

⑤ 钩:让马车打转。

⑥ 颜阖:姓颜,名阖,鲁国贤人。

⑦ 密:默不作声。

⑧ 求:驱使。

工倕旋而盖规矩[1],指与物化而不以心稽[2],故其灵台一而不桎[3]。忘足,屦之适也;忘要[4],带之适也;知忘是非,心之适也;不内变,不外从,事会之适也[5];始乎适而未尝不适者[6],忘适之适也。

注释

① 工倕(chuí 垂):尧时巧匠,传说他开始创造耒耜、钟、规矩等。一说以为黄帝时巧匠。 旋:以手指旋转画圆。 盖:合。

② 稽:查考。

③ 灵台:即灵府,心灵。 一:凝一。 桎:窒塞。

④ 要:通"腰"。

⑤ 事会:所遇之事,所值之会。

⑥ 始:本。

有孙休者[1],踵门而诧子扁庆子曰[2]:"休居乡不见谓不修[3],临难不见谓不勇;然而田原不遇岁[4],事君不遇世[5],宾于乡里[6],逐于州部[7],则胡罪乎天哉[8]? 休恶遇此命也[9]?"

扁子曰："子独不闻夫至人之自行邪？忘其肝胆，遗其耳目，芒然彷徨乎尘垢之外[10]，逍遥乎无事之业，是谓为而不恃[11]，长而不宰[12]。今汝饰知以惊愚，修身以明污[13]，昭昭乎若揭日月而行也[14]。汝得全而形躯[15]，具而九窍[16]，无中道夭于聋盲跛蹇而比于人数[17]，亦幸矣，又何暇乎天之怨哉[18]！子往矣！"

孙子出，扁子入，坐有间[19]，仰天而叹。弟子问曰："先生何为叹乎？"扁子曰："向者休来[20]，吾告之以至人之德，吾恐其惊而遂至于惑也[21]。"弟子曰："不然。孙子之所言是邪？先生之所言非邪？非固不能惑是。孙子所言非邪？先生所言是邪？彼固惑而来矣，又奚罪焉[22]！"

扁子曰："不然，昔者有鸟止于鲁郊，鲁君说之[23]，为具太牢以飨之[24]，奏《九韶》以乐之，鸟乃始忧悲眩视，不敢饮食。此之谓以己养养鸟也。若夫以鸟养养鸟者，宜栖之深林，浮之江湖，食之以委蛇[25]，则平陆而已矣。今休，款启寡闻之民也[26]，吾告以至人之德，譬之若载鼷以车马[27]，乐鴳以钟鼓也[28]，彼又恶能无惊乎哉！"

注释

① 孙休：姓孙，名休，鲁国人。

② 踵：至。　诧：告。　子扁庆子：犹言"先生扁庆子"。扁庆子，姓扁，名庆子，鲁国的贤人。孙休的老师。

③ 见：被。　谓：称。

④ 田园：谓耕作田地。　岁：好收成。

⑤ 世：指明主圣君在位的时代。

⑥ 宾：通"摈"，排斥。

⑦ 逐：放逐。

⑧ 罪：得罪。

⑨ 恶：何。

⑩ 芒然：无知无识的样子。　彷徨：自得逸豫。　尘垢：尘世，尘网。

⑪ 恃：以功自恃。

⑫ 宰：主宰。

⑬ 明汙：显露别人的污秽。汙，同"污"。

⑭ 昭昭：明亮的样子。　揭：举。
⑮ 全：保全。　而：通“尔”，你。
⑯ 具：具备，具足。　九窍：耳、目、口、鼻七窍和前阴、后阴两窍。
⑰ 蹇（jiǎn 简）：跛足。　比：列。　数：辈，行列。
⑱ 天之怨：即怨天。
⑲ 有间：一会儿。
⑳ 向者：刚才。
㉑ 遂：因此。　惑：迷惑。
㉒ 罪：过错，过失。
㉓ 说：通“悦”。
㉔ 飨（xiǎng 享）：以酒食款待。
㉕ 委蛇：即蛇。
㉖ 款启：开孔之小，比喻所见之小。款，孔。启，开。
㉗ 鼷（xī 息）：鼠类中最小的一种。
㉘ 鴳（yàn 晏）：雀类小鸟。

文化史拓展

本篇秉承了内篇《养生主》的主旨，主要论述如何达生、达命之情，以及阐明养生之理。但文中有不少寓言故事，在客观上却给了人们以有益的艺术启示。如“痀偻承蜩”、“津人操舟”、“吕梁丈人”等寓言故事说明，艺术家思想的高度专一，就可以成为通向精神凝聚的阶梯，即所谓“用志不分，乃凝于神”，从而创作出合于天然的艺术作品。

尤其值得重视的是文中“梓庆削木为鐻”的寓言故事。“鐻”为一种“乐器，似夹钟”（司马彪语），或说为“钟鼓之拊”，像“筍簴之形，为鸟为兽，刻木为之”（林希逸语），本来就是一种具有较高艺术欣赏价值的东西。所以，梓庆削木为鐻的过程，实际上也就是他的艺术创作活动的过程。那么，他的艺术创作活动到底有什么特点呢？他自己是这样向鲁侯叙说的：“臣将为鐻，未尝敢以耗气也，必齐以静心。齐三日，而不敢怀庆赏爵禄；齐五日，不敢怀非誉巧拙；齐七日，辄然忘吾有四枝形体也。当是时也，无公朝，其巧专而外骨消；然后入山林，观天性，形躯至矣，然后成见鐻，然后加手焉；不然则已。则以天合天，器之所以疑神者，其是与！”可见，他的艺术创作活动就是“以天合天”的过程，即让自己一步步从各种意识的控制下解脱出来，以忘怀一切的心理状态去契合那客观对象的自然质性，其具体步骤则表现为：其一是“不敢怀庆赏爵禄”，即不考虑作品作成之后是否能得到庆贺赏赐；其二是“不敢怀非誉巧拙”，即不考虑作成之后观赏者是夸奖还是非议，是说巧还是拙；其三是“忘吾有四枝形体”，即进入忘我状态，一切听任潜意识的支配。然后入山林，观天性，则“确然见鐻于胸中”（王敔语）矣，因而创造出了使“见者惊犹鬼神”的艺术作品。这些说法看来似乎是有点不可理解的，其实却包含着对艺术创作心理特征的深刻认识。因为一位艺术家如果让利害得失的意识占了上风，那么在创作时必然会使自己的身心紧张起来，从而严重地影响到作品的艺术性。据这一点来说，艺术创作活动正是一个以潜意识逐渐代替自觉意识，以便最后让主体的自然之“天”与对象的自然之“天”完全契合起来的过程。

文学史链接

1. 有关文学典故

承蜩

承蜩之捷犹掇尔，就是尤羡秃尾狼。

（褚人获《坚瓠首集·乌啄蝗歌》）

木鸡

事有躁而失、静而得者，故木鸡胜焉。

（白居易《礼部试策》之三）

木鸡方备德，金马正求贤。

（张祜《送韦正字贯析赴制举》）

削鐻

想居心中有全秦，见鐻削鐻鐻乃真。

（麻九畴《跋范宽〈秦川图〉》）

2. 后世有关诗赋文

高郢《佝偻丈人承蜩赋》

李士表《庄子九论·坠车》

祝允明《吕梁行》

乾隆《痀偻承蜩》

3. 文学技法

前三段大意已明，后凡十二段横侧引喻，或明养神之妙，或明养形之非；末段借子扁庆子寄慨，以至言告浅人，未有不惊且惑者，盖深惧此篇知希，叹一孙休，便叹尽古今万万人也。

（宣颖《南华经解·达生》总论）

以下（指“子列子”）节节引证前文，横峰侧岭，离立参差，合之则云蒸霞蔚，自成无缝天衣，分之则鹤渚凫汀，皆属真源妙境。前后本一气相生，要须逐节玩味，方可得其命意布局之奇。末一段借孙休发出感慨，盖叹高论不入于里耳，而款启无闻之民不绝于天下后世。

（刘凤苞《南华雪心编·达生》总论）

集评

此篇多庄子杂著，中间所论藏神守气，愈譬愈精，做学问者，不可不熟读此篇。

（陆西星《南华真经副墨·达生》总论）

此篇中大旨，发内篇《养生主》所未备，阐出精、气、神三宝妙用，为玄箓开山秘法。段段设喻，精言知屑，长生久视之道尽于此矣。

（林云铭《庄子因·达生》篇末总评）

庄子冷眼热心，洞达世情，深窥道妙，为沉迷忘返者，惠此一卷冷雪之文；而苦口针砭，究竟无补，故于此篇，深致其慨焉。

（刘凤苞《南华雪心编·达生》对末段文字的评论）

精、气、神三宝，阐发无遗，是参同悟真之嚆矢也。长生久视，道尽于此矣。

（陈寿昌《南华真经正义·达生》篇末总评）

思考与讨论

1. 此篇所强调的养生方法与内篇《养生主》有何不同？
2. 文中“痀偻承蜩”、“津人操舟”、“吕梁丈人”等寓言故事与内篇《养生主》“庖丁解牛”寓言故事一样，其本身所呈现出的客观意义与作者的寓意有何本质性的不同？
3. “梓庆削鐻”这一寓言故事，可以给文艺创作者以哪些有益启示？

山　木

题解

此篇与《人间世》一样，旨在说明要想处世免患，即在于虚己顺物，抛弃矜伐自恃之心。如鲁侯因不能去欲虚己而不免于患，孔子因有矜伐之心而遭陈蔡之围，逆旅美人因有矜美之意而不为主人所重，北宫奢能虚己无为，三月即成上下之悬，凡此等等都足以说明此意。

可是尽管此篇宗旨与《人间世》相同，但在许多地方却往往能翻出新意。若《人间世》以不材、无用为虚己免患之本，而本文却在大木以不材终其天年之后，忽然转出雁以无能见杀一喻，说明不材、无用同样不足免患，反而处于材与不材之间，似乎才能够远祸全身。但文章接着忽又一转，明确指出处出中间、似是而非仍不是大道所在，所以只有超然三者之外，浮游于道德之乡，与时俱化，物我两忘，才能够真正做到虚己免患。所有这些都表明，在“殊死者相枕”、“桁杨者相推”、“刑戮者相望”的残酷现实面前，作者已完全感到无可奈何，无能为力，因而只好韬光敛迹，超然物外，以便使自己远离祸患，到精神的自由王国里去获得彻底的解脱。

庄子行于山中，见大木[①]，枝叶盛茂，伐木者止其旁而不取也[②]。问其故，曰：“无所可用。”庄子曰：“此木以不材得终其天年[③]。”

夫子出于山[④]，舍于故人之家[⑤]。故人喜，命竖子杀雁而烹之[⑥]。竖子请曰：“其一能鸣，其一不能鸣，请奚杀？”主人曰：“杀不能鸣者。”

明日，弟子问于庄子曰：“昨日山中之木，以不材得终其天年；今主人之雁，以不材死[⑦]。先生将何处？”庄子笑曰：“周将处乎材与不材之间。材与不材之间，似之而非也，故未免乎累。若夫乘道德而浮游则不然[⑧]。无誉无訾[⑨]，一龙一蛇，与时俱化，而无肯专为；一上一下，以和为量[⑩]，浮游乎万物之祖，物物而不物于物[⑪]，则胡可得而累邪！此神农、黄帝之法则也[⑫]。若夫万物之情[⑬]，人伦之传则不然[⑭]，合则离，成则毁，廉则挫[⑮]，尊则议[⑯]，有为则亏，贤则谋[⑰]，不肖则欺[⑱]，胡可得而必乎哉[⑲]！悲夫！弟子志之[20]，其唯道德之乡乎[21]！”

注释

① 大木：大树。
② 止：停步。
③ 不材：谓不具备良材的质地。
④ 夫子：指庄子。
⑤ 舍：寄宿。　故人：朋友。
⑥ 竖子：童仆。　雁：即鹅。　烹：通“享”或“飨”，以食款待人。
⑦ 不材：谓不能鸣叫。
⑧ 乘：顺。　浮游：谓游于至虚之境。
⑨ 訾（zǐ 紫）：毁谤，非议。
⑩ 和：顺。　量：原则。
⑪ 物物：视外物为物。　物于物：为外物所役使。于，被。
⑫ 法则：谓处世法则。
⑬ 情：情状。
⑭ 传：变化。
⑮ 廉：廉隅。引申为品行端方。
⑯ 议：非议。
⑰ 谋：谋算。
⑱ 欺：欺辱。
⑲ 必：谓拘守于一方。
⑳ 志：通“记”，记住。
㉑ 乡：同“向”，归向。

市南宜僚见鲁侯[1]，鲁侯有忧色。市南子曰：“君有忧色，何也？”鲁侯曰：“吾学先王之道[2]，修先君之业[3]；吾敬鬼尊贤，亲而行之，无须臾离居[4]；然不免于患，吾是以忧。”市南子曰：“君之除患之术浅矣[5]！夫丰狐文豹[6]，栖于山林，伏于岩穴，静也[7]；夜行昼居，戒也[8]；虽饥渴隐约[9]，犹旦胥疏于江湖之上而求食焉[10]，定也[11]。然且不免于罔罗机辟之患[12]。是何罪之有哉？其皮为之灾也。今鲁国独非君之皮邪？吾愿君刳形去皮[13]，洒心去欲[14]，而游于无人之野[15]。南越有邑焉[16]，名为建德之国[17]。其民愚而朴，少私而寡欲；知作而不知藏[18]，与而不求其报[19]；不知义之所适[20]，不知礼之所将[21]；猖狂妄行[22]，乃蹈乎大方[23]；其生可乐，其死可葬。吾愿君去国捐俗[24]，与道相辅而行[25]。”

君曰：“彼其道远而险[26]，又有江山[27]，我无舟车，奈何？”市南子曰：“君无形倨[28]，无留居[29]，以为君车。”君曰：“彼其道幽远而无人，吾谁与为邻？吾无粮，我无食，安得而至焉？”市南子曰：“少君之费[30]，寡君之欲，虽无粮而乃足。君其涉于江而浮于海，望之而不见其崖[31]，愈往而不知其所穷。送君者皆自崖而反，君自此远矣！故有人者累[32]，见有于人者忧[33]。故尧非有人，非见有于人也。吾愿去君之累，除君之忧，而独与道游于大莫之国[34]。方舟而济于河[35]，有虚船来触舟[36]，虽有惼心之人不怒[37]。有一人在其上，则呼张歙之[38]。一呼而不闻，再呼而不闻，于是三呼邪，则必以恶声随之[39]。向也不怒而今也怒[40]，向也虚而今也实。人能虚己以游也，其孰能害之！”

注释

① 市南宜僚：姓熊，名宜僚，楚国人，家住市南。　鲁侯：即鲁哀公。

② 先王：谓王季、文王。

③ 先君：谓周公、伯禽。

④ 须臾：片刻。　居：休息。

⑤ 浅：浅陋。

⑥ 丰狐：大狐。丰，通“封”，大。　文豹：身上长有斑纹的豹子。

⑦ 静：宁静。

⑧ 戒：警戒。

⑨ 隐约：困穷，穷乏。

⑩ 旦：当为“且”字之误。　胥疏：远避。

⑪ 定：心神安定。

⑫ 罔、罗、机、辟：都是捕鸟兽的器具。罔，通“网”。

⑬ 刳(kū 枯)：剔净。

⑭ 洒心:清洗内心。
⑮ 无人之野:指至虚的大道之境。
⑯ 南越:虚构的地名。
⑰ 建德之国:虚构的国名,有建立大道之义。
⑱ 作:耕作。　藏:私藏谷物。
⑲ 与:给与。　报:报答。
⑳ 适:往。
㉑ 将:行。
㉒ 猖狂:谓随心所欲,没有任何拘束。　妄行:任意而行。
㉓ 大方:广大之境,即大道。
㉔ 去:离开。　捐:捐弃。
㉕ 辅:依。
㉖ 彼:指南越建德之国。　险:谓道路多险阻。
㉗ 有江山:谓有山河阻隔。
㉘ 无:通“毋”,不要。　倨(jù 巨):傲慢。
㉙ 居:守,偏执。
㉚ 费:花费。
㉛ 崖:端崖。
㉜ 有人者:掌管人的人。人,人民。
㉝ 见有于人者:谓被人所役使的人。
㉞ 大莫之国:谓至虚的大道之境。
㉟ 方舟:谓两舟相并。　济:渡。
㊱ 舩:通“船”。
㊲ 惼(biǎn 匾)心:心胸狭窄。惼,通“褊”,狭小,狭隘。
㊳ 张:撑开。　歙(xī 希):收敛。引申为向岸边靠拢。
㊴ 恶声:辱骂之声。
㊵ 向:刚才,从前。这里指虚舩来撞之时。

北宫奢为卫灵公赋敛以为钟[①],为坛乎郭门之外[②],三月而成上下之县[③]。王子庆忌见而问焉[④],曰:“子何术之设[⑤]?”

奢曰："一之间[⑥]，无敢设也。奢闻之：'既雕既琢，复归于朴[⑦]。'侗乎其无识[⑧]，傥乎其怠疑[⑨]；萃乎芒乎[⑩]，其送往而迎来；来者勿禁[⑪]，往者勿止[⑫]；从其强梁[⑬]，随其曲传[⑭]，因其自穷。故朝夕赋敛而毫毛不挫，而况有大涂者乎[⑮]！"

注释

① 北宫奢：卫国大夫，名奢，居北宫，因以为号。　赋敛：募收民财。　钟：青铜铸成的乐器，悬挂于钟架之上，用槌叩击发音。

② 为：筑。　坛：土筑的高台，用于祭祀。　郭：外城。

③ 县：通"悬"，钟架。

④ 王子庆忌：即吴王僚的儿子。

⑤ 术：方法，手段。

⑥ 一之间：谓守于纯一无为的自然之道中间。

⑦ 朴：事物的原始状态。

⑧ 侗（tóng 童）乎：愚蠢的样子。

⑨ 傥（tǎng 躺）乎：无心的样子。　怠疑：呆滞的样子。

⑩ 萃：为"茐"之借字。

⑪ 禁：拒绝。

⑫ 止：强留。

⑬ 强梁：力大强悍的人。

⑭ 传：当为"傅"字之误。傅，即附。

⑮ 大涂：大通之涂，即大道。涂，通"途"。

孔子围于陈蔡之间[①]，七日不火食[②]。大公任往吊之[③]，曰："子几死乎？"曰："然。""子恶死乎？"曰："然。"任曰："予尝言不死之道[④]。东海有鸟焉，其名曰意怠[⑤]。其为鸟也，翂翂翐翐[⑥]，而似无能；引援而飞[⑦]，迫胁而栖[⑧]；进不敢为前，退不敢为后；食不敢先尝，必取其绪[⑨]。是故其行列不斥，而外人卒不得害[⑩]，是以免于患。直木先伐，甘井先竭。子其意者饰知以惊愚，修身以明汙[⑪]，昭昭乎如揭日月而行[⑫]，故不免也。昔吾闻之大成之人曰[13]:'自伐者无功[14],功成者堕[15],名成者亏。'孰能去功与名,而还与众人?道流而不明居,得行而不名处[16];纯纯常常[17],乃比于狂[18];削迹捐势[19],不为功名。是故无责于人[20],人亦无责焉。至人不闻[21],子何喜哉?"

孔子曰:"善哉!"辞其交游,去其弟子,逃于大泽,衣裘褐[22],食杼栗[23],入兽不乱群,入鸟不乱行。鸟兽不恶,而况人乎!

注释

① 围于陈蔡:已见《天运》篇注。

② 火食:谓举火做饭。

③ 大公任:虚构的人物。　吊:慰问。

④ 尝:试。　不死之道:长生之道。

⑤ 意怠:即下文的"鹣鸸",燕子。

⑥ 翂翂(fēn 纷)翐翐(zhì 秩):迟缓不能高飞的样子。

⑦ 引援:援引朋友。

⑧ 迫胁:即偎依,挤在众鸟之中。

⑨ 绪:余弃,谓残剩食物。

⑩ 卒:终于。

⑪ 明汙:显露别人的污秽。汙,同"污"。

⑫ 昭昭:明亮的样子。　揭:举。

⑬ 大成之人:泛指有道之人。

⑭ 伐:自我夸耀。

⑮ 堕:败。

⑯ 得:同"德"。　名:同"明"。

⑰ 纯纯:内心纯一不杂。　常常:行为平常而不特异。

⑱ 比:类似。　狂:指随心所欲,任意而行的人。

⑲ 迹:有为、有心之迹。　捐:抛弃。　势:势位。

⑳ 责:谴责,责备。

㉑ 不闻:不求闻达于世。

㉒ 衣:穿。　裘褐:粗陋之衣。

㉓ 杼(shù 树):即橡子,似栗而小。　栗:即栗子,也称板栗。

孔子问子桑雽[①]曰："吾再逐于鲁[②]，伐树于宋，削迹于卫，穷于商周，围于陈蔡之间[③]。吾犯此数患，亲交益疏，徒友益散，何与？"

子桑雽曰："子独不闻假人之亡与[④]？林回弃千金之璧[⑤]，负赤子而趋[⑥]。或曰[⑦]：'为其布与[⑧]？赤子之布寡矣。为其累与[⑨]？赤子之累多矣。弃千金之璧，负赤子而趋，何也？'林回曰：'彼以利合[⑩]，此以天属也[⑪]。'夫以利合者，迫穷祸患害相弃也[⑫]；以天属者，迫穷祸患害相收也。夫相收之与相弃亦远矣。且君子之交淡若水，小人之交甘若醴[⑬]；君子淡以亲，小人甘以绝[⑭]。彼无故以合者，则无故以离。"

孔子曰："敬闻命矣！"徐行翔佯而归[⑮]，绝学捐书，弟子无挹于前[⑯]，其爱益加进。

异日，桑雽又曰："舜之将死，真泠禹曰[⑰]：'汝戒之哉[⑱]！形莫若缘[⑲]，情莫若率[⑳]；缘则不离，率则不劳；不离不劳，则不求文以待形[㉑]；不求文以待形，固不待物[㉒]。'"

注释

① 子桑雽(hù 户)：姓桑，名雽，隐士。

② 再逐于鲁：鲁昭公时，季平子、孟氏、叔孙氏三家势力强大，昭公迫于此而逃到齐国。因孔子当时反对三家"犯上作乱"，不久也被迫离开鲁国。鲁定公继位后，孔子被任为大司寇。齐人害怕孔子执政将会危及他们的利益，就送女乐给定公及季桓子，于是孔子辞职而再次离开鲁国。所谓再逐于鲁，即指此而言。

③ "伐树于宋"四句：见《天运》篇注。

④ 假：国名。　亡：逃亡。

⑤ 林回：假国逃民之一。　千金之璧：价值千金的玉璧。

⑥ 赤子：婴儿。

⑦ 或：有人。

⑧ 布：古代钱币。

⑨ 累：累赘。

⑩ 彼：指玉璧。

⑪ 此：指赤子。　属：连接，相连。

⑫ 迫：逼近。

⑬ 醴(lǐ 里):甜酒。
⑭ 绝:断绝。
⑮ 翔佯:彷徨。
⑯ 挹(yì 亦):揖让。
⑰ 真泠禹:即乃命禹。真,乃,就。泠,命,令。
⑱ 汝:指禹。
⑲ 缘:谓因其自然。
⑳ 率:谓任其天真。
㉑ 文:文饰,修饰。
㉒ 固:通“故”。

庄子衣大布而补之[①],正緳系履而过魏王[②]。魏王曰:“何先生之惫邪[③]?”

庄子曰:“贫也,非惫也。士有道德不能行,惫也;衣弊履穿[④],贫也,非惫也。此所谓非遭时也。王独不见夫腾猿乎[⑤]?其得枏梓豫章也[⑥],揽蔓其枝而王长其间[⑦],虽羿[⑧]、逢蒙不能眄睨也[⑨]。及其得柘棘枳枸之间也[⑩],危行侧视[⑪],振动悼慄[⑫]。此筋骨非有加急而不柔也[⑬],处势不便[⑭],未足以逞其能也。今处昏上乱相之间[⑮],而欲无惫,奚可得邪?此比干之见剖心徵也夫[⑯]!”

注释

① 衣:穿。　大布:粗布,指粗布衣服。　补之:谓衣服破烂,缝有补丁。
② 正:当为“以”字之误。　緳(xié 协):通“絜”,麻带。　系:捆绑。　过:拜访。　魏王:即魏惠王。
③ 惫:疲困,困乏。
④ 弊:破旧。　穿:破烂成洞。
⑤ 腾:跳跃。
⑥ 枏(nán 南)、梓、豫章:都是端直乔木。枏,楠木。豫章,樟木。
⑦ 揽蔓:把捉牵引。蔓,引。　王长其间:谓称王称长于树枝间。
⑧ 羿:后羿,古代善射的英雄。

⑨ 逢蒙：后羿的弟子。　睥睨（miǎn nì 免腻）：斜视的样子。
⑩ 柘（zhè 这）：桑属，有长刺。　棘：即酸枣，多刺。　枳（zhǐ 止）：落叶灌木或小乔木，茎上长刺。　枸（gǒu 苟）：即枸杞，落叶小灌木，茎丛生，有短刺。
⑪ 危行：小心行走。　侧视：因恐惧而不敢正视两边。
⑫ 振动：发抖。　悼慄：战慄。
⑬ 加急：收缩，紧缩。
⑭ 便：利。
⑮ 昏上：昏君。　乱相：乱臣。
⑯ 比干：殷纣王叔父，官少师，因忠谏而被剖心致死。　徵：明证。

孔子穷于陈蔡之间[①]，七日不火食，左据槁木[②]，右击槁枝[③]，而歌焱氏之风[④]，有其具而无其数[⑤]，有其声而无宫角[⑥]，木声与人声[⑦]，犁然有当于人之心[⑧]。

颜回端拱还目而窥之[⑨]。仲尼恐其广己而造大也[⑩]，爱己而造哀也，曰："回，无受天损易，无受人益难。无始而非卒也[⑪]，人与天一也。夫今之歌者，其谁乎？"

回曰："敢问无受天损易。"仲尼曰："饥渴寒暑，穷桎不行[⑫]，天地之行也，运物之泄也[⑬]，言与之偕逝之谓也[⑭]。为人臣者，不敢去之[⑮]。执臣之道犹若是，而况乎所以待天乎[⑯]！"

"何谓无受人益难？"仲尼曰："始用四达，爵禄并至而不穷，物之所利，乃非己也，吾命其在外者也。君子不为盗，贤人不为窃。吾若取之，何哉？故曰：鸟莫知于鷾鸸[⑰]，目之所不宜处[⑱]，不给视，虽落其实，弃之而走。其畏人也，而袭诸人间[⑲]，社稷存焉尔[⑳]。"

"何谓无始而非卒？"仲尼曰："化其万物而不知其禅之者[㉑]，焉知其所终？焉知其所始？正而待之而已耳。"

"何谓人与天一邪？"仲尼曰："有人，天也[㉒]；有天，亦天也。人之不能有天，性也。圣人晏然体逝而终矣[㉓]！"

注释

① 穷于陈蔡之间：见《天运》篇注。
② 据：凭依。
③ 击：敲打。
④ 猋氏：即焱氏，指神农。　风：歌曲。
⑤ 具：器具。　数：节奏。
⑥ 宫、角：皆为古代宫、商、角、徵、羽五声之一。
⑦ 木声：木枝敲击声。　人声：歌曲之声。
⑧ 犁然：令人忧消情娱的样子。
⑨ 端拱：正身而立。　还（xuán 玄）：通“旋”，旋转。
⑩ 广己：谓张显自己。　造：至。
⑪ 卒：终结。
⑫ 穷桎：穷塞。　不行：不通达。
⑬ 运物：当为“运化”之误。意即自然之道的运行变化。　泄：推移。
⑭ 逝：往。
⑮ 去之：谓逃避君命。
⑯ 待天：对待天地自然之道。
⑰ 鷾鸸（yì ér 意而）：即上文的“意怠”，燕子。
⑱ 不宜处：不适宜停留。
⑲ 袭：入。
⑳ 社稷：指鸟巢。
㉑ 禅：嬗变，蜕变。
㉒ 天：指自然之理。
㉓ 晏然：安然。

庄周游于雕陵之樊[①]，睹一异鹊自南方来者[②]，翼广七尺[③]，目大运寸[④]，感周之颡而集于栗林[⑤]。庄周曰：“此何鸟哉，翼殷不逝[⑥]，目大不睹？”蹇裳躩步[⑦]，执弹而留之[⑧]。睹一蝉，方得美荫而忘其身[⑨]；螳螂执翳而搏之[⑩]，见得而忘其形；异鹊从而利之，见利而忘其真[⑪]。庄周怵然曰[⑫]：“噫！物固相累[⑬]，二类相召也[⑭]！”捐弹而反走[⑮]，虞人逐而谇之[⑯]。

庄周反入[17]，三月不庭[18]。蔺且从而问之[19]："夫子何为顷间甚不庭乎？"庄周曰："吾守形而忘身，观于浊水而迷于清渊[20]。且吾闻诸夫子曰[21]：'入其俗，从其俗[22]。'今吾游于雕陵而忘吾身，异鹊感吾颡，游于栗林而忘真，栗林虞人以吾为戮[23]，吾所以不庭也。"

注释

① 雕陵：丘陵名，上面长有栗林。　樊：树林茂密处。
② 异鹊：异常大的鹊鸟。
③ 广：指鸟翼的宽度。
④ 运：横直，直径。
⑤ 颡（sǎng 嗓）：额。
⑥ 殷：大。　不逝：不能远飞。
⑦ 蹇（qiān 牵）裳：揭起衣裳。　躩（jué 觉）步：疾行。
⑧ 留之：谓留守其下，伺机发弹。
⑨ 美荫：浓密的树荫。
⑩ 翳（yì 益）：遮蔽。　搏之：捕杀蝉。
⑪ 真：真性。
⑫ 怵（chù 触）然：惊惧的样子。
⑬ 相累：互相牵累。
⑭ 召：招引。
⑮ 反走：掉头就跑。
⑯ 虞人：掌管山泽的人。　谇（suì 岁）：责问，诘问。
⑰ 反入：返回家中。
⑱ 三月：当为"三日"之误。　不庭：不愉快。
⑲ 蔺且：庄子的弟子。
⑳ 浊水：比喻异鹊等物。　清渊：比喻自己的真性。
㉑ 夫子：泛指有道者。
㉒ 俗：当为"令"字之误。令，禁令。
㉓ 戮：谇骂。

阳子之宋[①]，宿于逆旅[②]。逆旅人有妾二人，其一人美[③]，其一人恶[④]，恶者贵而美者贱。阳子问其故[⑤]，逆旅小子对曰[⑥]："其美者自美[⑦]，吾不知其美也；其恶者自恶，吾不知其恶也。"

阳子曰："弟子记之！行贤而去自贤之行[⑧]，安往而不爱哉[⑨]！"

注释

① 阳子：即杨朱，字子居，战国魏人。
② 逆旅：旅店。
③ 其：其中。
④ 恶：丑。
⑤ 故：原因。
⑥ 小子：指旅店主人。
⑦ 自美：自以为漂亮。
⑧ 后"行"：当为"心"字之误。
⑨ 安：哪里。

文化史拓展

社会正以前所未有的速度在前进在发展，可与此同时社会问题从各个方面张牙舞爪地袭击着我们。究竟人们该如何自处，才能减轻内心的焦虑不安，才能从从容容地立足于这人世间，平平安安地走过这一生不长不短的几十年？《山木》篇正是讲如何处世免患的妙文，或许能给现代人一些启发。

在内篇《人间世》中，庄周提出以无用为大用、为免患之本的处世哲学，本文对这一观点又有所发展。山木以不材得以终其天年，是对《人间世》篇主旨的重申，而雁却以不材见杀，可见：即使无用，也未必能全生免患。所以庄子的弟子就发生疑问：材，不能免患；不材，仍不能免患。到底"将何处"呢？其实，这是古人乃至现代人常常会碰到的两难境地。"木秀于林，风必摧之"，智慧如老聃也不敢为天下先；可做一个扶不起的阿斗又要被人瞧不起，难免也会处处受气。庄子却笑着答："周将处乎材与不材之间。"乍听上去好像也不外中庸之道，仔细品味才体味得出其言语的幽默，就像庄子把那条著名的大鱼叫做鲲一样。而且，如果读者认为真的要这样处世，就又错了。后文明确指出"材与不材之间"也"未免乎累"，真正的处世方法应该是"乘道德而浮游"，"与时俱化，而无肯专为"，"物物而不物于物"，只有这样才能真正达到全生免患的目的。这样的方法，就超脱了“材”与“不材”的困惑。在庄子那里，根本不会考虑是成为“材”还是“不材”，因为“材”和“不材”，不过是大道的“形迹”而已。本文所推崇的游于“道德之乡”，和《逍遥游》中所说的无己、无功、无名，与自然化而为一是一个意思，也是和庄子处世哲学超然尘世之外的总特征相一致的。

当然，从本文的字里行间也可以感受到，庄子心里还是心系人世的，否则那一则则生动的寓言故事从何而来？不是对世情了如指掌，怎么能描摹出众生相？不是对生活留意热爱，又怎么能洞悉世情？假人之亡的寓言中，林回弃璧负子不正是对人间真情的肯定吗？你看那虚船触舟一节，特别是“一呼而不闻，再呼而不闻，于是三呼邪，则必以恶声随之”，人情世态如在眼前。庄子过魏王一节，庄子着破衣烂鞋，却不卑不亢地进行“贫”、“惫”之辩，并直言：“此所谓非遭时也。”甚至说：“今处昏上乱相之间，而欲无惫，奚可得邪?”又借孔子之口道出“君子不为盗，贤人不为窃”，这些难道不是对现实的抗议么？谁说庄子泯灭了是非观念？

要真正理解庄子，必须把庄子放在知识分子这个层面上去体会，而不能强把他理解为一个哲学家、政治家之类，更不该用晚他两千多年的马列主义去要求他。再者，马列主义提倡的是扬弃，而不是求全责备。如果我们可以理解鲁迅在那个时代所写的一些隐晦曲折的文字，也就应该能够理解庄子了。

文学史链接

1. 相关文学典故

建德之国

建德有遗民，道远我无车。

（苏轼《和陶诗·和〈读山海经〉之一》）

螳螂捕蝉　黄雀在后

后数年，闻山东雷击一道士，或即此道士淫杀过度，又伏天诛欤？螳螂捕蝉，黄雀在后，挟弹者又在其后，此之谓矣。

（纪昀《阅微草堂笔记·槐西杂志四》）

打虎功思悬赏，杀人身被官拿，试看螳螂黄雀，劝君得意休夸。（《水浒传》第四十三回）

2. 后世有关诗赋文

真德秀《虚舟铭》

3. 文学技法

在著实地上作虚空境界，又在虚空隐显中发著实道理。“虚己游世，孰能害之”，是此一篇主意。文能纵笔所之，发挥控送，无不如意，疏淡之中，神韵悠长，以其炼也。炼意、炼气、炼笔，真无不炼而后有此。

（方人杰《庄子读本·山木》对“市南宜僚见鲁侯”故事的评论）

接连写出数层妙境，使人有目不及眨之趣。蝉一层，螳螂一层，异鹊又一层，已数累之上矣；又转出虞人逐谇一层，收入当身，如穷幽陟险之后，又转一胜，真文家乐事也。

（宣颖《南华经解·山木》对“庄周游乎雕陵”故事的评论）

此段极写世途之危险。见得而忘其形，见利而忘其真，说透病根，是一篇扼要之语。蝉得美荫而螳螂已乘其后，螳螂执翳而异鹊又乘其后，祸机之展转相生，皆物类之自相为感召也。现前指点，便使人动魄惊心。执弹而留，捐弹而走，前后均从异鹊生波，而以螳螂执翳一层夹在中间，与《国策》文引喻黄雀、螳螂，另是一样机杼，极错综离合之奇。尤妙在虞人谇逐，又转出一层，文心矫变不测，正如惊涛骇浪之中，忽逢峭石，叠嶂层峦之外，突起奇峰，真非寻常意境。通体筋节灵动，脱化无痕，亦有石栈天梯，架危凌虚之胜。

（刘凤苞《南华雪心编·山木》对“庄周游乎雕陵”故事的评论）

集评

是篇以“山木”命题，即大樗栎社之义，皆以不材得终天年，又以雁不能鸣而见杀相对立论，则南华之于世谤，观之亦熟矣。

（褚伯秀《南华真经义海纂微·山木》篇末总评）

此篇所论全身免患之道，最为详悉，与内篇《人间世》参看。其要只在虚己顺时而去其自贤之心。熟读此者，可以经世务矣。

（陆西星《南华真经副墨·山木》总论）

此篇阐发全身远害之理，可以补内篇《人间世》所未备。大意以道德为眼，其所云虚己顺时，乃道德中事也。精议奥旨，可当涉世韦弦。

（林云铭《庄子因·山木》篇末总评）

此篇虽从处世免患上立论，纯是达天知命工夫。“道德之乡”四字，括尽通篇奥旨，处处须从此收敛入来，乃可透入清虚，超然物外也。

（刘凤苞《南华雪心编·山木》总论）

思考与讨论

1. 此篇对《人间世》的宗旨有哪些发展？
2. 请阅读下面三段文字，并体味其所包含的哲理：

（1）庄周游于雕陵之樊，睹一异鹊自南方来者，翼广七尺，目大运寸，感周之颡而集于栗林。庄周曰："此何鸟哉，翼殷不逝，目大不睹？"蹇裳躩步，执弹而留之。睹一蝉，方得美荫而忘其身；螳螂执翳而搏之，见得而忘其形；异鹊从而利之，见利而忘其真。庄周怵然曰："噫！物固相累，二类相召也！"捐弹而反走，虞人逐而谇之。庄周反入，三月不庭。蔺且从而问之："夫子何为顷间甚不庭乎？"庄周曰："吾守形而忘身，观于浊水而迷于清渊。且吾闻诸夫子曰：'入其俗，从其俗。'今吾游于雕陵而忘吾身，异鹊感吾颡，游于栗林而忘真，栗林虞人以吾为戮，吾所以不庭也。"

（选自《山木》）

（2）王独不见夫蜻蛉乎？六足四翼，飞翔乎天地之间，俯啄蚉虻而食之，仰承甘露而饮之，自以为无患，与人无争也。不知夫五尺童子，方将调饴胶丝，加己乎四仞之上，而下为蝼蚁食也。蜻蛉其小者也，黄雀因是以。俯噣白粒，仰栖茂树，鼓翅奋翼，自以为无患，与人无争也。不知夫公子王孙，左挟弹，右摄丸，将加己乎十仞之上，以其类为招。昼游乎茂树，夕调乎酸醎，倏忽之间，坠于公子之手。夫雀其小者也，黄鹄因是以。游于江海，淹乎大沼，俯噣鳝鲤，仰啮菱衡，奋其六翮，而凌清风，飘摇乎高翔，自以为无患，与人无争也。不知夫射者，方将修其碆卢，治其缯缴，将加己乎百仞之上。彼礛磻，引微缴，折清风而抎矣。故昼游乎江河，夕调乎鼎鼐。夫黄鹄其小者也，蔡灵侯之事因是以。南游乎高陂，北游乎巫山，饮茹溪流，食湘波之鱼，左抱幼妾，右拥嬖女，与之驰骋乎高蔡之中，而不以国家为事。不知夫子发方受命乎灵王，系己以朱丝而见之也。蔡灵侯之事其小者也，君王之事因是以。左州侯，右夏侯，辇从鄢陵君与寿陵君，饭封禄之粟，而载方府之金，与之驰骋乎云梦之中，而不以天下国家为事。不知夫穰侯方受命乎秦王，填黾塞之内，而投己乎黾塞之外。

（选自《战国策》卷十七）

（3）颍滨释《莊子》曰："鱼不畏网罟而畏鹈鹕，畏其天也。"物之畏其天，诚有可怪者。余里中一村童，尝见大蛙十数聚于污池丛棘之下，欲前捕之。熟视，乃一巨蛇蟠棘下，以次啖群蛙，群蛙凝立待啖，不敢动。又村叟见蜈蚣逐一蛇，行甚急，蜈蚣渐近蛇，不复动，张口以待蜈蚣，竟入其腹。逾时而出，蛇已毙矣。村叟弃蛇于深山中，踰旬往视之，小蜈蚣无数食其腐肉，盖蜈蚣产卵于蛇腹中也。余又尝见一蜘蛛逐蜈蚣甚急，蜈蚣逃入篱抢竹中，蜘蛛不复入，但以足跨竹上，摇腹数四而去，伺蜈蚣久不出，剖竹视之，蜈蚣已节节烂断如齑酱矣。盖蜘蛛摇腹之时，乃洒溺以杀之也。物之畏其天有如此者。夫蛇之恣啖群蛙，自以为莫己敌矣，而不知蜈蚣之能涉其腹也。蜈蚣之毙蛇育子，自以为莫吾御矣，而不知蜘蛛之能醢其躯也。世之人昂昂然以凶毒自多者，可以观矣。且蛙之不能敌蛇，固也。蜈蚣小于蛇矣，而能制蛇，蜘蛛小于蜈蚣矣，而能制蜈蚣，物岂专以小大为强弱哉！

（选自罗大经《鹤林玉露》卷八）

田　子　方

题解

作者认为，世上学道的人虽然众多，但都只能得其糟粕而不能悟其神理。所以就撰写十一则寓言故事，始终围绕一个“真”字，反复指示悟道要诀。

首则借魏文侯与田子方的对话，揭出“真”字，以统领全篇。次则借温伯雪子之口，指明俗士不能体悟真道，其弊在拘于礼义而不知人心。第三则通过颜渊与仲尼的对话，阐明真道不可求于形迹之间。第四则写孔子求见老聃的故事，说明体悟真道必须游心于物之初。第五则以真儒不必儒服设喻，说明体悟真道不能惑迷外饰。第六则以百里奚、有虞氏为例，指出爵禄、死生不入于心，其自然真性就会完好无损，虽无心求道而真道自至，无心感人而感人至深。第七至第九则，通过写画师的“解衣般礴”、臧丈人的不钓之钓与伯昏无人的“不射之射”，说明蹈虚守真才能臻于妙道，虽不期功效而功效自佳。第十则以孙叔敖为例，说明得失两忘才能不损其真，从而可与古之真人相媲美。末则以凡君国亡而不足以丧真，归结“真”字，终结全篇。

田子方侍坐于魏文侯[①]，数称谿工[②]。文侯曰：“谿工，子之师邪？”子方曰：“非也，无择之里人也[③]。称道数当[④]，故无择称之。”文侯曰：“然则子无师邪？”子方曰：“有。”曰：“子之师谁邪？”子方曰：“东郭顺子[⑤]。”文侯曰：“然则夫子何故未尝称之[⑥]？”子方曰：“其为人也真，人貌而天虚，缘而葆真[⑦]，清而容物[⑧]。物无道，正容以悟之，使人之意也消[⑨]。无择何足以称之！”

子方出，文侯傥然[⑩]，终日不言，召前立臣而语之曰[⑪]：“远矣，全德之君子[⑫]！始吾以圣知之言、仁义之行为至矣[⑬]。吾闻子方之师，吾形解而不欲动，口钳而不欲言。吾所学者，直土梗耳[⑭]！夫魏真为我累耳！”

注释

① 田子方：姓田，名无择，字子方，魏国人，魏文侯的友人。　侍坐：陪坐。

② 数称：多次称赞。　谿工：姓谿，名工，魏国贤人。

③ 里人：同乡里人。

④ 数当：往往恰当。

⑤ 东郭顺子：虚构的人物。

⑥ 尝：曾经。

⑦ 缘：顺。　葆：保持。　真：自然真性。

⑧ 清：清冷。

⑨ 意：指邪恶之心。

⑩ 傥（tǎng 躺）然：自失的样子。

⑪ 前立臣：站在面前的侍臣。

⑫ 君子：指东郭顺子。

⑬ 至：极点。

⑭ 直：但，只是。　土梗：土人，土偶。

温伯雪子适齐[①]，舍于鲁[②]。鲁人有请见之者，温伯雪子曰："不可。吾闻中国之君子[③]，明乎礼义而陋于知人心[④]，吾不欲见也。"

至于齐，反舍于鲁[⑤]，是人也又请见[⑥]。温伯雪子曰："往也蕲见我[⑦]，今也又蕲见我，是必有以振我也[⑧]。"出而见客，入而叹。

明日见客，又入而叹。其仆曰："每见之客也[⑨]，必入而叹，何耶？"曰："吾固告子矣[⑩]：'中国之民[⑪]，明乎礼义而陋乎知人心。'昔之见我者，进退一成规、一成矩，从容一若龙[⑫]、一若虎，其谏我也似子[⑬]，其道我也似父[⑭]，是以叹也。"

仲尼见之而不言[⑮]。子路曰："吾子欲见温伯雪子久矣[⑯]，见之而不言，何邪？"仲尼曰："若夫人者[⑰]，目击而道存矣[⑱]，亦不可以容声矣[⑲]。"

注释

① 温伯雪子：复姓温伯，字雪子，楚国怀道之人。

② 舍：寄宿。
③ 中国：古时称黄河中下游一带为中国，此指鲁国。
④ 陋：拙。
⑤ 反：通“返”，返回。
⑥ 是人：此人。
⑦ 蕲（qí 其）：求。
⑧ 振：启发。
⑨ 之客：此客。之，此。
⑩ 固：本来。　子：指其仆。
⑪ 民：人。
⑫ 从容：即动容，一举一动。
⑬ 谏：劝说。
⑭ 道：通“导”，教导，引导。
⑮ 之：指温伯雪子。
⑯ 吾子：指仲尼。
⑰ 夫人：那人，指温伯雪子。
⑱ 目击：目光所及。
⑲ 不可以容声：用不着多说话。

颜渊问于仲尼曰：“夫子步亦步①，夫子趋亦趋②，夫子驰亦驰③，夫子奔逸绝尘④，而回瞠若乎后矣⑤！”

夫子曰：“回，何谓邪？”曰：“夫子步，亦步也；夫子言，亦言也；夫子趋，亦趋也；夫子辩⑥，亦辩也；夫子驰，亦驰也；夫子言道，回亦言道也；及奔逸绝尘而回瞠若乎后者，夫子不言而信，不比而周⑦，无器而民滔乎前⑧，而不知所以然而已矣。”

仲尼曰：“恶⑨！可不察与！夫哀莫大于心死，而人死亦次之。日出东方而入于西极⑩，万物莫不比方⑪，有目有趾者⑫，待是而后成功⑬，是出则存，是入则亡。万物亦然，有待也而死，有待也而生。吾一受其成形，而不化以待尽⑭；效物而动⑮，日夜无隙⑯，而不知其所终；熏然其成形[17]，知命不能规乎其前[18]，丘以是日徂[19]。吾终身与汝，交一臂而失之[20]，可不哀与？女殆著乎吾所以著也[21]。彼已尽矣[22]，而女求之以为有，是求马于唐肆也[23]。吾服女也甚忘[24]，女服吾也亦甚忘。虽然，女奚患焉[25]！虽忘乎故吾[26]，吾有不忘者存[27]。"

注释

① 步：缓步慢行。

② 趋：快步急行。

③ 驰：跑。

④ 奔逸：疾驰。　绝尘：形容奔驰极速，蹈尘无迹。

⑤ 瞠(chēng 撑)若：瞪眼直视的样子。

⑥ 辩：辩论。

⑦ 比：亲热，亲近。　周：周遍。

⑧ 器：权位。　滔：当为"蹈"字之误。蹈，聚。

⑨ 恶(wū 乌)：感叹词，犹"唉"。

⑩ 西极：西方。

⑪ 比方：顺从太阳来确定方向。

⑫ 趾：足。

⑬ 是：指太阳。与下"是"字义同。

⑭ 待尽：等待自然的消亡。

⑮ 效：犹"感"。

⑯ 隙：间隙，空闲。

⑰ 熏然：自动的样子。

⑱ 规：规划。

⑲ 日徂(cú 殂)：与自然之化俱往。徂，往。

⑳ 交一臂：谓彼此相交而亲近。

㉑ 女：通"汝"，你。　殆：大概。　著：清楚地看到。　所以著：指步、言、趋、辩、驰等明显的粗迹。

㉒ 彼：指粗迹。

㉓ 唐肆：过路亭。唐，道路。肆，即舍，亭舍。

㉔ 服：思，存念。

㉕ 患：忧虑。

㉖ 故吾：指不免于粗迹时的我。

㉗ 不忘者：指天地赋予我的长流而日新的真道。

孔子见老聃，老聃新沐[1]，方将被发而干[2]，慹然似非人[3]。孔子便而待之[4]。少焉见[5]，曰："丘也眩与[6]，其信然与[7]？向者先生形体掘若槁木[8]，似遗物离人而立于独也[9]。"老聃曰："吾游心于物之初[10]。"

孔子曰："何谓邪？"曰："心困焉而不能知[11]，口辟焉而不能言[12]，尝为汝议乎其将[13]：至阴肃肃[14]，至阳赫赫[15]。肃肃出乎天[16]，赫赫发乎地[17]，两者交通成和而物生焉[18]。或为之纪[19]，而莫见其形。消息满虚[20]，一晦一明[21]；日改月化，日有所为，而莫见其功。生有所乎萌[22]，死有所乎归，始终相反乎无端，而莫知乎其所穷。非是也[23]，且孰为之宗[24]！"

孔子曰："请问游是[25]。"老聃曰："夫得是，至美至乐也。得至美而游乎至乐，谓之至人。"

孔子曰："愿闻其方[26]。"曰："草食之兽不疾易薮[27]，水生之虫不疾易水，行小变而不失其大常也[28]，喜怒哀乐不入于胸次[29]。夫天下也者，万物之所一也。得其所一而同焉[30]，则四支百体将为尘垢[31]，而死生终始将为昼夜，而莫之能滑[32]，而况得丧祸福之所介乎[33]！弃隶者若弃泥涂[34]，知身贵于隶也，贵在于我而不失于变。且万化而未始有极也[35]，夫孰足以患心[36]！已为道者解乎此。"

孔子曰："夫子德配天地，而犹假至言以修心[37]；古之君子，孰能脱焉[38]！"老聃曰："不然。夫水之于汋也[39]，无为而才自然矣[40]。至人之于德也，不修而物不能离焉，若天之自高，地之自厚，日月之自明，夫何修焉！"

孔子出，以告颜回曰："丘之于道也，其犹醯鸡与[41]！微夫子之发吾覆也[42]，吾不知天地之大全也。"

注释

① 新沐：刚刚洗完头发。

② 被:通“披”。　干:晾干。
③ 慹(zhé 哲)然:不动的样子。　似非人:谓其形似木偶,而神游物外。
④ 便:借为“屏”,屏蔽。
⑤ 少焉:一会儿。　见:入见。
⑥ 眩:眼花。
⑦ 信然:确实如此。
⑧ 向者:刚才。　掘:通“柮”,断木。　槁木:枯木。
⑨ 遗物:遗弃万物,即超然物外。　离人:离开世人,即超然尘世之外。　立于独:站立于虚寂独化的境地。
⑩ 物之初:天地万物的本始,即至真至虚的道境。
⑪ 困:困惑。
⑫ 辟:开。
⑬ 尝:试。　将:大概,大略。
⑭ 阴:阴气。　肃肃:形容阴气寒冷的样子。
⑮ 阳:阳气。　赫赫:形容阳气酷热的样子。
⑯ 天:当为“地”字之误。
⑰ 地:当为“天”字之误。
⑱ 两者:指阴气和阳气。　成和:成为絪缊混沌的状态。
⑲ 纪:纲纪,纲维。
⑳ 息:增长。
㉑ 晦:指夜。　明:指白天。
㉒ 所:处所。　萌:萌发。
㉓ 是:指“物之初”,即真道。
㉔ 宗:主宰。
㉕ 是:指“物之初”,即真道。下“是”字与此同。
㉖ 其方:指游于大道真境的方法。
㉗ 疾:厌恶。　易:更换。　薮:草泽。
㉘ 小变:谓只是变动一下地点而已。大常:指根本。
㉙ 胸次:胸中。
㉚ 所一:指为万物所共有的真道。
㉛ 四支百体:指形骸。支,通“肢”。
㉜ 滑:扰乱。

㉝ 丧:失。 介:介意。

㉞ 隶:隶属于势位的外物。 泥涂:烂泥。

㉟ 未始:未尝,未曾。 极:终极,穷尽。

㊱ 患心:使心忧虑。

㊲ 至言:变不失常之言。 修:修饰。 心:心德。

㊳ 脱:免。

㊴ 汋(yuè 月):水自然涌出。

㊵ 才:才质,才性。

㊶ 醯(xī 希)鸡:醋瓮中的小飞虫。

㊷ 微:无,非。 发覆:揭开醋瓮之盖。可引申为“启蒙”的意思。

庄子见鲁哀公①。哀公曰:“鲁多儒士,少为先生方者②。”庄子曰:“鲁少儒。”哀公曰:“举鲁国而儒服③,何谓少乎?”庄子曰:“周闻之,儒者冠圜冠者④,知天时;履句屦者⑤,知地形;缓佩玦者⑥,事至而断⑦。君子有其道者,未必为其服也⑧;为其服者,未必知其道也。公固以为不然⑨,何不号于国中曰⑩:‘无此道而为此服者,其罪死!’”

于是哀公号之五日,而鲁国无敢儒服者。独有一丈夫,儒服而立乎公门。公即召而问以国事,千转万变而不穷。

庄子曰:“以鲁国而儒者一人耳,可谓多乎?”

注释

① 鲁哀公:庄子与魏惠王、齐威王同时,距鲁哀公已有一百二十年,两人不能相见,可见此为寓言。

② 为:学习。 方:道术。

③ 举:全。

④ 冠:戴。 圜(yuán 圆):通“圆”。

⑤ 履:穿。 句屦(jù 聚):方鞋。句,方。

⑥ 缓:当为“绶”字之误,丝带。 玦(jué):玉器名,环形,有缺口。

⑦ 断:决断。

⑧ 为:穿。

⑨ 固：必，一定。
⑩ 号：号令。

百里奚爵禄不入于心[①]，故饭牛而牛肥[②]，使秦穆公忘其贱，与之政也[③]。有虞氏死生不入于心[④]，故足以动人。

注释

① 百里奚：姓孟，字百里奚，本是虞国人，虞被秦灭而入秦，以喂牛为生。
② 饭：饲，喂。
③ 与：授。
④ 有虞氏：我国远古的部落名，居于蒲阪，在今山西境内，舜为其首领。这里指舜。

宋元君将画图[①]，众史皆至[②]，受揖而立[③]；舐笔和墨[④]，在外者半。有一史后至者，儃儃然不趋[⑤]，受揖不立，因之舍[⑥]。公使人视之，则解衣般礴[⑦]，臝[⑧]。君曰："可矣，是真画者也。"

注释

① 宋元君：即宋元公，名佐，平公成之子。　图：国中山川土地的图样。
② 史：画工。
③ 受揖：接受宋元君的揖礼。揖，召见。
④ 舐（shì 试）笔：以舌濡笔。　和墨：调墨。
⑤ 儃儃（tǎn 坦）然：舒闲的样子。　趋：快步而行。
⑥ 之：往，到。
⑦ 般礴：箕坐，即坐时岔开两脚，其形如箕，是一种不守礼节的行为。
⑧ 臝：通"裸"，赤身露体。

文王观于臧[①]，见一丈夫钓[②]，而其钓莫钓；非持其钓，有钓者也[③]，常钓也。

文王欲举而授之政，而恐大臣父兄之弗安也④；欲终而释之⑤，而不忍百姓之无天也⑥。于是旦而属之大夫曰⑦："昔者寡人梦见良人⑧，黑色而頯⑨，乘驳马而偏朱蹄⑩，号曰⑪：'寓而政于臧丈人⑫，庶几乎民有瘳乎⑬！'"诸大夫蹵然曰⑭："先君王也⑮。"文王曰："然则卜之⑯。"诸大夫曰："先君之命，王其无它⑰，又何卜焉！"

遂迎臧丈人而授之政。典法无更⑱，偏令无出。三年，文王观于国，则列士坏植散群⑲，长官者不成德，斔斛不敢入于四竟⑳。列士坏植散群，则尚同也㉑；长官者不成德，则同务也㉒；斔斛不敢入于四竟，则诸侯无二心也。

文王于是焉以为大师㉓，北面而问曰："政可以及天下乎㉔？"臧丈人昧然而不应㉕，泛然而辞㉖，朝令而夜遁㉗，终身无闻。

颜渊问于仲尼曰："文王其犹未邪？又何以梦为乎？"仲尼曰："默㉘，汝无言！夫文王尽之也㉙，而又何论刺焉㉚！彼直以循斯须也㉛。"

注释

① 文王：周文王。　观：巡视。　臧：虚构的地名。

② 丈夫：当为"丈人"之误。　钓：垂钓。

③ 有钓者：谓别有钓意。

④ 弗安：谓有猜忌不服之心。

⑤ 释：放弃。

⑥ 无天：谓失去庇荫。

⑦ 旦：早晨。　属：会集。　之：其。

⑧ 昔：通"夕"，夜间。　良人：贤良之人。

⑨ 頯（rán 然）：通"髯"，多须。

⑩ 驳马：毛色不纯的马。　偏朱蹄：有一蹄赤色。

⑪ 号：号令。

⑫ 寓：托付。　而：通"尔"，你。这里指周文王。

⑬ 庶几：差不多。　瘳（chōu 抽）：病愈。引申为免于苦难。

⑭ 蹵（cù 促）然：惊惧的样子。

⑮ 先君王：指季历。

⑯ 卜:占卜。

⑰ 无它:不当有所怀疑。

⑱ 典法:典章法规。　更:变更。

⑲ 列士:列爵于朝的士人。　坏植散群:谓解散朋党。植,朋党之核心人物。

⑳ 斔(yǔ 庾):通“庾”,古代谷物容器,一庾容相当于十六斗。　斛(hú 胡):古代谷物容器,一斛容相当于十斗。　竟:通“境”。

㉑ 尚同:谓和光同尘。

㉒ 同务:谓与众同事,而不自异。

㉓ 大师:武官名,是军队的最高统帅。大,通“太”。

㉔ 及:推及。

㉕ 昧然:无知的样子。

㉖ 泛然而辞:形容其拒绝回答时漫不经心的样子。

㉗ 遁:逃跑。

㉘ 默:别作声。

㉙ 尽之:谓已经达到圣人的境界。

㉚ 论刺:私下议论与讥刺。

㉛ 直:只不过。　循:顺。　斯须:犹“须臾”,一会儿。

列御寇为伯昏无人射[①],引之盈贯[②],措杯水其肘上[③],发之,适矢复沓[④],方矢复寓[⑤]。当是时,犹象人也[⑥]。伯昏无人曰:“是射之射,非不射之射也。尝与汝登高山[⑦],履危石[⑧],临百仞之渊,若能射乎[⑨]?”

于是无人遂登高山,履危石,临百仞之渊,背逡巡[⑩],足二分垂在外[⑪],揖御寇而进之[⑫]。御寇伏地,汗流至踵[⑬]。伯昏无人曰:“夫至人者,上窥青天,下潜黄泉[⑭],挥斥八极[⑮],神气不变。今汝怵然有恂目之志[⑯],尔于中也殆矣夫[⑰]!”

注释

① 列御寇:即列子。详见《逍遥游》篇注。　伯昏无人:虚构的人名。　射:射箭。

② 引:开弓。　盈贯:满引弓,就是使弓弯到盈满的程度。贯,通“弯”。

③ 措:放置。

④ 适矢:第一箭刚离弦。适,刚。矢,作动词,发箭。　沓:重新搭箭。
⑤ 方:刚刚。　寓:寄。
⑥ 象人:木偶。
⑦ 尝:试。
⑧ 履:踩。　危:高耸。
⑨ 若:你。
⑩ 逡巡:背渊而退行。
⑪ 垂:悬。
⑫ 揖:揖弓,即向列御寇让弓。　进之:请他上前。
⑬ 踵:脚跟。
⑭ 潜:测。
⑮ 挥斥:放纵。　八极:指八方极远的地方。
⑯ 怵(chù 触)然:恐惧的样子。　恂(xún 旬)目:即"瞬目",转眼。　志:意念。
⑰ 尔:你。　中:射中。　殆:危险,此指很难。

肩吾问于孙叔敖曰[①]:"子三为令尹而不荣华[②],三去之而无忧色[③]。吾始也疑子,今视子之鼻间栩栩然[④],子之用心独奈何?"

孙叔敖曰:"吾何以过人哉!吾以其来不可却也[⑤],其去不可止也[⑥]。吾以为得失之非我也,而无忧色而已矣。我何以过人哉!且不知其在彼乎[⑦],其在我乎?其在彼邪?亡乎我[⑧]。在我邪?亡乎彼。方将踌躇[⑨],方将四顾[⑩],何暇至乎人贵人贱哉!"

仲尼闻之曰:"古之真人,知者不得说[⑪],美人不得滥[⑫],盗人不得劫[⑬],伏戏[⑭]、黄帝不得友[⑮]。死生亦大矣,而无变乎己,况爵禄乎!若然者,其神经乎大山而无介[⑯],入乎渊泉而不濡[⑰],处卑细而不惫[⑱],充满天地,既以与人[⑲],己愈有。"

注释

① 肩吾:虚构的人物。详见《逍遥游》篇注。　孙叔敖:春秋时楚国人,芳贾之子,亦称芳敖。曾任楚庄王相,施教导民,三月而楚国大治。在郯之战中,又辅佐庄王大败

晋军。

② 令尹：春秋、战国时楚国最高的官职名称，掌握军政大权。

③ 三去之：谓三次被免去令尹的职位。

④ 鼻间栩栩然：形容鼻息出入的恬适不迫。

⑤ 以：以为。　其：指官爵等。　却：拒绝。

⑥ 止：挽留。

⑦ 其：指可尊贵的东西。　彼：指令尹这一官位。

⑧ 亡：同“无”。

⑨ 踌躇：悠闲自得的样子。

⑩ 四顾：高视八方。

⑪ 知：通“智”。　说（shuì 税）：游说。

⑫ 滥：使他淫乱。

⑬ 劫：威逼。

⑭ 伏戏：即伏羲。

⑮ 友：与他交游。

⑯ 大：通“泰”。　介：阻碍。

⑰ 濡：湿。

⑱ 卑细：低微。　惫：困苦。

⑲ 既：尽，都。

楚王与凡君坐[①]，少焉，楚王左右曰凡亡者三[②]。凡君曰：“凡之亡也，不足以丧吾存[③]。夫‘凡之亡不足以丧吾存’，则楚之存不足以存存[④]。由是观之，则凡未始亡而楚未始存也。”

注释

① 楚王：楚文王。　凡君：指凡僖侯。凡，古代的国名，在今河南辉县西南。

② 三：谓三人。

③ 存：真。

④ 存存：存真。

文化史拓展

《老子》第七十章云:“吾言甚易知,甚易行;天下莫能知,莫能行。”王弼注曰:“可不出户窥牖而知,故曰‘甚易知’也;无为而成,故曰‘甚易行’也;惑于躁欲,故曰‘莫能知’也;迷于荣利,故曰‘莫能行’也。”道之所以常使人感到虚无缥缈,难以企及,或许就是因为人们欲念太多吧。然而,倘能在俗世中享受到“逍遥游”的境界,又是多么令人神往啊!为了给向往大道的人们以指示,《田子方》篇用十一则寓言故事来开示悟道之要诀。

开篇即为人们立了一个得道的楷模——东郭顺子。田子方说:“其为人也真,人貌而天虚,缘而葆真,清而容物。”可见,悟道之要诀,只在一个“真”字。因为在庄子眼中,“真”即是“美”。后文所说的不拘礼义也好,不求形迹也好,爵禄死生不入于心也好,蹈虚守真也好,得失两忘也好,都是要人们守住自然天真,唯其如此,才可能渐入于大道。篇中庄周游雕陵故事谓庄周因“忘真”而遭虞人之辱,即可以从反面例证守住自然真性的必要。

然而要守住自然真性,就必须不被外界纷纷扰扰的表象所迷惑。庄子讲逍遥游,实际上是努力追求精神上的无待于社会。在庄子看来,所有的不属于自身的都可称之为外界,甚至可以说除了内心的都是外界的。温伯雪子不愿见鲁人,就是因为鲁人“明乎礼义而陋于知人心”,他们被儒家提倡的礼义迷惑,从而损伤了真性。鲁君以为“鲁多儒士”,也是惑于“举鲁国而儒服”的表面现象。列御寇不能为“不射之射”,也是被“高山”、“危石”、“百仞之渊”这些外物所迷惑,当然也就不能有所作为了。这些人最终只落得贻笑大方。

相反,无论在何种情况之下,始终不被外界所迷惑者,才能够守住自然真性。“解衣般礴”的画者,“儃儃然不趋,受揖不立”,不被宋君的地位所惑,不拘于形迹,反被宋君赞为“真画者也”。宋君为何称赞后至的画师是“真画者”呢?这是因为他跟充满着功名利禄考虑的众画师不同,已完全达到了忘欲(庆赏爵禄)、忘知(非誉巧拙)、忘形(解衣般礴)的忘我之境。在庄子看来,这种忘怀一切的精神状态,正是进行艺术创作时的一种最佳心理状态。可见,这则故事与“梓庆削鐻”的故事一样,包含着对艺术创作心理特征的深刻认识,因而对后世文艺家产生了积极的影响。

文学史链接

1. 相关文学典故

目击道存

籍归，遂著《大人先生论》，所言皆胸怀间本趣，大抵谓先生与己不异也。观其长啸相和，亦近乎目击道存矣。

（《世说新语·栖逸》刘孝标注引《竹林七贤论》）

解衣般礴

今朱君无求于世，虽王公贵人其何道使之，遇其解衣盘礴，虽余亦得攫攘其旁也。

（苏轼《书朱象先画后》）

俗俭讼简，宾客罕至，吏散则闭门，解衣槃礴移日，山水之意未尝不落落焉在予胸中也。

（施闰章《就亭记》）

不射之射

2. 有关诗赋文

乾隆《伯昏论射》

3. 文学技法

篇中结穴处，在夫子、老聃二段，诠辟道要，已无遗蕴；首二段，引起心学之精，不在言论之末；后数段，举为道之人，言其心之无累如此，作个证佐。

（林云铭《庄子因·田子方》篇末总评）

段段精微，段段闪烁，一再读之，耳目心思之外，隐隐如有所遇。

（宣颖《南华经解·田子方》篇末总评）

此段言得失皆从外至，而不足以丧其真。“鼻端栩栩然”五字，不知何处落想。细心体会，微乎其微，《大宗师》所谓“其息深深”，关尹子所谓“纯气之守”，正与此间语妙相符也。叔敖自写其真，忻戚不涉，宠辱不惊，旷达鸣高，两层意境，极平淡，又极精微，本色语天然入妙，真一卷冰雪之文。后幅引孔子语，推开作结，只泛论真人，而文情已足，死生无变，何况爵禄之微！较前更透过一层，何等灵快！末句推到与人，便处处皆真机充满，却用“己愈有”三字收转，笔力崛强，有临崖勒马之势。

（刘凤苞《南华雪心编·田子方》对“肩吾问于孙叔敖”故事的评论）

集评

夫真人者，全至乐，达生理，以不材为材，无用为用，而不失真，此魏无择之师如此矣。庄子因作《田子》之篇。

（王雱《南华真经新传·田子方》题解）

夫山之高，石之危，渊之深，无心于害人也。登履之者，未必皆蹈其患也。唯其贪生外殉，矜吝无所不至，卒之物不能为害，而吾心自为之害，以至于丧生而终不悟也。若夫至人之不离于真，其于登履，与人无异也，特纯气内守，不知有高深之可畏，无往而不犹象人耳。

（江遹对"列御寇为伯昏无人射"故事的评论，见焦竑《庄子翼·田子方》篇引）

太公有莫钓之钓，无人有不射之射。射以神定为主，妙如御寇，犹技也。必如无人，则进于道矣。写无人登高临渊，险极吓极。此际四边无倚，非真全者，其孰能之？

（宣颖《南华经解·田子方》对"列御寇为伯昏无人射"故事的评论）

思考与讨论

1. 篇中借温伯雪子说："中国之君子，明乎礼义而陋于知人心。"这作为对传统儒学的一种批评，你是如何理解的？
2. 阅读下面几段文字，并从中引申出有关文艺创作方面的合理见解：

（1）宋元君将画图，众史皆至，受揖而立；舐笔和墨，在外者半。有一史后至者，儃儃然不趋，受揖不立，因之舍。公使人视之，则解衣般礴，臝。君曰："可矣，是真画者也。"

（选自《田子方》）

（2）南郭子綦隐机而坐，仰天而嘘，荅焉似丧其耦。颜成子游立侍乎前，曰："何居乎？形固可使如槁木，而心固可使如死灰乎？今之隐机者，非昔之隐机者也。"子綦曰："偃，不亦善乎，而问之也！今者吾丧我，汝知之乎？女闻人籁而未闻地籁，女闻地籁而未闻天籁夫！"

（选自《齐物论》）

（3）梓庆削木为鐻，鐻成，见者惊犹鬼神。鲁侯见而问焉，曰："子何术以为焉？"对曰："臣，工人，何术之有！虽然，有一焉。臣将为鐻，未尝敢以耗气也。必齐以静心。齐三日，而不敢怀庆赏爵禄；齐五日，不敢怀非誉巧拙；

齐七日，辄然忘吾有四枝形体也。当是时也。无公朝，其巧专而外骨消；然后入山林，观天性，形躯至矣，然后成见鐻，然后加手焉；不然则已。则以天合天，器之所以疑神者，其是与！”

（选自《达生》）

知 北 游

题解

此篇无非是把大道的特点归结为一个“无”字。在本文作者看来，大道虽然无所不在，凡昭昭可见的事物，大至天地，小如蝼蚁、稊稗、瓦甓、屎溺等等，都在它的包举之内，但它本身却绝对虚无，至明者不能见其形，至聪者不能审其声，至智者不可定其是非，至辩者不能论其贵贱，而只有如无为谓那样忘其知，然后才可以悟其真；只有像狂屈那样忘其言，然后才可以与其相似，否则便落形迹，便非真道。故文章开端就以知者北游寄寓返虚还源之意，而篇末以无言、无为归到“无”字之上。由此可见，庄子所谓的“道”是玄虚不可捉摸的，充满了神秘主义的色彩。

知北游于元水之上①，登隐弅之丘②，而适遭无为谓焉③。知谓无为谓曰：“予欲有问乎若④：何思何虑则知道？何处何服则安道⑤？何从何道则得道⑥？”三问而无为谓不答也，非不答，不知答也。

知不得问，反于白水之南⑦，登狐阕之上⑧，而睹狂屈焉⑨。知以之言也问乎狂屈⑩。狂屈曰：“唉⑪！予知之，将语若⑫，中欲言而忘其所欲言。”

知不得问，反于帝宫，见黄帝而问焉。黄帝曰：“无思无虑始知道，无处无服始安道，无从无道始得道。”知问黄帝曰：“我与若知之，彼与彼不知也⑬，其孰是邪⑭？”黄帝曰：“彼无为谓真是也⑮，狂屈似之⑯；我与汝终不近也⑰。夫知者不言，言者不知，故圣人行不言之教。道不可致⑱，德不可至⑲。仁可为也，义可亏也⑳，礼相伪也㉑。故曰：‘失道而后德，失德而后仁，失仁而后义，失义而后礼。礼者，道之华而乱之首也㉒。’故曰：‘为道者日损，损之又损之，以至于无为，无为而无不为也。’今已为物也，欲复归根㉓，不亦难乎！其易也，其唯大人乎㉔！生也死之徒，死也生之始，孰知其纪㉕！人之生，气之聚也；聚则为生，散则为死。若死生之徒，吾又何患[26]！故万物一也，是其所美者为神奇，其所恶者为臭腐；臭腐复化为神奇，神奇复化为臭腐。故曰：'通天下一气耳。'圣人故贵一。"知谓黄帝曰："吾问无为谓，无为谓不应我，非不我应，不知应我也。吾问狂屈，狂屈中欲告我而不我告[27]，非不我告，中欲告而忘之也。今予问乎若，若知之，奚故不近？"黄帝曰："彼其真是也[28]，以其不知也；此其似之也[29]，以其忘之也；予与若终不近也，以其知之也。"

狂屈闻之，以黄帝为知言。

注释

① 知：虚构的人名。　元水：虚构的水名，比喻幽玄之境。元，通"玄"。　上：当为"北"字之误。

② 隐弅（fèn 奋）：虚构的丘名。

③ 适：刚好。　遭：遇。　无为谓：虚构的人名。

④ 若：你。

⑤ 处：居。　服：行。　安：习惯，引申为使符合。

⑥ 何道：即"何从"。

⑦ 反：同"返"。　白水：虚构的水名。

⑧ 狐阕：虚构的丘名。

⑨ 狂屈：虚构的人名。

⑩ 之：此，代指上文"何思何虑则知道"三句。

⑪ 唉：答应声。

⑫ 语：告诉。

⑬ 彼与彼：指无为谓与狂屈。

⑭ 孰：谁。　是：对。

⑮ 彼：那个，那位。

⑯ 似之：接近于大道。

⑰ 不近：未接近于大道。

⑱ 致：招致，得到。

⑲ 至：达到。

⑳ 亏：亏残。

㉑ 相：助长。

㉒ 华：浮华，伪装。
㉓ 归根：谓返归大道。
㉔ 大人：指能体悟大道的人。
㉕ 纪：指生与死的终极。
㉖ 患：忧虑。
㉗ 不我告：不告诉我。
㉘ 彼：指无为谓。
㉙ 此：指狂屈。

天地有大美而不言[①]，四时有明法而不议[②]，万物有成理而不说[③]。圣人者，原天地之美而达万物之理[④]。是故至人无为[⑤]，大圣不作[⑥]，观于天地之谓也。

今彼神明至精[⑦]，与彼百化[⑧]，物已死生方圆[⑨]，莫知其根也，扁然而万物自古以固存[⑩]。六合为巨[⑪]，未离其内；秋豪为小[⑫]，待之成体[⑬]。天下莫不沉浮，终身不故[⑭]；阴阳四时运行，各得其序。惛然若亡而存[⑮]，油然不形而神[⑯]，万物畜而不知[⑰]。此之谓本根[⑱]，可以观于天矣[⑲]。

注释

① 美：指覆载万物的功德。
② 明法：谓四时变化的规律。
③ 成理：谓万物生长的规律。
④ 原：推原。　达：通达。
⑤ 无为：任其自为。
⑥ 不作：无所造作。
⑦ 今：当为“合”字之误。　彼：指天地。
⑧ 彼：指万物。　百化：千变万化。
⑨ 方圆：指万物的异相。
⑩ 扁然：也作“翩然”，谓变化日新的样子。
⑪ 六合：谓天地四方。　巨：广大。
⑫ 豪：通“毫”。

⑬ 待:依靠。
⑭ 不故:不守故旧。
⑮ 惛然:恍惚幽昧的样子。
⑯ 油然:流行变化的样子。
⑰ 畜:养。
⑱ 本根:即上文的"根",指道。
⑲ 天:指自然天道。

啮缺问道乎被衣[①],被衣曰:"若正汝形[②],一汝视[③],天和将至[④];摄汝知[⑤],一汝度[⑥],神将来舍[⑦]。德将为汝美,道将为汝居[⑧],汝瞳焉如新生之犊[⑨],而无求其故[⑩]!"

言未卒,啮缺睡寐[⑪]。被衣大说[⑫],行歌而去之[⑬],曰:"形若槁骸,心若死灰,真其实知,不以故自持。媒媒晦晦[⑭],无心而不可与谋。彼何人哉!"

注释

① 啮缺:见《齐物论》篇注。　被衣:见《应帝王》篇注。
② 若:你。　正:端正。
③ 一:集中。　视:视线。
④ 天和:谓性体冲和之气。
⑤ 摄:收敛。引申为泯灭。　知:通"智"。
⑥ 度:气。
⑦ 舍:寄住。
⑧ 居:住所。
⑨ 瞳(tóng 铜)焉:未有知的样子。
⑩ 故:故旧,即原来的"我"。
⑪ 睡寐:入睡。
⑫ 说:通"悦"。
⑬ 行歌:边走边唱。
⑭ 媒媒:晦而不明的样子。

舜问乎丞曰[①]:“道可得而有乎?”曰:“汝身非汝有也,汝何得有夫道!”

舜曰:“吾身非吾有也,孰有之哉?”曰:“是天地之委形也[②];生非汝有[③],是天地之委和也[④];性命非汝有,是天地之委顺也;孙子非汝有[⑤],是天地之委蜕也[⑥]。故行不知所往,处不知所持[⑦],食不知所味。天地之强阳气[⑧],又胡可得而有邪!”

注释

① 丞:虚构的人名。
② 委:托付。
③ 生:指自然性命。与下文的“性命”义同。
④ 和:指由阴阳结聚而成的和顺之气。与下文的“顺”字义同。
⑤ 孙子:当为“子孙”之误。
⑥ 蜕:蜕变。
⑦ 持:守。
⑧ 强阳:犹“运动”。

孔子问于老聃曰:“今日晏闲[①],敢问至道。”

老聃曰:“汝齐戒[②],疏瀹而心[③],澡雪而精神[④],掊击而知[⑤]。夫道,窅然难言哉[⑥]!将为汝言其崖略[⑦]。夫昭昭生于冥冥,有伦生于无形[⑧],精神生于道[⑨],形本生于精[⑩],而万物以形相生。故九窍者胎生[⑪],八窍者卵生[⑫]。其来无迹,其往无崖,无门无房,四达之皇皇也[⑬]。邀于此者[⑭],四肢彊[⑮],思虑恂达[⑯],耳目聪明;其用心不劳,其应物无方[⑰]。天不得不高,地不得不广,日月不得不行,万物不得不昌,此其道与!且夫博之不必知,辩之不必慧,圣人以断之矣[⑱]。若夫益之而不加益,损之而不加损者,圣人之所保也[⑲]。渊渊乎其若海[⑳],巍巍乎其终则复始也[㉑],运量万物而不匮[㉒],则君子之道,彼其外与!万物皆往资焉而不匮[㉓],此其道与!中国有人焉[㉔],非阴非阳,处于天地之间,直且为人[㉕],将反于宗。自本观之，生者，喑醷物也[26]。虽有寿夭，相去几何？须臾之说也，奚足以为尧、桀之是非！果蓏有理[27]，人伦虽难，所以相齿[28]。圣人遭之而不违[29]，过之而不守。调而应之[30]，德也；偶而应之[31]，道也。帝之所兴，王之所起也。人生天地之间，若白驹之过郤[32]，忽然而已。注然勃然[33]，莫不出焉[34]；油然漻然[35]，莫不入焉[36]。已化而生，又化而死，生物哀之，人类悲之。解其天弢[37]，堕其天袠[38]，纷乎宛乎[39]，魂魄将往，乃身从之，乃大归乎[40]！不形之形，形之不形，是人之所同知也，非将至之所务也[41]，此众人之所同论也。彼至则不论[42]，论则不至；明见无值[43]，辩不若默；道不可闻，闻不若塞[44]。此之谓大得。”

注释

① 晏间：安闲。间，通“闲”。

② 齐：通“斋”。

③ 疏瀹（yuè 跃）：疏通，疏浚。瀹，当为“瀹”字之误。　而：通“尔”，你。

④ 澡雪：洗净。

⑤ 掊击：抛弃。　知：通“智”。

⑥ 窅（yǎo 咬）然：幽深的样子。

⑦ 崖略：大概的情形。崖，边际。略，大略。

⑧ 有伦：指万物。　无形：指造化。

⑨ 精神：指大道暂时赋予给人体的一种神秘的意识活动。

⑩ 形本：形质，形体。　精：指一种构成性命的精微的物质。

⑪ 九窍者胎生：指人兽。

⑫ 八窍者卵生：指禽鱼。

⑬ 皇：大。

⑭ 邀：通“徼”，顺。

⑮ 彊：通“强”，强健。

⑯ 恂（xún 旬）达：通达。

⑰ 无方：没有拘执。

⑱ 以：通“已”。　断：抛弃。　之：指博辩知慧。

⑲ 保：依。

⑳ 渊渊：深广的样子。
㉑ 巍巍：高大的样子。
㉒ 运：运载。 量：包涵。 不匮：毫无遗漏。
㉓ 资：取资。
㉔ 中国有人：谓至人。
㉕ 直且：姑且。
㉖ 喑醷(yīn yì 阴亿)：气凝聚的样子。
㉗ 果、蓏(luǒ 裸)：泛指瓜果。在树曰果，在地曰蓏。 有理：指结瓜果先后、大小等生长之理。
㉘ 齿：排列。
㉙ 遭：遇到。 之：指人伦。
㉚ 调：和。
㉛ 偶：合。
㉜ 白驹：即骏马。 郤：通“隙”，缝隙。
㉝ 注然、勃然：皆是万物兴起的样子。
㉞ 出：谓生。
㉟ 油然、漻(liú 流)然：皆是万物消逝的样子。
㊱ 入：谓死。
㊲ 弢(tāo 滔)：弓袋。
㊳ 堕：解脱。 袠(zhì 至)：通“袟”书套。
㊴ 纷乎宛乎：解脱变化的样子。
㊵ 大归：谓精神与形体同归太虚。
㊶ 将至：指即将达到大道境界的人。 务：追求。
㊷ 彼：那。 至：即“将至”，指即将达到大道境界的人。
㊸ 值：会遇。
㊹ 塞：塞耳不听。

东郭子问于庄子曰[①]：“所谓道，恶乎在？”庄子曰：“无所不在。”东郭子曰：“期而后可[②]？”庄子曰：“在蝼蚁[③]。”曰：“何其下邪[④]？”曰：“在稊稗[⑤]。”曰：“何其愈下邪？”曰：“在瓦甓[⑥]。”曰：“何其愈甚邪？”曰：“在屎溺[⑦]。”东郭子不应。

庄子曰：“夫子之问也，固不及质[⑧]。正获之问于监市履狶也[⑨]，每下愈况[⑩]。汝唯莫必[⑪]，无乎逃物。至道若是，大言亦然。周、遍、咸三者，异名同实，其指一也[⑫]。尝相与游乎无何有之宫[⑬]，同合而论，无所终穷乎！尝相与无为乎！澹而静乎！漠而清乎！调而闲乎[⑭]！寥已吾志[⑮]，无往焉而不知其所至，去而来而不知其所止，吾已往来焉而不知其所终；彷徨乎冯闳[⑯]，大知入焉而不知其所穷[⑰]。物物者与物无际[⑱]，而物有际者，所谓物际者也；不际之际[⑲]，际之不际者也。谓盈虚衰杀，彼为盈虚非盈虚[⑳]，彼为衰杀非衰杀[㉑]，彼为本末非本末，彼为积散非积散也。”

注释

① 东郭子：即“东郭顺子”，住在东郭，故号东郭子。

② 期：通“奚”，何处。

③ 蝼蚁：蝼蛄和蚂蚁。

④ 下：谓卑下。

⑤ 稊（tí 题）：一种形似稗的杂草，果实如小米。

⑥ 甓（pì 僻）：砖。

⑦ 溺（niào 尿）：通“尿”。

⑧ 固：本来。　质：实质。

⑨ 正获：官名，管理饮射之礼。　监市：市场管理官。　履：踩。　狶（xī 希）：大猪。

⑩ 况：显明。

⑪ 必：拘限。

⑫ 指：通“旨”，意义。

⑬ 尝：试。　无何有之宫：指虚无的道境。

⑭ 调：调和。

⑮ 寥：虚寂。　已：同“矣”。

⑯ 彷徨：逍遥自在的样子。　冯闳（hóng 宏）：虚旷。

⑰ 大知：指至道。　穷：边际。

⑱ 物物者：谓大道。

⑲ 不际：不见涯际，没有涯际。

⑳ 彼:指道。

㉑ 衰:当为"裒"字之误。裒,聚。

妸荷甘与神农同学于老龙吉[①]。神农隐几阖户昼瞑[②],妸荷甘日中奓户而入[③],曰:"老龙死矣!"神农拥杖而起,嚗然放杖而笑[④],曰:"天知予僻陋慢訑[⑤],故弃予而死。已矣,夫子无所发予之狂言而死矣夫[⑥]!"

弇堈吊闻之[⑦],曰:"夫体道者,天下之君子所系焉[⑧]。今于道,秋豪之端万分未得处一焉,而犹知藏其狂言而死,又况夫体道者乎[⑨]!视之无形,听之无声,于人之论者,谓之冥冥,所以论道而非道也。"

注释

① 妸(ē 婀)荷甘、神农、老龙吉:皆为作者虚构的人物。

② 隐:依凭。　几:几案,用以倚凭身体。　阖户:关门。阖,合,闭。

③ 日中:中午。　奓(zhà 乍):推开。

④ 嚗(bó 博)然:放杖发出的声音。

⑤ 天:对老师老龙吉的尊称。　僻陋:鄙陋。　慢訑(dàn 旦):驰纵。

⑥ 夫子:指老龙吉。　发:启发。　狂言:至言。

⑦ 弇堈(yǎn gāng 奄刚)吊:虚构的人物。

⑧ 系:归依。

⑨ 体道者:指体悟大道更全面的人。

于是泰清问乎无穷曰[①]:"子知道乎?"无穷曰:"吾不知。"

又问乎无为[②],无为曰:"吾知道。"曰:"子之知道,亦有数乎[③]?"曰:"有。"曰:"其数若何?"无为曰:"吾知道之可以贵,可以贱,可以约[④],可以散,此吾所以知道之数也。"

泰清以之言也问乎无始曰[⑤]:"若是,则无穷之弗知与无为之知,孰是而孰非乎?"无始曰:"不知深矣,知之浅矣;弗知内矣,知之外矣。"于是泰清中而叹曰[⑥]:"弗知乃知乎,知乃不知乎!孰知不知之知?"

无始曰："道不可闻，闻而非也；道不可见，见而非也；道不可言，言而非也。知形形之不形乎[⑦]！道不当名。"

无始曰："有问道而应之者，不知道也；虽问道者，亦未闻道。道无问[⑧]，问无应。无问问之，是问穷也[⑨]；无应应之，是无内也。以无内待问穷[⑩]，若是者，外不观乎宇宙，内不知乎大初[⑪]，是以不过乎昆仑[⑫]，不游乎太虚[⑬]。"

注释

① 泰清、无穷：皆为虚构的人物。

② 无为：虚构的人物。

③ 数：名数。

④ 约：聚。

⑤ 之：此。　无始：虚构的人物。

⑥ 中：当为"卬"字之误。卬，通"仰"，仰面。

⑦ 形形：谓孕育万物。前"形"字，作动词，孕育，创造。后"形"字，指有形体的万物。

⑧ 无问：谓无法相问，或不可相问。

⑨ 穷：空洞。

⑩ 待：回答。

⑪ 大初：大道的本原。

⑫ 昆仑：在宇宙之外，比喻高远的境界。

⑬ 太虚：又在昆仑之外，比喻虚寂的大道妙境。

光曜问乎无有曰[①]："夫子有乎[②]，其无有乎[③]？"光曜不得问而孰视其状貌[④]，窅然空然[⑤]，终日视之而不见，听之而不闻，搏之而不得也[⑥]。

光曜曰："至矣，其孰能至此乎！予能有无矣，而未能无无也；及为无有矣[⑦]，何以至此哉！"

注释

① 光曜（yào 耀）、无有：皆为虚构的人物。

② 夫子：指无有。
③ 其：还是。
④ 孰视：仔细察看。孰，通“熟”。
⑤ 窅（yǎo 咬）然、空然：皆虚无的样子。
⑥ 搏：触摸。
⑦ 无有：当为“无无”之误。

大马之捶钩者[①]，年八十矣，而不失豪芒[②]。大马曰：“子巧与[③]，有道与？”

曰：“臣有守也[④]。臣之年二十而好捶钩，于物无视也，非钩无察也。是用之者，假不用者也以长得其用[⑤]，而况乎无不用者乎！物孰不资焉[⑥]！”

注释

① 大马：官名，即大司马。　捶钩者：为大司马锻制兵器的工匠。捶，锻打。钩，兵器。
② 失：差失。　豪芒：比喻微小的差错。
③ 巧：技巧，技术。
④ 守：借为“道”。
⑤ 假：凭借。
⑥ 资：取资，依凭。

冉求问于仲尼曰[①]：“未有天地可知邪？”仲尼曰：“可。古犹今也。”冉求失问而退[②]。明日复见，曰：“昔者吾问‘未有天地可知乎？’夫子曰：‘可。古犹今也。’昔日吾昭然，今日吾昧然，敢问何谓也？”仲尼曰：“昔之昭然也，神者先受之[③]；今之昧然也，且又为不神者求邪！无古无今，无始无终。未有子孙而有子孙，可乎？”冉求未对。仲尼曰：“已矣，未应矣[④]！不以生生死，不以死死生。死生有待邪？皆有所一体[⑤]。有先天地生者，物邪？物物者非物[⑥]，物出不得先物也，犹其有物也[⑦]。犹其有物也，无已[⑧]。圣人之爱人也终无已者，亦乃取于是者也[⑨]。”

注释

① 冉求：孔子弟子，姓冉，名求，字子有。
② 失问：即失去复问之意，不想再问。
③ 受：领会。
④ 未：当为“末”字之误。末，勿，不要。
⑤ 一体：即造化之自然。
⑥ 物物者：指道。
⑦ 犹：当为“由”字之误。　其：指道。
⑧ 已：停止。
⑨ 是：指大道。

颜渊问乎仲尼曰：“回尝闻诸夫子曰：‘无有所将[①]，无有所迎。’回敢问其游[②]。”

仲尼曰：“古之人外化而内不化，今之人内化而外不化。与物化者，一不化者也。安化安不化[③]？安与之相靡[④]？必与之莫多[⑤]。狶韦氏之囿[⑥]，黄帝之圃，有虞氏之宫，汤武之室[⑦]。君子之人，若儒墨者师，故以是非相整也[⑧]，而况今之人乎！圣人处物不伤物。不伤物者，物亦不能伤也。唯无所伤者，为能与人相将迎[⑨]。山林与，皋壤与[⑩]，使我欣欣然而乐与！乐未毕也[⑪]，哀又继之。哀乐之来，吾不能御，其去弗能止。悲夫，世人直为物逆旅耳[⑫]！夫知遇而不知所不遇，知能能而不能所不能。无知无能者，固人之所不免也。夫务免乎人之所不免者，岂不亦悲哉！至言去言，至为去为。齐知之所知，则浅矣[⑬]。”

注释

① 将：送。
② 游：道理。
③ 安：岂，有“岂所谓”的意思。

④ 之：指万物。　相靡：相磨。

⑤ 多：求多，求胜。

⑥ 狶（xī 希）韦氏：传说中的远古帝王。

⑦ 囿、圃、宫、室：皆指帝王游居之所。由囿至室的递狭，比喻人们的精神境界日趋狭隘卑下。

⑧ 鳖（jī 机）：诋毁，攻击。

⑨ 人：当为“之”字之误。之，指物。

⑩ 皋壤：平原。

⑪ 毕：毕结，结束。

⑫ 物：指哀乐的来去。　逆旅：旅舍。

⑬ 浅：浅陋，拙劣。

文化史拓展

张岱年先生在《中国哲学大纲》里写道：“中国哲学只重生活上的实证，或内心之神秘的冥证，而不注重逻辑的论证。”的确，中国古代哲学本质上更像是一种诗意哲学，而非科学化的哲学。这种“重了悟而不重论证”的思想特质深入骨髓，在宗教上化作“可至而不可学”的妙悟佛法，在文学上化作“可遇而不可求”的情感因子，在艺术上化作“可意会而不可言传”的无弦之趣，而在庄子笔下则表现为“无处不在”的“道”。

在《庄子》一书中，对“道”谈得最集中最透彻，观点最为清晰成熟的要数这篇《知北游》了。明代陆长庚就认为此篇“所论道妙，迥出思议之表，读《南华》者，《知北游》最为肯綮。”（《南华真经副墨》）全文像总结陈词一样，把“道”又好好的整个地阐说了一遍。不过，这次的阐述和以往不同，完全用的是寓言的方式。通篇十一个故事，除了一两个故事借着黄帝、老子之口有大段的议论外，大部分的故事都是点到为止，需要读者自己去从中体悟。尤其值得注意的是所谓“在蝼蚁”、“在稊稗”、“在瓦甓”、“在屎溺”的说法，真正把道“无所不在”的特征揭示了出来，对后世论道者产生了很大的影响。

比较起来，佛教禅宗对庄子所谓“在蝼蚁”、“在稊稗”、“在瓦甓”、“在屎溺”的说法最乐意接受。特别在洪州系禅师们看来，既然“平常心是道”，“道”体现在一切平常的生活和事物之中，那么也就自然可以像庄子那样以任意回答的方式来揭示“道”，或以一些卑下的事物来比喻“道”了。如他们在回答什么是“道”或“佛”

时说：

问："如何是道?"师曰："墙外底。"(《五灯会元·从谂传》)

问："如何是佛?"师曰："殿里底。"(同上)

问："如何是大道?"师曰："没却汝。"(《五灯会元·景岑传》)

问："如何是文殊(菩萨名)?"师曰："墙壁瓦砾是。"(同上)

洪州系禅师以此方式来揭示道、佛无所不在的道理，可见他们在本体论上是具有明显的老庄化倾向的。其实，这也可以说是后期禅宗的普遍思想。如青原系诸禅师所谓"古佛心"是"墙壁瓦砾"(见《五灯会元·良价传》)、"道"是"枯木里龙吟"(见《五灯会元·本寂传》)、"佛"是"干屎橛"(见《五灯会元·文偃传》)等等，便同样反映出了这种明显的老庄化倾向。

文学史链接

1. 相关文学典故

臭腐神奇

凡蜂酿蜜，……咀嚼花心汁，吐积而成，润以人小遗，则甘芳并至，所谓臭腐神奇也。

(宋应星《天工开物·蜜蜂》)

每下愈况

南宋儒者似又窃释氏绪余，此即庄子所谓每况愈下。

(洪亮吉《北江诗话》卷三)

乃闻设官分部，数至十二，已开虚縻廪禄之端，商榷阁员，每下愈况。

(章炳麟《致袁世凯商榷官制电二》)

2. 文学技法

笔墨之灵，能将人之隐微曲曲传出。……笔底烟云，其精思眇义，都在无文之中，无字之下，令人眼头心头，隐隐跃跃，有如神观止之叹。未知文以道而妙乎，抑道以文而妙乎?

(方人杰《庄子读本·知北游》总论)

此篇摹写道妙，只是一"无"。在全部为直指奥窔之文，然其虚明解脱，已曲尽文家衬射之妙矣。

(宣颖《南华经解·知北游》总论)

绘山者绘影，绘水者绘声。绘咸阳一炬者，绘火并绘风，已极绘事之奇，究不若此之绘空者，运笔于形声之外。至文妙文，后人更从何处临摹！

（刘凤苞《南华雪心编·知北游》对“光曜问乎无有”故事的评论）

集评

夫窈冥、寂寞、希夷、微妙者，至道之真体。体固不可以情求，不可以智窥，惟以无知而为得矣。此庄子因而作《知北游》之篇。

（王雱《南华真经新传·知北游》题解）

前篇通体发挥一“真”字，此篇通体摹写一“无”字。真者道之本根，无者道之化境，由真以返于无，即无以窥其真，一部《南华》，只此二字尽之矣。《中庸》论性命之旨，不外一“诚”，诚即“真”字实际，而终之以无声无臭，亦犹《知北游》之以无为谓归结全篇也。

（刘凤苞《南华雪心编·知北游》总论）

思考与讨论

1. 在揭示道体虚无特征方面，此篇所论比《大宗师》篇更为具体深入，请予细心体会。
2. 禅宗可谓是最具有中国化特征的佛教，试述其所谓“道”、“佛”概念对本篇有关思想的承因与发挥。

寓　言

题解

此篇凡六段，意旨不尽一致。其中首段是通过标举寓言、重言、卮言来论述本书文体特征的，所以常被人们视为全书的凡例。

所谓“寓言十九，重言十七，卮言日出”，指的是寓言、重言、卮言在全书中各自所占的比重。但这只是作者在理论上的一个大略说法，在全书的实际运用中，三者却往往是浑然一体，不可分割的。

寓言十九[①]，重言十七[②]，卮言日出[③]，和以天倪[④]。

寓言十九，藉外论之[⑤]。亲父不为其子媒[⑥]。亲父誉之，不若非其父者也。非吾罪也[⑦]，人之罪也。与己同则应[⑧]，不与己同则反；同于己为是之[⑨]，异于己为非之。

重言十七，所以已言也[⑩]，是为耆艾[⑪]。年先矣，而无经纬本末以期年耆者[⑫]，是非先也。人而无以先人，无人道也。人而无人道，是之谓陈人[⑬]。

卮言日出，和以天倪，因以曼衍[⑭]，所以穷年[⑮]。不言则齐[⑯]，齐与言不齐，言与齐不齐也，故曰无言。言无言，终身言，未尝言；终身不言，未尝不言。有自也而可[⑰]，有自也而不可；有自也而然，有自也而不然。恶乎然？然于然。恶乎不然？不然于不然。恶乎可？可于可。恶乎不可？不可于不可。物固有所然，物固有所可。无物不然，无物不可[⑱]。非卮言日出，和以天倪，孰得其久[⑲]！万物皆种也[⑳]，以不同形相禅[㉑]，始卒若环[㉒]，莫得其伦[㉓]，是谓天均[㉔]。天均者，天倪也。

注释

① 寓言：寄托寓意的言论。寓，寄。

② 重言：谓先哲时贤之言。

③ 卮(zhī 支)言:指作者自己那些不着边际的议论。 日出:谓天天有所出现。
④ 和:合。 天倪:自然的分际。
⑤ 藉:通“借”,借助。
⑥ 媒:做媒。
⑦ 吾:指父亲。
⑧ 己:指世人。
⑨ 为:则。 是:肯定。
⑩ 已:止。
⑪ 是:这。 耆艾:对老人的称呼。六十岁为耆,五十岁为艾。
⑫ 经纬本末:谓经纬天下的才德学识。 期:合。
⑬ 陈人:老朽之人。
⑭ 曼衍:流行不定,游衍自得。
⑮ 穷年:终其天年。
⑯ 言:指主观成见的言论。 齐:齐一,齐同。
⑰ 自:根由。
⑱ 固:本来。
⑲ 久:传之久远。
⑳ 皆种:都有种类。
㉑ 禅:传续,传接。
㉒ 卒:终。
㉓ 伦:头绪。
㉔ 天均:天然自运的陶钧。

庄子谓惠子曰[①]:“孔子行年六十而六十化[②],始时所是,卒而非之,未知今之所谓是之非五十九非也。”

惠子曰:“孔子勤志服知也[③]?”庄子曰:“孔子谢之矣[④],而其未之尝言。孔子云:‘夫受才乎大本[⑤],复灵以生。鸣而当律[⑥],言而当法。利义陈乎前,而好恶是非直服人之口而已矣[⑦]。使人乃以心服而不敢蘁立[⑧],定天下之定。’已乎已乎!吾且不得及彼乎[⑨]!”

注释

① 惠施:姓惠名施,宋人,先秦名家代表人物之一。
② 行年:经历过的年岁。　化:谓改善自己的品行。
③ 服:用。　知:通“智”,智力。　也:即“邪”,表疑问。
④ 谢:弃绝。　之:指励志用智之迹。
⑤ 乎:于。　大本:指天。
⑥ 而:则。　当:中于。
⑦ 直:特。
⑧ 蘁(wù误)立:逆立,即违逆之意。
⑨ 彼:指孔子。

曾子再仕而心再化[①],曰:“吾及亲仕[②],三釜而心乐[③];后仕,三千钟而不洎[④],吾心悲。”

弟子问于仲尼曰:“若参者,可谓无所县其罪乎[⑤]?”曰:“既已县矣。夫无所县者,可以有哀乎?彼视三釜[⑥]、三千钟,如观雀蚊虻相过乎前也[⑦]。”

注释

① 曾子:姓曾,名参,孔子弟子。　化:谓心境变迁。
② 及亲:当双亲在世时。
③ 釜:古代以六斗四升为一釜。
④ 钟:古代以十釜为一钟,即六斛四斗。　不洎(jì记):指不及养亲。洎,及。
⑤ 县:通“悬”,系,困缚。
⑥ 彼:指一无系累的人,即至人。
⑦ “雀”字:前当补“鸟”字,文意乃全。

颜成子游谓东郭子綦曰[①]:“自吾闻子之言,一年而野[②],二年而从[③],三年而通[④],四年而物[⑤],五年而来[⑥],六年而鬼入[⑦],七年而天成[⑧],八年而不知死、不知生，九年而大妙[9]。生有为，死也。劝公以其[10]，死也有自也[11]；而生阳也[12]，无自也。而果然乎[13]？恶乎其所适[14]？恶乎其所不适？天有历数[15]，地有人据[16]，吾恶乎求之？莫知其所终，若之何其无命也？莫知其所始，若之何其有命也？有以相应也，若之何其无鬼邪？无以相应也，若之何其有鬼邪？"

注释

① 颜成子游：姓颜成，名偃，字子游，子綦弟子。已见《齐物论》注。　东郭子綦：当即南郭子綦。
② 野：谓返朴还淳。
③ 从：谓舍己顺俗。
④ 通：谓人我为一，没有畛域。
⑤ 物：谓块然如物，没有知觉。
⑥ 来：谓大道来集。
⑦ 鬼入：谓鬼神冥附。
⑧ 天成：谓与天为一。
⑨ 大妙：达到大道灵妙玄通的境界。
⑩ 劝：助。　公：指公正的天道。　"其"字：下面当补一"私"字，文意乃通。
⑪ 自：原因。
⑫ 生阳：谓生命力活跃。
⑬ 而：通"尔"，你。
⑭ 恶：何，哪里。
⑮ 历数：谓星辰日月之往来。或谓寒暑春秋。
⑯ 人据：谓方域版图。

众罔两问于景曰[1]："若向也俯而今也仰[2]，向也括而今也被发[3]，向也坐而今也起，向也行而今也止，何也？"

景曰："搜搜也[4]，奚稍问也[5]！予有而不知其所以。予，蜩甲也[6]？蛇蜕也[7]？似之而非也。火与日，吾屯也[8]；阴与夜，吾代也[9]。彼吾所以有待邪[⑩]？而况乎以有待者乎！彼来则我与之来，彼往则我与之往，彼强阳则我与之强阳[⑪]。强阳者，又何以有问乎！”

注释

① 罔两：影外微阴，即影子的影子。　景：通“影”。

② 若：你。　向：往昔。

③ “括”字：下面当补一“撮”字，文意乃全。括撮，束拢头发。　被：通“披”。

④ 搜搜：谓区区。

⑤ 奚稍问：犹言“何消问”，即何须问。

⑥ 蜩甲：蝉壳。

⑦ 蛇蜕：蛇皮。

⑧ 屯：聚。

⑨ 代：散灭。

⑩ 彼：指有形之物。　待：依赖，凭借。

⑪ 强阳：谓徜徉，闲游。

阳子居南之沛[①]，老聃西游于秦，邀于郊[②]，至于梁而遇老子[③]。老子中道仰天而叹曰[④]：“始以汝为可教，今不可也。”

阳子居不答。至舍[⑤]，进盥漱巾栉[⑥]，脱屦户外[⑦]，膝行而前，曰：“向者弟子欲请夫子[⑧]，夫子行不闲，是以不敢。今闲矣，请问其过。”老子曰：“而睢睢盱盱[⑨]，而谁与居？大白若辱[⑩]，盛德若不足。”阳子居蹴然变容曰[⑪]：“敬闻命矣！”

其往也[⑫]，舍者迎将[⑬]，其家公执席[⑭]，妻执巾栉[⑮]，舍者避席[⑯]，炀者避灶[⑰]。其反也[⑱]，舍者与之争席矣[⑲]。

注释

① 阳子居：即杨朱，战国时魏国人。　之：到，往。　沛：即今江苏徐州。

② 邀：邀迎，迎候。

③ 梁：沛郊的地名。

④ 中道：途中。
⑤ 舍：旅舍。
⑥ 盥(guàn 灌)：洗手器具。　漱：指漱口用具。　栉：梳子。
⑦ 屦(jù 据)：用麻葛制成的单底鞋。
⑧ 向者：刚才。　夫子：对老子的尊称。
⑨ 而：你。　睢睢(suī 虽)盱盱(xū 虚)：跋扈傲视的样子。
⑩ 辱：谓黑。
⑪ 蹴(cù 促)然：惭愧不安的样子。
⑫ 其：指阳子居。
⑬ 舍者：指旅舍中的所有人，包括主人和客人等。　将：送。
⑭ 家公：指旅舍男主人。
⑮ 妻：指旅舍女主人。
⑯ 舍者：指先居旅舍的客人。
⑰ 炀者：燃火者，即炊夫。
⑱ 反：通"返"。
⑲ 舍者：指旅舍客人。

文化史拓展

在《庄子》一书中，寓言、重言、卮言其实是"三位一体"，浑不可分的，它们互相辅助，互相映衬，构成了《庄子》"洸洋自恣"的艺术特色，《逍遥游》便是一个典型的例子。文章开篇便以鲲鹏的寓言引起人们的兴趣，但变化无端的鲲鹏、千里之外的南冥毕竟很难令人信以为真，于是庄子紧接着又以《齐谐》这段重言来增加其寓言的可信度。然而庄子又未将《齐谐》的故事一气说完，而是将其拦腰打断，插入了"野马也，尘埃也，……而后乃今将图南"一段卮言。因此，人们一般也就把寓言、重言、卮言这三者统称为"寓言"，即出于虚设，并且具有寄寓性质的故事、言论。司马迁在《史记·老庄申韩列传》中称庄周"著书十余万言，大抵率寓言"，就是在这样的广义上所作出的结论。

也正如寓言、重言、卮言三者本身不可截然分开一样，《寓言》篇作者对三者功用的区分也是相对的。如运用寓言固然是为了"藉外论之"，但援引重言又何尝不是为了借"他人"论之？即使"藉外论之"这一说法本身，我们也是不能拘泥于字面而仅仅把它理解为"借他人论之"的。其实在这一比喻的说法中，作者还包括了

“借他物论之”这一层意思。因为在他看来，大道是那样“寂漠无形，变化无常”，为世人所难以置信，所以非借他人他物来说明不可。总之，对于作者论述“三言”的话，我们应该结合全书，从整体上加以把握。

在这里，作者破天荒地提出了“藉外论之”的理论，表明他对于寓言“深于取象”（章学诚语）这一特征有着前人所不曾有过的深刻理解，这与诗歌领域中总结出“比兴”理论是具有同等意义的。

文学史链接

1. 相关文学典故

卮言日出

近且卮言日出，人人自矜秘本。

（王韬《英语汇腋》）

罔两问景

双方并进，如影之随形，如罔两之逐影，非有他也。

（章炳麟《俱分进化论》）

2. 后世有关诗赋文

王禹偁《卮言日出赋》

3. 文学技法

作文者少寓言，如作诗者少比兴，宁复有诗古人乎！惟借重圣贤前型满纸，此法甚盛，似不失庄子取信耆艾之意。然一概高年耳，欲择其中有经纬本末以先人者，则少矣。且如庄子所引聃、丘、子綦之类，其言辩而竦听，多不见于他书，故得独奇。又字句皆得天巧营构，故遭人惊喜，独灵千古。

（谭元春《南华真经评点·寓言》篇末总评）

将一部著书之法，标列于此。盖庄子仙才，便有此三样用笔，以颠倒古今文人。独怪此处已明明揭破，而学者独颠倒其中，余览前后注《庄》者数十家，无一人不如入八阵而眩于其变化，登迷楼而惘然其路径也。呜呼，南华老仙，天机固自峥嵘浩荡，乃明已揭破，而犹不能读，岂能免于作者之揶揄耶！

（宣颖《南华经解·寓言》对首段的评论）

此段借子游一番议论，演说上乘真解，妙绪纷纶，足令花雨漫空，海潮自涌。叙他自闻道后，学与年进，一“化”字可以该括终始。中幅即承上不知生死而言，……用笔如生龙活虎，不可羁縻。末幅又从生死拓开言之，……写得闪烁飞腾，有回风舞雪之致。

（刘凤苞《南华雪心编·寓言》对“颜成子游谓东郭子綦”一段文字的评论）

集评

此内外杂篇之序例也。……此篇与《天下》篇，乃全书之序例。古人文字，序例即列篇中，汉人犹然。至唐乃成书外别为一序于卷首，失详说乃反约之精意。

（王夫之《庄子解·寓言》题解）

此篇自叙著书之故，下篇（指《天下》篇）自叙道术渊源之自，自是全书结束。从《论语》、《孟子》，至后《史》、《汉》百家，古人自重其学，继先传后，皆是如此。

（方人杰《庄子读本·寓言》篇末总评）

《寓言》在杂篇第五，其后皆非庄子书意矣，故相传为庄子之自叙，其书终于此也。今既悉刊外十篇，唯存此及《天下》篇者，俱言著书之意，不可去也。

（王闿运《庄子内杂篇注·寓言》总论）

思考与讨论

1. 何谓寓言、重言、卮言？今天所说的寓言与庄子所谓的寓言有何区别？
2. 庄子运用寓言来“藉外论之”，与诗歌创作时运用比兴手法有何本质上的一致性？
3. 请阅读下面一段文字，并指出其阐释“三言”的指向与《寓言》篇有何不同：

　　芴漠无形，变化无常，死与生与，天地并与，神明往与！芒乎何之，忽乎何适，万物毕罗，莫足以归。古之道术有在于是者，庄周闻其风而悦之。以谬悠之说，荒唐之言，无端崖之辞，时恣纵而不傥，不以觭见之也。以天下为沉浊，不可与庄语，以卮言为曼衍，以重言为真，以寓言为广。

（选自《天下》）

盗跖

题解

《盗跖》篇全文由三段辩难的文字组成，旨在破除人们的是非观念。第一段，通过叙述至圣孔子被盗跖斥为“盗丘”的故事，说明圣人与盗贼尚且不可区别，要想衡量是非就更难了。第二段，通过虚构子张以名为是，苟得以利为是，最后二人都不免于非的故事，说明是非是无法执定的。第三段，通过描写无足以富贵为是，知和以贫贱为是的故事，说明分是分非本来就没有客观标准，只是出于世人的成心罢了。

孔子与柳下季为友[①]，柳下季之弟，名曰盗跖[②]。盗跖从卒九千人，横行天下，侵暴诸侯[③]，穴室枢户[④]，驱人牛马，取人妇女，贪得忘亲，不顾父母兄弟，不祭先祖。所过之邑，大国守城，小国入保[⑤]，万民苦之。

孔子谓柳下季曰：“夫为人父者，必能诏其子[⑥]；为人兄者，必能教其弟。若父不能诏其子，兄不能教其弟，则无贵父子兄弟之亲矣。今先生，世之才士也，弟为盗跖，为天下害，而弗能教也，丘窃为先生羞之[⑦]。丘请为先生往说之[⑧]。

柳下季曰：“先生言为人父者必能诏其子，为人兄者必能教其弟，若子不听父之诏，弟不受兄之教，虽今先生之辩[⑨]，将奈之何哉！且跖之为人也，心如涌泉[⑩]，意如飘风[⑪]，强足以距敌[⑫]，辩足以饰非，顺其心则喜，逆其心则怒，易辱人以言。先生必无往。”

注释

① 柳下季：姓展，名获，字季禽，春秋时鲁国人。因居柳下，谥号惠，故又称柳下惠。展禽比孔子早生百余年，故所谓二人为友，只是虚构的寓言而已。

② 盗跖（zhí 直）：古时起义军领袖，被诬称为大盗，故称盗跖。跖为柳下季之弟，也只是虚构的寓言而已。

③ 侵暴：侵犯，侵扰。
④ 穴：作动词，穿洞。 枢：当为“抠”字之误。抠，挖。
⑤ 保：通“堡”，小城。
⑥ 诏：教诲。
⑦ 窃：暗暗地。
⑧ 说：说服，劝说。
⑨ 辩：善辩。
⑩ 心如涌泉：形容心血横流，不可遏抑。
⑪ 意如飘风：形容意气骄荡，不可测定。
⑫ 距：通“拒”，抗拒。

孔子不听，颜回为驭①，子贡为右②，往见盗跖。盗跖乃方休卒徒大山之阳③，脍人肝而餔之④。孔子下车而前，见谒者曰⑤：“鲁人孔丘，闻将军高义，敬再拜谒者。”

谒者入通⑥，盗跖闻之大怒，目如明星，发上指冠，曰：“此夫鲁国之巧伪人孔丘非邪？为我告之：‘尔作言造语，妄称文武⑦，冠枝木之冠⑧，带死牛之胁⑨，多辞缪说⑩，不耕而食，不织而衣，摇唇鼓舌，擅生是非，以迷天下之主，使天下学士不反其本⑪，妄作孝弟⑫，而侥幸于封侯富贵者也。子之罪大极重⑬，疾走归！不然，我将以子肝益昼餔之膳⑭！’”

孔子复通曰：“丘得幸于季⑮，愿望履幕下⑯。”谒者复通，盗跖曰：“使来前！”孔子趋而进，避席反走⑰，再拜盗跖。盗跖大怒，两展其足，案剑瞋目⑱，声如乳虎⑲，曰：“丘来前！若所言⑳，顺吾意则生，逆吾心则死。”

注释

① 驭：驾车。
② 右：指骖右，即在车右边陪乘的人。
③ 大山：即泰山。
④ 脍（kuài 快）：细切。 餔（bǔ 补）：食。
⑤ 谒者：古时掌管传达的人。

⑥ 通:通报。
⑦ 文武:指周文王、周武王之道。
⑧ 枝木之冠:指冠多华饰,如木之枝叶。
⑨ 带死牛之胁:取牛皮做成大革带。牛胁,牛皮。
⑩ 缪:通"谬"。
⑪ 反:通"返",返归。
⑫ 弟:通"悌",指尊敬兄长。
⑬ 极:通"殛",诛。
⑭ 益:增加。　昼餔:午餐。
⑮ 幸:亲近。　季:指柳下季。
⑯ 履:登。
⑰ 反走:退行数步,表示敬意。
⑱ 案:通"按",手抚。　瞋(chēn 琛)目:睁圆双目。
⑲ 乳虎:哺乳的老虎。
⑳ 若:你。

孔子曰:"丘闻之,凡天下有三德:生而长大[①],美好无双,少长贵贱见而皆说之[②],此上德也;知维天地[③],能辩诸物[④],此中德也;勇悍果敢,聚众率兵,此下德也。凡人有此一德者,足以南面称孤矣[⑤]。今将军兼此三者,身长八尺二寸,面目有光,唇如激丹[⑥],齿如齐贝[⑦],音中黄钟[⑧],而名曰盗跖,丘窃为将军耻不取焉。将军有意听臣[⑨],臣请南使吴越,北使齐鲁,东使宋卫,西使晋楚,使为将军造大城数百里,立数十万户之邑,尊将军为诸侯,与天下更始[⑩],罢兵休卒,收养昆弟[⑪],共祭先祖[⑫]。此圣人才士之行,而天下之愿也。"

注释

① 长大:魁梧。
② 说:通"悦",喜欢。
③ 知:通"智",智能。　维:包罗。
④ 能:才能。　辩:通"辨",辨识。

⑤ 孤：古代帝王接见臣下时朝南而坐，自称为“孤”。
⑥ 激丹：鲜红明亮的丹砂。
⑦ 齐贝：列贝。
⑧ 中：合乎。　黄钟：古乐十二律之一，声调最洪亮。
⑨ 臣：孔子自称。
⑩ 更始：除旧布新。
⑪ 昆弟：兄弟。
⑫ 共：通“供”，供祭。

盗跖大怒曰：“丘来前！夫可规以利而可谏以言者[1]，皆愚陋恒民之谓耳[2]。今长大美好，人见而悦之者，此吾父母之遗德也。丘虽不吾誉，吾独不自知邪？且吾闻之，好面誉人者[3]，亦好背而毁之[4]。今丘告我以大城众民，是欲规我以利而恒民畜我也[5]，安可久长也！城之大者，莫大乎天下矣。尧舜有天下，子孙无置锥之地；汤武立为天子，而后世绝灭，非以其利大故邪？且吾闻之，古者禽兽多而人少，于是民皆巢居以避之。昼拾橡栗[6]，暮栖木上，故命之曰有巢氏之民。古者民不知衣服[7]，夏多积薪，冬则炀之[8]，故命之曰知生之民。神农之世[9]，卧则居居[10]，起则于于[11]，民知其母，不知其父，与麋鹿共处，耕而食，织而衣，无有相害之心，此至德之隆也。然而黄帝不能致德，与蚩尤战于涿鹿之野[12]，流血百里。尧舜作[13]，立群臣，汤放其主[14]，武王杀纣。自是之后，以强陵弱[15]，以众暴寡[16]。汤武以来，皆乱人之徒也。今子修文武之道，掌天下之辩[17]，以教后世，缝衣浅带[18]，矫言伪行，以迷惑天下之主，而欲求富贵焉。盗莫大于子，天下何故不谓子为盗丘，而乃谓我为盗跖？子以甘辞说子路而使从之[19]，使子路去其危冠[20]，解其长剑，而受教于子，天下皆曰孔丘能止暴禁非。其卒之也[21]，子路欲杀卫君而事不成[22]，身菹于卫东门之上[23]，是子教之不至也。子自谓才士圣人邪？则再逐于鲁[24]，削迹于卫[25]，穷于齐，围于陈蔡，不容身于天下。子教子路菹此患，上无以为身，下无以为人[26]，子之道岂足贵邪？世之所高[27]，莫若黄帝，黄帝尚不能全德，而战涿鹿之野，流血百里。尧不慈[28]，舜不孝[29]，禹偏枯[30]，汤放其主，武王伐纣，文王拘羑里[31]。此六子者[32]，世之所高也。孰论之[33]，皆以利惑其真而强反其情性[34]，其行乃甚可羞也。世之所谓贤士，伯夷、叔齐[35]。伯夷、叔齐辞孤竹之君，而饿死于首阳之山，骨肉不葬。鲍焦饰行非世[36]，抱木而死。申徒狄谏而不听[37]，负石自投于河，为鱼鳖所食。介子推至忠也[38]，自割其股以食文公。文公后背之，子推怒而去，抱木而燔死[39]。尾生与女子期于梁下[40]，女子不来，水至不去，抱梁柱而死。此六子者，无异于磔犬流豕[41]、操瓢而乞者，皆离名轻死[42]，不念本养寿命者也[43]。世之所谓忠臣者，莫若王子比干、伍子胥。子胥沈江，比干剖心。此二子者，世谓忠臣也，然卒为天下笑。自上观之[44]，至于子胥、比干，皆不足贵也。丘之所以说我者，若告我以鬼事，则我不能知也；若告我以人事者，不过此矣，皆吾所闻知也。今吾告子以人之情：目欲视色，耳欲听声，口欲察味，志气欲盈[45]。人上寿百岁，中寿八十，下寿六十，除病瘦死丧忧患[46]，其中开口而笑者，一月之中不过四五日而已矣。天与地无穷，人死者有时。操有时之具[47]，而托于无穷之间，忽然无异骐骥之驰过隙也。不能说其志意[48]，养其寿命者，皆非通道者也。丘之所言，皆吾之所弃也。亟去走归[49]，无复言之！子之道狂狂汲汲[50]，诈巧虚伪事也，非可以全真也，奚足论哉！”

注释

① 规：劝。

② 恒民：常人。恒，常。

③ 面：当面。

④ 毁：毁谤。

⑤ 畜：对待。

⑥ 橡栗：橡树、栗树的果实。

⑦ 衣：穿，作动词。

⑧ 炀（yáng 杨）：烧。

⑨ 神农：即炎帝，教人民耕种，故称神农。

⑩ 居居：安静的样子。
⑪ 于于：自得的样子。
⑫ 蚩尤：传说中的部落首领。 涿鹿：即今河北涿县。
⑬ 作：指登天子位。
⑭ 放其主：指汤把夏桀流放到南巢之事。
⑮ 陵：通“凌”，欺凌。
⑯ 暴：侵害。
⑰ 辩：言论。
⑱ 缝衣：指宽而长大的衣服。 浅带：宽大的腰带。
⑲ 甘辞：甜美的言辞。引申为花言巧语。
⑳ 危冠：高冠。史称子路好勇，戴着高高的帽子，佩着长剑。
㉑ 卒：最后，终于。
㉒ 卫君：指卫庄公蒯聩。
㉓ 菹（zū 租）：剁成肉酱。据《左传》哀公十五年、《史记·仲尼弟子列传》载，卫太子蒯聩强迫孔悝一同作乱，子路欲杀蒯聩而救家主孔悝，不成，遂遭菹身之祸。
㉔ 再：两次。
㉕ 削迹：绝迹。
㉖ “子教”三句：当移至“身菹于卫东门之上”句之后，文理才通顺。
㉗ 高：推崇。
㉘ 尧不慈：指尧杀长子丹朱之事。
㉙ 舜不孝：指舜放逐其父瞽叟之事。
㉚ 偏枯：即半身不遂。
㉛ 拘：关押。 羑（yǒu 有）里：狱名，在今河南汤阴北。
㉜ 六子：当改为“七子”，指黄帝、尧、舜、禹、汤、文、武七人。
㉝ 孰：通“熟”，详细。
㉞ 反：违反。
㉟ 伯夷、叔齐：皆孤竹君之子，因彼此让位，逃离国境。后来周武王伐纣，二人叩马相谏，武王不从，遂隐于首阳山，不食周粟而死。
㊱ 鲍焦：周朝隐士，他愤世嫉俗，廉洁自守，不食周粟，抱木而枯。 非世：非刺当世。
㊲ 申徒狄：姓申徒，名狄，殷商时人，因进谏不被采纳，遂负石投河而死。
㊳ 介子推：春秋时晋文公臣。文公重耳遭难而出逃国外，在路困乏，他自割股肉给文公食。文公归国后奖赏有功之臣，却忘记了介子推。他大怒而去，隐居介山。文公

知过，追到介山，欲使其出，遂放火烧山，但介子推不出，抱树焚死。

㊴ 燔(fán 烦)：烧。

㊵ 尾生：人名，或作尾生高、微生高，鲁国人。 期：约会。 梁：桥。

㊶ 磔(zhé 哲)犬：肢体被分裂的狗。 流豕：飘流于江河的死猪。

㊷ 离名：遭受好名之害。离，通“罹”，遭受。 轻：轻视。

㊸ 念本：顾念生命根本。

㊹ 上：指上述黄帝等十三人。

㊺ 盈：充盈。

㊻ 瘦：当为“瘐”字之误。瘐，病。

㊼ 具：指形骸。

㊽ 说：通“悦”，愉悦。

㊾ 亟(jí 急)：急。

㊿ 狂狂：失性的样子。 汲汲：不足的样子。

孔子再拜趋走，出门上车，执辔三失①，目芒然无见②，色若死灰，据轼低头③，不能出气。

归到鲁东门外，适遇柳下季。柳下季曰：“今者阙然数日不见④，车马有行色，得微往见跖邪⑤？”孔子仰天而叹曰：“然。”柳下季曰：“跖得无逆汝意若前乎？”孔子曰：“然。丘所谓无病而自灸也⑥，疾走料虎头⑦，编虎须，几不免虎口哉！”

注释

① 执辔三失：手上拿的马缰绳多次掉落到地上。形容孔子惊惧失神的情态。

② 芒然：即茫然，指模糊不清的样子。

③ 轼：车前供人依凭的横木。

④ 阙：缺，不在。

⑤ 得微：同“得无”，岂不是。

⑥ 自灸：指引艾叶自灼。

⑦ 料：通“撩”，拨弄。

子张问于满苟得曰[①]："盍不为行[②]？无行则不信[③]，不信则不任，不任则不利。故观之名，计之利，而义真是也。若弃名利，反之于心，则夫士之为行，不可一日不为乎！"

满苟得曰："无耻者富[④]，多信者显[⑤]。夫名利之大者，几在无耻而信。故观之名，计之利，而信真是也。若弃名利，反之于心，则夫士之为行，抱其天乎[⑥]！"

子张曰："昔者桀纣贵为天子，富有天下。今谓臧聚曰[⑦]，汝行如桀纣，则有怍色[⑧]，有不服之心者，小人所贱也。仲尼、墨翟，穷为匹夫[⑨]，今谓宰相曰，子行如仲尼、墨翟，则变容易色，称不足者，士诚贵也。故势为天子，未必贵也；穷为匹夫，未必贱也。贵贱之分，在行之美恶。"

满苟得曰："小盗者拘[⑩]，大盗者为诸侯，诸侯之门，义士存焉。昔者桓公小白杀兄入嫂[⑪]，而管仲为臣[⑫]；田成子常杀君窃国[⑬]，而孔子受币。论则贱之，行则下之，则是言行之情悖战于胸中也，不亦拂乎[⑭]！故《书》曰：'孰恶孰美，成者为首[⑮]，不成者为尾[⑯]。'"

注释

① 子张：姓颛孙，名师，字子张，孔子弟子。　满苟得：虚构的人物。

② 盍：何不。　为行：培养德行。

③ 无行：没有好的德行。

④ 富：富有。

⑤ 信：诚信。　显：显达。

⑥ 抱：守。　天：天真本性。

⑦ 臧：奴仆。　聚：通"驺"，养马的人。

⑧ 怍(zuò 作)色：惭愧的表情。

⑨ 匹夫：平民百姓。

⑩ 拘：被拘捕。

⑪ 桓公：指齐桓公，名小白，杀掉他的哥哥子纠，纳嫂为妻。

⑫ 管仲：名夷吾，字仲，齐桓公的国相。

⑬ 田成子：即田常，又称陈恒，他杀死齐简公而自专国政。

⑭ 拂：谓言行相悖。

⑮ 为首:居上。

⑯ 为尾:处下。

子张曰:“子不为行,即将疏戚无伦[①],贵贱无义[②],长幼无序,五纪六位[③],将何以为别乎?”

满苟得曰:“尧杀长子,舜流母弟[④],疏戚有伦乎?汤放桀,武王杀纣,贵贱有义乎?王季为适[⑤],周公杀兄[⑥],长幼有序乎?儒者伪辞[⑦],墨者兼爱,五纪六位,将有别乎?且子正为名,我正为利。名利之实,不顺于理,不监于道[⑧]。吾日与子讼于无约[⑨],曰:‘小人殉财,君子殉名,其所以变其情,易其性[⑩],则异矣;乃至于弃其所为而殉其所不为,则一也。’故曰,无为小人[⑪],反殉而天[⑫];无为君子,从天之理。若枉若直,相而天极[⑬];面观四方,与时消息[⑭]。若是若非,执而圆机[⑮];独成而意,与道徘徊。无转而行[⑯],无成而义[⑰],将失而所为[⑱];无赴而富[⑲],无殉而成,将弃而天[⑳]。比干剖心,子胥抉眼[㉑],忠之祸也;直躬证父[㉒],尾生溺死,信之患也;鲍子立干[㉓],申子自理[㉔],廉之害也;孔子不见母[㉕],匡子不见父[㉖],义之失也。此上世之所传,下世之所语,以为士者正其言[㉗],必其行,故服其殃[㉘],离其患也[㉙]。”

注释

① 即将:将会。　戚:亲。　伦:次,理。

② 义:仪则。

③ 五纪:即五伦,指君臣、父子、夫妇、兄弟、朋友。　六位:即六纪,指诸父、兄弟、族人、诸舅、师长、朋友。

④ 舜流母弟:指舜把他的弟弟象流放到有庳一事。

⑤ 王季:文王之父,周太王庶子,因其兄太伯、仲雍让位,故被立为嫡子。因为古代世袭制,王位传给嫡长子。　适:通“嫡”,嫡长子。

⑥ 兄:指管叔和蔡叔。

⑦ 伪辞:伪造名位等级之辞。

⑧ 监:明。

⑨ 日:昔日,往日。　讼:争辩。　无约:虚构的人物。意谓不为名利所约束。

⑩ 易:改变。
⑪ 无:通"毋"。
⑫ 殉:循,顺从。　而:通"尔",你。
⑬ 相:视。　天极:天然的准则。
⑭ 消息:消亡与生长。
⑮ 圆机:环中,即循环变化的中枢。
⑯ 转:通"专",执守。
⑰ 成:成就。　义:指仁义。
⑱ 所为:指真性。
⑲ 赴:奔赴,追求。
⑳ 弃:丧失。
㉑ 子胥抉眼:谓伍子胥在死前,告诉他的舍人说:"抉吾眼县(悬)吴东门之上,以观越寇之入灭吴也。"(《史记·伍子胥列传》)抉眼,挖掉眼睛。
㉒ 直躬:人名。他曾去官府告发他父亲偷羊的罪行。　证:告发。
㉓ 鲍子:即鲍焦。　立干:谓抱木而枯死。
㉔ 申子:即申徒狄。　自理:自投于河而死。理,当为"埋"字之误,意谓沉。
㉕ 孔子不见母:谓孔子滞耽圣迹,游历各国去应聘,其母死而未能相见。
㉖ 匡子:名章,齐国人,因谏其父,被父所逐,故终身不见父。
㉗ 正:端正。
㉘ 服:遭。
㉙ 离:通"罹",遭。

无足问于知和曰[①]:"人卒未有不兴名就利者[②]。彼富,则人归之[③],归则下之[④],下则贵之[⑤]。夫见下贵者[⑥],所以长生安体乐意之道也。今子独无意焉,知不足邪[⑦],意知而力不能行邪[⑧],故推正不忘邪[⑨]?"

知和曰:"今夫此人以为与己同时而生[⑩],同乡而处者,以为夫绝俗过世之士焉[⑪];是专无主正[⑫],所以览古今之时,是非之分也,与俗化世。去至重[⑬],弃至尊[⑭],以为其所为也;此其所以论长生安体乐意之道,不亦远乎!惨怛之疾[⑮],恬愉之安[⑯],不监于体[⑰];怵惕之恐[⑱],欣欢之喜,不监于心;知为为而不知所以为,是以贵为天子,富有天下,而不免于患也。"

注释

① 无足、知和：皆为虚构的人物。

② 人卒：人们。　兴名：谓希望建立名誉。　就：趋。

③ 归：归附。

④ 下：屈从。

⑤ 贵：尊崇。

⑥ 见：被。

⑦ 知：通“智”。

⑧ 意：通“抑”，还是。

⑨ 故：通“固”，本来。

⑩ 此人：指贪鄙的人。

⑪ 绝、过：超越。

⑫ 专：专愚。　无主正：谓胸中没有主见。

⑬ 至重：即生命。

⑭ 至尊：即自然本性。

⑮ 惨怛(dá 达)：悲痛。

⑯ 恬愉：快乐。

⑰ 监：察照，引申为显现。

⑱ 怵惕：惊惧。

无足曰：“夫富之于人，无所不利，穷美究埶[①]，至人之所不得逮[②]，贤人之所不能及，侠人之勇力而以为威强[③]，秉人之知谋以为明察[④]，因人之德以为贤良[⑤]，非享国而严若君父[⑥]。且夫声色滋味权势之于人，心不待学而乐之[⑦]，体不待象而安之[⑧]。夫欲恶避就，固不待师，此人之性也。天下虽非我[⑨]，孰能辞之！”

知和曰：“知者之为[⑩]，故动以百姓，不违其度[⑪]，是以足而不争，无以为，故不求。不足，故求之[⑫]，争四处而不自以为贪；有余，故辞之，弃天下而不自以为廉。廉贪之实，非以迫外也，反监之度[⑬]。势为天子，而不以贵骄人；富有天下，而不以财戏人[⑭]。计其患，虑其反[⑮]，以为害于性，故辞而不受也，非以要名誉也[16]。尧、舜为帝而雍[17]，非仁天下也，不以美害生也[18]；善卷、许由得帝而不受[19]，非虚辞让也[20]，不以事害己[21]。此皆就其利，辞其害，而天下称贤焉，则可以有之，彼非以兴名誉也。”

注释

① 穷：尽。　究：竟。　埶：通“势”。
② 逮：及。
③ 侠：当为“挟”字之误。挟，挟持。
④ 秉：持。　知：通“智”。
⑤ 因：依凭。
⑥ 君父：君主。
⑦ 不待：不用。
⑧ 象：效仿。　安：适应。
⑨ 非：非议。
⑩ 知：通“智”。
⑪ 度：法度，原则。
⑫ 之：指身外之物，即声色、滋味、权势等。
⑬ 监：照，检查。　度：指禀性气度。
⑭ 戏：戏弄。
⑮ 反：谓富贵至极则必反。
⑯ 要：钓取。
⑰ 雍：当为“推”字之误。意谓推让帝位。
⑱ 美：指富贵。　生：性，指自然本性。
⑲ 善卷、许由：相传皆为尧舜时的隐士。
⑳ 虚：假心假意。
㉑ 事：世事，指治理天下。

无足曰：“必持其名，苦体绝甘[1]，约养以持生[2]，则亦久病长阨而不死者也[3]。”

知和曰：“平为福[4]，有余为害者[5]，物莫不然，而财其甚者也。今富人，耳营钟鼓管籥之声⑥，口嗛于刍豢醪醴之味⑦，以感其意⑧，遗忘其业，可谓乱矣⑨；侅溺于冯气⑩，若负重行而上也⑪，可谓苦矣；贪财而取慰⑫，贪权而取竭，静居则溺⑬，体泽则冯⑭，可谓疾矣⑮；为欲富就利，故满若堵耳而不知避⑯，且冯而不舍⑰，可谓辱矣；财积而无用，服膺而不舍⑱，满心戚醮⑲，求益而不止，可谓忧矣；内则疑劫请之贼⑳，外则畏寇盗之害，内周楼疏㉑，外不敢独行，可谓畏矣。此六者㉒，天下之至害也，皆遗忘而不知察。及其患至，求尽性竭财㉓，单以反一日之无故而不可得也㉔。故观之名则不见，求之利则不得，缭意体而争此㉕，不亦惑乎！”

注释

① 甘：美味。

② 约养：简约给养。

③ 阨：通“厄”，困穷。

④ 平：谓适如性分。

⑤ 有余：谓超出性分。

⑥ 营：聒，谓多声乱耳。　管籥（yuè 跃）：箫笛一类的管乐器。

⑦ 嗛（qiè 怯）：快意。　刍豢：牲畜。食草者称刍，食谷者称豢。　醪（láo 劳）：醇酒。醴：甜酒。

⑧ 感：诱发。

⑨ 乱：谓心志昏乱。

⑩ 侅（gāi 该）溺：陷溺。　冯气：盛气。冯，满。

⑪ “上”字：后面当补一“阪”字，文意乃通。阪，山坡。

⑫ 慰：怨。

⑬ 溺：指沉溺于嗜欲。

⑭ 冯：满胀，即血气盛滞于胸中。

⑮ 疾：病。

⑯ 堵：墙。

⑰ 冯：凭，恃。

⑱ 服膺：谓念念不忘。

⑲ 戚醮：烦恼。

⑳ 劫请：劫取。

㉑ 周:周密。　楼疏:泛指防盗设施。楼,指户牖之间有孔眼的墙。疏,指穿孔如交绮的窗。

㉒ 六者:指乱、苦、疾、辱、忧、畏。

㉓ 尽性:复归本性。　竭财:抛尽钱财。

㉔ 单:仅。　反:通“返”。　无故:指无事而平安的生活。

㉕ 缭意:内心念念不忘。　“体”字:前面当补一“绝”字。绝体,牺牲形体。

文化史拓展

关于孔子游说盗跖的故事,林云铭认为它“径似小说家闲话”(《庄子因》),刘凤苞认为它“只是小说派头”(《南华雪心编》),胡文英认为“此种形容,便开唐人小说派矣。”(《庄子独见》)的确,尽管作者并无意于写作小说,但故事本身却呈现出了小说作品的基本特征。其中最主要的,就是作者在客观上比较成功地塑造了一个社会叛逆者、起义领袖、草莽英雄盗跖的艺术形象。

为了给这位英雄人物以天下最高的道德标准,使他成为集天下的圣、勇、义、智、仁于一身的艺术化身,作者在创作过程中所采取的是传奇小说的艺术方式,即为了强调对客观对象的超越常态的摹写,更多地倾向于理想地表现人物,就以奔腾狂放的艺术想象,对生活原型进行了大胆的改造,把生活中众多的英雄人物所具有的奇特和崇高美经过提炼,集中到一个人身上,从而创作出比生活原型更完美更奇特的超人式的英雄形象。如在人物的设计上,作品出人意表地把一位被时人称为“圣之和也”的柳下季(即柳下惠)和统治阶级最仇视的所谓“杀人放火”的盗跖这两位时代不同、性格完全相反、阶级地位十分悬殊的人物写成亲兄弟的关系,又“谬为牵合”相去百年之外的孔丘与柳下季为好友,并且让最大的学术权威、道德模范的圣人孔丘出场游说,让“最无道”的盗跖在理论上彻底战胜他。作品这种在情节上的大起大落,多设巧合,变幻莫测,使人产生了强烈的惊奇感,是服从于显示盗跖这一英雄形象雄伟、刚健、粗犷、豪放之美需要的。对这一英雄人物的神勇(如“横行天下,侵暴诸侯”)、威力(如“所过之邑,大国守城,小国入保”)、智能(如“知维天地”)、心意(如“心如涌泉,意如飘风”)、才辩(如“辩足以饰非”)等等的描绘,均被夸张、渲染、放大到了常人难以达到的地步。对他的外貌描写也具有很大的夸张性,如“目如明星”、“发上指冠”、“唇如激丹”等等,皆不在于其外在的逼真,而务求于内在精神实质的把握和主观精神情趣的寄托。总之,这一作品为《水浒》一类传奇小说的问世开了先河,主人公盗跖这一雄伟高大的英雄形象具有浓郁的传奇色彩。因此，所谓《水浒》得“《盗跖》愤俗之情”（天都外臣《水浒传序》）、“宋江为盗跖之后身”（陈忱《水浒后传原序》）等等说法，都是很有道理的。

文学史链接

1. 摇唇鼓舌

我正在这里指授进兵的方略，胆敢摇唇鼓舌，煽惑军心！

（李宝嘉《官场现形记》第十四回）

那些人除掉摇唇鼓舌之外，实在也没有多么大的本领。

（郭沫若《虎符》第三幕）

2. 文学技法

《庄子》真化工也，至云“名利之大者几在无耻而信”，予读之击节焉。名利中人，颇以信自矜其品，无耻而信，炎炎苟苟者咋舌矣。

（谭元春《南华真经评点·盗跖》篇末总评）

集评

夫达生之暂聚，不役富贵利禄而自适其天性，此盗跖如此而已矣。庄子因而作《盗跖》篇。

（王雱《南华真经新传·盗跖》题解）

此篇举一极恶之巨盗，与一大成之至圣，设为辩难，至圣反为巨盗所呵。盖透过一层，以见不易之是非，犹可以强词夺之，然则各执所见，以争是非者，更不足据矣，孰若齐物论之为愈乎！

（陆树芝《庄子雪·盗跖》总论）

首举盗跖，以为专求恣意者之标。次举子张、满苟得，以为殉名殉利之标。因子张学干禄问闻达，故托之满苟得，则显然寄义之名矣。末乃以知和正无足之言，并非之。

（刘咸炘《庄子释滞·盗跖》总论）

思考与讨论

1. 本篇撰写“盗跖痛骂孔子”的寓言故事，旨在“诋訿孔子”。如从文学角度来看，此则寓言故事则已成了后世小说的雏形。请细加体味。

渔　　父

题解

此篇通过对儒家仁义忠孝观念和礼乐制度的批判，表达了作者“法天贵真”的思想，这与本书其他篇章所表现出来的“全真”、“葆真”、“返真”的思想观点是一致的。因此，唐宋以来怀疑此篇是伪作的说法不足为据。

孔子游乎缁帷之林[①]，休坐乎杏坛之上[②]。弟子读书，孔子弦歌鼓琴[③]。奏曲未半，有渔父者，下船而来，须眉交白[④]，被发揄袂[⑤]，行原以上[⑥]，距陆而止[⑦]，左手据膝[⑧]，右手持颐以听[⑨]。曲终，而招子贡、子路，二人俱对。

客指孔子曰：“彼何为者也?”子路对曰：“鲁之君子也。”客问其族[⑩]。子路对曰：“族孔氏。”客曰：“孔氏者何治也[⑪]?”子路未应，子贡对曰：“孔氏者，性服忠信[⑫]，身行仁义[⑬]，饰礼乐[⑭]，选人伦[⑮]，上以忠于世主[⑯]，下以化于齐民[⑰]，将以利天下。此孔氏之所治也。”又问曰：“有土之君与[⑱]?”子贡曰：“非也。”“侯王之佐与[⑲]?”子贡曰：“非也。”客乃笑而还行[⑳]，言曰：“仁则仁矣，恐不免其身；苦心劳形以危其真[㉑]。呜呼，远哉其分于道也[㉒]!”

注释

① 游：游玩。　缁帷之林：林名。缁，黑色。帷，帷幕。

② 休：休息。　杏坛：泽中高处曰坛，因多杏树，故谓“杏坛”。

③ 鼓琴：弹琴。

④ 交：俱，全。

⑤ 被：通“披”。　揄：挥。　袂(mèi 妹)：衣袖。

⑥ 行原：沿着高平的岸边行走。

⑦ 距：至。　陆：高地。

⑧ 据：按。
⑨ 持：托。　颐：下巴。
⑩ 族：姓氏。
⑪ 治：从事。
⑫ 性：率性。　服：信服。
⑬ 行：践履，实行。
⑭ 饰：修饰。
⑮ 选：择定。
⑯ 世主：国君。
⑰ 齐民：平民。
⑱ 土：土地，指国家。　君：君主。
⑲ 佐：辅臣。
⑳ 还：转身。
㉑ 真：天然的本性。
㉒ 分：离。　道：大道。

子贡还，报孔子。孔子推琴而起曰[①]："其圣人与[②]！"乃下求之。至于泽畔，方将杖拏而引其船[③]，顾见孔子[④]，还乡而立[⑤]。孔子反走[⑥]，再拜而进。

客曰："子将何求？"孔子曰："曩者先生有绪言而去[⑦]，丘不肖[⑧]，未知所谓，窃待于下风[⑨]，幸闻咳唾之音[⑩]，以卒相丘也[⑪]。"

客曰："嘻！甚矣子之好学也！"孔子再拜而起曰："丘少而修学[⑫]，以至于今，六十九岁矣，无所得闻至教，敢不虚心！"

客曰："同类相从，同声相应，固天之理也。吾请释吾之所有而经子之所以[⑬]。子之所以者，人事也。天子、诸侯、大夫、庶人，此四者自正[⑭]，治之美也，四者离位而乱莫大焉。官治其职，人忧其事，乃无所陵[⑮]。故田荒室露[⑯]，衣食不足，征赋不属[⑰]，妻妾不和，长少无序[⑱]，庶人之忧也；能不胜任，官事不治，行不清白，群下荒怠，功美不有[⑲]，爵禄不持[⑳]，大夫之忧也；廷无忠臣，国家昏乱，工技不巧[㉑]，贡职不美[㉒]，春秋后伦[㉓]，不顺天子，诸侯之忧也；阴阳不和，寒暑不时，以伤庶物㉔，诸侯暴乱，擅相攘伐㉕，以残民人，礼乐不节㉖，财用穷匮㉗，人伦不饬㉘，百姓淫乱，天子有司之忧也㉙。今子既上无君侯有司之势，而下无大臣职事之官，而擅饰礼乐，选人伦，以化齐民，不泰多事乎㉚！且人有八疵㉛，事有四患，不可不察也。非其事而事之，谓之摠㉜；莫之顾而进之，谓之佞；希意道言㉝，谓之谄；不择是非而言，谓之谀；好言人之恶，谓之谗；析交离亲㉞，谓之贼；称誉诈伪以败恶人㉟，谓之慝㊱；不择善否㊲，两容颊适㊳，偷拔其所欲，谓之险。此八疵者，外以乱人，内以伤身，君子不友，明君不臣。所谓四患者：好经大事㊴，变更易常，以挂功名㊵，谓之叨㊶；专知擅事㊷，侵人自用㊸，谓之贪；见过不更㊹，闻谏愈甚㊺，谓之很㊻；人同于己则可，不同于己，虽善不善，谓之矜㊼。此四患也。能去八疵，无行四患，而始可教已。”

注释

① 推琴：谓放下琴。

② 其：指渔父。

③ 杖：撑。　拏（ráo 饶）：通“桡”，船篙。　引：撑开。

④ 顾：回过头。

⑤ 还乡：转过身来。乡，通“向”。

⑥ 反走：往后退走，表示虔敬。

⑦ 曩者：刚才。　绪言：微而不尽之言。

⑧ 不肖：愚昧无知。

⑨ 下风：风向的下方。比喻卑下的地位。

⑩ 咳唾之音：指尊者之言。

⑪ 卒：终。　相：助。

⑫ 修学：立志求学。

⑬ 释：推。　经：分析。　所以：所为，作为。

⑭ 自正：谓各守职分。

⑮ 陵：通“凌”，凌乱。

⑯ 室露：房屋破漏。

⑰ 属:连。

⑱ 无序:没有尊卑之别。

⑲ 功美:功劳和美誉。

⑳ 持:保持。

㉑ 巧:精巧。

㉒ 贡职:贡赋,贡品。

㉓ 后伦:谓排在同类诸侯之后。

㉔ 庶:众。

㉕ 攘伐:互相攻杀。

㉖ 不节:不合节度。

㉗ 穷匮:缺乏。

㉘ 饬:整饬,整顿。

㉙ 有司:主管官吏。

㉚ 泰:通“太”。

㉛ 疵:缺点,毛病。

㉜ 摠:通“总”,滥。意谓管事太多。

㉝ 希意:揣度人意。

㉞ 析:离间。　交:朋友。

㉟ 恶:当为“德”字之误。

㊱ 慝(tè 特):邪恶。

㊲ 否(pǐ 痞):恶。

㊳ 两容颊适:谓善恶两容,颜貌调适。容,容受。颊,颜貌。

㊴ 经:理,经营。

㊵ 挂:谋取。

㊶ 叨(tāo 滔):贪婪。

㊷ 专知:专用私智。知,通“智”。　擅事:擅自行事。

㊸ 侵人:侵凌别人。　自用:刚愎自用。

㊺ 过:过错。　更:改正。

㊺ 谏:劝谏,规劝。

㊻ 很:执拗不听从。

㊼ 矜:自以为贤能。

孔子愀然而叹[①]，再拜而起曰："丘再逐于鲁，削迹于卫，伐树于宋，围于陈蔡[②]。丘不知所失，而离此四谤者何也[③]？"

客凄然变容曰[④]："甚矣，子之难悟也！人有畏影恶迹而去之走者[⑤]，举足愈数而迹愈多[⑥]，走愈疾而影不离身，自以为尚迟[⑦]，疾走不休，绝力而死。不知处阴以休影[⑧]，处静以息迹[⑨]，愚亦甚矣！子审仁义之间，察同异之际[⑩]，观动静之变，适受与之度[⑪]，理好恶之情[⑫]，和喜怒之节[⑬]，而几于不免矣[⑭]。谨修而身，慎守其真，还以物与人，则无所累矣。今不修之身而求之人[⑮]，不亦外乎[⑯]！"

孔子愀然曰："请问何谓真？"

客曰："真者，精诚之至也。不精不诚，不能动人。故强哭者，虽悲不哀；强怒者，虽严不威；强亲者，虽笑不和。真悲无声而哀，真怒未发而威，真亲未笑而和。真在内者，神动于外，是所以贵真也。其用于人理也[⑰]，事亲则慈孝，事君则忠贞，饮酒则欢乐，处丧则悲哀。忠贞以功为主，饮酒以乐为主，处丧以哀为主，事亲以适为主[⑱]。功成之美，无一其迹矣。事亲以适，不论所以矣[⑲]；饮酒以乐，不选其具矣[⑳]；处丧以哀，无问其礼矣[㉑]。礼者，世俗之所为也；真者，所以受于天也[㉒]，自然不可易也。故圣人法天贵真[㉓]，不拘于俗。愚者反此。不能法天而恤于人[㉔]，不知贵真，禄禄而受变于俗[㉕]，故不足。惜哉，子之蚤湛于人伪而晚闻大道也[㉖]！"

孔子又再拜而起曰："今者丘得遇也，若天幸然[㉗]。先生不羞而比之服役[㉘]，而身教之。敢问舍所在[㉙]，请因受业而卒学大道[㉚]。"

客曰："吾闻之，可与往者与之，至于妙道；不可与往者，不知其道。慎勿与之，身乃无咎[㉛]。子勉之[㉜]！吾去子矣[㉝]，吾去子矣！"乃刺船而去[㉞]，延缘苇间[㉟]。

注释

① 愀（qiǎo 巧）然：既惊又愧的样子。

② "丘再逐"四句：见《山木》和《天运》篇注。

③ 离：通"罹"，遭受。　谤：辱。

④ 凄然：悲凉的样子。

⑤ 走：跑。

⑥ 数：速。

⑦ 尚：还。　迟：缓慢。

⑧ 休：停止。

⑨ 息：灭绝。

⑩ 际：分际，界限。

⑪ 适：适合。　受与：接受和给予。　度：尺度，度数。

⑫ 理：调理，控制。

⑬ 和：调和。　节：节度，分寸。

⑭ 而：通“尔”，你。

⑮ 求：苛求。

⑯ 外：务外。

⑰ 人理：人伦。

⑱ 适：安适。

⑲ 所以：用哪种方法。以，用。

⑳ 具：指饮酒的杯具。

㉑ 礼：礼节。

㉒ 天：自然。

㉓ 法天：效法自然。

㉔ 恤：忧，担心。

㉕ 禄禄：随从的样子。

㉖ 蚤：通“早”。　湛（dān 耽）：熏染。

㉗ 幸：宠幸。

㉘ 比：列。　服役：指供先生役使的门人。

㉙ 舍：住处。

㉚ 因：借此。　卒学：学完。

㉛ 咎：祸患。

㉜ 勉：勉励。

㉝ 去：离开。

㉞ 刺船：撑船。

㉟ 延缘：沿岸。

颜渊还车[①]，子路授绥[②]，孔子不顾，待水波定，不闻拏音而后敢乘。

子路旁车而问曰[③]：“由得为役久矣[④]，未尝见夫子遇人如此其威也[⑤]。万乘之主，千乘之君，见夫子未尝不分庭伉礼[⑥]，夫子犹有倨敖之容[⑦]。今渔父杖拏逆立[⑧]，而夫子曲要磬折[⑨]，言拜而应，得无太甚乎[⑩]？门人皆怪夫子矣，渔人何以得此乎？”

孔子伏轼而叹曰[⑪]：“甚矣，由之难化也！湛于礼仪有间矣[⑫]，而朴鄙之心至今未去。进，吾语汝！夫遇长不敬，失礼也；见贤不尊，不仁也。彼非至人[⑬]，不能下人[⑭]，下人不精[⑮]，不得其真，故长伤身[⑯]。惜哉！不仁之于人也，祸莫大焉，而由独擅之[⑰]。且道者，万物之所由也[⑱]，庶物失之者死[⑲]，得之者生，为事逆之则败，顺之则成。故道之所在，圣人尊之。今渔父之于道，可谓有矣，吾敢不敬乎！”

注释

① 还：通“旋”，调转。

② 授绥：把登车时拉的绳索交给孔子。

③ 旁：通“傍”，靠。

④ 由：子路自称。　为役：做弟子。

⑤ 威：敬畏。

⑥ 伉礼：以彼此平等的礼节相待。

⑦ 敖：通“傲”。

⑧ 杖拏：执篙。　逆立：对面而立。逆，迎。

⑨ 要：通“腰”。　磬折：弯腰如磬，表示恭敬。

⑩ 得无：难道不是。

⑪ 轼：车前供人凭倚的横木。

⑫ 有间：谓已久。

⑬ 彼：指渔父。

⑭ 下人：使人谦下。

⑮ 精：精诚。

⑯ 长：常常。

⑰ 独：偏偏。　擅：具有。

⑱ 所由:得以产生的根源。由,产生。

⑲ 庶物:众物,万物。

文化史拓展

《渔父》与前面的《让王》、《盗跖》、《说剑》三篇一样,也被一些学者列入了所谓非庄周所做的篇目中,苏轼在《庄子祠堂记》中就曾说此篇是"若真诋孔子者"。要知道,苏轼一直觉得《庄子》虽然与儒家大唱反调,其实是暗地里"阴助"孔子的。看来,这篇《渔父》把孔子是骂得狠了些,苏轼都不能为其周旋了。

宋末黄震说:"庄子以不羁之材,肆跌宕之说,创为不必有之人,设为不必有之物,造为天下所必无之事,用以眇末宇宙,戏薄圣贤,走弄百出,茫无定踪,固千万世诙谐小说之祖也。"(《黄氏日钞》)无疑,本文与《盗跖》篇一样,也是一篇"戏薄圣贤"的"诙谐小说"。请看,孔子这位盖世至圣,在渔父三番五次地戏弄下,最后成了一个卑陋委琐的人物形象。相反,主人公渔父从逍遥泽畔、抚颐听琴、笑而还行,到连讽带刺地戏弄孔子,却表现得那样悠闲自得。尤其是当他在野水沼泽的广阔背景上刺开船只,飘忽而去时,更使人看到了他那晦迹韬光,随时变化的贵真性格。至于作品的情节,也与《盗跖》、《说剑》一样,包括着开端、发展、高潮、结局四个基本部分。而这些情节的展开,又是与注意安排特定的线索人物,用以穿针引线分不开的。如在开端部分,通过子路、子贡,把渔父与孔子的矛盾纠葛连结到了一处。在情节推向高潮以后,又通过子路引出了孔子对渔父的无限向往之情,从而使故事转向结局。当然,《渔父》篇也与《盗跖》篇一样,都只能看成是处于原始状态的中国小说,因为它们的情节主要是通过对话来推进的,似乎显得议论之味有余,而小说之味略嫌不足。

文学史链接

1. 有关文学典故

咳唾之音

某早以孱弱,获际辉光,亲聆咳唾之音,兼辱匍匐之赐。

(刘攽《贺资政吴侍郎启》)

得闻咳唾之音,不敏以为幸。

(晁补之《七述》)

2. 文学技法

《渔父》篇，论亦醇正，但笔力差弱于庄子，然非读《庄子》熟者，亦不能辨。此篇较《盗跖》、《说剑》诸篇颇胜。

（陆西星《南华真经副墨·渔父》总论）

孔子逢渔父，正如渔父入花源人家，似仙非仙，使人神痴；渔父听曲而来，刺船而去，延缘苇间，幽风在目；孔子待水波定，不闻拏音而后敢升车，契结霞外矣。

（谭元春《南华真经评点·渔父》篇末总评）

集评

此篇言无江海而闲者，能下江海之士也。夫孔子之所放任，岂直渔父而已哉！将周流六虚，旁通无外，蠕动之类，咸得尽其所怀，而穷理致命，因所以为至人之道也。

（郭象《庄子注·渔父》篇末总评）

夫能忘忧保真，脱于世俗之拘系，而乐于江海之游者，此帷林渔父若是矣。庄子因而作《渔父》篇。

（王雱《南华真经新传·渔父》题解）

篇意以无位而设教，固属多事，必贵真而去伪，方为圣人。

（林云铭《庄子因·渔父》篇末总评）

思考与讨论

1. 此篇主旨同样是在“诋訿孔子”，但全篇只是一个完整的故事，也可看成是一篇早期的小说作品。请区别其在塑造人物形象、编排故事情节等方面与《盗跖》篇之异同。

天　　下

题解

此篇对先秦时期几个主要学派几乎都作了简明扼要的叙述和批评，是中国最早的一篇学术史论文。

首先，作者对各种“方术”(学术)的渊源和流变过程从整体上进行了追溯和回顾。他指出，各种“方术”的渊源都可以追溯到古代的“道术”，但“道术”与“方术”是完全不同的两码事。所谓“道术”，就是古代天人、神人、至人、圣人对大道进行全面体认的学问，它包涵了宇宙间的一切真理。而后世的百家曲士却不能继承古人的这种体道精神，仅仅执一察之见以评判天地，究析万物，结果就使“道术”分裂成各种各样的“方术”。可见，所谓“方术”，就是拘于一方，对大道的某一方面有所“闻”的学问，所以它只能反映出宇宙间全部真理中的某一个小的方面。

接着，作者对“天下之治方术者”作了学派的分类，并对各派学说的历史起源和自身价值进行了评论。对于墨翟、禽滑釐一派的评论，首先肯定他们“不侈于后世，不靡于万物，不晖于数度”的崇俭思想，和“以绳墨自矫，而备世之急”的积极救世精神，但同时又批评他们非乐、节用，“以自苦为极”，尤其在组织上派别林立，各以巨子相尊的错误。对于宋钘、尹文一派，一方面赞扬他们“见侮不辱，救民之斗，禁攻寝兵，救世之战”的“图傲乎救世”的精神，另一方面又指出他们不知爱己，自为太少的缺点。对于彭蒙、田骈、慎到一派，既承认他们“齐物”、“弃知”、“去己”的思想与古代的“道术”有某些相通的地方，但又指出这些思想有着“非生人之行而至死人之理”的毛病。对于关尹、老聃与庄周这一派，作者所采取的是褒而无贬的态度，认为他们都见到宇宙间的全部真理，因而应当雄踞其他各家之上。对于惠施、桓团、公孙龙一派，所采取的主要是批判的态度，但对他们的错误则表示惋惜。由上述可知，作者对于各个学派，既有大胆的肯定，又有尖锐的批评，既有以批判为主的态度，又有“惜乎”其才的同情；对于关尹、老聃与庄周一派，虽然有褒无贬，但毕竟也是把他们作为某个学派来看待的。所有这些，都无不表明他是试图用比较客观公正的态度来评述各个学派的，而并不像本书其他篇章那样过分地否定他们，更不像孟轲“辟杨墨”那样把他们破口骂倒。

天下之治方术者多矣[①]，皆以其有为不可加矣[②]。古之所谓道术者[③]，果恶乎在？曰："无乎不在。"曰："神何由降[④]？明何由出[⑤]？""圣有所生，王有所成，皆原于一[⑥]。"

注释

① 治：研究。　方术：囿于一方之术。

② 其有：即自己所治的一曲之学。

③ 道术：指超然百家之上，能够反映大道全貌的学问。

④ 神：神圣。

⑤ 明：明王。

⑥ 一：指生成宇宙万物的大道。

不离于宗[①]，谓之天人；不离于精[②]，谓之神人；不离于真[③]，谓之至人。以天为宗，以德为本，以道为门，兆于变化[④]，谓之圣人；以仁为恩，以义为理，以礼为行，以乐为和，薰然慈仁[⑤]，谓之君子；以法为分，以名为表[⑥]，以参为验[⑦]，以稽为决[⑧]，其数一二三四是也，百官以此相齿[⑨]；以事为常[⑩]，以衣食为主，蕃息畜藏[⑪]，老弱孤寡为意，皆有以养，民之理也。

古之人其备乎[⑫]！配神明，醇天地[⑬]，育万物，和天下，泽及百姓，明于本数[⑭]，系于末度[⑮]，六通四辟[⑯]，小大精粗，其运无乎不在。其明而在数度者[⑰]，旧法、世传之史尚多有之；其在于《诗》、《书》、《礼》、《乐》者，邹鲁之士，搢绅先生多能明之。《诗》以道志[⑱]，《书》以道事，《礼》以道行，《乐》以道和，《易》以道阴阳，《春秋》以道名分。其数散于天下而设于中国者[⑲]，百家之学时或称而道之。

注释

① 宗：道之宗本。

② 精：道之精微。

③ 真：道之真实。

④ 兆：征兆。

⑤ 薰然：温和的样子。
⑥ 表：表率。
⑦ 参：比较。
⑧ 稽：考稽，考察。
⑨ 齿：序列。
⑩ 事：谓耕作之事。
⑪ 蕃息：谓繁殖鸡、狗等牲畜。 畜藏：谓充实仓、廪、府、库之积。畜，通“蓄”。
⑫ 备：无不兼备。
⑬ 醇：通“准”，依照，取法。
⑭ 本数：大道的根本。
⑮ 末度：礼法度数。
⑯ 辟：透彻。
⑰ 数度：礼乐法度。
⑱ 道：表达，讲述。
⑲ 数：谓道术之数。

天下大乱，贤圣不明，道德不一，天下多得一察焉以自好[①]。譬如耳目鼻口，皆有所明，不能相通。犹百家众技也，皆有所长，时有所用。虽然，不该不遍[②]，一曲之士也[③]。判天地之美[④]，析万物之理[⑤]，察古人之全[⑥]，寡能备于天地之美，称神明之容[⑦]。是故内圣外王之道，闇而不明[⑧]，郁而不发[⑨]，天下之人各为其所欲焉以自为方[⑩]。悲夫，百家往而不反[⑪]，必不合矣！后世之学者，不幸不见天地之纯[⑫]，古人之大体[⑬]，道术将为天下裂。

注释

① 多：当为“各”字之误。 一察：一孔之见。
② 该：通“赅”，兼备。 遍：周遍。
③ 一曲：偏于一隅，比喻一孔之见。
④ 判：分裂。
⑤ 析：离析。

⑥ 察：通“杀”，离散。
⑦ 称：配。　神明之容：大道包容之象。
⑧ 闇：通“暗”。
⑨ 郁：闭结。　发：发扬。
⑩ 方：方术。
⑪ 反：通“返”，返回。
⑫ 纯：纯真之美。
⑬ 大体：全貌。

不侈于后世，不靡于万物[①]，不晖于数度[②]，以绳墨自矫[③]，而备世之急。古之道术有在于是者，墨翟、禽滑釐闻其风而说之[④]。为之大过[⑤]，已之大循[⑥]。作为非乐，命之曰节用，生不歌，死无服。墨子泛爱兼利而非斗[⑦]，其道不怒。又好学而博，不异，不与先王同，毁古之礼乐。黄帝有《咸池》[⑧]，尧有《大章》[⑨]，舜有《大韶》[⑩]，禹有《大夏》[⑪]，汤有《大濩》[⑫]，文王有《辟雍》之乐[⑬]，武王、周公作《武》[⑭]。古之丧礼，贵贱有仪[⑮]，上下有等，天子有棺椁七重[⑯]，诸侯五重，大夫三重，士两重。今墨子独生不歌，死不服，桐棺三寸而无椁，以为法式。以此教人，恐不爱人；以此自行，固不爱己。未败墨子道，虽然，歌而非歌，哭而非哭，乐而非乐，是果类乎？其生也勤[⑰]，其死也薄[⑱]，其道大觳[⑲]；使人忧，使人悲，其行难为也[⑳]，恐其不可以为圣人之道，反天下之心[㉑]，天下不堪。墨子虽独能任，奈天下何！离于天下，其去王也远矣[㉒]！

注释

① 靡：浪费。
② 晖：炫耀。
③ 绳墨：木工度直之线，比喻俭约的原则。　自矫：自我矫厉，自我匡正。
④ 墨翟：姓墨名翟，宋国人，是墨家学派的创始人，主张兼爱、非攻、非乐、节用、尚贤、尚同等。　禽滑釐：墨子的弟子。　说：通“悦”，喜悦。
⑤ 大：通“太”。

⑥ 已:抑遏。　循:甚,过分。
⑦ 氾:通"泛"。
⑧《咸池》:周代"六舞"之一,相传为黄帝所作,唐尧增修。
⑨《大章》:唐尧乐名。
⑩《大韶》:虞舜乐名,简称《韶》。
⑪《大夏》:相传为夏禹时代乐舞。
⑫《大濩》(huò 获):又称《韶濩》或《濩》,相传为商代纪念商汤伐桀功勋的乐舞。
⑬《辟雍》:与《诗经·大雅·灵台》中的"于论鼓钟,于乐《辟雍》"一词同。
⑭《武》:周代"六舞"之一,亦称《大武》。
⑮ 仪:准则,法度。
⑯ 椁(guǒ 果):棺外的套棺。　重:层。
⑰ 勤:劳苦。
⑱ 薄:薄葬。
⑲ 觳(què 确):刻薄。
⑳ 难为:难于去做。
㉑ 反:违背。
㉒ 去:离开。　王:王道。

墨子称道曰:"昔禹之湮洪水[1],决江河而通四夷九州也[2],名山三百[3],支川三千,小者无数。禹亲自操橐耜而九杂天下之川[4]。腓无胈[5],胫无毛[6],沐甚雨[7],栉疾风[8],置万国[9]。禹大圣也,而形劳天下也如此。"使后世之墨者,多以裘褐为衣[10],以跂跻为服[11],日夜不休,以自苦为极[12],曰:"不能如此,非禹之道也,不足谓墨。"

相里勤之弟子[13],五侯之徒[14],南方之墨者苦获、已齿[15]、邓陵子之属[16],俱诵《墨经》,而倍谲不同[17],相谓别墨;以坚白同异之辩相訾[18],以觭偶不仵之辞相应[19],以巨子为圣人[20],皆愿为之尸[21],冀得为其后世,至今不决。

墨翟、禽滑釐之意则是,其行则非也。将使后世之墨者,必自苦以腓无胈、胫无毛相进而已矣[22]。乱之上也,治之下也。虽然,墨子真天下之好也，将求之不得也，虽枯槁不舍也，才士也夫[23]！

注释

① 湮：堵塞。

② 决：开通，疏导。　四夷：泛指四方边远地区。　九州：指冀州、兖州、青州、徐州、扬州、荆州、豫州、梁州、雍州。

③ 山：当为“川”字之误。

④ 橐（tuó 驼）：盛土器。　耜（sì 伺）：挖土工具。　九杂：汇聚。

⑤ 腓（féi 肥）：小腿肚。　胈（bá 拔）：白肉。

⑥ 胫（jìng 竞）：小腿。

⑦ 甚雨：淫雨。

⑧ 栉（zhì 志）：梳理。

⑨ 置：安置。

⑩ 裘褐：粗衣。

⑪ 跂：通“屐”，木制的鞋子。　跻（juē 撅）：通“屩”，麻制的鞋子。

⑫ 极：最高准则。

⑬ 相里勤：墨派后学，姓相里，名勤。

⑭ 五侯：又一墨派后学，姓五，名侯。

⑮ 苦获、已齿：两位学墨者。

⑯ 邓陵子：即邓陵氏。

⑰ 倍谲：谓解释不同，相互背异。

⑱ 訾（zǐ 紫）：诋毁。

⑲ 觭：通“奇”，单数。　仵（wǔ 五）：合。　应：对答。

⑳ 巨子：墨子各派的首领。

㉑ 尸：主。

㉒ 相进：相竞。

㉓ 才士：才美而未得道者之称。

不累于俗，不饰于物，不苟于人[1]，不忮于众[2]，愿天下之安宁，以活民命，人我之养，毕足而止，以此白心。古之道术有在于是者，宋钘[3]、尹文闻其风而悦之[④]。作为华山之冠以自表[⑤]，接万物以别宥为始[⑥]。语心之容，命之曰心之行。以聏合驩[⑦]，以调海内，请欲置之以为主。见侮不辱，救民之斗，禁攻寝兵[⑧]，救世之战。以此周行天下[⑨]，上说下教，虽天下不取，强聒而不舍者也[⑩]，故曰上下见厌而强见也。

虽然，其为人太多，其自为太少，曰："请欲固置五升之饭足矣[⑪]。"先生恐不得饱，弟子虽饥，不忘天下。日夜不休，曰："我必得活哉！"图傲乎救世之士哉[⑫]！曰："君子不为苛察，不以身假物。"以为无益于天下者，明之不如已也[⑬]。以禁攻寝兵为外，以情欲寡浅为内，其小大精粗，其行适至是而止。

注释

① 苛：当为"苛"字之误。
② 忮(zhì 至)：逆。
③ 宋钘(jiān 坚)：即宋荣子，宋国人。
④ 尹文：姓尹名文，齐国人，有《尹文子》。
⑤ 华山：此山上下均平，表示已心均平之意。
⑥ 别宥：去除偏见。宥，指各人知识上的隔蔽。
⑦ 聏(ér 而)：柔和。　驩：通"欢"。
⑧ 寝：息。
⑨ 周行：遍行。
⑩ 强聒(guō 锅)：喧嚷。
⑪ 固：借为"姑"，姑且。
⑫ 图傲：挥斥高大的样子。
⑬ 已：止。

公而不当[①]，易而无私[②]，决然无主[③]，趣物而不两[④]，不顾于虑，不谋于知，于物无择，与之俱往。古之道术有在于是者，彭蒙[⑤]、田骈[⑥]、慎到闻其风而悦之[⑦]。齐万物以为首，曰："天能覆之而不能载之，地能载之而不能覆之，大道能包之而不能辩之。"知万物皆有所可，有所不可，故曰："选则不遍，教则不至，道则无遗者矣。"

是故慎到弃知去己，而缘不得已。泠汰于物[8]，以为道理，曰："知不知，将薄知而后邻伤之者也[9]。"謑髁无任[10]，而笑天下之尚贤也；纵脱无行[11]，而非天下之大圣[12]。椎拍輐断[13]，与物宛转；舍是与非[14]，苟可以免[15]。不师知虑[16]，不知前后，魏然而已矣[17]。推而后行，曳而后往[18]，若飘风之还[19]，若羽之旋，若磨石之隧[20]，全而无非，动静无过，未尝有罪。是何故？夫无知之物，无建己之患[21]，无用知之累，动静不离于理，是以终身无誉。故曰："至于若无知之物而已，无用贤圣，夫块不失道[22]。"豪桀相与笑之曰[23]："慎到之道，非生人之行，而至死人之理，适得怪焉。"

田骈亦然，学于彭蒙，得不教焉[24]。彭蒙之师曰："古之道人，至于莫之是、莫之非而已矣。其风窢然[25]，恶可而言？"常反人，不见观[26]，而不免于魭断[27]。其所谓道非道，而所言之韪[28]，不免于非。彭蒙、田骈、慎到不知道[29]。虽然，概乎皆尝有闻者也[30]。

注释

① 当：崔譔本作"党"。

② 易：平易。

③ 决然：缺然，空虚的样子。

④ 不两：谓与物为一。

⑤ 彭蒙：姓彭名蒙，与田骈、慎到同时。

⑥ 田骈：姓田名骈，亦作陈骈，齐国人，有《田子》。

⑦ 慎到：姓慎名到，赵国人，有《慎子》。

⑧ 泠（líng 零）汰：任其自然。

⑨ 薄：迫近。　邻伤：磷伤，毁伤。

⑩ 謑髁（xǐ kē 喜棵）：圆转懈惰。

⑪ 无行：不修品行。

⑫ 非：非难。

⑬ 椎拍輐（wàn 万）断：随物宛转变化的意思。椎，击。輐，圆。

⑭ 舍：舍弃。

⑮ 苟:姑且。

⑯ 师:运用。　知:通“智”,智能。

⑰ 魏然:寂然独立的样子。

⑱ 曳(yè 夜):拖。

⑲ 飘风:回旋之风。　还:通“旋”,回旋。

⑳ 隧:回。

㉑ 建己:自为表著。

㉒ 块:土块。

㉓ 豪桀:指当世贤圣。桀,通“杰”。

㉔ 不教:不教之教。

㉕ 风:风教。　窢(xù 旭):借为“侐”,寂静。

㉖ 观:当为“欢”字之误。

㉗ 魭(wàn 万)断:与上文“輐断”同,谓虽断而甚圆,不见决裂之迹,有随物宛转之意。

㉘ 韪(wěi 伟):是。

㉙ 道:大道。

㉚ 概:概略,大概。

以本为精[①],以物为粗,以有积为不足,淡然独与神明居[②]。古之道术有在于是者,关尹[③]、老聃闻其风而悦之[④]。建之以常无有,主之以太一[⑤];以濡弱谦下为表[⑥],以空虚不毁万物为实。

关尹曰:“在己无居[⑦],形物自著[⑧];其动若水,其静若镜,其应若响;芴乎若亡[⑨],寂乎若清[⑩];同焉者和,得焉者失;未尝先人,而常随人。”

老聃曰:“知其雄,守其雌,为天下谿[⑪];知其白,守其辱[⑫],为天下谷。”人皆取先,己独取后,曰“受天下之垢”;人皆取实,己独取虚,无藏也故有余[⑬],岿然而有余[⑭];其行身也[⑮],徐而不费[⑯],无为也而笑巧;人皆求福,己独曲全[⑰],曰“苟免于咎”[⑱];以深为根[⑲],以约为纪[⑳],曰“坚则毁矣,锐则挫矣”。常宽容于物,不削于人[㉑],可谓至极。关尹、老聃乎,古之博大真人哉[㉒]!

注释

① 本：大道。

② 淡然：恬淡的样子。　神明：自然。

③ 关尹：有三种说法。其一，名喜，关尹为其官职名称。其二，关尹，即关令尹喜，姓尹名喜，关令为官职名称。其三，"喜"字非其名。

④ 老聃：即老子，姓李，名耳，字聃，楚苦县厉乡曲仁里人。

⑤ 太一：即道。

⑥ 濡：柔，即"儒"之借字。　表：外表。

⑦ 无居：没有私见。

⑧ 著：显露。

⑨ 芴：通"惚"，恍惚。　亡：通"无"。

⑩ 清：清虚。

⑪ 谿：通"溪"。与下文"谷"字同义，皆指有容乃大而众望所归。

⑫ 辱：即黑。

⑬ 无藏：没有积蓄。

⑭ 岿然：充足的样子。

⑮ 行身：立身行事。

⑯ 徐：安舒。　费：耗费精神。

⑰ 曲全：委曲以自全。

⑱ 咎：祸患。

⑲ 深：深玄。

⑳ 约：俭约。

㉑ 削：刻削，侵削。

㉒ 真人：得真道之人。

芴漠无形[①]，变化无常，死与生与，天地并与，神明往与！芒乎何之[②]，忽乎何适，万物毕罗，莫足以归。古之道术有在于是者，庄周闻其风而悦之。以谬悠之说[③]，荒唐之言[④]，无端崖之辞[⑤]，时恣纵而不傥[⑥]，不以觭见之也[⑦]。以天下为沉浊[⑧]，不可与庄语[⑨]，以卮言为曼衍[⑩]，以重言为真[⑪]，以寓言为广[⑫]。独与天地精神往来[⑬]，而不敖倪于万物[⑭]，不谴是非[15]，以与世俗处。其书虽瑰玮而连犿无伤也[16]，其辞虽参差而諔诡可观[17]。彼其充实，不可以已[18]，上与造物者游，而下与外死生、无终始者为友。其于本也[19]，弘大而辟[20]，深闳而肆[21]；其于宗也[22]，可谓稠适而上遂矣[23]。虽然，其应于化而解于物也，其理不竭，其来不蜕[24]，芒乎昧乎，未之尽者。

注释

① 芴：据元嘉本作“寂”。

② 芒乎：与下文的“忽乎”同义，皆指恍恍惚惚。

③ 谬悠：虚远。

④ 荒唐：虚诞。

⑤ 端崖：边际。

⑥ 恣纵：放浪，放任。　不傥：无所偏傥。

⑦ 觭（jī 机）：同“奇”，一端。　见：通“现”，显现。

⑧ 天下：指天下之人。　沉浊：谓沉迷不悟。

⑨ 庄语：用端庄而诚实的言语来谈论。

⑩ 卮（zhī 支）言：指不着边际的议论。　曼衍：流行不定的意思。

⑪ 重言：谓先哲时贤之言。

⑫ 寓言：指寄托寓意之言。寓，寄。

⑬ 精神：即自然。

⑭ 敖倪：即“傲睨”，傲视。

⑮ 谴：责问。

⑯ 瑰玮：奇特宏壮。　连犿（fān 翻）：宛转的样子。

⑰ 参差：谓其辞旨神奇多变。　諔（chù 触）诡：奇异。

⑱ 已：止，尽。

⑲ 本：大道的根本。

⑳ 辟：透辟。

㉑ 深闳（hóng 宏）：深广。　肆：放纵。

㉒ 宗：大道的本原。

㉓ 稠适：亦作“调适”，条达之意。　遂：直达。

㉔ 蜕：蜕离。

惠施多方[1]，其书五车，其道舛驳[2]，其言也不中[3]。历物之意曰[4]："至大无外，谓之大一；至小无内，谓之小一[5]。无厚，不可积也，其大千里[6]。天与地卑，山与泽平[7]。日方中方睨，物方生方死[8]。大同而与小同异，此之谓小同异；万物毕同毕异，此之谓大同异[9]。南方无穷而有穷[10]。今日适越而昔来[11]。连环可解也[12]。我知天下之中央，燕之北、越之南是也[13]。泛爱万物，天地一体也[14]。"

注释

① 惠施：姓惠名施，宋人，先秦名家的代表人物。　多方：有多种方术。

② 舛(chuǎn 喘)驳：驳杂不纯。

③ 不中：不合大道。

④ 历：分析、量度。　意：理。

⑤ "至大"四句：谓无穷大、无穷小。说明空间的无穷性。

⑥ "无厚"三句：无厚，指几何学中的平面。平面没有体积，但有面积，所以说"其大千里"。说明平面的无限延伸。

⑦ "天与"两句：谓空间高低的差别都是相对的，从这方面来说，天与地是一样高，山与水是一样平的。　卑：低下。

⑧ "日方"两句：从时间的无穷性的观点来说，事物无时无刻不在变化。所以说才见日中，已是日斜；万物刚出生，便已走向死亡。　睨(nì 匿)：倾斜。

⑨ "大同"四句：小同异指的是事物的属和种之间的同一性和差异性。属的共同性是大同，种的共同性是小同，他们的差异叫做小同异。而大同异指的是事物的范畴和个体的差异，也就是事物的统一性和多样性。

⑩ "南方"句：当时的人认为东有大海，北有大山，西有沙漠，是可以穷尽的，而南方如楚、越等国不断向南伸展，却是无穷的。但也有一些人已发现了南方同样有大海阻隔的事实，因此南方又是有穷尽的。这是因为他们缺乏必要的地理知识。

⑪ "今日"句：这是一个时间上的今昔相对性的命题。今天所谓的昔，正是昨天所谓的今；今天所谓的今，明天就成为昔。所以从今天的角度说，是"今日适越"，而从明天的角度来看，就成为"昔来"了。

⑫ "连环"句：有两种理解。其一，以不解为解。其二，以自然毁坏为解。即从连环既成之后到毁坏之时，都处在"解"的过程中，故说"可解"。

⑬ "我知"两句：谓宇宙的无限与方位的相对，所以"燕之北"、"越之南"都可以是天下

的中央。

⑭“泛爱”两句：谓己身与天地万物为一体，所以要泛爱万物。即主张合万物之异，取消一切事物间的差别、对立，这种思想与墨家偏重于社会生活内容的“兼爱”思想，是有本质区别的。

惠施以此为大，观于天下而晓辩者①，天下之辩者相与乐之②。卵有毛③；鸡三足④；郢有天下⑤；犬可以为羊⑥；马有卵⑦；丁子有尾⑧；火不热⑨；山出口⑩；轮不蹍地⑪；目不见⑫；指不至，至不绝⑬；龟长于蛇⑭；矩不方，规不可以为圆⑮；凿不围枘⑯；飞鸟之景，未尝动也⑰；镞矢之疾，而有不行不止之时⑱；狗非犬⑲；黄马骊牛三⑳；白狗黑㉑；孤驹未尝有母㉒；一尺之捶，日取其半，万世不竭㉓。辩者以此与惠施相应㉔，终身无穷。

注释

① 观：显示。

② 乐之：谓乐于跟惠施辩论。

③ 卵有毛：卵中含有产生羽毛的因素。这一命题猜测到了卵能生毛的可能性，但把可能性混同于现实性却是错误的。

④ 鸡三足：指鸡有二足，加上“鸡足”这个名即成三足。这是一个混同实与名的命题。

⑤ 郢有天下：从空间概念方面来看，这一命题属于诡辩论，因为郢为楚国的首都，仅仅是天下的一部分。但如果楚王“泛爱万物”，能让天下的人来归附，就能包容天下。所以在政治方面，它具有一定的真理性。

⑥ 犬可以为羊：任何事物的名称都是约定俗成的，如果把“犬”叫做“羊”，也并无不可。

⑦ 马有卵：马虽然是胎生，但“胎”、“卵”的名称是人们叫出来的，所以称马为卵生，也是可以的。

⑧ 丁子有尾：丁子即蛤蟆，蛤蟆是由蝌蚪变化而来的，蝌蚪有尾，所以说丁子有尾。

⑨ 火不热：有三种理解。其一，火本来是不热的。其二，热只是人的主观感觉。其三，传热需要一定的时间和条件。

⑩ 山出口：谓山本无名，山名出自人口。另有一说，认为指山有要隘处。

⑪ 轮不蹍地：轮在运行过程中，与地面接触的始终只是一点，而不是轮的全体，故说“不蹍地”。

⑫ 目不见：只有眼睛是看不到物的，还需要有光和感光的能力。

⑬ “指不至”两句：谓伸直手指而指，所指长度无穷。另有一说，认为人们对于事物的本体的认识是无穷的。

⑭ 龟长于蛇：在一般情况下，蛇比龟长，但数百年的大龟，则往往比刚出生的小蛇要长。此命题说明长短大小的相对性，但把特殊现象作为一般规律来看待，却是错误的。

⑮ “矩不方”两句：谓即使用矩、规画方、圆，也是不能画出绝对的方、圆的。

⑯ 凿不围枘（ruì 锐）：谓卯眼与榫头二者接合的地方，总会留下缝隙，是不能完全相合的。凿，孔，即卯眼。枘，孔中之木也，即榫头。

⑰ “飞鸟”两句：谓飞鸟是动的，但分割成无穷次出现的鸟影也有静止的瞬间。此命题在一定程度上反映了同一运动在时间一瞬中的相对关系。景，通“影”。

⑱ “镞矢”两句：此命题说明了动静是对立统一的。镞，箭头。

⑲ 狗非犬：大的叫犬，小的叫狗，所以说狗非犬。此命题割裂了一般与个别的关系。

⑳ 黄马骊牛三：这与“鸡三足”类似。一匹黄马，一头骊牛，再加上“黄马骊牛”这个概念共为三。

㉑ 白狗黑：这与“犬可以为羊”类似。名称在于约定俗成，如果称“白”为“黑”，那么“白狗”自然可以成为“黑狗”。

㉒ “孤驹”句：孤驹就是无母的小马，所以孤驹未尝有母。这是一个混淆了不同的时间模态的命题，应该说“孤驹尝有母，但今无母。”

㉓ “一尺”三句：谓有限的物质，可以被无限地分割。此命题具有非常科学的辩证法思想。捶，木棍。

㉔ 相应：相互辩论。

桓团、公孙龙辩者之徒[①]，饰人之心[②]，易人之意[③]，能胜人之口，不能服人之心，辩者之囿也[④]。惠施日以其知与之辩，特与天下之辩者为怪[⑤]，此其柢也[⑥]。

然惠施之口谈[⑦]，自以为最贤[⑧]，曰：“天地其壮乎[⑨]！”施存雄而无术。南方有倚人焉曰黄缭[⑩]，问天地所以不坠不陷，风雨雷霆之故。惠施不辞而应，不虑而对，遍为万物说。说而不休，多而无已，犹以为寡，益之以怪[⑪]。以反人为实，而欲以胜人为名，是以与众不适也[⑫]。弱于德，强于物，其涂隩矣[13]。由天地之道观惠施之能，其犹一蚊一虻之劳者也。其于物也何庸[14]！夫充一尚可，曰愈贵道，几矣[15]！惠施不能以此自宁[16]，散于万物而不厌，卒以善辩为名。惜乎！惠施之才，骀荡而不得[17]，逐万物而不反[18]，是穷响以声[19]，形与影竞走也，悲夫！

注释

① 桓团：姓桓名团，赵人，辩士。　公孙龙：姓公孙，名龙，字子秉，赵人，先秦名家的代表人物，提出了“坚白同异”之论。

② 饰：蒙蔽。

③ 易：改变。

④ 囿：局限。

⑤ 特：独。

⑥ 柢（dǐ 底）：大略。

⑦ 谈：辩。

⑧ 贤：高明。

⑨ 壮：伟大。

⑩ 倚：本或作“畸”，奇异。　黄缭：楚人，善辩。

⑪ 益：增加。　怪：奇谈怪论。

⑫ 适：和适。

⑬ 隩（yù 遇）：水涯深曲处。比喻狭隘而偏曲。

⑭ 庸：用。

⑮ 几：殆，危险。

⑯ 此：指玄道。

⑰ 骀（dài 代）荡：放荡。

⑱ 反：通“返”，返归。

⑲ 穷：止灭。　响：回响。

文化史拓展

本篇是一篇系统、全面地评论先秦各家学说的学术史论文，是对当时各家各派学说的理论总结和批评。作者阐述了著《庄子》之意，对于后人更好地理解《庄子》一书，起到了很好的指导作用。顾实说：“不读《天下》篇，无以明庄子著书之本旨，亦无以明周末人学术之概要也。”本篇作者当为战国末年的庄周后学。

作者首先指出天下最完美的学说，是对宇宙人生本原进行全面体认并能包容一切的学说，即古代的“道术”，而天人、神人、至人、圣人，正是施行这种“道术”的人，他们具备“内圣外王”的理想人格。后世的君子、邹鲁之士、搢绅先生之类则不同，他们虽然“皆有所长”，但只是一曲之士，皆执一孔之见，因此天地的纯真之美与古人的体道精神，隐而不显，“道术”也分裂成为各种各样的“方术”。接着，作者对各派学说的历史起源和自身价值进行了评估。其中除对关尹、老聃与庄周这一派基本上持褒而无贬的态度外，对其他各派都较为客观公正地进行了评述，做到了既有肯定又有批判，这对我国后代学术批评产生了广泛而有益的影响。

值得注意的是，在现存的先秦文献中，就阐述庄子的文字来看，本篇对庄周学派的评论最为全面而精审，对准确地理解《庄子》一书起了很重要的作用。下面就较具体地作一分析。

《天下》篇以“谬悠之说，荒唐之言，无端崖之辞，时恣纵而不傥，不以觭见之也”来归结庄子的言说特征。在作者看来，庄子的言说已脱离了一般言说的常规，话语的悠远难稽，言论的空大无实，辞说的不着边际，谈论的恣纵任意，语意的隐晦难解等等，都使他的文章几乎成了一座语境迷宫。那么，庄子为什么要运用这种特殊的言说方式呢？答案是“以天下为沉浊，不可与庄语”，即天下人皆沉迷不悟，不可用庄正的话去跟他们谈论，这就是庄子何以采用奇特言说方式的根本原因。庄子的言说方式，即是“以卮言为曼衍，以重言为真，以寓言为广”。应当注意的是，这里的“三言”与《寓言》篇中的“寓言十九，重言十七，卮言日出，和以天倪”中的“三言”有所不同，本篇中的“三言”的阐释指向更倾向于揭示其作为一种言说方式的独特的性质特征。但《寓言》篇以“藉外论之”来阐释“寓言”，却也是能揭示出庄子这一言说程序的独特性的，故一直被人们视为一把不可或缺的解庄钥匙。

庄子以体悟玄虚之“道”为最高目的，以“三言”为主要的言说方式，这些都必然使他的文章具有一种独特的艺术风格。对此，《天下》篇阐述云：“其书虽瑰玮，而连犿无伤也；其辞虽参差，而諔诡可观。”意思是说庄子文章壮伟瑰奇、滑稽诙谐，每以不受时空限制地虚构故事来曲折地表达思想感情，以便婉转合物而不使世俗之人的情感遭受伤害为艺术风格。从庄学阐释史来看，这段话无疑具有导夫先路的开创意义。如西汉司马迁的“（庄子）善属书离辞，指事类情”（《史记・老庄申韩列传》),鲁迅先生的"(庄子)著书十余万言,大抵寓言,人物土地,皆空语无事实,而其文则汪洋辟阖,仪态万方,晚周诸子之作,莫能先之"(《汉文学史纲要》)等等,所有这些对庄子文章艺术风格的评论,都无不可以看出是有《天下》篇阐释指向的影子在里面的。

关于庄子的精神境界,《天下》篇认为其本质特征主要表现为:"独与天地精神往来,而不敖倪于万物,不谴是非,以与世俗处……上与造物者游,而下与外死生、无终始者为友。"作者深刻地认识到,庄子人生哲学的根本目的,就是要摆脱一切负累的束缚,"芒然彷徨乎尘垢之外"(《大宗师》),"逍遥乎无何有之乡、广莫之野"(《逍遥游》),从而实现心灵的无限超越。一言以蔽之,这就是要使主体超然尘世之外而"独与天地精神往来"。另一方面,庄子又从"道通为一"的根本原则出发,表现出了一种"虚而待物"的精神。他说"唯至人乃能游于世而不僻,顺人而不失己。"(《外物》)"抱德炀和,以顺天下,此谓真人。"(《徐无鬼》)这一顺世精神,可概述为"不敖倪于万物,不谴是非,以与世俗处。"另外,本篇从生死观角度来加强对庄子精神境界的揭示,也抓住了庄学的一个重要特征。庄子在实现心灵超越的过程中,把突破生死大限看得比摆脱利害束缚等等更为重要。诸如所谓"以死生为一条,以可不可为一贯"(《德充符》),"孰知死生存亡之一体者,吾与之友矣"(《大宗师》)等,正真实地表述了庄子的这种思想观念。

《天下》篇还对庄子如何论"道"的情形作了阐述:"其于本也,弘大而辟,深闳而肆;其于宗也,可谓稠适而上遂矣。"意思是说,庄子对于大道的根本的论述,弘大通达,精深广阔,以反映包罗万有的大道并直溯大道的本原为特征。因此它能够使人从神奇荒诞的语言形式中不断地体会出深邃的含义,生发出广泛而无穷的联想。这里实际上指出了《庄子》一书寄无穷之意于有尽之言中的形象思维特征,不愧是一种很符合《庄子》文章真实情况的看法。

本篇作为中国学术史论著的开山之作,对后世的影响是积极的。如司马谈《论六家要旨》把诸子明确地分为阴阳、儒、墨、名、法、道德等六家,刘歆《七略》在此基础上又增添纵横、农、杂、小说四家而凑成十家,并且把十家的历史起源都分别归到一"官"之下,这无疑是对本篇试行学派分类,并追溯各派的历史起源到古代的某一"道术"这一叙述方式的继续与发展。而《论六家要旨》、《七略》在评述各家时,都既谈其优点,又谈其缺点,这应当视为是对本篇那种独特批判精神的发扬光大。

文学史链接

1. 相关文学典故

内圣外王

尧夫，内圣外王之学也。

（《宋史·邵雍传》）

真正学问，真正经济，内圣外王，具备此书。

（李贽《四书评·大学》）

2. 后世有关诗赋文

李士表《庄子九论·道术》

洪迈《尺棰取半》

3. 文学技法

读《史记》自序、传赞等篇，知其胎息是文也。然是文澒洞离奇、葳蕤极矣。

（谭元春《南华真经评点·天下》篇末总评）

此篇为《庄子》全书后序，明当日著书之意，一片呵成文字，虽以关尹、老庄，概顶一曲之士来，语意却犹轩轾。其叙庄周一段，不与关老同一道术，则庄子另是一种学问可知。段中备极赞扬，真所谓上无古人，下无来者，庄叟断无毁人自誉至此，是订《庄》者所作无疑。

（林云铭《庄子因·天下》篇末总评）

一部大书之后，作此洋洋大篇以为收尾，如《史记》之有《自叙》一般，溯古道之渊源，推末流之散失。前作大冒，中分五段，隐隐以老子及自己收服诸家，接古学真派。末用惠子一段，止藉以反衬自家而已。其体大，其色苍，其致淡，超世之文。

（宣颖《南华经解·天下》总论）

细玩此篇，笔力雄奋奇幻，环曲万端，有外杂篇之所不能及者，庄叟而外，安得复有此惊天破石之才！

（胡文英《庄子独见·天下》篇末总评）

笔意雄奇磊落，恣肆纵横，而词旨要归于醇正。……通篇大气盘旋，精心结撰，胸襟眼界，直据万峰之巅，视百家之分门别派，随声逐影者，真不啻蚊虻之过太空也。

（刘凤苞《南华雪心编·天下》总论）

集评

《天下》篇，《庄子》后序也。历叙古今道术渊源之所自，而以自己承之，即《孟子》终篇之意。

（陆西星《南华真经副墨·天下》总论）

古人书中多藏自序，周也慨叹衰晚民生离于王风，儒效不臻，别墨满天，故伤心卒章，有"后世学者，不见天地之纯，古人大体"之语。呜乎，泪与之下矣！其叙道术独详墨，题墨才士，墨偏学禹自苦，谓之禹道矣。古人大体，此其一也。才士好奇能自苦，亦才所为哉！

（谭元春《南华真经评点·天下》篇末总评）

一部《南华》妙旨，既以寓言、重言、卮言标出立言之意，复著此洋洋大篇，归结全书，如太史公《自叙》之例。

（刘凤苞《南华雪心编·天下》总论）

至于《天下》篇，我认为是作一个时代的学术的结论，可能也是庄子写的。我们如果说不是庄子写的，很难找出另外一个人有这样精通一个时代的学术，更有这样的大手笔。如果作为庄子写的自序，那是天衣无缝了。

（马叙伦《庄子天下篇述义序》）

《庄子·天下》篇者，庄子书之叙篇，而周末人之学案也。不读《天下》篇，无以明庄子著书之本旨，亦无以明周末人学术之概要也。

（顾实《庄子天下篇讲疏序》）

《天下》篇是《南华》之序。或云庄子自作，或云非庄子自作，兹不详考。惟序晚周学术之源流，《汉书·艺文志·诸子略》与此篇有同等之价值。

（胡朴安《庄子章义·天下》总论）

思考与讨论

1. 读此篇时，应参读《荀子·非十二子》、司马谈《论六家要指》、班固《汉书·艺文志·诸子略》等。
2. 本篇作为中国最早的一篇学术史论文，具有哪些基本特征？
3. 篇中评较了先秦时期哪几个主要学派？对包括老庄在内的各学派采取了什么样的批评态度？
4. 试述本篇在中国学术史上的地位和影响。

附录一　庄子寓言故事选（限于未入选篇目）

黄帝立为天子十九年，令行天下，闻广成子在于空同之上，故往见之，曰："我闻吾子达于至道，敢问至道之精。吾欲取天地之精，以佐五谷，以养民人；吾又欲官阴阳，以遂群生，为之奈何？"广成子曰："而所欲问者，物之质也；而所欲官者，物之残也。自而治天下，云气不待族而雨，草木不待黄而落，日月之光益以荒矣，而佞人之心翦翦者，又奚足以语至道！"黄帝退，捐天下，筑特室，席白茅，闲居三月，复往邀之。广成子南首而卧，黄帝顺下风膝行而进，再拜稽首而问曰："闻吾子达于至道，敢问治身奈何而可以长久？"广成子蹶然而起，曰："善哉问乎！来！吾语女至道。至道之精，窈窈冥冥；至道之极，昏昏默默。无视无听，抱神以静，形将自正。必静必清，无劳女形，无摇女精，乃可以长生。目无所见，耳无所闻，心无所知，女神将守形，形乃长生。慎女内，闭女外，多知为败。我为女遂于大明之上矣，至彼至阳之原也；为女入于窈冥之门矣，至彼至阴之原也。天地有官，阴阳有藏，慎守女身，物将自壮。我守其一以处其和，故我修身千二百岁矣，吾形未常衰。"黄帝再拜稽首曰："广成子之谓天矣！"广成子曰："来！余语女。彼其物无穷，而人皆以为有终；彼其物无测，而人皆以为有极。得吾道者，上为皇而下为王；失吾道者，上见光而下为土。今夫百昌皆生于土而反于土，故余将去女，入无穷之门，以游无极之野。吾与日月参光，吾与天地为常。当我，缗乎！远我，昏乎！人其尽死，而我独存乎！"

（选自《在宥》）

云将东游，过扶摇之枝而适遭鸿蒙，鸿蒙方将拊脾雀跃而游。云将见之，倘然止，贽然立，曰："叟何人邪？叟何为此？"鸿蒙拊脾雀跃不辍，对云将曰："游！"云将曰："朕愿有问也。"鸿蒙仰而视云将曰："吁！"云将曰："天气不和，地气郁结，六气不调，四时不节。今我愿合六气之精以育群生，为之奈何？"鸿蒙拊脾雀跃掉头曰："吾弗知！吾弗知！"云将不得问。又三年，东游，过有宋之野而适遭鸿蒙。云将大喜，行趋而进曰："天忘朕邪？天忘朕邪？"再拜稽首，愿闻于鸿蒙。鸿蒙曰："浮游，不知所求；猖狂，不知所往。游者鞅掌，以观无妄。朕又何知！"云将曰："朕也自以为猖狂，而民随予所往；朕也不得已于民，今则民之放也。愿闻一言。”鸿蒙曰：“乱天之经，逆物之情，玄天弗成；解兽之群，而鸟皆夜鸣；灾及草木，祸及止虫。意，治人之过也！”云将曰：“然则吾奈何？”鸿蒙曰：“意，毒哉！僊僊乎归矣！”云将曰：“吾遇天难，愿闻一言。”鸿蒙曰：“意，心养！汝徒处无为，而物自化。堕尔形体，吐尔聪明，伦与物忘，大同乎涬溟；解心释神，莫然无魂。万物云云，各复其根，各复其根而不知；浑浑沌沌，终身不离；若彼知之，乃是离之。无问其名，无窥其情，物固自生。”云将曰：“天降朕以德，示朕以默；躬身求之，乃今也得。”再拜稽首，起辞而行。

（选自《在宥》）

北门成问于黄帝曰：“帝张《咸池》之乐于洞庭之野，吾始闻之惧，复闻之怠，卒闻之而惑，荡荡默默，乃不自得。”

帝曰：“汝殆其然哉！吾奏之以人，徵之以天；行之以礼义，建之以太清。四时迭起，万物循生；一盛一衰，文武伦经；一清一浊，阴阳调和，流光其声；蛰虫始作，吾惊之以雷霆；其卒无尾，其始无首；一死一生，一偾一起；所常无穷，而一不可待。汝故惧也。吾又奏之以阴阳之和，烛之以日月之明。其声能短能长，能柔能刚，变化齐一，不主故常；在谷满谷，在阬满阬；塗郤守神，以物为量。其声挥绰，其名高明。是故鬼神守其幽，日月星辰行其纪。吾止之于有穷，流之于无止。予欲虑之而不能知也，望之而不能见也，逐之而不能及也。傥然立于四虚之道，倚于槁梧而吟；目穷乎所欲见，力屈乎所欲逐，吾既不及已夫！形充空虚，乃至委蛇。汝委蛇，故怠。吾又奏之以无怠之声，调之以自然之命。故若混逐丛生，林乐而无形；布挥而不曳，幽昏而无声；动于无方，居于窈冥；或谓之死，或谓之生；或谓之实，或谓之荣；行流散徙，不主常声。世疑之，稽于圣人。圣也者，达于情而遂于命也。天机不张而五官皆备。此之谓天乐，无言而心说。故有焱氏为之颂曰：‘听之不闻其声，视之不见其形，充满天地，苞裹六极。’汝欲听之而无接焉，而故惑也。乐也者，始于惧，惧故祟。吾又次之以怠，怠故遁；卒之于惑，惑故愚；愚故道，道可载而与之俱也。”

（选自《天运》）

孔子西游于卫。颜渊问师金曰：“以夫子之行为奚如？”师金曰：“惜乎，而夫子其穷哉！”颜渊曰：“何也？”师金曰：“夫刍狗之未陈也，盛以箧衍，巾以文绣，尸祝齐戒以将之。及其已陈也，行者践其首脊，苏者取而爨之而已。将复取而盛以箧衍，巾以文绣，游居寝卧其下，彼不得梦，必且数眯焉。今而夫子亦取先王已陈刍狗，聚弟子游居寝卧其下。故伐树于宋，削迹于卫，穷于商周，是非其梦邪？围于陈蔡之间，七日不火食，死生相与邻，是非其眯邪？夫水行莫如用舟，而陆行莫如用车。以舟之可行于水也，而求推之于陆，则没世不行寻常。古今非水陆与？周鲁非舟车与？今蕲行周于鲁，是犹推舟于陆也，劳而无功，身必有殃。彼未知夫无方之传，应物而不穷者也。且子独不见夫桔槔者乎？引之则俯，舍之则仰。彼，人之所引，非引人也，故俯仰而不得罪于人。故夫三皇五帝之礼义法度，不矜于同，而矜于治。故譬三皇五帝之礼义法度，其犹柤梨橘柚邪！其味相反而皆可于口。故礼义法度者，应时而变者也。今取猨狙而衣以周公之服，彼必龁啮挽裂，尽去而后慊。观古今之异，犹猨狙之异乎周公也。故西施病心而矉，其里之丑人见而美之，归亦捧心而矉。其里之富人见之，坚闭门而不出；贫人见之，挈妻子而去之走。彼知矉美，而不知矉之所以美。惜乎，而夫子其穷哉！”

（选自《天运》）

孔子见老聃而语仁义。老聃曰：“夫播穅眯目，则天地四方易位矣；蚊虻噆肤，则通昔不寐矣。夫仁义憯然，乃愤吾心，乱莫大焉。吾子使天下无失其朴，吾子亦放风而动，总德而立矣，又奚杰然若负建鼓而求亡子者邪？夫鹄不日浴而白，乌不日黔而黑。黑白之朴，不足以为辩；名誉之观，不足以为广。泉涸，鱼相与处于陆，相呴以湿，相濡以沫，不若相忘于江湖。”孔子见老聃归，三日不谈。弟子问曰：“夫子见老聃，亦将何规哉？”孔子曰：“吾乃今于是乎见龙！龙，合而成体，散而成章，乘云气而养乎阴阳。予口张而不能嗋，予又何规老聃哉？”子贡曰：“然则人固有尸居而龙见，雷声而渊默，发动如天地者乎？赐亦可得而观乎？”遂以孔子声见老聃。老聃方将倨堂而应微曰：“予年运而往矣，子将何以戒我乎？”子贡曰：“夫三王五帝之治天下不同，其系声名一也，而先生独以为非圣人，如何哉？”老聃曰：“小子少进！子何以谓不同？”对曰：“尧授舜，舜授禹，禹用力而汤用兵，文王顺纣而不敢逆，武王逆纣而不肯顺，故曰不同。”老聃曰：“小子少进！余语汝三皇五帝之治天下。黄帝之治天下，使民心一，民有其亲死不哭而民不非也。尧之治天下，使民心亲，民有为其亲杀其杀而民不非也。舜之治天下，使民心竞，民孕妇十月生子，子生五月而能言，不至乎孩而始谁，则人始有夭矣。禹之治天下，使民心变，人有心而兵有顺，杀盗非杀人，自为种而天下耳，是以天下大骇，儒墨皆起。其作始有伦，而今乎妇女，何言哉！余语汝，三皇五帝之治天下，名曰治之，而乱莫甚焉。三皇之知，上悖日月之明，下睽山川之精，中堕四时之施，其知憯于蛎虿之尾，鲜规之兽，莫得安其性命之情者，而犹自以为圣人，不可耻乎，其无耻也？”子贡蹵蹵然立不安。

（选自《天运》）

孔子谓老聃曰：“丘治《诗》、《书》、《礼》、《乐》、《易》、《春秋》六经，自以为久矣，孰知其故矣；以奸者七十二君，论先王之道而明周、召之迹，一君无所钩用。甚矣，夫人之难说也！道之难明邪？”老子曰：“幸矣，子之不遇治世之君也！夫六经，先王之陈迹也，岂其所以迹哉！今子之所言，犹迹也。夫迹，履之所出，而迹岂履哉！夫白鶂之相视，眸子不运而风化；虫，雄鸣于上风，雌应于下风而风化；类自为雌雄，故风化。性不可易，命不可变，时不可止，道不可壅。苟得于道，无自而不可；失焉者，无自而可。”孔子不出三月，复见曰：“丘得之矣。乌鹊孺，鱼傅沫，细要者化，有弟而兄啼。久矣夫，丘不与化为人！不与化为人，安能化人！”老子曰：“可。丘得之矣！”

（选自《天运》）

老聃之役有庚桑楚者，偏得老聃之道，以北居畏垒之山。其臣之画然知者去之，其妾之挈然仁者远之；拥肿之与居，鞅掌之为使。居三年，畏垒大壤。畏垒之民相与言曰：“庚桑子之始来，吾洒然异之。今吾日计之而不足，岁计之而有余。庶几其圣人乎！子胡不相与尸而祝之，社而稷之乎？”庚桑子闻之，南面而不释然。弟子异之。庚桑子曰：“弟子何异于予？夫春气发而百草生，正得秋而万宝成。夫春与秋，岂无得而然哉？天道已行矣。吾闻至人，尸居环堵之室，而百姓猖狂不知所如往。今以畏垒之细民，而窃窃焉欲俎豆予于贤人之间，我其杓之人邪？吾是以不释于老聃之言。”弟子曰：“不然。夫寻常之沟，巨鱼无所还其体，而鲵鳅为之制；步仞之丘陵，巨兽无所隐其躯，而孽狐为之祥。且夫尊贤授能，先善与利，自古尧、舜以然，而况畏垒之民乎！夫子亦听矣！”庚桑子曰：“小子来！夫函车之兽，介而离山，则不免于罔罟之患；吞舟之鱼，砀而失水，则蚁能苦之。故鸟兽不厌高，鱼鳖不厌深。夫全其形生之人，藏其身也，不厌深眇而已矣。且夫二子者，又何足以称扬哉！是其于辩也，将妄凿垣墙而殖蓬蒿也；简发而栉，数米而炊，窃窃乎又何足以济世哉！举贤则民相轧，任知则民相盗。之数物者，不足以厚民。民之于利甚勤，子有杀父，臣有杀君，正昼为盗，日中穴阫。吾语女：大乱之本，必生于尧、舜之间，其末存乎千世之后。千世之后，其必有人与人相食者也。”

（选自《庚桑楚》）

一雀适羿，羿必得之，威也；以天下为之笼，则雀无所逃。是故汤以胞人笼伊尹，秦穆公以五羊之皮笼百里奚。是故非以其所好笼之而可得者，无有也。

（选自《庚桑楚》）

徐无鬼见武侯，武侯曰：“先生居山林，食芧栗，厌葱韭，以宾寡人久矣夫。今老邪，其欲干酒肉之味邪，其寡人亦有社稷之福邪？”徐无鬼曰：“无鬼生于贫贱，未尝敢饮食君之酒肉，将来劳君也。”君曰：“何哉，奚劳寡人？”曰：“劳君之神与形。”武侯曰：“何谓邪？”徐无鬼曰：“天地之养也一，登高不可以为长，居下不可以为短。君独为万乘之主，以苦一国之民，以养耳目鼻口，夫神者不自许也。夫神者，好和而恶奸。夫奸，病也，故劳之。唯君所病之，何也？”武侯曰：“欲见先生久矣。吾欲爱民而为义偃兵，其可乎？”徐无鬼曰：“不可。爱民，害民之始也；为义偃兵，造兵之本也。君自此为之，则殆不成。凡成美，恶器也。君虽为仁义，几且伪哉！形固造形，成固有伐，变固外战。君亦必无盛鹤列于丽谯之间，无徒骥于锱坛之宫，无藏逆于得，无以巧胜人，无以谋胜人，无以战胜人。夫杀人之士民，兼人之土地，以养吾私与吾神者，其战不知孰善？胜之恶乎在？君若勿已矣，修胸中之诚，以应天地之情而勿撄。夫民死已脱矣，君将恶乎用夫偃兵哉！”

（选自《徐无鬼》）

黄帝将见大隗乎具茨之山，方明为御，昌寓骖乘，张若、謵朋前马，昆阍、滑稽后车。至于襄城之野，七圣皆迷，无所问涂。适遇牧马童子，问涂焉，曰：“若知具茨之山乎？”曰：“然。”“若知大隗之所存乎？”曰：“然。”黄帝曰：“异哉小童！非徒知具茨之山，又知大隗之所存。请问为天下。”小童曰：“夫为天下者，亦若此而已矣，又奚事焉！予少而自游于六合之内，予适有瞀病，有长者教予曰：‘若乘日之车而游于襄城之野。’今予病少痊，予又且复游于六合之外。夫为天下亦若此而已。予又奚事焉！”黄帝曰：“夫为天下者，则诚非吾子之事。虽然，请问为天下。”小童辞。黄帝又问，小童曰：“夫为天下者，亦奚以异乎牧马者哉！亦去其害马者而已矣！”黄帝再拜稽首，称天师而退。

（选自《徐无鬼》）

庄子送葬，过惠子之墓，顾谓从者曰："郢人垩慢其鼻端，若蝇翼，使匠石斫之。匠石运斤成风，听而斫之，尽垩而鼻不伤，郢人立不失容。宋元君闻之，召匠石曰：'尝试为寡人为之。'匠石曰：'臣则尝能斫之。虽然，臣之质死久矣。'自夫子之死也，吾无以为质矣，吾无与言之矣。"

（选自《徐无鬼》）

吴王浮于江，登乎狙之山，众狙见之，恂然弃而走，逃于深蓁。有一狙焉，委蛇攫搔，见巧乎王。王射之，敏给搏捷矢。王命相者趋射之，狙执死。王顾谓其友颜不疑曰："之狙也，伐其巧，恃其便，以敖予，以至此殛也。戒之哉！嗟乎，无以汝色骄人哉！"颜不疑归，而师董梧，以锄其色，去乐辞显，三年而国人称之。

（选自《徐无鬼》）

子綦有八子，陈诸前，召九方歅曰："为我相吾子，孰为祥。"九方歅曰："梱也为祥。"子綦瞿然喜曰："奚若？"曰："梱也将与国君同食以终其身。"子綦索然出涕曰："吾子何为以至于是极也！"九方歅曰："夫与国君同食，泽及三族，而况父母乎！今夫子闻之而泣，是御福也。子则祥矣，父则不祥。"子綦曰："歅，汝何足以识之！而梱祥邪，尽于酒肉。入于鼻口矣，而何足以知其所自来？吾未尝为牧而牂生于奥，未尝好田而鹑生于宎，若勿怪，何邪？吾所与吾子游者，游于天地。吾与之邀乐于天，吾与之邀食于地；吾不与之为事，不与之为谋，不与之为怪；吾与之乘天地之诚而不以物与之相撄，吾与之一委蛇而不与之为事所宜。今也然有世俗之偿焉！凡有怪征者，必有怪行，殆乎，非我与吾子之罪，几天与之也！吾是以泣也。"无几何而使梱之于燕，盗得之于道，全而鬻之则难，不若刖之则易，于是乎刖而鬻之于齐，适当渠公之街，然身食肉而终。

（选自《徐无鬼》）

魏莹与田侯牟约，田侯牟背之。魏莹怒，将使人刺之。犀首闻而耻之曰："君为万乘之君也，而以匹夫从仇！衍请受甲二十万，为君攻之，虏其人民，系其牛马，使其君内热发于背，然后拔其国。忌也出走，然后抶其背，折其脊。"季子闻而耻之曰："筑十仞之城，城者既十仞矣，则又坏之，此胥靡之所苦也。今兵不起七年矣，此王之基也。衍，乱人，不可听也。"华子闻而丑之曰："善言伐齐者，乱人也；善言勿伐者，亦乱人也；谓伐之与不伐乱人也者，又乱人也。"君曰："然则若何？"曰："君求其道而已矣。”惠子闻之而见戴晋人。戴晋人曰：“有所谓蜗者，君知之乎？”曰：“然。”“有国于蜗之左角者曰触氏，有国于蜗之右角者曰蛮氏，时相与争地而战，伏尸数万，逐北旬有五日而后反。”君曰：“噫！其虚言与？”曰：“臣请为君实之。君以意在四方上下有穷乎？”君曰：“无穷。”曰：“知游心于无穷，而反在通达之国，若存若亡乎？”君曰：“然。”曰：“通达之中有魏，于魏中有梁，于梁中有王，王与蛮氏有辩乎？”君曰：“无辩。”客出而君惝然若有亡也。惠子见，君曰：“客，大人也，圣人不足以当之。”惠子曰：“夫吹管也，犹有嗃也；吹剑首者，吷而已矣。尧舜，人之所誉也；道尧舜于戴晋人之前，譬犹一吷也。”

（选自《则阳》）

少知问于太公调曰：“何谓丘里之言？”太公调曰：“丘里者，合十姓百名而以为风俗也，合异以为同，散同以为异。今指马之百体而不得马，而马系于前者，立其百体而谓之马也。是故丘山积卑而为高，江河合水而为大，大人合并而为公。是以自外入者，有主而不执；由中出者，有正而不距。四时殊气，天不赐，故岁成；五官殊职，君不私，故国治；文武，大人不赐，故德备；万物殊理，道不私，故无名。无名故无为，无为而无不为。时有终始，世有变化。祸福淳淳至，有所拂者而有所宜；自殉殊面，有所正者有所差。比于太泽，百材皆度；观于大山，木石同坛。此之谓丘里之言。”少知曰：“然则谓之道，足乎？”太公调曰：“不然。今计物之数，不止于万，而期曰万物者，以数之多者号而读之也。是故天地者，形之大者也；阴阳者，气之大者也；道者为之公。因其大以号而读之，则可也。已有之矣，乃将得比哉？则若以斯辩，譬犹狗马，其不及远矣！”

（选自《则阳》）

庄周家贫，故往贷粟于监河侯。监河侯曰：“诺。我将得邑金，将贷子三百金，可乎？”庄周忿然作色曰：“周昨来，有中道而呼者。周顾视，车辙中有鲋鱼焉。周问之曰：‘鲋鱼来！子何为者邪？’对曰：‘我，东海之波臣也。君岂有斗升之水而活我哉？’周曰：‘诺。我且南游吴越之王，激西江之水而迎子，可乎？’鲋鱼忿然作色曰：‘吾失我常与，我无所处。吾得斗升之水然活耳，君乃言此，曾不如早索我于枯鱼之肆！’”

（选自《外物》）

任公子为大钩巨缁，五十犗以为饵，蹲乎会稽，投竿东海，旦旦而钓，期年不得鱼。已而大鱼食之，牵巨钩，錎没而下，骛扬而奋鬐，白波若山，海水震荡，声侔鬼神，惮赫千里。任公子得若鱼，离而腊之，自制河以东，苍梧已北，莫不厌若鱼者。已而后世辁才讽说之徒，皆惊而相告也。夫揭竿累，趣灌渎，守鲵鲋，其于得大鱼难矣。饰小说以干县令，其于大达亦远矣。是以未尝闻任氏之风俗，其不可与经于世亦远矣。

（选自《外物》）

儒以《诗》、《礼》发冢，大儒胪传曰："东方作矣，事之何若？"小儒曰："未解裙襦，口中有珠。""《诗》固有之曰：'青青之麦，生于陵陂。生不布施，死何含珠为！'接其鬓，压其顪，儒以金椎控其颐，徐别其颊，无伤口中珠。"

（选自《外物》）

宋元君夜半而梦人被发窥阿门，曰："予自宰路之渊，予为清江使河伯之所，渔者余且得予。"元君觉，使人占之，曰："此神龟也。"君曰："渔者有余且乎？"左右曰："有。"君曰："令余且会朝。"

明日，余且朝。君曰："渔何得？"对曰："且之网得白龟焉，其圆五尺。"君曰："献若之龟。"龟至，君再欲杀之，再欲活之。心疑，卜之，曰："杀龟以卜，吉。"乃刳龟，七十二钻而无遗筴。仲尼曰："神龟能见梦于元君，而不能避余且之网；知能七十二钻而无遗筴，不能避刳肠之患。如是，则知有所困，神有所不及也。虽有至知，万人谋之。鱼不畏网而畏鹈鹕。去小知而大知明，去善而自善矣。婴儿生无石师而能言，与能言者处也。"

（选自《外物》）

越人三世弑其君，王子搜患之，逃乎丹穴。而越国无君，求王子搜不得，从之丹穴。王子搜不肯出，越人薰之以艾。乘以王舆。王子搜援绥登车，仰天而呼曰："君乎，君乎！独不可以舍我乎！"王子搜非恶为君也，恶为君之患也。若王子搜者，可谓不以国伤生矣，此固越人之所欲得为君也。

（选自《让王》）

鲁君闻颜阖得道之人也，使人以币先焉。颜阖守陋闾，苴布之衣而自饭牛。

鲁君之使者至，颜阖自对之。使者曰："此颜阖之家与？"颜阖对曰："此阖之家也。"使者致币，颜阖对曰："恐听谬而遗使者罪，不若审之。"使者还，反审之，复来求之，则不得已。故若颜阖者，真恶富贵也。

故曰，道之真以治身，其绪余以为国家，其土苴以治天下。由此观之，帝王之功，圣人之余事也，非所以完身养生也。今世俗之君子，多危身弃生以殉物，岂不悲哉！凡圣人之动作也，必察其所以之与其所以为。今且有人于此，以随侯之珠弹千仞之雀，世必笑之。是何也？则其所用者重而所要者轻也。夫生者，岂特随侯之重哉！

（选自《让王》）

子列子穷，容貌有饥色。客有言之于郑子阳者曰："列御寇，盖有道之士也，居君之国而穷，君无乃为不好士乎？"郑子阳即令官遗之粟。子列子见使者，再拜而辞。使者去，子列子入，其妻望之而拊心曰："妾闻为有道者之妻子，皆得佚乐。今有饥色，君过而遗先生食，先生不受，岂不命邪！"子列子笑谓之曰："君非自知我也，以人之言而遗我粟，至其罪我也，又且以人之言，此吾所以不受也。"其卒，民果作难而杀子阳。

（选自《让王》）

原宪居鲁，环堵之室，茨以生草；蓬户不完，桑以为枢；而瓮牖二室，褐以为塞；上漏下湿，匡坐而弦。子贡乘大马，中绀而表素，轩车不容巷，往见原宪。原宪华冠縰履，杖藜而应门。子贡曰："嘻！先生何病？"原宪应之曰："宪闻之，无财谓之贫，学而不能行谓之病。今宪，贫也，非病也。"子贡逡巡而有愧色。原宪笑曰："夫希世而行，比周而友，学以为人，教以为己，仁义之慝，舆马之饰，宪不忍为也。"

（选自《让王》）

曾子居卫，缊袍无表，颜色肿哙，手足胼胝。三日不举火，十年不制衣，正冠而缨绝，捉衿而肘见，纳屦而踵决。曳縰而歌《商颂》，声满天地，若出金石。天子不得臣，诸侯不得友。故养志者忘形，养形者忘利，致道者忘心矣。

（选自《让王》）

列御寇之齐，中道而反，遇伯昏瞀人。伯昏瞀人曰："奚方而反？"曰："吾惊焉。”曰：“恶乎惊？”曰：“吾尝食于十浆，而五浆先馈。”伯昏瞀人曰：“若是，则汝何为惊已？”曰：“夫内诚不解，形谍成光，以外镇人心，使人轻乎贵老，而韲其所患。夫浆人特为食羹之货，多余之赢，其为利也薄，其为权也轻，而犹若是，而况于万乘之主乎！身劳于国而知尽于事，彼将任我以事而效我以功，吾是以惊。”伯昏瞀人曰：“善哉观乎！女处已，人将保女矣！”无几何而往，则户外之屦满矣。伯昏瞀人北面而立，敦杖蹙之乎颐，立有间，不言而出。宾者以告列子，列子提屦，跣而走，暨乎门，曰：“先生既来，曾不发药乎？”曰：“已矣，吾固告汝曰人将保汝，果保汝矣。非汝能使人保汝，而汝不能使人无保汝也，而焉用之感豫出异也！必且有感，摇而本才，又无谓也。与汝游者，又莫汝告也。彼所小言，尽人毒也。莫觉莫悟，何相孰也！巧者劳而知者忧，无能者无所求，饱食而敖游，泛若不系之舟，虚而敖游者也。”

（选自《列御寇》）

郑人缓也，呻吟裘氏之地。只三年而缓为儒，河润九里，泽及三族，使其弟墨。儒、墨相与辩，其父助翟，十年而缓自杀。其父梦之，曰：“使而子为墨者，予也。阖胡尝视其良？既为秋柏之实矣！”夫造物者之报人也，不报其人而报其人之天。彼故使彼。夫人以己为有以异于人，以贱其亲，齐人之井饮者相捽也。故曰今之世皆缓也。自是，有德者以不知也，而况有道者乎！古者谓之遁天之刑。圣人安其所安，不安其所不安；众人安其所不安，不安其所安。

（选自《列御寇》）

宋人有曹商者，为宋王使秦。其往也，得车数乘。王说之，益车百乘。反于宋，见庄子曰：“夫处穷闾阨巷，困窘织屦，槁项黄馘者，商之所短也；一悟万乘之主而从车百乘者，商之所长也。”庄子曰：“秦王有病召医，破痈溃痤者得车一乘，舐痔者得车五乘，所治愈下，得车愈多。子岂治其痔邪，何得车之多也？子行矣！”

（选自《列御寇》）

人有见宋王者，锡车十乘，以其十乘骄稚庄子。庄子曰：“河上有家贫，恃纬萧而食者，其子没于渊，得千金之珠。其父谓其子曰：‘取石来锻之！夫千金之珠，必在九重之渊而骊龙颔下。子能得珠者，必遭其睡也。使骊龙而寤，子尚奚微之有哉！’今宋国之深，非直九重之渊也；宋王之猛，非直骊龙也。子能得车者，必遭其睡也。使宋王而寤，子为韲粉夫。”

（选自《列御寇》）

庄子将死，弟子欲厚葬之。庄子曰：“吾以天地为棺椁，以日月为连璧，星辰为珠玑，万物为赍送。吾葬具岂不备邪！何以加此！”弟子曰：“吾恐乌鸢之食夫子也。”庄子曰：“在上为乌鸢食，在下为蝼蚁食，夺彼与此，何其偏也！”以不平平，其平也不平；以不征征，其征也不征。明者唯为之使，神者征之。夫明之不胜神也久矣，而愚者恃其所见，入于人，其功外也，不亦悲乎！

（选自《列御寇》）

附录二　庄子传记序跋论评选

庄子列传

【汉】司马迁

庄子者，蒙人也，名周。周尝为蒙漆园吏，与梁惠王、齐宣王同时。其学无所不窥，然其要本归于老子之言。故其著书十余万言，大抵率寓言也。作《渔父》、《盗跖》、《胠箧》，以抵訿孔子之徒，以明老子之术。《畏累虚》、《亢桑子》之属，皆空语无实事，然善属书离辞，指事类情，用剽剥儒墨，虽当世宿学，不能自解免也。其言汪洋自恣以适己，故自王公大人不能器之。

楚威王闻庄周贤，使使厚币迎之，许以为相。庄周笑谓楚使者曰："千金，重利；卿相，尊位也。子独不见郊祭之牺牛乎？养食之数岁，衣以文绣，以入太庙。当是之时，虽欲为孤豚，岂可得乎？子亟去，无污我！我宁游戏污渎之中自快，无为有国者所羁，终身不仕，以快吾志焉。"

（据武英殿本《史记·老庄申韩列传》）

南华真经注序

【晋】郭　象

夫庄子者，可谓知本矣，故未始藏其狂言。言虽无会，而独应者也。夫应而非会，则虽当无用；言非物事，则虽高不得。与夫寂然不动，不得已而后起者，固有间矣，斯可谓知无心者也。夫心无为，则随感而应，应随其时，言唯谨尔。故与化为体，流万代而冥物，岂曾设对独遘而游谈乎方外哉！此其所以不经而为百家之冠也。然庄生虽未体之，言则至矣。通天地之统，序万物之性，达死生之变，而明内圣外王之道，上知造物无物，下知有物之自造也。其言宏绰，其旨玄妙，至至之道，融微旨雅，泰然遣放，放而不敖。故曰不知义之所适，倡狂妄行，而蹈其大方。含哺而熙乎澹泊，鼓腹而游乎混芒。至人极乎无亲，孝慈终于兼忘，礼乐复乎已能，忠信发乎天光。用其光则其朴自成，是以神器独化于玄冥之境，而源流深长也。故其长波之所荡，高风之所扇，畅乎物宜，适乎民愿。弘其鄙，解其悬，洒落之功未加，而矜夸所以散。故观其书，超然自以为已当，经昆仑，涉太虚，而游惚怳之庭矣。虽复贪婪之人，进躁之士，暂而揽其余芳，味其溢流，仿佛其音影，犹足旷然有忘形自得之怀，况探其远情而玩永年者乎！遂绵邈清遐，去离尘埃而返冥极者也。

（据清郭庆藩《庄子集释》，中华书局 1986 年第 5 次印刷《诸子集成》本）

废　庄　论

【东晋】王坦之

荀卿称庄子“蔽于天而不知人”，扬雄亦曰“庄周放荡而不法”，何宴云“鬻庄躯，放玄虚，而不周乎时变”。三贤之言，远有当乎！夫独构之唱，唱虚而莫和；无感之作，义偏而用寡。动人由于兼忘，应物在乎无心。孔父非不体远，以体远故用近；颜子岂不具德，以德备故膺教。胡为其然哉？不获已而然也。

夫自足者寡，故理悬于羲农；狥教者众，故义申于三代。道心惟微，人心惟危，吹万不同，孰知正是！虽首阳之情，三黜之智，磨顶之甘，落毛之爱，枯槁之生，负石之死，格诸中庸，未入乎道，而况下斯者乎！先王知人情之难肆，惧违行以致讼，悼司彻之贻悔，审褫带之所缘，故陶铸群生，谋之未兆，每摄其契，而为节焉。使夫敦礼以崇化，日用以成俗，诚存而邪忘，利损而竞息，成功遂事，百姓皆曰我自然。盖善阖者无怪，故所遇而无滞，执道以离俗，孰逾于不达！语道而失其为者，非其道也；辨德而有其位者，非其德也。言默所未究，况扬之以为风乎！且即濠以寻鱼，想彼之我同；推显以求隐，理得而情昧。若夫庄生者，望大庭而抚契，仰弥高于不足，寄积想于三篇，恨我之怀未尽。其言诡谲，其义恢诞，君子内应，从我游方之外，众人因籍之以为弊薄之资。然则天下之善人少，不善人多，庄子之利天下少也，害天下也多。故曰：“鲁酒薄而邯郸围，庄生作而风俗颓”。礼与浮云俱征，伪与利荡并肆；人以克己为耻，士以无措为通。时无履德之誉，俗有蹈义之愆。骤语赏罚不可以造次，屡称无为不可与适变，虽可用于天下，不足以用天下人。

昔汉阴丈人修混沌之术，孔子以为识其一不识其二，庄生之道，无乃类乎？与夫“如愚”之契，何殊间哉！若夫利而不害，天之道也；为而不争，圣之德也。群方所资而莫知谁氏，在儒而非儒，非道而有道，弥贯九流，玄同彼我，万物用之而不既，亹亹日新而不朽，昔吾孔、老固已言之矣。

（据《晋书·王坦之传》，上海古籍出版社等1986年12月影印二十五史本。）

经典释文序录

【唐】陆德明

庄子者，姓庄，名周（太史公云：字子休），梁国蒙县人也。六国时，为梁漆园吏，与魏惠王、齐宣王、楚威王同时（李颐云：与齐愍王同时），齐、楚尝聘以为相，不应。时人皆尚游说，庄生独高尚其事，优游自得，依老氏之旨，著书十余万言，以逍遥自然无为齐物而已。大抵皆寓言，归之于理，不可案文责也。然庄生宏才命世，辞趣华深，正言若反，故莫能畅其弘致；后人增足，渐失其真。故郭子玄云："一曲之才，妄窜奇说，若《阏弈》、《意修》之首，《危言》、《游凫》、《子胥》之篇，凡诸巧杂，十分有三。"《汉书·艺文志》"《庄子》五十二篇"，即司马彪、孟氏所注是也。言多诡诞，或似《山海经》，或类《占梦书》，故注者以意去取。其《内篇》众家并同，自余或有《外》而无《杂》。唯子玄所注，特会庄生之旨，故为世所贵。徐仙民、李弘范作《音》，皆依郭本，以郭为主。

崔课《注》十卷，二十七篇（清河人，晋议郎。《内篇》七，《外篇》二十）。

向秀《注》二十卷，二十六篇（一作二十七篇，一作二十八篇，亦无《杂篇》，为《音》三卷）。

司马彪《注》二十一卷，五十二篇（字绍统，河内人，晋秘书监。《内篇》七，《外篇》二十八，《杂篇》十四，《解说》三，为《音》三卷）。

郭象《注》三十三卷，三十三篇（字子玄，河内人，晋太傅主簿。《内篇》七，《外篇》十五，《杂篇》十一，为《音》三卷）。

李颐《集解》三十卷，三十篇（字景真，颍川襄城人，晋丞相参军，自号玄道子。一作三十五篇，为《音》一卷）。

孟氏《注》十八卷，五十二篇（不详何人）

王叔之《义疏》三卷（字穆夜，琅玡人，宋处士。亦作《注》）。

李轨《音》一卷。

徐邈《音》三卷。

（据陆德明《经典释文》，中华书局1983年9月版）

南华真经疏序

【唐】成玄英

夫《庄子》者，所以申道德之深根，述重玄之妙旨，畅无为之恬淡，明独化之窅冥，钳揵九流，括囊百氏，谅区中之至教，实象外之微言者也。

其人姓庄，名周，字子休，生宋国睢阳蒙县。师长桑公子，受号南华仙人。当战国之初，降襄周之末。叹苍生之业薄，伤道德之陵夷，乃慷慨发愤，爰著斯论。其言大而博，其旨深而远，非下士之所闻，岂浅识之能究！

所言"子"者，是有德之嘉号。古人称师曰子，亦言子是书名，非但三篇之总名，亦是百家之通题。所言《内篇》者，内以待外立名，篇以编简为义。古者杀青为简，以韦为编。编简成篇，犹今连纸成卷也。故元恺云："大事书之于策，小事简牍而已。"内则谈于理本，外则语其事迹。事虽彰著，非理不通；理既幽微，非事莫显。欲先明妙理，故前标《内篇》；《内篇》理深，故每于文外别立篇目。郭象仍于题下即注解之，《逍遥》、《齐物》之类是也。自《外篇》以去，则取篇首二字为其题目，《骈拇》、《马蹄》之类是也。

所言《逍遥游》者，古今解释不同。今泛举纮纲，略为三释。所言三者：

第一，顾桐柏云："逍者，销也；遥者，远也。销尽有为累，远见无为理。以斯而游，故曰逍遥。"

第二，支道林云："物物而不物于物，故逍然不我待；玄感不疾而速，故遥然靡所不为。以斯而游天下，故曰逍遥游。"

第三，穆夜云："逍遥者，盖是放狂自得之名也。至德内充，无时不适；忘怀应物，何往不通！以斯而游天下，故曰逍遥游。"

《内篇》明于理本，《外篇》语其事迹，《杂篇》杂明于理事。《内篇》虽明理本，不无事迹；《外篇》虽明事迹，甚有妙理。但立教分篇，据多论耳。

所以逍遥建初者，言达道之士，智德明敏，所造皆适，遇物逍遥，故以"逍遥"命物。夫无待圣人，照机若镜，既明权实之二智，故能大齐于万境，故以《齐物》次之。既指马蹄天地，混同庶物，心灵凝澹，可以摄卫养生，故以《养生主》次之。既善恶两忘，境智俱妙，随变任化，可以处涉人间，故以《人间世》次之。内德圆满，故能支离其德，外以接物，既而随物升降，内外冥契，故以《德充符》次之。止水流鉴，接物无心，忘德忘形，契外会内之极，可以匠成庶品，故以《大宗师》次之。古之真圣，知天知人，与造化同功；即寂即应，既而驱驭群品，故以《应帝王》次之。《骈拇》以下，皆以篇首二字为题，既无别义，今不复次篇也。

而自古高士，晋汉逸人，皆莫不耽玩，为之义训。虽注述无可间，然并有美辞，咸能索隐。玄英不揆庸昧，少而习焉，研精覃思三十矣。依子玄所注三十篇，辄为疏解，总三十卷。虽复词情疏拙，亦颇有心迹指归；不敢贻厥后人，聊自记其遗忘耳。

（据清郭庆藩《庄子集释》，中华书局 1986 年第 5 次印刷《诸子集成》本）

庄　周　论（上）

【宋】王安石

世之论庄子者不一，而学儒者曰："庄子之书，务诋孔子以信其邪说，要焚其书、废其徒而后可，其曲直固不足论也。"学儒者之言如此，而好庄子之道者曰："庄子之德，不以万物干其虑，而能信其道者也。彼非不知仁义也，以为仁义小而不足行已；彼非不知礼乐也，以为礼乐薄而不足化天下。故老子曰：'道失后德，德失后仁，仁失后义，义失后礼。'是知庄子非不达于仁义礼乐之意也，彼以为仁义礼乐者，道之末也，故薄之云耳。"夫儒者之言善也，然未尝求庄子之意也。好庄子之言者，固知读庄子之书也，然亦未尝求庄子之意也。

昔先王之泽，至庄子之时竭矣，天下大俗，谲诈大作，质朴并散，虽世之学士大夫，未有知贵己贱物之道者也。于是弃绝乎礼义之绪，夺攘乎利害之际，趋利而不以为辱，殒身而不以为怨，渐渍陷溺，以至乎不可救已。庄子病之，思其说以矫天下之弊，而归之于正也。其心过虑，以为仁义礼乐皆不足以正之，故同是非，齐彼我，一利害，而以足乎心为得，此其所以矫天下之弊者也。既以其说矫弊矣，又惧来世之遂实吾说，而不见天地之纯，古人之大体也，于是又伤其心，于卒篇以自解。故其篇曰："《诗》以道志，《书》以道事，《礼》以道行，《乐》以道和，《易》以道阴阳，《春秋》以道名分。"由此而观之，庄子岂不知圣人者哉！又曰："譬如耳、目、鼻、口，皆有所明，不能相通，犹百家众技，皆有所长，时有所用。"用是以明圣人之道其全在彼，而不在此，而亦自列其书于宋钘、慎到、墨翟、老聃之徒，俱为不该不遍一曲之士，盖欲明吾之言有为而作，非大道之全云耳。然则庄子岂非有意于天下之弊而存圣人之道乎？伯夷之清，柳下惠之和，皆有矫于天下者也，庄子用其心亦二圣人之徒矣。然而庄子之言不得不为邪说比者，盖其矫之过矣。夫矫枉者，欲其直也，矫之过则归于枉矣。庄子亦曰："墨子之心则是也，墨子之行则非也。"推庄子之心，以求其行，则独何异于墨子哉！后之读《庄子》者，善其为书之心，非其为书之说，则可谓善读矣。此亦庄子之所愿于后世之读其书者也。今之读者，挟《庄》以谩吾儒曰："庄子之道大哉，非儒之所能及知也。"不知求其意，而以异于儒者为贵，悲夫！

（据《王文公文集》，上海人民出版社 1974 年 7 月版）

庄 周 论（下）

【宋】王安石

学者诋周非尧、舜、孔子，余观其书，特有所寓而言耳。孟子曰："说《诗》者，不以文害辞，不以辞害意。以意逆志，是为得之。"读其文而不以意原之，此为周者之所以讼也。周曰："上必无为而用天下，下必有为而为天下用。"又自以为处昏上乱相之间，故穷而无所见其材。孰为周之言皆不可措乎君臣父子之间，而遭世遇主终不可使有为也。及其引太庙牺以辞楚之聘使，彼盖危言以惧衰世之常人耳，夫以周之才，岂迷出处之方而专畏牺者哉？盖孔子所为隐居放言者，周殆其人也。然周之说，其于道既反之，宜其得罪于圣人之徒也。夫中人之所及者，圣人详说而谨行之，说之不详，行之不谨，则天下弊。中人之所不及者，圣人藏乎其心而言之略，不略而详，则天下惑。且夫谆谆而后喻，谆谆而后服者，岂所谓可以语上者哉！惜乎，周之能言而不通乎此也！

（据《王文公文集》，上海人民出版社 1974 年 7 月版）

庄子祠堂记

【宋】苏 轼

庄子，蒙人也。尝为蒙漆园吏，没千余岁而蒙未有祀之者。县令祕书丞王兢始作祠堂，求文以为记。

谨按《史记》：庄子与梁惠王、齐宣王同时，其学无所不窥，然要本归于老子之言。故其著书十余万言，大抵率寓言也。作《渔父》、《盗跖》、《胠箧》，以诋訾孔子之徒，以明老子之术。——此知庄子之粗者。

余以为，庄子盖助孔子者，要不可以为法耳。楚公子微服出亡，而门者难之。其仆操棰而骂曰："隶也不力！"门者出之。——事固有倒行而逆施者。以仆为不爱公子，则不可；以为事公子之法，亦不可。故庄子之言，皆实予而文不予，阳挤而阴助之。其正言盖无几，至于诋訾孔子，未尝不微见其意。其论天下道术，自墨翟、禽滑釐、彭蒙、慎到、田骈、关尹、老聃之徒，以至于其身，皆以为一家，而孔子不与。其尊之也，至矣！然余尝疑《盗跖》、《渔父》则若真诋孔子者，至于《让王》、《说剑》，皆浅陋不入于道。反而观之，得其寓言之意，终曰：阳子居西游于秦，遇老子，老子曰："而睢睢，而盱盱，而谁与居？大白若辱，盛德若不足。"阳子居蹴然变容。其往也，舍者将迎，其家公执席，妻执巾栉，舍者避席，炀者避灶。其反也，舍者与之争席矣。去其《让王》、《说剑》、《渔父》、《盗跖》四篇，以合于《列御寇》之篇，曰："列御寇之齐，中道而反，……曰：'吾惊焉'，'吾食于十浆，而五浆先馈'"，然后悟而笑曰，是固一章也。庄子之言未终，而昧者勦之以入其言，余不可以不辨。凡分章名篇，皆出于世俗，非庄子本意。元丰元年十一月十九日记。

（据《苏东坡全集》，世界书局 1936 年版）

庄子口义发题

【宋】林希逸

庄子宋人也，名周，字子休，生睢阳蒙县。在战国之初，与孟子同时，隐遁而放言者也。所著之书，名以《庄子》，自分为三，《内篇》七，《外篇》十五，《杂篇》十一。虽其分别次第如此，而所谓寓言、重言、卮言三者，通一书皆然也。《外篇》、《杂篇》则即其篇首而名之，《内篇》则立为名字，各有意义，其文比之《外篇》、《杂篇》为尤精，而立言之意则无彼此之异。陈同甫尝曰："天下不可以无此人，亦不可以无此书。"而后足以当君子之论。若《庄子》者，其书虽为不经，实天下所不可无者。郭子玄谓其"不经而为百家之冠"，此语甚公。然此书不可不读，亦最难读。东坡一生文字，只从此悟入；《大藏经》五百四十函，皆自此中细绎出。左丘明、司马子长诸人，笔力未易敌此。是岂可不读？然谓之难者何也？伊川曰："佛书如淫声美色，易以惑人。"盖以其语震动而见易摇也。况此书所言仁义性命之类，字义皆与吾书不同，一难也；其意欲与吾夫子争衡，故其言多过当，二难也；鄙略中下之人，如佛书所谓为最上乘者说，故其言每每过高，三难也；又其笔端鼓舞变化，皆不可以寻常文字蹊径求之，四难也；况语脉机锋，多如禅家顿宗所谓剑刃上事，吾儒书中未尝有此，五难也。是必精于《语》、《孟》、《中庸》、《大学》等书，见理素定，识文字血脉，知禅宗解数，具此眼目，而后知其言意一一有所归著，未尝不跌荡，未尝不戏剧，而大纲领、大宗旨未尝于圣人异也。若此眼未明，强生意见，非以异端邪说鄙之，必为其所恐动，或资以诞放，或流而空虚，则伊川“淫声美色”之喻，诚不可不惧。希逸少尝有闻于乐轩，因乐轩而闻艾轩之说，文字血脉，稍知梗概。又颇尝涉猎佛书，而后悟其纵横变化之机，自谓于此书稍有所得，实前人所未尽究者。最后乃得吕吉甫、王元泽诸家解说，虽比郭象稍为分章析句，而大旨不明。因王、吕之言，愈使人有疑于《庄子》。若以管见推之，则此书自可独行天地之间，初无得罪于圣门者。使庄子复生，谓之千载而下子云可也。非敢进之作者，聊与诸同志者共之。鬳斋林希逸序。

（据明正统《道藏》本）

南华真经循本释题

【宋】罗勉道

庄子为书，虽恢恑谲怪，佚宕于《六经》外，譬犹天地日月，固有常经常运，而风云开阖，神鬼变幻，要自不可阙，古今文士每每奇之。顾其句法字面，自是周末时语，有非后世所能悉晓，然尚有可征者。如“正获之问于监市履狶”，乃大射有司正、司获，见《仪礼》。“解之以牛之白颡者，与豚之亢鼻者，与人有痔病者，不可以适河”，乃古天子春有解祠，见《汉·郊祀志》。“唐子”乃掌堂涂之子，犹周王族之适子，称门子。“义台”，乃“仪台”，郑司农云：“故书‘仪’，但为‘义’。”“其脰肩肩”，乃见《考工记·梓人》“为磬虡数目颀脰”，“肩”即“颀”字。如此类不一，而士无古学，不足以知之。诸家解者，或敷演清淡，或牵联禅语，或强附儒家正理，多非本文指义。漫曰：此文字奇处妙绝，又恶识所谓奇妙！寥寥千八百载间，作者之意郁而未伸，剽窃之用，转而多误，岂非群书中一欠事！勉道幸以蚤遂退闲，托志清虚，因得时以鄙见梳剔一二。爰笔其说，不觉成帙。自谓庶几循其本指，题曰《庄子循本》云。

（据明正统《道藏》本）

南华真经副墨序

【明】陆西星

外史既测《道德经》已，乃复测《南华》。《南华》者，《道德经》之注疏也。其说建之以常无有，而出为于不为，以破天下之贪执者。去圣远，道德之风微，儒墨并起，各持其似以相是非。上仁义，崇圣智，而首乱之民，爰窃之以嚆矢天下。以故，识者病焉，以为先疾而施剂，则君参佐耆，适以滋毒而戕人。善摄生者，不轻试以无妄之药。故曰"上德为之而无以为"，"失道而后德，失德而后仁。"仁可为也，义可亏也。"见素抱朴，少思寡欲，淡寞而天下治矣。且夫天下不可为也，将欲取天下而为之，吾知其不得已。若乃虚静恬淡寂寞无为，则其于道也几乎！古之至人，守宗保始，欲为而为之以不为。世出世法，莫不繇此。所谓以其真治身，而出其绪余以理天下。盖自几蘧以逮羲、轩，莫不通于道而合于德，退仁义而宾礼乐。明于本度，系于末数，理之所以穷也，性之所以尽也，命之所以至也。明此者，谓之大道；迕此者，谓之俗学。若乃断言语、绝名相，混溟茫沕，迥出思议之表，则竺乾先生谭之西方，未始相袭也。而符契若合，故予尝谓震旦之有《南华》，竺西之贝典也。贝典专谭实相，而此则兼之命宗。盖妙窍同玄，实大乘之秘旨。学二氏者，乌可以不读《南华》！缘督、守中，则卫生之经也；地文、天壤，则止观之渊也；藏神、守气，则食母之学也；忘言、绝虑，则揔持之要也；有情、有信、则重玄之秘也；无实、无虚，则实相之理也。因是，则玄同之德也；忘我，则无相之宗也；生死一条，可不可一贯，则解脱之门也。若乃采其文，撷艺圃之华，资其辩给悬河之口，则操觚挥麈之伦，又多取焉。呜呼！文字上起唐虞，以逮邹鲁，称性之谭，精绝闳肆，孰逾《南华》矣。尔其矢口寓言，正而若反，从心曼衍，废而中权，以通神明之德，以类万物之情，则惠施呿口，公龙结舌，季真、接子之徒，又乌能测其涯涘哉！昔晋人郭象，首注此经，影响支离，多涉梦语；鬳斋《口义》，颇称疏畅，而通方未彻，挂漏仍多。是知千虑一失，在贤知犹不能免。商赐启予，回非助我，仲尼大圣，不无望于人人，而况其散焉者乎！星启款寡闻，素无前识，而二氏之学，载之末季，颇窥堂奥，乃复添注是经，补救偏弊，以匡昔贤之不逮，名之《副墨》。相与二家之说，参订异同，而一二同志，佥谓发所未发，勉令卒业，游历江海，佩之奚囊，三易岁乃脱草。呜呼，批导熟，则庖丁之目无全牛；察认真，则九皋之肆无留良。千载而下，知庄叟者谁欤？若谓侮圣畔道，言大而无当，则星也与叟，均之不白于天下矣。万历戊寅四月望日。

（据民国二十二年上海受古书店所印《南华真经副墨》本）

附录三 《庄子逍遥义的历史演变》

方 勇 李 波

庄子首篇《逍遥游》，通过一系列的寓言故事为我们描绘了一个奇幻的世界。如硕大无比的鲲化为“翼若垂天之云”的鹏，鹏起飞时水击三千里，乘旋风直上九万里，而小泽里“抢榆枋”的蜩与小鸠却不以为然，对之嗤之以鼻，大加讽刺。那么，作者为何要将它们放在一起作如此夸张的对比呢？其实作者只是借用它们作一譬喻，说明大鹏与小鸠一样，因其“有所待”都是不自由的，惟有“乘天地之正，而御六气之辩”的至人、神人、圣人才能达到物我同一、逍遥世外的理想境界。然而后人却根据自己的不同理解，对庄子这一逍遥游思想作了不同的诠释。其演变情况大致可以从以下几个方面来说明。

一

魏晋时期，统治阶级内部争权夺势加剧，政治斗争日趋激烈。为了全身避害，士族阶级大畅玄风，并通过阐述老庄，表达自己的人生态度，求得精神上的暂时慰藉，于是玄学兴起，老庄哲学盛行。司马氏建立西晋以后，政治上出现了短暂的相对稳定的局面，士大夫少怨言，玄学逐渐转向了与儒学的合而为一，一些不愿做官的名士也开始出来为西晋王朝服务，有的成为其中的显赫人物。如郭象，他通过注释《庄子》，把向秀“以儒道为一”的观点进一步发展为“名教即自然”论，并通过阐释自己的政治和哲学观点，为其阶级统治找到理论根据。从他对逍遥义的发挥和改造上，可以明显地看到这一点。

梁刘孝标《世说新语·文学》注引向秀、郭象《逍遥义》云：“夫大鹏之上九万，尺鷃之起榆枋，小大虽差，各任其性，苟当其分，逍遥一也。然物之芸芸，同资有待，得其所待，然后逍遥耳。唯圣人与物冥而循大变，为能无待而常通，岂独自通而已？又从有待者，不失其所待，不失则同于大通矣。”说明在向秀、郭象看来，鹏与尺鸮“各任其性”,“不失其所待”,都可说是逍遥的。郭象在《庄子注》中详细阐述了这一观点,他为《逍遥游》作了如下题解:“夫小大虽殊,而放于自得之场,则物任其性,事称其能,各当其分,逍遥一也,岂容胜负于其间哉!”在郭象看来,世间一切事物,无论它们在各个方面有着如何不同,只要满足自己性分的要求,都是同样无往而非逍遥的。按照题解的这一思路,郭象进而对《逍遥游》全文展开了诠释。他说,“夫大鸟一去半岁,至天池而息;小鸟一飞半朝,抢榆枋而止。此比所能,则有间矣,其于适性一也”,“苟足于其性,则虽大鹏无以自贵于小鸟,小鸟无羡于天池,而荣愿有余矣。故小大虽殊,逍遥一也。”郭象指出,鹏与小鸟确有能力差异,但它们都是率性而动,都满足了自己性分的要求,顺其自然而行,便都是一样逍遥的,因此大鹏无以自贵于小鸟,小鸟也无羡于大鹏,就其足性逍遥来说,它们是没有什么差别的。

庄子认为万事万物只有“无所待”才是逍遥的,而郭象在《逍遥游注》中说:“苟有待焉,则虽列子之轻妙,犹不能以无风而行,故必得其所待,然后逍遥耳,而况大鹏乎!夫唯与物冥而循大变者,为能无待而常通,岂自通而已哉!又顺有待者,使不失其所待,所待不失,则同于大通矣。故有待无待,吾所不能齐也。”由此可以看出,郭象虽然也承认“有待”与“无待”之别,但他反对庄子的只有“无待”才是逍遥的观点,认为虽然“无待”是逍遥游的至高境界,但“有待者”只要“所待不失”,各任其性,各称其能,同样可以达到逍遥游。他并进而认为:“庖人、尸祝,各安其所司;鸟兽、万物,各足于所受;帝尧、许由,各静其所遇,此乃天下之至实也。各得其实,又何所为乎哉,自得而已矣!故尧、许之行虽异,其于逍遥一也。”这就是说,庖丁与尸祝,尧与许由,虽然职责不同,行为各异,但他们各安所司,各静所遇,各得其实,都是逍遥的。他在《齐物论注》中又进一步说:“苟足于天然而安其性命,故虽天地未足为寿而与我并生,万物未足为异而与我同得,则天地之生又何不并,万物之得又何不一哉!”这里,郭象接受了庄子的相对主义思想,认为大小、寿夭等都是相对的、没有差别的,人们不用去追求高下、贫贱之分,由此引出了他的“安命”便是逍遥的思想,即所谓“凡得真性,用其自为者,虽夫皂隶,犹不顾毁誉而自安其业,”(《齐物论注》),“安于命者,无往而非逍遥矣。”(《秋水注》)。

庄子在《逍遥游》篇中通过尧让天下而许由不受的故事说明唐尧“弊弊焉以天下为事”,只不过是一介凡夫俗子,而许由无心于功名,逍遥自得,才是理想的圣人。郭象则认为,许由“对物”,自以为是,把自己与现实对立起来,而唐尧“顺物”,

“无心玄应，唯感是从”，连自己都觉察不到，所以唐尧是可以为君的圣人，而许由只不过是“俗中一物”，所以郭象说“若谓拱默乎山林之中而后得称无为者，此庄老之谈所以见弃于当涂者。”他并在诠释《逍遥游》篇“藐姑射之山有神人”一则寓言时进一步指出：“夫神人，即今所谓圣人也。夫圣人虽在庙堂之上，然其心无异于山林之中，世岂识之哉？徒见其戴黄屋，佩玉玺，便谓足以缨绂其心矣；见其历山川，同民事，便谓足以憔悴其神矣，岂知至至者之不亏哉？”在郭象看来，圣人虽然身处庙堂之上，忙于政务，但他在精神上却淡然自如，逍遥自得，犹如处于山林之中一样，精神上丝毫没有受到亏损，这就是他所谓的精神上游于尘垢之外与实际上积极参与世务相统一的“游外宏内”（《大宗师注》）之道。

由此可见，庄子所追求的是对现实的一种精神性超越，是精神的绝对自由。而郭象则完全是用玄学思想来阐释庄子逍遥游义的，认为不管有待无待，只要所待不失，物任其性，事称其能，各当其分，便都不失为逍遥游，说明他的阐释目的就是要将庄子非人间的逍遥游之境拉回到现实，让人们安身立命，自适其乐。

二

东晋时期佛教般若空学在中国得到了广泛的传播，但人们对它的教义还是感到比较生疏，于是佛学家们便以人们熟悉的老庄说来疏解，即所谓的“格义”、“连类”之法。在这一过程中，《老子》、《庄子》也得到了阐释，其中影响较大的当为即色派代表人物支遁。据有关材料来看，支遁对《逍遥游》一篇的解说最为名士折服。慧皎《高僧传・支遁传》说，支遁曾在余杭白马寺与刘系之等谈《庄子・逍遥游》，不同意郭象“适性以为逍遥”的说法，认为按照郭的观点，一切坏人只要满足他们的凶残本性，也都得到逍遥了：“夫桀跖以残害为性，若适性为得者，彼亦逍遥矣。”，“于是退而注《逍遥》篇，群儒旧学，莫不叹服”。《世说新语・文学》刘孝标注引支氏《逍遥论》云：

> 夫逍遥者，明至人之心也。庄生建言大道，而寄指鹏鴳。鹏以营生之路旷，故失适于体外；鴳以在近而笑远，有矜伐于心内。至人乘天正而高兴，游无穷于放浪，物物而不物于物，则遥然不我得，玄感不为，不疾而速，则逍遥靡不适。此所以为逍遥也。若夫有欲，当其所足，足于所足，快然有似天真，犹饥者一饱，渴者一盈，岂忘烝尝于糗粮，绝觞爵于醪醴哉？苟非至足，岂所以

逍遥乎？

支遁认为，“鹏以营生之路旷，故失适于体外。”鹏因躯体庞大，非海运不能举其翼，非扶摇不能托其身，非到九万里高不能往南飞，非到南冥不能休息，所以它是很不舒适的，哪里有什么逍遥可言呢？“鷃以在近而笑远，有矜伐于心内。”意思是说，与鹏为外物所累不同，鷃自己不能远飞而嘲笑大鹏飞得那么远，这是有骄傲自满的情绪，是为内心所累，因此也同样不能得到逍遥。支遁还指出：“若夫有欲，当其所足，足于所足，快然有似天真，犹饥者一饱，渴者一盈，岂忘烝尝于糗粮，绝觞爵于醪醴哉？苟非至足，岂所以逍遥乎？”这就是说，所谓足性、适性逍遥，只不过是追求一种低级的形躯上的欲望满足，而这种欲望实际上又是永远得不到满足的，因为当其所足之时，似乎已经得到天真快乐，但哪里知道这好比饥者一饱、渴者一盈之时，并不能忘掉糗粮和美酒呢！所以所谓的足性、适性逍遥，远不是一种逍遥至足的境界。

那么，何谓逍遥至足的境界？支遁说：“至人乘天正而高兴，游无穷于放浪。”这就是庄子在《逍遥游》篇中所谓：“乘天地之正，而御六气之辩，以游无穷”的“无所待”的逍遥游。在支遁看来，要达到这种“无所待”而“遥然不我得”、“逍遥靡不适”的逍遥境界，首先必须使自己获得精神上的彻底解脱，做到“物物而不物于物”，不为一切外物所负累，从而呈现为“至人”一般的冲虚明净的心理状态。所以他说：“夫逍遥者，明至人之心也。”所谓“至人之心”，就是至人在精神方面无有执滞，感通无方，既凝寂虚静又应变无穷，所以它可以感通于万物，随万物而变化，物物而不物于物，色色而不滞于色。“至人”能够妙悟性空，不物于物，不滞于色，“此所以为逍遥也”。由此可以清楚地看到，支遁是运用佛教即色空义的哲学来阐释庄子逍遥游思想的。他的这一逍遥论，是对向秀、郭象思想中“得其所待，然后逍遥”一层意思的坚决否定和批判，而把他们思想中关于“无待”而逍遥的一层意思加以肯定和提升，使之成为呈现“至人”之心的超拔境界，从而接近了庄子的逍遥本义。

刘勰《文心雕龙・论说》云：“逮江左群谈，唯玄是务，虽有日新，而多抽前绪矣。”说明经过向秀、郭象等玄学家的努力，玄学几乎已经达到了饱和的程度。尤其在发挥庄子逍遥游思想方面，“诸名贤”皆“不能拔理于郭、向之外”。就在这时，支遁引佛教般若空学来阐释《庄子・逍遥游》，“卓然标新理于二家之表，立异义于众贤之外”，从而为庄子学的进一步发展开辟了新的途径。

三

唐代对庄子的逍遥义没有新的发挥。宋代人在继王弼以《庄子》研治儒家经典《周易》卦象之后，并受理学影响，则开拓了以《周易》阐释《庄子》，运用易学象数派理论来阐释庄子逍遥义的道路。据《道藏》褚伯秀《南华真经义海纂微》所收录的宋代学者阐释《逍遥游》篇的文字资料可知，其中除林希逸一人外，其余的都是以易学象数派理论来阐释庄子逍遥义的。他们认为，《周易》的本体论是"太极"和"阴阳"，阴阳交感产生万物，六、九之数代表阴、阳二爻，阳数前进止于九，阴数后退止于六，整个自然界的运动变化就是由阳极到阴、阴极到阳这一进退变化引起的。

较早运用这一理论的是王安石之子王雱，他在《南华真经新传・逍遥游》中说："夫道，无方也，无物也。寂然冥运而无形气之累，惟至人体之而无我，无我则无心，无心则不物于物，而放于自得之场，而游乎混茫之庭，其所以为逍遥也。至于鲲、鹏，潜则在于北，飞则徙于南，上以九万，息以六月，蜩、鸴则飞不过榆枋，而不至则控于地，皆有方有物也。有方有物则造化之所制，阴阳之所拘，不免形器之累，岂得谓之逍遥乎！郭象谓：'物任其性，事称其能，各当其任，逍遥一也。'是知物之外守，而未为知庄子之言逍遥之趣也。"王雱对郭象的"足性逍遥说"予以了坚决的否定，认为这只是"知物之外守，而未为知庄子之言逍遥之趣也。"在他看来，"道"是无方无物的绝对虚无，只有至人能够与之冥合，所以他无我、无心而不物于物，从而达到了逍遥游的境界。而鲲、鹏潜则必有赖于北冥，飞则必迁徙于南冥，高升必凭九万里之上，休息必待六个月之后；蜩、鸴之飞，远则不过榆枋，时或不至，落于地而已，此皆为造化所制，阴阳所拘，非所以为逍遥也。显然，王雱基本上是运用易学象数派的理论来阐释庄子逍遥游思想的，但他又没有完全拘于易学象数派的理论，而是最终归结到了《逍遥游》篇关于万物皆"有所待"的主旨之上，这不但有力地纠正了郭象对庄子逍遥游思想的错误理解，而且还标志着在继东晋支遁以佛教即色空义哲学阐释《逍遥游》篇后，对庄子逍遥游思想的阐释又有了新的进展。

吕惠卿、陈详道、林自、陈景元、赵以夫、褚伯秀等进一步拓展了以《周易》阐释庄子的道路，并完全运用易学象数派理论来发挥庄子的逍遥义。如吕惠卿在阐释《逍遥游》篇鲲鹏变化的寓言时说："通天下一气也。阳极生阴，阴极生阳，如环之无端，万物随之以消息盈虚者，莫非是也。北冥之鲲化为南冥之鹏，由阴而入阳也。阴阳之极，皆冥于天而已。'三千'、'九万'皆数之奇，'六月'则子与巳、午与亥之相距也。言鹏之数奇而去以六月息，则鲲之数耦而去以六月消可知也。"林自也说："北者水之方，冥者明之藏，北冥则阴阳之所出入也。庄子以鲲鹏明阴阳变化，故以北冥为始。鲲阴物也，鹏阳物也，……鲲之初化为鹏，虽曰阳类而未离幽眇，故不知几千里。次言三千里，数之未遂也；终言九万里，动必有极也。盖有体之物，虽至远至大，亦不逃乎阴阳之数，故动则九，止则六也。去以六月息，乃反归于阴，阴阳迭运，相为无穷，而不可致诘者也。"说明他们都认为，鲲化为鹏，飞到九万里，而以六月息，正合于阳数前进止于九、阴数后退止于六的阴阳变化规律，所以它们是逍遥的。由此说明，吕惠卿、林自等人以易学象数派理论来阐释庄子逍遥义，最终并没有归结到庄子关于万物皆"有所待"的思想上，所以虽也解释了《逍遥游》篇中的一些问题，但他们毕竟因拘于阴阳之说，生搬硬套，而明显偏离了庄子逍遥游思想的本意。

正由于宋代学者以易学象数派理论阐释庄子逍遥义往往显得有些牵强附会，所以到宋末就有人提出了激烈的批评。如林希逸在《庄子口义·逍遥游》中说："或以阴阳论之，皆是强生节目。鸟之飞也必以气，下一'怒'字便自奇特。海运者，海动也。今海濒之俚歌犹有'六月海动'之语。海动必有大风，其水涌沸自海底而起，声闻数里。言必有此大风，而后可以南徙也。……抟，飞翔也；扶摇，风势也。'三千'、'九万'，即形容其高远也；'去以六月息'者，此鸟之往来必歇住半年方可动也。……鹏在天上，去地下九万里，风自溪谷而起，而后蓬蓬然周遍四海。鹏既在上，则此风在下。培，厚也。九万里之风乃可谓之厚风，如此厚风，方能负载鹏翼。"九万里是极言风之厚，去以六月息者是说大鹏往来必休息半年方可动，凡此都在说明鹏鸟有所待的道理，哪里可以阴阳之说来解说呢？林希逸还由物及人，进一步阐释说："列子之行也御风，此虽免乎行矣，而非风则不可，故曰'犹有所待'。若夫乘天地之正理，御阴、阳、风、雨、晦、明之六气，以游于无物之始，而无所穷止，若此则无所待矣。"由此说明，林希逸总能围绕着"有所待"、"无所待"这一对重要哲学概念来阐释庄子逍遥游思想，从而有力地纠正了宋代绝大多数治庄者在阐释《逍遥游》篇主题思想上存在着的偏颇。

但林希逸在纠正别人偏颇的同时，他自己的阐释却又不免表现出了儒释化倾向。如他在《逍遥游》篇题解中说："游者，心有天游也；逍遥，言优游自在也。《论语》之门人形容夫子只一'乐'字；《三百篇》之形容人物，如《南有樛木》，如《南山有台》曰‘乐只君子’，亦只一‘乐’字。此之所谓“逍遥游”，即《诗》与《论语》所谓乐也。”这说明在他看来，庄子所说的逍遥游不外就是儒家所谓的一“乐”字。此外，林希逸在阐释《逍遥游》篇时还用了不少像“本心”、“有迹”、“无迹”之类的词语，这就又使他的阐释表现出了一定的佛学化倾向。

罗勉道是继林希逸之后的又一位治庄者，他在阐释《逍遥游》篇方面的最大特点就是执一“化”字以寻绎庄子逍遥游的本旨。如他在《南华真经循本》开篇释“鲲化而为鸟”之“化”字时指出：“篇首言鲲化而为鹏，则能高飞远徙。引喻下文，人化而为圣、为神、为至，则能逍遥游。初出一‘化’字，乍读未觉其有意，细看始知此字不闲。”对于庄子全书首次出现的“化”字，前人都未从中看出什么特殊意义，而罗勉道却知“此字不闲”，说明他一开始就与庄子“万物皆化”的思想发生了共鸣，因而就紧紧抓住“化”字来具体阐释庄子的逍遥游思想。在罗勉道看来，“质之大者化益大”，其大不知几千里的鲲化为其背不知几千里的鹏，这是化之大者，所以鹏能够从海之极北过海之极南，经过半周天之里数而亦“合天度”，此即为优等的逍遥游；而蜩、鸠、斥鴳却不能达到这种境界，因为它们是“化之小者”，“二虫能化而小，故以与鲲鹏相形”，只能是劣等的逍遥游，与大鹏经过半周天而亦“合天度”的逍遥境界形成了鲜明的对比。所以罗勉道说：“鲲、鹏、蜩、鸠、斥鴳之化，大小不同，故其飞有高下。”以物喻人，他在论述“知效一官，形比一乡，德合一君而征一国者”时，说“此一等是小见之徒，与蜩、鸠、斥鴳何异！”而对于“宋荣子”、“列子”则说：“前一等人是以小笑大，宋荣子却笑前一等人，是以大笑小。……此一等人，虽不汲汲于世，犹未能卓然自立也。……列子固胜宋荣子矣，然犹有所待。此一等人，犹未尽化。”这三种人，一种高过一种，但后者“犹未尽化”，好像只能达到一种略高于蜩、鸠、斥鴳而又不及大鹏的逍遥游境界。那么，什么样的人才能像大鹏那样达到优等的逍遥游境界呢？罗勉道在“故曰至人无己”等三句下说：

> 上既次两等人，化之小者。此却次三等人，化之大者。大而化之谓圣，圣而不可测之谓神，至者神之极，三等亦自有浅深。无功则事业且无，何有名声？无己则并己身亦无，何有事业？下文逐一证之：许由，圣人也；藐姑射，神人也；四子，至人也。

罗勉道指出，圣人、神人、至人这三等人是“化之大者”，而至人所能达到的逍遥境界最为高妙，神人次之，圣人又次之，他们与前面的三种人即“化之小者”形成了鲜明的对比，正所谓“人之化亦有大小不同，故其为逍遥游有优劣。”这里，罗勉道破天荒地提出以“至人无己”为逍遥游最高境界的见解，为后人诠释庄子逍遥义提供了一种崭新的思维方法。他并在《逍遥游》篇末总结说：

> 此篇以《逍遥游》名，而终篇贯串只一“化”字。第一段，言鲲、鹏、蜩、鸠、斥鴳之化，大小不同，故其飞有高下。第二段，言人之化亦有大小不同，故其为逍遥游有优劣。第三段，言人能因无用而化为有用，则亦可以逍遥游。夫天之所赋，各有定分，岂可强同蜩、鸠、斥鴳与鲲鹏哉！而人则无智、愚、贤、不肖，皆可以阶大道，然亦有自视若蜩、鸠、斥鴳者焉。故于篇终晓之曰：人虽如呺然难举之瓠、拥肿卷曲之樗，苟能因其资质用之，随事而化，岂失其为逍遥游哉！

无可否认，罗勉道把“化之大者”、“化之小者”区分为优等的逍遥游与劣等的逍遥游，并对劣等的逍遥游表示出了极端鄙视的态度，但却仍承认这种劣等的逍遥游也不失为逍遥游之一种，这说明他的逍遥游思想不免受到了向秀、郭象思想的影响。然而，罗勉道对劣等的逍遥游毕竟是采取极端鄙视和基本否定态度的，而对于大鹏的优等逍遥游，也比向秀、郭象更明确地指出了其“有所待”的性质。如他说：“鹏之所以必飞上九万里者，要藉风力之大，方能远徙。……鹏惟培得此风，方可图南。”说明在罗勉道看来，大鹏的逍遥游虽说大致可看成是与至人、神人、圣人的“无不化”的逍遥游属于同一层次上的逍遥游，但在实际上仍存在着一定差距。由此可见，罗勉道的逍遥游思想又已明显地超越了向秀、郭象的思想观点。而且，他依循“化”字来阐释庄子逍遥义，这对于两宋人阐释逍遥义大多拘泥于易学象数派理论的学术思潮来说无疑是一次深刻的革命，其意义则更是不可低估的。

四

明清人对庄子的研究基本上继承了宋代人儒道结合的观点，但不少人的侧重点却转向了对庄子文章的研究。在逍遥义的阐释上，以清初人林云铭为代表，提出了以“大”为逍遥游的观点。如他在《庄子因·逍遥游》开头“鲲之大不知其几千里也”下说：“总点出‘大’，‘大’字是一篇之纲。”很明显，林云铭认为《逍遥游》篇是围绕“大”字来展开的，所以他极力称赞大鹏说：“盖其任意逍遥，一去一息，动经半年，则其为大年可知。三千里言其远，九万里言其高，六月息言其久，见其一大则无不大之意……故鹏之徙，水击三千里，风搏九万里，一去动经六月，自然无碍。”林云铭认为，鹏因其一大而无不大，故必击水三千，风搏九万，动经六月，自然无碍，便任意逍遥。他并在篇末总结说：“然欲此中游行自在，必先有一段海阔天空之见，始不为心所拘，不为世所累，居心应世无乎不宜矣。是惟大者，方能游也。通篇以'大'字作眼，借鹏为喻，意以鹏之图南，其为程远矣，必资以九万里之风而迟以六月之息，盖以鹏本大，非培风不能举，况南冥又非一蹴可至者。"林去铭认为，大鹏代表的是海阔天空，不为心所拘，不为世所累的形象，则庄子塑造这一形象，不外就是欲以鹏之大，飞之奇，来引发人们进入逍遥徜徉，游行自在之境。与此相反，林氏极力贬斥蜩、鸠，认为："蜩，小蝉；莺鸠，学飞之小鸠也。笑人则是此辈，若鹏必不轻易笑人。"这里连用两个"小"字与鹏之"一大而无不大"作对比，说明蜩、鸠之辈心存固陋，心胸狭窄，哪能与大鹏相比呢？在论及"小知不及大知，小年不及大年"等语时，林氏又说，"以小年仅成其为小知"，"世人之小知，亦因其居短景，与二虫之见无异，所以可悲。"说明在林云铭看来，与"小"连在一起的都是丑陋的，可悲的。由物及人，他说"知效一官，行比一乡，德合一君者"是"莫不自以为至"，此乃"人中之最小者"；宋荣子"重内而轻外，自知有真荣真辱"，但"不能自树立于世外，亦未大也"；列子御风而行，"超出于内外之分，荣辱之境，能自树立于世外矣"，但"必待风而御之，非大之至也。"林云铭认为，前者无异于蜩、鸠之辈，是人中之最小者；宋荣子胜过前者，但以未树且未大，故不逍遥；列子又胜过宋荣子，但必待风而行，非大之至，未能达到大鹏逍遥游之境。林云铭在阐释"若夫乘天地之正，而御六气之辩，以游无穷"等句时表达了自己理想的逍遥游："此是极大身份，极高境界，极远程途，极久阅历，用不得一毫帮衬，原无所待而成，此逍遥游本旨也。"对"至人无己，神人无功，圣人无名"，他则分别解释为"无待于己之所有"、"无待于功之所及"、"无待于名之所归"，认为只有"无所待"的至人、神人、圣人方可为大，才能达到大鹏逍遥游之境，方为《逍遥游》全篇之本旨。

林云铭执"大"以为逍遥游，这种逍遥游似乎又可分为两种，即列子"有所待"的低级的逍遥游，和至人、神人、圣人的"无所待"的高级逍遥游，后者与大鹏是同一层次的逍遥游，是逍遥游的至高境界。但实际上大鹏因"有所待"的性质，与至人的逍遥游还是有所不同的。所以，林云铭虽能把逍遥游归结到"有待"、"无待"上，但他的这一建立在"大"的基础上的逍遥游思想，却仍是与庄子"无所待"的逍遥游思想有所差距的。

清人研究庄子文章的大成者宣颖、刘凤苞的逍遥游观与林云铭差不多，或以大为逍遥，或肯定大鹏的逍遥游。如宣颖在《南华经解·逍遥游》中是这样阐发鹏飞南冥一节文字的："看此一节，大鹏之所以横绝南北，直具如此源委。夫脱鬐鬣于海岛，张羽毛于天门，乘长风而薄霄汉，扩云雾而煽太清，斯其超忽，岂复恒境也哉！以上大鹏之逍遥游。”宣颖这里所阐发出的大鹏，不觉让人想起李白描绘的大鹏的形象，真让人叹为观止。刘凤苞在《南华雪心编》中也表达了以“大”为逍遥游的思想。他在《逍遥游》篇总论中说：“起手特揭出一‘大’字，乃是通篇眼目。大则能化，鲲化为鹏，引起至人、神人、圣人，皆具大知本领，变化无穷，至大瓠、大树，几于大而无用，而能以无用为有用，游行自适，又安往而不见逍遥哉！”如上所述，以“大”为逍遥游的观点，正反映了清代一些学者对《逍遥游》主旨的独特理解，但与庄子的逍遥游思想是有一定差距的。

其实，执“大”以为逍遥、盛赞大鹏形象的观点由来以久。我们知道，庄子塑造大鹏形象在于说明鲲鹏与蜩鸠一样，都因其“有所待”而未能获得绝对的自由。但二者形象的强烈对比，却使后人违背了庄子的初衷，仅看到了大鹏形象中的美学意义、哲学意义和人格意义。无数文人墨客为之折服，借其形象来抒发自己的理想和抱负，寄托自己的济世之志、爱国之情。特别值得一提的是诗人李白，似乎在读到庄子大鹏的一刹那，他自己也变成了大鹏，于是将其豪放不羁的个性，“安能摧眉折腰事权贵”的精神和壮志难酬的抱负融为一体，塑造了一个比庄子笔下的大鹏更生动、更具体、更完美的形象，这就是他在《大鹏赋》中所塑造的大鹏：“赫乎宇宙，冯陵乎昆仑。……足萦虹霓，目耀日月，连轩沓拖，挥霍翕忽，喷气则六合生云，洒毛则千里飞雪。”大鹏振翅，横空出世，惊天动地。李白以多种多样的艺术手法丰富和发展了《庄子·逍遥游》中的大鹏形象，这在大鹏形象的发展史上可说是具有里程碑意义的。他又在《上李邕》诗中再次运用这一形象以自比，“大鹏一日同风起，抟摇直上九万里。假令风歇时下来，犹能簸却沧溟水。”即使到了临终之际，犹作《临路歌》云：“大鹏飞兮震八裔，中天摧兮力不济！”可见，这里又把庄子所描绘的大鹏阐释成了一个气势磅礴而又苍凉悲壮的大鹏形象。

毛泽东同志在1965年创作了《念奴娇·鸟儿问答》词，其中写道：“鲲鹏展翅，九万里，翻动扶摇羊角。背负青天朝下看，都是人间城廓。炮火连天，弹痕遍地，吓倒蓬间雀。怎么得了，哎呀我要飞跃。”毛泽东同志把伟大的祖国比作大鹏，把祖国的前程比作大鹏之展翅南飞，意境宏伟，气象开阔，使大鹏的形象焕然一新，放射出时代的光芒。他笔下的大鹏形象虽然与庄子的本旨不同，但他反其意而用之，执“大”字刻划出的鲲鹏形象却为广大人民群众所深深喜爱。

李泽厚、刘纪纲先生主编的《中国美学史》谈到大鹏之美时说：“《庄子》全书中，充满着对无限之美的赞颂。那被庄子极为生动地描绘出来的其背‘不知几千里’，‘怒而飞，其翼若垂天之云’，‘水击三千里，抟扶摇而上者九万里’的大鹏之美……是庄子所赞颂的‘大美’。”即认为庄子借“大鹏”的形象表达了他的“大美”思想。这里应当指出，他们所编的《中国美学史》作为一部学术著作，却把庄子笔下的大鹏理解为“大美”，似乎是与庄子的本意不相一致的。

纵观庄子逍遥义的历史演变，不同时代有不同的解释，不同时代的人有不同的理解。有的较接近庄子的本意，有的则相差较远。西晋郭象的“适性逍遥说”完全是对庄子思想的改造，与庄子的逍遥游思想相差甚远。东晋支遁的“物物而不物于物，色色而不滞于色”的理论，虽是以佛解庄，但能归结到“有待”、“无待”上，对庄子逍遥义理解得较准确。宋代人王雱虽然运用了易学象数派理论，但不完全拘于阴阳之说，受到郭象影响却又超越郭象，最终归结到《逍遥游》篇万物皆“有所待”的主旨上，也是比较接近庄子本真思想的。吕惠卿、陈详道、林自、陈景元、赵以夫、褚伯秀等人则完全拘于阴阳之说，明显偏离了庄子的逍遥游思想。宋末林希逸对宋代学者以易学象数派理论阐释庄子逍遥游思想的做法采取了坚决否定的态度，在很大程度上纠正了他们拘于阴阳之说的弊病，使庄子的逍遥义基本上得以复归于正，但他自己的阐释却又不免表现出了儒、佛化倾向。其后，罗勉道执“化”字以循义，从另一角度对庄子逍遥义进行了阐释，取得了一定的成绩，但也受到了郭象思想观点的一些影响。清代林云铭等以“大”为逍遥，他们的这一阐释虽然自有独到之处，但其以大鹏为逍遥游的观点则是与庄子思想相背离的。现当代人则从大鹏本身的美学意义作了发挥，以大为美，赋予其时代新义，但这大多只是对庄子本真思想的反其意而用之，而并不是真的想要寻找到庄子的本来思想。

（原载《古代文学理论研究》第二十辑）